世界名人传记丛书

世界名人传记丛书

欧文自传

〔英〕罗伯特·欧文 著

马清槐 吴忆萱 黄惟新 译

**THE LIFE
OF
ROBERT OWEN**
WRITTEN BY HIMSELF
WITH SELECTIONS FROM HIS WRITINGS AND
CORRESPONDENCE
VOLUME I
First Edition:Effingham Wilson,London,1857
REPRINTS OF ECONOMIC CLASSICS
Augustus M. Kelley Publishers,New York,1967
中译本根据纽约凯利出版社1967年版译出

罗伯特·欧文

1. 1771年5月14日欧文在这所房子内诞生
2. 1858年11月17日欧文在这所房子内逝世

世界名人传记丛书
新 版 说 明

本馆出版名人传记渊源有自。上世纪初林纾所译传记可谓木铎启路,民国期间又编纂而成"英文世界名人传记"丛书,其后接续翻译出版传记数十种。及至二十世纪九十年代,汇涓成流,结集出版"世界名人传记丛书",广为传布。

此次重新规划出版,在总结经验的基础上续写经典、重开新篇。丛书原多偏重学术思想领域,新版系统规划、分门别类,力求在新时代条件下赋予作品新价值、新理念、新精神。丛书分为政治军事、思想文化、文学艺术、科学发明以及除上述领域之外的综合类,共计五大类,以不同的封面颜色加以区分。

丛书所选人物均为各时代、各国家、各民族的名流巨擘,他们的业绩和思想深刻影响了世界历史进程,甚至塑造了世界格局和人类文明。所选传记或运笔于人物生平事迹,或着墨于智识求索,均为内容翔实、见识独到之作。读者于其中既能近观历史、反思现实,又能领悟人生、汲取力量。

我们相信名人传记的永恒魅力将为新时代的文化注入生机和活力。我们也期待能得到译界学界一如既往的支持,使此套丛书的出版日臻完善。

商务印书馆编辑部
2012 年 12 月

出 版 说 明

本书收入的《自传》原名叫《罗伯特·欧文生平自述和著作书信选集》第一卷。此卷叙述了欧文从童年至1821年的经历，是研究欧文的学说、生平事迹以及品格志趣的重要文献。欧文于1857年写成并出版其《自传》的第一卷，未及写第二卷便于1858年逝世了。

欧文在《自传》的"导言"中说明自己何以不愿撰写自传而又终于动笔自述其生平的原因。他反复申述其新社会观以及和平变革旧社会、建立为人人谋幸福的新社会的空想计划。欧文还为《自传》写了一篇"序言"。由于"序言"重复了"导言"的论点，中译本将"序言"略而不译，对"导言"作了一些删节。《自传》的正文则全文译出。

本书"导言"由吴忆萱翻译。正文的头三万字由黄惟新翻译。马清槐译了正文的其余部分并校订了吴忆萱与黄惟新的译文，吴忆萱校订了马清槐的译文。

目 录

导言 / 1
  对话一 / 1
  对话二 / 8
自传 / 33
  童年生活回忆 / 33
  离家 / 45
  我居住在麦格福格先生家中 / 46
  关于同发明有用的轮船并把它引入北美合众国的已故著名的罗伯特·富尔顿交往、合伙和共同进行商业活动的一些叙述 / 110
附录一 人地名中外文对照表 / 324
附录二 罗伯特·欧文
  〔苏联〕维·彼·沃尔金 / 332
附录三 罗伯特·欧文传略
  〔苏联〕费金娜 / 365
附录四 欧文著作年表 / 373

导言

对 话 一

（罗伯特·欧文和一位老友关于撰写自传的对话）

老友 你也知道，同你缔交最久的朋友们多年来一直敦促你撰写自传；他们很清楚，你从童年时代起就自行其是，所以，如果你一旦去世，那就谁也担负不了这样一件与人类的利益休戚相关的工作了。我说的是关系到人类，因为你一生有许多岁月是想方设法用来为所有的人——不分肤色、国籍、阶级和信仰——改善他们的状况，使他们过上幸福生活的。现在你已届高龄，难以断定今后还能活几多春秋，因此，你的朋友们最想望的事情莫过于看到一部把你的活动——从你留有记忆的早年开始——如实地叙述出来的书了。现在，他们以更加热切的心情继续向你提出这项要求，因为他们相信，一部详尽的自传要比你能采取的其他任何措施更会促进你如此长期提倡的人间世事的伟大变革。那么，你肯答应我们的请求吗？

欧文 我总是很想满足我的老友和忠实信徒的愿望。你们热切恳求了很久，我却迟迟没有答应，因为我一向很忙，为安排我的一生——为执行一项使命而不断努力。这项使命从我青少年时代起就铭刻在心，尽管每一位朋友都力图使我相信它没有成功的希望，但它不断地激励着我，使我毫不动摇地坚信它必将最后取得胜利。所以，这一坚定的信念始终存在——并且随着我年龄的增长而更加不可动摇。目前我正忙于这项事业在现阶段最重要的一部分的推进工作，要我不去注意这一使命的现在和将来，而去回顾过去，这简直是无法做到的，因为过去的事情已经完结，现在还有更多的事情要我去做，只要以我有生之年积极努力，还是能够有所成就的。

老友 不过你现在总该停止这种积极的努力，安安静静地坐下来回忆往事，写你的自传了。对你来说，而且从你家属的利益、从社会的利益来考虑，还有什么事情能比写自传更重要的呢？

欧文 如果我认为写自传比我继续执行我的使命直到大功告成时为止对整个社会更为有利，我就会毫不迟疑地遵照你们的愿望去写。但我却不这样想，因为我知道，还要做大量重要的事情才能使全世界的人们思想上有所准备，乐于接受把谬误的社会制度代之以正确的社会制度这种变革，尽管谬误的制度每时每刻都在给千百万人制造无数的苦难，而变革则会把苦难一扫而光。因此，为了促进这一伟大而美好的事业，只要还有什么力所能及的事情没有完成，我是绝不愿意置之不顾的。

老友 可是，现在同你发生抵触的是世界上不计其数的人，他们每个人从出生之日起就接受了使他们抱有偏见的教育，十分赞成目前的谬误制度，尽管它给各国人民和政府制造出各式各样的祸害。在这种情况下——你又到了耄耋之年，还能做些什么呢？

欧文 我能继续写作，并使我的作品在各国的领袖人物中间广泛流传。我要在作品中说明一种（现在的）制度的谬误和邪恶以及另一种（将来的）制度的正确和美好，而后者是一定会随着人类发展和众生进化的正常程序去取代前者的。我还本着这个看法，发起组织世界先进人士代表大会，大会定于明年5月14日在伦敦长㘭街圣马丁会堂举行，与会者都是关心并且力求促进全人类无限幸福的人士。

老友 可是世界上一切国家及其各方面的人们都乱七八糟，不知道该怎样维持其目前的狭隘的观点和利益。在这种时候，你怎能期望自己还会在社会上起什么作用呢？

欧文　这是因为我知道它们都像是在海上随风漂流的扁舟，既无船舵又无罗盘，所以我急于想给每个国家一柄坚实的船舵和一具准确的罗盘，使它们不仅能够预防船只失事，消除忧虑，而且能够径直行驶到安全的港口。因此，我现在认为最重要的，不是撰写并发表我的自传，而是把愚昧、谬误和苦难的制度同明智、正确和幸福的制度这二者的全部真相向全世界的领袖人物说得一清二楚，使他们洞若观火地看到两种制度有多么大的区别，认识到那是不可能把一种制度的精神、原理和实践同另一种制度结合起来的。并且我还要使他们能够理解到，现在就可以顺理成章地使目前的制度成为直接产生正确的美好制度的母体，使前者抚养后者，就像父母照管子女并努力为他们留下宝贵的遗产一样。

老友　如果你把这番道理写给全世界的领袖人物去看，那是徒劳无功的。对于你所设想的任何彻底变革，他们并没有什么思想准备。他们还没有开始考虑两种如此对立的制度，更未想到其中的一种制度一定会乐于引进另一种制度，并在后者趋于成熟的过程中始终予以支持。《泰晤士报》俨然自命为不但是欧洲而且是整个文明世界的喉舌。就在今天早晨，这家报纸发表了一篇社论，奉劝读者不要认为在人类中间有可能实行人人平等的制度——而平等原则却正是你所建议的新制度的主要特征之一。

欧文　《泰晤士报》不知道或者佯装不知道我所提倡的制度是怎么回事。这家报纸从公众那里每年受贿十多万镑，用来支持一种所谓**合乎自然规律**的社会制度，虽然这个糟糕透顶的制度的基础和整个上层建筑都是违反真理和自然的。关于我所提倡的人与人之间实行实际上的平等这一主张，《泰晤士报》知道些什么呢？现有制度所体现出来的经过训练而滋生的愚昧使《泰晤士报》有眼无珠，丧失了判断能力，而它却全凭这种愚昧无知去试图观察人和社会。我从未主张在人类中间有可能造成体力上和脑力上的平等，因为我很清楚，知识、智慧和幸福（也就是合理的享受）这三者的本质恰恰起源于我们在体力和脑力上的千差万别。人世间正确和合理的新制度下的平等是条件或环境方面的平等，这种平等必将按照合乎自然的编制，使人人根据年龄大小，得到同等优良的体力、智力、道德和精神上的实际待遇、训练、教育、地位和就业机会，并在合理的管理方法为大家所普遍理解和应用于实践时，都能参与局部的和全面的行政管理工作。令人怀疑的是，报馆的任何编辑即如今人类的伟大导师，或者世界上学校和大专院校里的专业教师，是否清楚地知道或正确地理解，关于人性的问题什么办法是切实可行的，什么办法是行不通的，因为现有社会制度下这些经过训练而愚昧无知的人所掌握的真正知识似乎是微乎其微的。他们对人性的认识，完全是从我们远祖的想象力还不成熟、经验还很缺乏的太古时期起历代因袭下来的。因此需要积累事实，一件件的事实积累得一代比一代多，才能使人们在现阶段发现，我们的祖先原来是弄错了，他们完全不知道自己是什么样的人。现在纵观全球，各国和各族人民之中的这种对自己无知的状态显然令人不可思议地一直保持到了今天，而且就绝大多数的人类来说，除了很小一部分不在此例（如果有例外的话），世界各地的人现在都同人类的始祖[①]一样不了解自己，如果不是比他们更不了解的话。其所以如此，是因为在个别人认为是一切知识中最重要的知识方面，人们是一代接一代地错上加错的。

老友 哎呀！这可是你的全部奇怪学说中再奇怪不过的了！你完全看轻了人类的知识以及全世界历代积累下来的全部智慧和经验。

欧文 不，关于人间的**事实**和人类的知识以往所积累的经验，只

[①] 据基督教《圣经》，指亚当与夏娃。——译者

要它在发现各门科学的事实方面已经有所进展,我确实是加以利用并有了宝贵的收获的。正是依靠这种认识,我才懂得了十分重要的伟大真理——

"所有的人无论男女,其身心方面的特性——不是像人们违反历代的全部事实而迄今所想象的那样**由**他们自己所形成——而是宇宙的伟大创造力和社会**为**他们形成的;对于这样形成的性格,却要个人来承担任何责任,真是愚不可及了。"

根据这种认识,我还发现了人们应当知道的一切真理中最伟大的一条真理——

"任何性格,从最坏的到最好的性格,都像顺应自然规律那样万无一失地可以由社会赋予所有的人——并且根据这种认识,可以使每个人到了成年时期变得善良、明智和幸福。"

老友 哦,如果你的结论是正确的,这确实是自古以来人类全部知识中最宝贵的知识了,它远比点金石的发现更值得想望。你讲了两点事实——如果是事实的话——即"人的性格是由外力**为**他形成的;还有,社会现在就可以采取切实可行的措施,使子孙万代毫无例外地都变得善良、明智和幸福"。从这两点事实出发,你又作出什么推论了呢?

欧文 第一,这是人间历代最先进的人士所探求的知识——但是,在这个时期以前,这方面的探索并未取得成就。

第二,这种知识将战胜被认为是历代最饱学之士的愚昧无知。

第三,这种知识将使千年的太平盛世就在这一代初见端倪或正式开始。

第四,它将给全世界带来理想中的黄金时代,其办法是以明智的、正确的、优良和合理的社会制度和平而宁静地取代愚昧的、谬误的、邪恶和无理的现有社会制度,把全人类当作一家人那样加以管理。

第五，这种新的社会制度将为天下人逐步形成真正的宗教、政府、法律、类别和社会体制。

第六，它将使全人类团结起来，亲如手足——使他们按照年龄和能力的大小享有不同的地位、教育和职业，从而在这些方面享有亘古未有的、实际上的平等——它还将永久树立起真正的自由、公正的平等和真实的友爱。

第七，它将使人与人、国家与国家联合起来，在人世间建立永久的和平。

第八，这种知识给人类揭示邪恶的起源；一切邪恶无不起源于人对自己的无知。

第九，只要使人能够了解自己，人类蒙受的灾祸的根源就会永远消灭。

第十，它证明一切人为的法律都是建立在谬误的基础之上的——它们总是违背上帝和自然的善良、明智和永恒的法则，所以它们是愚昧的、无用的，总是失败的。

第十一，它说明以往人类丧失理智的原因和救治的方法。

第十二，它将使现有的社会统治者们能够采取果断措施，着手使人类在将来变得稳健、明智、善良、团结，并且不断地丰富知识，发扬美德和增进幸福。

老友 如果你的这些推论和结论都是正确的，那么，认识到人的性格不是**由**他自己形成而是外力**为**他形成的，另外还认识到采取什么样的切实措施就可以创造那种能够顺应自然规律而万无一失地产生你所说的那些成果的新环境——这两种认识结合在一起，确实是人类全部知识中最为重要的了。

欧文 通过这种认识，我知道世界上所谓文明地带的各国政府只要同它们治下的人民亲密合作，就能掌握极其充裕的权力和手段，从现在起就开始实行这门保证普天之下的人终身进步幸福、死后永生不朽的科学了。

老友 这些政府如果相信你说的是真理，就一定会行使其全部权势，使世界上现在和将来的人民，包括当政者自己的后代，都能获得进步和幸福。

欧文 对。这么做，他们就会比拥有人间一切权力与财富还要幸福。

老友 可是怎样才能使他们知道自己拥有这种前所未闻的权势呢？——他们既然不知道，就会一如既往，照旧行事。

欧文 我知道他们会这样的。我现在写的作品和实际进行的活动正是为了使他们相信这个伟大的事实，也就是真理——对他们自己和全世界人民来说，特别是对我们的子子孙孙来说，这是至关紧要的真理。

老友 你打算怎样去改变各国政府和人民的舆论趋向呢？——因为政府和人民必须联合起来，才能实现你所提出来的变革啊。

欧文 正是为了这个缘故，我定于明年5月14日在伦敦召开世界先进人士代表大会；我希望在会上把这些问题解释给他们听，进行讨论，让他们帮助我一起商议实现和平变革的最妥善的办法，并请各国的王公贵族和黎民百姓赞助这些人士，从而可以为他们准备条件，在使人类今后不断增进其幸福的事业中发挥积极的作用。

老友 可是你的朋友们说，如果由你自己撰写和出版你的传记，它比起你所提倡的在世人心目中认为是奇怪的新制度来，会引起人们更大的兴趣。

欧文 这一点我知道，并且是早就知道了。针对当前人类思想结构和社会结构的错误的组织方式，人们已经提出了一套套欺世盗名的错误的改革方案，其种类之多使世人感到十分厌倦，结果使他们鄙弃一切改革方案，不屑一顾。他们断定，企图改进社会的一切尝试定然同样都是靠不住的。他们只要求消遣娱乐，为此愿意按照各自的经济状况付出很大的代价。但他们真正需要的却是建立在可靠基础上的正确指导。

老友　那么，你还是要继续编你那份《千年至福新闻》，让朋友们感到失望啰？可你答应撰写自传，他们盼望你履行诺言，已经等了很久啦。

欧文　关于这个问题，我打算采取一项折中的办法，那就是，我既要编《千年至福新闻》，又要写自传，在一段时间内姑且努力这样去做。

老友　如果这样做会使你感到满意，我想你的朋友们也一定会满意的。

（下略）

对　话　二

欧文　任何一个人写自传的动机是什么？自我标榜，有钱可赚，消遣或教育公众。

询问者　那么——你，罗伯特·欧文，就要开始写自传了。你说的这些动机，哪一个是促使你动笔去写的呢？

欧文　我一向很不喜欢也很不愿意写我自己的生平，因为写自传一定会言必称我，这对每个读者来说，都是令人厌恶的。所以我每每拖延下来，等待着今生事业的结束，到那个时候写传记这项任务就可以移交给别人去做，我就可以免得由于从事这种一向使我厌恶并感到贻笑大方的事情而烦恼了。

询问者　那么，为什么你现在又开始写了呢？

欧文　因为我多次答应朋友们和公开声称是我的信徒的人们说，一旦我不再采取积极行动去提倡自己一生的伟大目标，我就要安安静静地坐下来，努力去满足他们的愿望。

询问者 那些诺言使你的朋友们满意没有呢？

欧文 没有。他们说，你生平许多最有趣味的事件是你单枪匹马独自干出来的，因此，除你自己以外，那些事件谁也无法翔实地叙述清楚；而且，对你的活动产生影响的动机跟别人的动机大不相同，只有你自己才能探本求源，剖析入微。然后他们还说，你一生花费很多金钱为公众出版并散发了你那全部令人不快的、引起反感的读物，以便把它们公之于世，并在一定程度上迫使某些人加以注意，要不然这些人就始终不会知道那种用以陶冶性格和管理人类的新制度的精神、原理和实施办法。你已经花费得太多，现在就该适应公众目前的特点，写一些会引起他们注意并感兴趣的东西了。这样的作品肯定会有销路，让你赚一点钱来补偿先前为了出版和发行你的著作而蒙受的损失和支出的费用。

询问者 那么，你还能说些什么来答复这种友好而无私的劝告呢？

欧文 他们说的是实情。我经常单枪匹马，谁也不靠——往往同我亲友的善意要求背道而驰。他们根本不能充分理解我的观点，尽管对我的动机总是作出十分公允的判断。他们认为，我所作的努力不管用意多么善良，理论多么正确，但在目前这个时代绝不可能对公众产生影响，使他们行动起来，并且也绝不可能引导公众去注意从而理解我所论谈的同古往今来一切观念和偏见截然相反的问题。

询问者 他们给你这样合理的劝告，难道不对吗？

欧文 按照他们的看法，也就是当时公众的一般看法，他们说得很对。可是我幸而没有理会这种劝告，否则我就永远实行不了许多重大的具体措施啦。公众现在正从这些措施得到好处，而且，只要他们加深理解，得到的好处就会更多。

询问者 可是你还没有回答你出版作品时需要考虑的蚀本和赚钱的问题。朋友们说，你的传记会引起公众的注意和兴趣，会使你赚一笔钱而不是像以往那样只赔不赚。他们的这番话肯定是对的。

欧文 对我来说，除了使生活过得去的必需品和有利于健康的享用品之外，财富的唯一可爱之处在于能够用来帮我去促进制度的变革。我毕生的任务就是实现这种变革，如果在我有生之年不能实现，也要在我去世之后不久就实现。任何金钱方面的考虑都不能使我放弃这个目标，因为据我看来，它远远超越人世间的其他一切事物，它把一切改革结合成一项明白易懂、切实可行的措施——人们提出来的其他一切改革方案都是无用的、有缺点的或行不通的。除了这些考虑以外，过多的财富，像人们现在这样用法，往往对拥有财富的人十分有害；一般说来，越富越烦恼，祸害也越多。多余的财富总是造成反常的、不公正的、荒谬的和十分有害的社会状态。我一生所拥有的财富始终不超过当时对我有用的限度，到今天仍然如此。

询问者 可是，如果你的财富增多了，它岂不使你能够实行你的新社会观了吗？

欧文 不。如果这种变革不以真理为根据，不是为了永久造福于人类，那么不管财富的数量多么巨大，都不能在实践中推行这种变革。另一方面，不管有多少财富或者人力，都不能阻止变革逐渐得到推行和为人们所普遍采用，但其条件是：变革在原理上以永恒的真理为根据，在实践上要对全人类永久有利，而我所坚决主张的变革在原理上以及将来在实践上就是以此为依据的。

询问者 如果自我标榜和赚钱赢利都不能使你动心，那么，为了消遣或者教育公众这个动机一定足以促使你听从朋友和信徒们的劝告和愿望了。你的朋友和信徒实际上比公众认为你拥有的要多得多呢。

欧文 我知道他们的人数很多，但是谬误的旧制度使他们悬心吊胆，唯恐公开承认与我的看法相同，就会危及他们的生计。许多人由于公开宣布赞成我的观点而损害了他们世俗上的前程，同时又无补于我们美好的事业。我竭力规劝过许多人，要他们隐忍不言，因为当众直言不讳，只会伤害他们自己和亲属，而不会促进他们打算为之牺牲全家生计的事业。

询问者 可是你的传记会使公众耳目一新，发生兴趣。在全世界的社会现状都不能令人满意的情况下，这种赏心悦目的作品是人们非常需要的，其需求量之大足以使公众愿意付出高价来争相购阅。而且你说过，你的目的是要增进各种各类人的幸福。

欧文 不错。可是别人——想望钱财的人，以及许多需要钱用的人能够更好地向公众提供消遣之道。我的有生之年应该用来充分发挥我的知识和经验，实实在在地促进人类的持久幸福。

询问者 可是从公众已经知道的你的生平事迹来看，很可能会从你的传记中得到许多教益。很多人认为，同你已经写出来的任何作品相比，你的传记是会使更多的人改信你的新观点的。

欧文 朋友们也时常对我这么说。这些话看来有点道理，所以，尽管我一向很讨厌写自传，如今年老体衰，越来越虚弱，做这件工作比过去任何时候更为吃力，但我还是决定准备去完成我所从事的一切工作中最不愉快的工作，因为我相信，没有人能把他自己的生平写得既真实又有益于公众。公众还很愚昧，无法理解据实撰写的传记。以谬误为基础的制度经不住真理的考验，也不能包含那种一旦为人们所理解就会证明是无价之宝的内容。

询问者 那么，你写给公众看的就将是以假乱真了吗？

欧文 不。我要在以谬误为基础而建立起来的制度所容许的范围内尽量讲真话。

询问者 你打算怎样把自传写得既讲了实话又避免谎言呢？

欧文 我知道自己的身体、智能、道德、精神和实践等方面的品质的胚芽，早在我出生之前就已全部为我形成了；在我出生以后，它们一直由社会或好或坏、或贤或愚地加以引导。因此，我将把自己看作是第三者，此人的思想和全部性格都是由外力为他形成的，对此他并无功过可言。我将如此看待罗伯特·欧文，撰写和评论他的生平。

询问者 那么，根据这一论据或者像你所说的认识从新的角度去理解社会，其结果势必会抹杀个人的一切功过，使他对自己的感情、看法、思想和行为都不负任何责任了？

欧文 是这样，因为这是同自有人类以来的一切事实相符合的，是同现有的一切事实相符合的；而且，因为这是伟大的真理，只有它才能给人类开辟智慧之路，使他们能够了解自己，知道他们的性格是怎样由外力为他们形成的，知道他们的性格是怎样可以像顺乎自然规律那样万无一失地在每个人出生以前和以后由外力很好地为他们形成的，并且知道从而可以使全世界的人在切合实际的最短时期内怎样团结起来，亲如一家，做到人人善良、明智和幸福。

询问者 哎呀，这可真是会给地球上带来绵延千年的太平盛世了！可以肯定，你的基本原理或者从基本原理推断出来的结论想必是有错误的地方，否则你就不至于花半个多世纪的岁月，始终都来劝说有理性的人相信那种将使人类获得永久幸福的理论了！

欧文 你忘记了这样的事实：任何概念，不管多么错误和荒谬，甚至都可以作为不容置疑的真理，塞进任何人的头脑；迄今教给人类的种种想法都是以充斥于一切人的思想和行为里的一种错误的理论为依据的。

询问者 你在作出这个概括性的论断时，并不打算把那得自科学或事实的知识也包括在内吧；如果包括在内，那就是真伪不分啦。

欧文 各门科学总是以它们自身和其他一切事实为依据的；但在许多情况下，所谓科学界人士，尽管他们知道一门或几门科学的某些事实，却往往把这种知识在各人原先根据错误基础而教育和训练出来的头脑中弄得混乱不堪，结果，他们的科学知识往往成了一堆真假兼蓄的混杂物；而且，同科学所能发挥的、造福全人类的力量相比，他们简直没有很好地利用自己的科学知识。只有关于性格的真正形成过程的知识才能恰当地指导科学的应用，使科学为天下人服务。这种知识将使人们看到，科学是同人间的一切宗教、政府、法律和体制相对立的，因为后者都以人类形成他们自己或者他们自己的品质这一假设为依据。大家都知道，历来的宗教、政府、法律和体制都是以这一假设为根据的，它们迄今为止形成了人类的性格。

询问者 那么，你认为不能依靠科学界人士充当人类的导师啰？

欧文 我认为不能。他们能够把自己已经掌握的物质科学方面的一些有用的事实教给别人；但是，除了这些科学之外，他们常常昧于精神领域的知识或者有关他们自己的知识。他们在很大程度上滥用了他们通过所受的教育学到的那一点点物质科学知识，并且往往一味偏爱旧的社会制度某些有害的教条。

询问者 如果你对科学界的人士评价如此之低，而他们本身还是讲究实际的，在许多方面最接近你的观点——那么，在整个社会范围内，你向哪个阶级去寻找世界先进人士来参加明年5月14日你召开的代表大会呢？

欧文 我不向任何阶级去寻找。现有的社会阶级划分是非常错误的。这些阶级区分必然以损害我们的高级才能为代价去过分培养我们的一些低级才能。现有的阶级划分使阶级与阶级对立，甚至使同一阶级的成员互相对立，在他们之间制造嫉妒，并且往往还制造仇恨，因为他们的表面利益是互不相容的。把人类划分为阶级的目前这个愚蠢的做法，把世人分成被剥夺其体形美和被忽视其较好才能的一群群男女。

询问者 这么说，你可跟政治经济学派的空谈理论家们所确立的学说背道而驰了。这些人教导说，劳动分工体现了至美至善的社会，是增长财富和知识的最好办法。

欧文 我知道这是他们的得意理论之一。但它同他们称之为一门科学的其他一切教条一样，只不过是关于人和社会的肤浅之见，他们无论是对人还是对社会至今仍然是一窍不通的。自从用以代替人力并使人类能够借助于科学来增加财富的难以估计的巨大力量被发现以来，政治经济学家的严重错误就是使人类成为科学的奴隶，而不是顺应大自然的意愿使科学成为人类的奴隶和仆役。人类具有如此精良的体力、智力、道德、精神和实用上的器官、才能和力量，它们在每个人身上又是如此奇妙地结合起来，因此，为了别针、缝衣针线、线带等等，以及为了所有这类无生命的物质资料而使人类作出牺牲的做法，立刻显示出对于人类的本性和真实价值的极端无知，对于为形成富裕、合理和幸福的社会状态（也就是地球上人类正确的生活状态）所必需的原理和做法的极端无知。这些当代的聪明人似乎一点也不懂得造就人类使其成熟为具有**一切**经过磨炼而自然臻于完善的器官、才能、力量和品质的成熟的男男女女，同精工制造别针、缝衣针线等有什么区别。

询问者 哎呀，如果像你这样责难通常被称为我们第一流讲究实际的人在这方面表现出来的智慧，你要把我们引向何处呢？

欧文 只不过是引向正确的判断，引向关于平常事物的认识。在受到合理教育和得到公正安置的未来第一代，年仅十岁的儿童在认识事理和正确判断方面将远比当今最老练的政治经济学家，即所谓讲究实际的人来得优越。

询问者 你所说的今后那么容易学会的正确判断和有关平常事物的知识，指的是什么呢？

欧文 我所说的正确判断，意味着观察古往今来的平常而普遍的事实，在十分合乎自然规律的情况下利用它们来为人类谋取永久的利益。

询问者 这需要加以解释。

欧文 我是说：人的每一个天生的器官、癖性、才能、品质和能力，都是在他本人不知道或并未表示同意的情况下，在他出生时由外力为他形成并强加于他的，这是司空见惯，在过去任何时候都普遍存在的事实；观察每个人过去和现在所处的条件或环境，可以看到那也是由外力为他形成并强加于他的；因而才有米堤亚人和波斯人、中国人、日本人、希腊人、罗马人、特洛伊人，等等——因而才有今天的英国人、法国人、德国人、俄国人、土耳其人，等等。由此可见，全世界所有的人之所以被塑造成他们现在那种模样，是因为宇宙的创造力为他们形成的天生力量和品质受到环境的影响的缘故，而他们处于什么样的环境则是由成熟的社会在他们出生之日起给他们安排的——看到并作出这样的结论只不过是明白易懂的常识而已。因此，**每个人出生时具有什么样的天生品质以及出生后处于什么样的环境，他也就必然成为什么样的人。**

询问者 嗯，必须承认，到现在为止你说的都不过是从最平常的事实推断出来的浅显的常识。它十分平常，所以每一个攻读历史的人以及每一个观察世界上一切国家、部落和民族中普遍存在的平常事实的人都对此并不陌生。但那又怎么样呢？每一个善于思索的人都一定知道这种常识。这一点你又怎样看待呢？

欧文 到现在为止，攻读历史的人和观察现有事实的人都在出生以后因受环境的阻挠而不能学到常识。

询问者 你怎敢指责世界上这一先进时代的学者缺乏常识呢？这是同目前普遍的信念完全相反的论断，他们会要求你加以证明的。

欧文 这个论断很容易证明。上面说过的简单事实使人一眼就看出人的性格何以千差万别的原因，同时也使人十分清楚地看到，个人是不可能形成其生理的、智力的、道德的、精神的或者现实的性格的。不管是谁，一旦他在所处环境的影响下和陶冶性格的过程中能够学到最基本的常识，就能根据正确的判断，明显地看出上述的结论是颠扑不破的了。

询问者 嗯，看来确实是这样。应当假定并且承认你的说法是对的，可以算是同人类一样亘绵千古的真理。可是，"人们的天生品质是在他们出生时由宇宙的创造力创造出来的，而培养他们的天生品质的则是环境，是他们出生以后由社会给他们安排的、似乎是无穷无尽的环境"——这个有关人类的常识观点，你又能用来干什么呢？每一个善于思索的人都必然懂得这个观点。它不过是从普遍存在的并为一切观察精确的人所知道的事实中提炼出来的常识而已。科学界人士和饱学之士都还没有利用这些事实，你又能怎样利用它们呢？

欧文 据我看来，有关人类性格的真正的普遍形成过程这一常识性的观点，可以产生十分重要的实际成果。

询问者 这话我不能理解，看来以往任何时代的其他所有的人也不能理解。请你用公众都能懂得的常识性的解释来说明一下，什么事情可能确实是对人类实际有用的。

欧文 我愿意这样做。凡是研究过人类的天生器官、才能、癖性、能力和品质的用途的人都非常清楚地看到，每一个人如果从出生之日起受到正确的培训，并且经过适当的锻炼，做到对每一种官能和癖性都有所克制，就会在外力影响下明确他的意图，或者说在性格方面陶冶成这样的类型和组合，以致可以使个人身体健康，心情愉快，并把幸福传播给周围所有的人。

询问者 不错。可是怎样才能为人类的任何一部分取得这些成就呢？

欧文 这些成就不是任何一部分人能够单独取得的。可是，**全人类**却能够很容易取得这些成就并永远保持下去。

询问者 这可真是值得掌握的知识了，并且将是人世间一切科学中最重要的科学。如果使各国政府和人民理解这种知识并觉得切实可行，那么，为了他们自己的幸福和子孙后代的幸福，他们就会克服他们目前那种赞成维持现状的偏见，采纳这些可以实现如此辉煌、如此普遍和如此持久的成就的观点。我真是迫不及待地要你把这项最伟大的发现给我和全世界的人讲明白呢。

欧文 别着急，你会如愿以偿的。我来问你：世界上的教士一向多么想把儿童教育置于他们的管理和指导之下，他们多么反对其他一切方面的人士对儿童教育产生任何影响，这你注意到了没有？

询问者 我注意到了。我看到国内每一教派的基督教徒都充分表现了这种精神，犹太教徒和摩门教徒也是如此。

欧文 你有没有考虑过，他们为什么要竭尽全力去抓住儿童的思想呢？

询问者 我想，这是因为每一教派和社会上的每一部分人都像你所说的那样受到他们自己的环境的教育，认为唯有他们的一派或自己这一部分人才懂得关于某些奥妙莫测的问题的所谓神圣真谛，认为其他一切教派在他们认为是极端重要的问题上都弄错了；所以他们希望，如果可能的话，要使天下人都和他们持有同样的主张。对于每个教派都要别人改信他们那一派的主张这种普遍存在的原则，我只有这么一点看法。

欧文 就你所说的意见来看，你的论断是对的。世界上的教士都很清楚：他们很容易把自己的信条塞进幼小的头脑里去，不管其他教派和社会上其他部分的人会认为这些信条是多么荒谬；而且，一旦能使任何信条在幼小的头脑里先入为主，那么，要使一个犹太教徒成为基督教徒，使一个基督教徒成为孔子的或婆罗贺摩①的信徒，或者反过来做，往往很难做到，一般说来是办不到的。

询问者 但这不是什么新的学问。② 这是以往历代人都知道的学问；任何国家的教士都训练儿童的头脑，使它适应他们自己的思想；这样，教士就使世人、也使他们自己完全不懂得怎样培养人类，使人类善良、明智和幸福。教士自称要努力使人类善良、明智和幸福，可

---

① 婆罗贺摩（梵天），婆罗门教、印度教的三位主神之一，即创造之神。——译者
② 原文此段皆为"询问者"语。疑从本段第二句起至本段止为欧文语。——译者

是他们所用的办法却使世人愚昧、邪恶和不幸，使一切国家和民族倾轧不和，在思想和行动上极其荒谬——事实上，是使人成为一切动物中最为自相矛盾的族类，永远努力去做那些直接违反自己天性的事情。但是，如果理解了人的天性，并且加以合理的培养、教育、使用、安置和管理，那就会发现，人的天性比天下已知的其他一切天性都要优越。将来，地球上不会再像现在这样充满着愚昧和苦难，而是人人都会具有真知灼见，过着幸福的生活，他们达到的境界绝非现代人所能想象。

询问者 可是怎样照你所说的那样去培养、教育、使用、安置和管理所有的人呢？

欧文 利用环境科学，要使这门科学家喻户晓并应用于实践。

询问者 环境科学？这可是我从来没有听说过的一门科学！它谅必是你关于万物的许多极端想法中某种离奇的概念。谁听说过环境科学啦？

欧文 在这个问题上，你同世界上所有的人一样，令人十分惋惜地产生了误解。环境科学不妨叫做实用常识科学。

询问者 可是谁能理解你所说的环境是指的什么呢？你所有的读者都莫名其妙，每个人都问别人，你所说的环境是什么意思。

欧文 我完全意识到人们有这样的困难。环境一词使千万种的思绪汇集我的心头，比如围绕着全世界各种不同阶级、不同信条和不同观点而展开的无数事件。它们塑造着世界上互相对立的人的性格，使他们有这么多人不合理性，思想和行动前后矛盾，精神错乱，成了白痴或者狂人——同时我还想起其他情况、条件即"环境"的组合，如在实践中掌握得当，它们将迫使所有的人变得善良、明智和幸福——有理性，也就是在思想上和实际行动上前后一致，所有的人都团结得像一家人或者一个人一样。

询问者 享有这样的环境，就将等于是出现奇迹，不是凡人所能想象的了。如果你苦口婆心地教诲叱咤风云的君主——博学的政治家——富有的资本家——教士——律师——医师、军人和商人——特别是自由贸易派——以及所有的那些自认为在当前的正常状况（或者毋宁说是混乱状况）下享有既得利益的人，那是枉费心机的。既然有这些持有偏见的人反对你，这种工作是没有成功的希望的。这是完全办不到的事。

欧文 "办不到"这个词儿对我的活动没有什么影响。这么多办不到的事已经变得可能办到而且收到实效了，因此，这个词儿只是意味着使用它的人估计他所谈到的事情行不通罢了。我已经制胜了许多原先据说是不可能办到的事，我希望今后还要制胜一些，其中包括使公众了解环境的意义，了解怎样创造新的环境，并在实践中普遍应用新的环境来保证人类永远进步，永远幸福。

（中略）

询问者 你说这个制度现在已经腐朽不堪，不可能在其风烛残年奄奄一息之际训练并教育任何人，使他变得善良和伟大；如果是这样，那么，你在这个制度下生活和活动了这么多年了，请问，我们应该把你看作是怎样的一种人呢？

欧文 你们应当把我看作这样的人：他不属于当前的社会制度，而是以无比欢欣的心情期待着它彻底消灭，最后看到它大厦坍倒，片瓦无存。

询问者 那么，你就会同科苏特[①]、马志尼[②]等人结合在一起，要不然就参加赤色社会主义者的行列，摧毁现有的一切政府和教士体系了？

欧文 我不会同他们中间的任何人结合在一起。他们用心颇佳，

[①] 拉约什·科苏特（1802—1894），匈牙利民族解放运动的领袖。——译者
[②] 朱泽培·马志尼（1805—1872），意大利民族解放运动领袖之一。——译者

可是目光短浅，有关人性的学识更为谫陋，对于怎样才能把人类的生活组织得合乎情理，则根本一无所知。他们要先破坏，后建设，或者是先破坏，然后才懂得怎样进行建设；因此，他们要是如愿以偿，显然只会轻率地把各族人民带进混乱和普遍纷扰的局面，其结果徒然牺牲生命和财产，使现在的混乱状态更加混乱。

询问者 你这个人真怪。如果不同你所提到的那些人结合在一起，你也许会同自由贸易与和平派携手合作吧？

欧文 我不同自由贸易派合作——因为它只会假借和平的名义，鼓励和煽动一切战争中最可怕的战争——少数最狡诈的人对许多不那么狡诈而比较有人性的人进行的一种隐蔽的战争；另一部分和平派则把和平置于谬误的基础之上，这种基础永远也帮不了忙，只会阻挡和平的胜利到来，妨碍全人类普遍的持久和平的实现。这些人采取装模作样的行动，企图借以建立和平——而任何装模作样的行动是永远收不到良好的效果，也是难以持久的。

询问者 可是，自由贸易派在国与国之间，甚至在十分遥远的国家之间开辟了畅通无阻的、友好的交往渠道，他们这样做，当然是作出不小的贡献吧？

欧文 只要是在国与国之间开辟自由交往的渠道，而不是发动战争，那自然很好；可是，谁听说过做生意会讲友谊呢？现在这样做生意，是你死我活、残酷无情的友谊，也就是说，看谁最擅长以最低廉的价格买进，以最昂贵的价格卖出来欺人肥己。经商这件事总是培养人的一切最卑劣的本领，挫伤人的一切高尚的才能。经商真可算是一种爱财如命的自私方式。

询问者 这话居然出自你的口中！你早年就做生意；到了中年，也有好多年是财运亨通的大工厂主嘛！现在你倒把整个贱买贵卖的方式痛斥了一番，好像你自己从来没有干过这一行似的！

欧文 我从事工商业将近半个世纪，从周围看到的形形色色的事情很多，完全足以证明做买卖是多么虚伪，多么腐败，它所产生的败坏道德的影响又是多么严重；我也看到工厂老板鼠目寸光，专横暴虐，他们把工人当作奴隶使用，这种情况在大的工厂里尤其突出。

询问者 然而你在很长时期内始终同他们一样是个专横的大工厂主嘛！你又怎么能够把你的理论同实践之间的这种矛盾解释清楚呢？

欧文 你们那种谬误、卑鄙、愚昧和极其邪恶的制度迫使我学会了贱买贵卖的交易，我是迫不得已才干这一行来维持生活的——因为，要在这个制度下维持生活，你必须当暴君，要不然就当奴隶。你不去吃别人的东西，别人在这个制度下就必然要吃你的东西——当前社会的全部进程中没有丝毫真正的学问、正义或者仁慈。它只有关于无须争夺或无须为之发生冲突的东西而普遍进行的争夺和冲突。这都是为了个人的财富和权力，而获得最大胜利的人则要冒很大风险和采用极不正当的手段才能保持其财富和权力。可是，在另一种社会制度下，即以真理为依据、用常识建立起来的正确的社会制度下，那就会很容易使每个人不必以任何方式进行争夺或竞争就拥有充盈的财富，并且永远称心如意地掌握大量的权力。

询问者 我们这次对真理的探索越来越深入，你这个人也就越来越奇怪了。我不能理解你。我从未遇见过像你这样固执的人，既反对现状，又反对别人提出来的一切改革方式。你反对现有的一切事物，这种奇怪的对立性格是怎样为你形成的，你是怎样变得在感情上、思想上和行动上同其他所有的人大相径庭的，你能解释一下吗？

欧文 我非常乐意把这个问题——我希望——对全体公众说清楚，因为这样做可能会长期对别人大有好处。前面已经说过，我发现上帝，即伟大的宇宙创造力在我们出生以前，在我们不知道、也未经我们同意的情况下，形成了我们天生的器官、才能、癖性、能力和品质这些方面的胚芽——出生以后，社会考虑周到地或轻率地把它们培育起来，从而使我们行善或是作恶，使我们幸福或是痛苦——上帝和社会就是这样把每个人一生的性格强加在他身上。我还发现：所有的器官、才能、癖性、能力和品质的胚芽都是好的；在人们能够变得了解他们自己和社会，从而知道怎样去合理地训练、教育和发挥这些本能的时候，它们显然都会像人们所预期的那样，使每一个人变得善良和明智，善于同别人团结，能够尽量随意享用为终身幸福所必需的一切东西，而谁也不会有后顾之忧。我还发现：由于社会考虑周到地或轻率地训练、教育、使用、管理和安置每一个人，他就被强制在一生中具有低劣或优越的性格——既然如此，每一个人出生以后的性格是社会而不是个人为他形成的，对每个人的性格负有责任的只能是社会。我还发现，在科学知识不断发展的现阶段，大自然使社会掌握了巨大的力量和手段，得以很容易像顺应自然规律那样万无一失地为每个人形成善良、有益和愉快的性格，只要他从出生之时起就一直由社会安置在合理的环境里。既然我已积累了这么多重要的知识，那么，为了人类进步的需要，我也应当发现什么是真理的准确标准。一代又一代各方面的人士都急切地提出问题："什么是真理？谁会给我们说明我们可以踏踏实实地信赖的真理呢？"正确无疑地发现真理，这是我从少年时代起就怀有的最热切的愿望——压倒一切的愿望。引导并支配我一生的内在力量或气魄，在我少年时代就给我揭示了这块无价之宝。我因而得以了解，"真理永远同它本身相一致，同一切既成事实相一致，并同将来可以认识的一切事实相一致。自相矛盾或者同一件获得确证的既成事实相悖逆的，就**不是真理**。"

询问者 那么，这些发现曾否有助于形成你那奇怪的性格，使你反对古往今来一切国家和民族的一切制度呢？

欧文 你所说的奇怪性格是以这样的发现为基础的，这就是：上帝（或大自然）和社会形成每一个人的性格；一旦社会在客观的推动下能够了解它自己，知道它本身有力量控制我们地球上的环境，它就可能为每一个人形成善良、可贵和高超的性格。接着，真理标准的发现诱使我重新阅读过去读过的书籍，并且，以人的性格是由外力**为他**形成的——实际上是由创造他的力量和社会强加于他的——这一点知识为基础，确立了一种新的见解；同时，在构思概念以确立这种新的见解时，我剔除了与如实地说明性格形成过程的伟大基本真理不相一致的任何论点。这样——新的概念日积月累，它们彼此都互相一致，同形成性格的伟大的根本原理或事实相一致，又同**一切**已知的事实相一致——人类历史上又一次被创造出了或诞生了一种新的见解，这种见解所包含的一切概念和联想都互相一致，又同一切已知的事实相一致，因此，按照真理的标准来衡量，这是一种合理的、正确的、始终如一的见解。我不知道还有什么别的办法可以在健全的身体内形成这样一种正确合理的见解。

询问者 你确实认为你已经由此而摈弃了一切自相矛盾的、错误的概念和概念组合，仅仅保留了那些始终与其本身相一致，又同一切业已确证的事实相一致的概念和概念组合吗？

欧文 自从真理的真正标准作为伟大的首要事实铭刻在我脑际以来，我就一直有这样的意向。如果人类及早受到教导，懂得真理的这个唯一真正的标准，懂得怎样在一切场合应用这个标准去培养所有的人的思想，那么，老一辈人就能为年青一代造就新的思想，这种新的思想比起过去在形成世界各国每一阶级的性格时由胡乱积累的概念所组成的一切思想都要优越得多；因此，相形之下，他们无论男女都是新的优秀人种，身心美好，思想和行为始终如一。

询问者 你当然不指望会有那么一天，那时，人类所处的环境和所受的训练与教育能够并且将使每个人头脑里的概念都永远同它们自身相一致，又同一切事实相一致吧？

欧文 我倒真是这么指望的。因为，一旦采用形成性格的自然方式以代替无知的、不合人情的并对施教者和受教者来说十分恼人而不能解决问题的教育方式即形成性格的方式，那么，经过短期的实践之后，这种对所有的人实施的教育方式就会成为形成每个人的性格的简单方式了。

询问者 你所说的形成优秀性格的自然教育方式是怎样的方式呢？

欧文 就是我在半个多世纪以前在苏格兰新拉纳克采用的新教育方式，在那里，我用那种方式使新拉纳克村居民的所有的孩子都养成了崭新的性格。

询问者 那是怎样的新教育方式呢？

欧文 新教育方式从孩子们很小的时候开始。教师用显豁的手势和动作给受教育的幼儿与儿童示意，同他们亲昵交谈，在最初的时期以他们周围熟悉的事物为内容。孩子们受教育时，非但不用担心会受到惩罚，而且一定会得到教师用仁慈宽容的态度来对待他们的任何缺点。教师永远以热爱和深切关怀孩子们的心情与语调进行教学。每一个忠实的教师心中的这种热爱与深情则是以新方式接受教育并形成其性格的每一个幼儿和儿童所创造出来的。

询问者 你是说，你已见过受到这种教育的孩子了？

欧文 是啊。苏格兰新拉纳克居民的孩子就受到这种教育前后达二十五年以上。

询问者 没有惩罚，只有爱吗？

欧文 对。而且在那个时期，村里总数为二千五百人的全体居民也是按同样的原理加以管理的。

询问者 那么，我想每天都要发生各种各样的犯罪行为，情况变得非常混乱吧？

欧文 你大错特错了。

询问者 在用新方式教育村里居民的孩子，并用新方式管理各种年龄的居民以前，他们都是干什么的？

欧文 他们来自四面八方，是一群非常低等的劳工。他们衣衫十分邋遢，住房非常肮脏，酗酒滋事，道德败坏，但都表现出一副信教的虔诚神情——他们有好几个教派，互相对抗，每个人都坚信他自己的一派正确，认为其他各派都不如他那一派，错误很多。

询问者 这些人是怎样改正过来的呢？开始时一定要严加惩罚，才能使他们有点儿悔改吧？

欧文 在这一点上，你同其他所有被称为世上聪颖有识之士一样，是大错特错了。一切的所谓犯罪行为，都是教育者或政府的过错。教育者和政府至今不了解人性，不懂得怎样把它置于适当的地位，怎样形成它的品质，或者怎样加以管理。他们愚昧无知，直接或间接地先造成了犯罪行为，然后以惩罚为武器去镇压罪行，而惩罚的花样又不断翻新，其严酷的程度有增无已，结果并不能够有效地消除犯罪的根源。这就是今天还有成倍增长的犯罪行为的缘故。另一方面，智力的武器完全是真知、宽宏和仁爱的武器，只要运用得当，就一定会根除犯罪的原因，使普天之下无论男女都有合理的思想和行动，最后毫无例外地从出生之日起就显得善良、明智和幸福。

询问者 什么！管理全世界的人可以不用惩罚！只靠有关人性的知识、宽宏和仁爱精神？

欧文 这些是形成正确的性格和管理世界上一切国家的全体居民的唯一妥善武器，只要运用得当，就足以使天下人的生活永远富裕、融洽和幸福。

询问者 够了，这些就不用说了。我们还是谈谈事实吧。首先，在新拉纳克，是用正确的知识、宽宏和仁爱精神去管理居民并教育儿童的吗？

欧文 是以真正的宽宏和仁爱精神以及当时我所掌握的有关人性的知识去教育和管理他们的。

询问者 第二，是否可以请你简短地解释一下，你实际上是怎样应用那些知识的呢？

欧文 所用的办法是逐步消除他们周围许多有害环境中的若干部分，并代之以较好的环境。

询问者 第三，这种做法的结果如何呢？

欧文 随着有害环境的逐步消除，居民的性格有了很大的改进，令人十分满意。根据由此取得的经验，我可以满怀信心地说，这种做法如果运用到人生的全部历程，必将产生同样的结果，无一例外。非常令人遗憾的是，世界各国政府和先进人士都没有学到这种以正确判断为依据的把常识性的知识应用于寻常事物的方式。

询问者 你所谓的寻常事物是什么呢？

欧文 我指的是日常需要或用得着的事物，要把它们妥善安排，使它们能够产生最好的结果。

询问者 你对于自己在新拉纳克的一番作为，一定是抱着不喜宣扬的谦虚态度——因为谁也没有提到过，并且任何方面似乎都不知道你有刚才所描述的那一番经历。如果你说的情况来源于环境的影响这一点是正确的话，那就不再需要讨论什么处理罪犯的最好办法，或是惩罚罪行的任何手段啦。

欧文 肯定不再需要了。世界上的教士、政府和比较先进的人士毫无益处地和有害地消耗那么多时间、花费那么多资金，想出了种种惩治罪行的办法，枉费心机地试图减少罪行；然而，根据应用于寻常事物的常识来判断，一定会屡试不爽地发现，就世界范围来说，社会早就可以防止任何犯罪行为的存在，使它在今天的世界上仅仅成为历史的陈迹，而社会为此付出的辛劳和耗费的时间与资金定然远远不到当代社会为了惩治罪行而耗费的千分之一；这就说明他们显然是愚不可及了。

询问者 怎么会是这样的呢？要么是你，要么就是世界上的教士、统治者和先进人士是最荒谬的，如果不是神经错乱的话。在这对全世界来说是个十分重要的问题上，你绝不可能是对的，因为你只是单枪匹马,而你所反对的却是世世代代直到今天的所有其他的人,十之八九是你错了。

欧文 我很愿意同你所说的那些人一起接受已然有人知道的真理的唯一标准的检验。这个标准就是"同自己一致,并且坚定不移地同一切实际情况相一致"。

询问者 这似乎是一项公平的建议。你将怎样进行这场独特的检验呢?

欧文 自然而合理地进行,其办法是考察普通的显而易见的事实,并从这些事实推演出不言而喻的真理来。

询问者 我可不知道你所指的事实是什么。请你比较详细地解释一下吧。

欧文 我已经说过,现在还无人知道其实质和行动方式的宇宙的伟大创造力是创造万物的无所不在的上帝。不管将来人们的知识会发现这个万能和永恒的创造力是什么,它在每个人出生以前就创造了全部人性的胚芽,也创造了每个胚芽所含有的人性的各种天然品质的比例,比例互不相同,因而构成了每个胚芽的独特个性;这样,人性的一切天然品质的种种胚芽是在每个人出生时未经他同意并在他不知道的情况下赋予他的。我的这些话是否足以使世界上的普通人都听得懂呢?

询问者 到现在为止,我认为你是说清楚了的。凡是想要了解你那理论的人,都不可能误解你刚才说的简单明了的话。请再说下去。

欧文 古往今来的事实始终证明,所有的人生来就具有人性的同样的一般品质,只是这些品质的比例因人而异;如果叫个人为此负责,无论是对设计并创造出那些含有按照神意结合起来的神授品质的胚芽的力量负责,还是对人负责,那都是极不合理的。

询问者 要使被创造者对创造他的力量所赋予的品质负责,看来确实是不合理的;似乎同样不合理的,是要他对人负责,因为到现在为止，人们还完全不懂得你所说的这些神授品质及其神授的结合方式呢。不过，它们为什么是神授的呢？

欧文 因为它们是宇宙的伟大创造力即创造万物的上帝不可思议地塑造出来的。

询问者 下一个事实是什么呢？

欧文 自有人类以来构成人性的这些品质从过去到现在一直能够接受无数不同的指示去形成每个人的成熟的性格。

询问者 怎样接受指示的呢？这需要更清楚地加以解释才能使普通人充分懂得你的意思。

欧文 过去和现在的事实都证明，任何语言、宗教、法律、政府、等级、制度、概念、联想、习惯、举止和行为都可以令人觉察不到地教给每个人，并使他在不知不觉的情况下非接受不可。

询问者 怎么做到的呢？

欧文 很简单，由每个人出生以后社会强使他所处的各种各样的环境来完成。

询问者 如果是这样，那么任何语言、宗教、法律、政府、等级、制度、概念、联想、习惯、举止和行为都可以由社会强加给全世界的任何人了。这怎么能同人对人的一般言论和行为相符合呢？因为人们互相赞扬、责备、奖赏和惩罚，就好像每个人在出生时形成了他自己的自然品质并决定自己的全部性格应在哪一阶级、哪一类环境中趋于成熟似的，也好像他的性格在出生以前和以后都是由他自己形成似的。

欧文 我让今天的明智人士去把我所讲的有关人性的不变事实同所有的教士、政府和大众的这种行为融合一致，并承受真理标准的检验吧。

询问者 肯动脑筋的人立刻就了解得很清楚，现有社会的任何部分都是同它自己或者同自然的事实相矛盾的，所以我猜想，你是说整个社会体系是错误的。

欧文 它在原则上的错误和在实际上对一切人的危害都十分明显，因此，如果天下任何一部分的任何一国存在着头脑清楚、判断正确的真正注重实际的人，他们就会联合起来，立刻着手改变整个的社会体系。

询问者 你是说世界上就找不到具有常识的真正注重实际的人啰？

欧文 我一个也没有遇见过，也没有听说过。我一向满腔热情，试图发现具有这些条件的人，以便在我去世之前可以同他们联系，使他们能够从我为了达到这些目的而长期进行积极活动的经验所提供的实际知识和常识中得到额外的好处。

询问者 既然照你所说的，谁也没有得到过那种实际知识和常识，那么，即使有可能得到，也就必然是困难重重了？

欧文 如果不放弃、不彻底抛弃从其建立之日起一直延续下来的目前的社会制度，那就不可能获得那种实际知识和常识。因此，从当前形成人的性格、产生财富或建设社会的任何具体措施来看，都毫无常识可言，这样，那些措施本身就矛盾百出，也必然同从未听说有所改变的普遍事实和自然规律不相吻合。

询问者 这可是一种新奇的理论。即使它是正确的理论，我也很想知道你怎么胆敢把它讲了出来。不用说，你会刺激全世界所谓先进人士的自高自大的心理，促使他们反对你，而他们却正是你号召的对象，要他们明年5月来组织一次代表大会，帮你介绍一种同他们所知道的唯一制度直接对立的新制度的。

欧文 这就是真理，全部的真理，纯粹的真理；它能挽救社会，使它摆脱自己致命的、十足愚蠢的根本错误的影响，以及体现在社会制度每一部分的这一根本错误的各个触须的影响。我从早年起就展开了"不故弄玄虚、不掺杂错误、也不怕人的真理"旗帜，那是我一生事业的开始。世人想必能够判断出我曾否由于某种考虑而抛弃我的旗帜。

询问者 你在每个人的心目中都是个不可思议的人，谁也不知道你是怎么回事，所以有人说你是幻想家，有人说你不切实际，有的说你精神错乱，有的说你疯了。耶稣会教士说你太坏，甚至不能让你出现在已故图素夫人①的蜡像馆内为社会所摒弃的最坏人物之尤的行列。可是你倒宣布，世界先进人士代表大会要在你八十六岁生日那天开幕，去考虑改变全世界整个社会制度的最妥善的和平方式。你这样做，岂不更容易使公众怀疑你**确实是**精神错乱或者是疯了吗？

欧文 十分可能。但我根据经验知道，正是这种刚毅不屈、敢于不顾舆论、蔑视当时一切偏见的疯子，才已经有了最伟大的发现，保证人类可以取得最大的福利。

询问者 你真是现今世界上最固执、最自以为是或者说最誓不回头的人了。

欧文 关于这一点，公众读了和研究了我的自传之后，是会做出判断的。

询问者 那么，你现在就决定开始继续不停地写自传了？

欧文 我打算这么做，因为我答应朋友们现在就开始写。而且，由于我一生的事迹也许能使教士、政府和老百姓发现，把人类联合成一家，从所有的人出生之时起就迫使他们成为善良、明智和幸福的人，并在任何时候都拥有真正优良的充裕财富，而这一切实际做起来又是多么简单、多么直截了当，因此我开始写自传时就不会像以前那样不愿动笔了，但我不能不感到它将是一部写得很差的自传。

询问者 我们知道你年事虽高，仍将尽力而为，把自传写好；对此，朋友们一定会感到满意的。可是我们难以想象你打算要明年5月

---

① 玛丽·图索（1760—1850），原籍瑞士，伦敦蜡像馆的创办人。——译者

的代表大会起什么样的作用。

欧文 旧社会腐朽不堪，世界各地的人民和政府如今都陷入困境，不论是人民还是政府都不知道下一步该怎么走，都忐忑不安地注视着对方的行动，都意识到自己无力做有益的事情，也无力使自己的行动有希望得到永久的成功。这一切难道你看不出来吗？

询问者 看出来了。我们这些自命为注重实际而老于世故的人意识到你所说的这种新奇的局势，可是人民和政府看来都愿意竭力有所建树，并担心他们之间如果再次公开交战就会产生怎样悲惨的后果。但是，在冲突的双方和彼此发生矛盾的原则之间剑拔弩张一触即发的时候，你能做些什么呢？

欧文 指出双方的错误，把符合一切事实的新知识展示在他们的眼前，使每一方都看清楚，内战将使双方都受到惨重的损失，而采用其他办法，双方的利益和幸福就可以协调一致，万古长存。

询问者 你打算召开的代表大会如能产生这些效果，就会确实给大家带来持久的好处，也就非常值得我国和其他一切国家最先进的人士注意了。可是，如果不先毁掉旧制度，腾出地方来建设新制度，你又怎能指望实现变革，用另一种制度来代替现有的这个制度呢？

欧文 社会并不是先毁掉旧的石子路才开始建设并完成预定要代替那些石子路的铁路的。甚至铁路已经建成，准备接待旅客的时候，还要把石子路留下来，给胆小的人使用，直到旧路不受重视，显然对公众无用为止。同样，在并不摧毁或损坏旧的社会制度的情况下，具有极好环境的新社会制度的各个部分都将在新的场地建立起来，准备接待愿意脱离旧路或旧的旅行方式而来的旅客，直到新的制度逐渐扩大，足以容纳全世界的人口，给他们提供非常优越的生活方式为止。这样做，就会异常有利地防止政府与人民之间的冲突——请允许我补充一句，这里提出的办法是唯一能够持久的办法，它能永远防止真理的原则与谬误的原则之间、正确与错误之间、自由与奴役之间这种最可怕的争夺。

询问者 好吧，不妨试试你的办法。不管它怎样充满着或者看来充满着幻想，试行起来对世界人民总会有些好处，也许会有很大的好处。所以，祝你的不切实际的计划取得良好的成绩。

（下略）

1956 年 12 月

自传

童年生活回忆

我们家庭用的大本《圣经》的附页上记载着，1771年5月14日我出生于北威尔士蒙哥马利郡纽汤，随后于6月12日受洗礼。

我父亲的名字也是罗伯特·欧文。他出生在韦尔什普尔，从小学艺成为马具师，大约兼做小五金商，因为那时候在威尔士边境那些小镇上，这两种行业往往是结合在一起的。他同威廉斯家联姻，这一家人丁兴旺，是我童年时纽汤一带最受敬重的农户之一。

我记得我的母亲（人们告诉我，她结婚时被认为是很美貌的）是威廉斯家的长女，在她的同伴中间，她是聪慧过人、仪态出众的。

我猜想我父母婚后安家在纽汤——我父亲自己成家立业，当马具师和小五金商。他还终身兼任驿站站长。他一般经管着教区事务，看来他比镇上其他任何人更熟悉教区的财务和业务。我从未想到过要询问父亲关于他的父亲或母亲的任何详细情况，因为他们在我出生以前都已去世；并且由于当时道路崎岖不平，纽汤和韦尔什普尔的年轻人不大有人来往。我能回忆起的关于我父亲家庭的唯一事情是，听见父亲同族中年老一些的人谈话时说，他在一件讼案中失掉了每年可收入五百镑的一宗房地产，后来他查明那是因为他自己的律师受人贿赂而失掉的。纽汤在那时期是个很小的集镇，居民不超过一千人——清洁整齐、环境优美，与其叫它市镇，还不如说是乡村。镇上有通常的各种行业，但是没有制造业，只有很少几架织法兰绒的机子。自从这清洁的乡村变成了一个肮脏的但是具有某种重要性的制造业的繁荣市镇以后，我没有再看到过它。

那个时期，塞文河上有一座木桥，它给我留下了深刻的印象，因为我差一点在这座桥上送了命，下面我将叙述这件事情。

我家七个子女中我是第二个最小的。七人中两人早夭。长大成人的同胞——威廉、安妮和约翰比我大，理查德比我小。相邻的主要房地产是"纽汤庄园"，在我出世时及其后的几年中它属于从男爵约翰·鲍威尔·普赖斯爵士的财产和宅邸。我首先回忆起来的是，约翰爵士把间隔着我父亲的店铺和那所房屋的住房部分的那扇玻璃门推开，放出一只向我们飞来的鸟，同时说道：可以给孩子们玩儿，可是务必要把它照顾好。

这一定是他离开自己的庄园之前不久发生的事，我认为他是因负债而离开的，因为那座庄园不久就归别人所有了。我其次回忆起来的事，是我在那座庄园的邸宅中的一些屋子里上学，教师仿佛名叫厚先生。我一定很小就被送进学校——大概是四五岁——因为我记不起初次入学的情景了。但是我记得我一个劲儿急着要第一个到校和第一个回到家里。男学生总是一路比赛，从学校跑到镇上，我跑得很快，常常第一个跑到家，早晨也差不多总是我第一个跑到学校。有一次，我的急性子差点送掉了我的命。我的早餐通常是吃一盆甜蛋粥——威尔士一种用面粉做的、加牛奶的食品，正像苏格兰人的麦片粥一样，通常是给儿童吃的。它味道甘美，又富于营养，年轻人一般都爱吃。我要求每次从学校回家时，这种早餐都要准备好，我就可以快快吃完，以便第一名返回学校。大约在我五岁的时候，有一天早晨我同平时一样从学校奔回家中，看见我的甜蛋粥已经做好了，我想大概不会烫嘴，因为看来已经不冒热气了。粥面上凝了一层皮，恰像已经凉了的样子；但是当我匆忙吞下一勺时，发现是滚烫的，底下的粥和刚出锅时一样烫。结果我立即昏倒，因为胃被烫坏了。我处于昏迷状态的时间很长，父母亲认为小命保不住了。然而过了相当长的时间，我醒了过来；但是自从那天以后，我胃的消化力很弱，只能吃最素淡的食物，而且一顿只能吃少量的东西。这促使我注意辨别不同质量的食物对于我改变了的体质状况造成的不同影响，促使我养成了仔细观察和不断思考的习惯；我始终认为这次事故对于我性格的形成产生了很大的影响。

在这种小镇上的学校里，一个人只要能够诵读流利，书写清楚，懂得算术四则，就被认为已经受到良好的教育了。我有理由相信厚先生所以有资格当教师，不外乎这一点——因为当我七岁时获得了这些微小的初步知识之后，他就征求我父亲的同意，要我当他的副手和助教，从那时起我留在学校的时期中一直被称作助教。从此我用助教工作抵偿了我的学费。此后我留在学校里大约两年，这两年对我来说是虚度时光，除非使我年幼时就养成了把自己的知识教给别人的习惯而已。

不过，我在这个时期喜欢并且渴求阅读我能取得的一切书籍。镇上的每一家我都认识，他们也都认识我，所以在我的请求下，镇上有学问的人——牧师、医生和律师——的书房都向我开放，并且允许我把我所喜欢的任何一本书带回家去，我充分利用了给我的这种权利。

在这个时期，我选择的书籍有《鲁滨逊漂流记》[①]、《菲利普·夸尔历险记》[②]、《天路历程》[③]、《失乐园》[④]、哈维著《墓丛冥想》[⑤]、扬

[①] 英国小说家丹尼尔·迪福（1660？—1731）的著名作品。——译者
[②] 一本模仿《鲁滨逊漂流记》的儿童读物，据说作者为爱德华·多林顿，1727年出版。——译者
[③] 英国作家约翰·布尼安（1628—1688）写的梦境寓言小说。——译者
[④] 英国诗人约翰·弥尔顿（1608—1674）的十二卷叙事诗。——译者
[⑤] 英国诗人加布里埃尔·哈维（1545？—1630）的讽刺诗。——译者

著《夜思》①、理查森的书②，以及所有其他公认的优秀小说。我相信书中每句话都是真实的，所以对那些书产生了浓厚的兴趣；我通常每天看完一本书。然后，我阅读了库克③和所有环球航行者的游记——世界历史书籍——罗林写的古代史——以及我所能找到的一切哲学家和伟大人物的传记。

在这时期，大约在我八九岁的时候，有三位小姐同我家过从亲密，而她们是美以美会教徒。她们非常喜欢我，还把她们的许多书籍给我阅读。因为我是倾向于宗教的，她们竭力想让我改信她们的教派。我很仔细地学习了她们给我的书；但是，由于我读过各种教门的书籍，我首先对于基督教各个不同派别之间的对立感到惊讶，继而又对于犹太教徒、基督教徒、伊斯兰教徒、印度教徒、儒教徒等等彼此之间，以及这些教徒同他们所谓的异教徒和无宗教信仰者之间的刻骨仇恨感到惊讶。研究了这些互相斗争的信仰，以及它们彼此之间的刻骨仇恨，我头脑中开始对其中任何一派是否有真理都产生了怀疑。当我非常认真地学习和思考这些课题的时候，我写出了三篇讲道稿，于是人家管我叫小牧师。我原先一直保存着这些讲道稿，直到我偶然读到斯特恩④的著作，发现他的讲道稿中有三篇的见地和思路同我写的讲道稿十分相似，以致我读了以后想起我可能会被认为是个剽窃者。由于我不能容忍这样一种猜疑，我毫不犹豫地急忙把我的三篇讲道稿扔进了火里。事后我多次感到懊悔，因为我现在很想知道对于这些问题我当时是怎样想的，又是怎样表达我的意见的。

然而有一点是肯定无疑的：在年方十岁时，我对宗教著作以及其他书籍的阅读促使我强烈地感觉到，按照直到那时所讲授的各种宗教

---

① 英国诗人和剧作家爱德华·扬（1683—1765）的代表作，论述生死和不朽问题。——译者
② 大概是指英国小说家塞缪尔·理查森（1689—1761）的代表作《克拉丽莎》。——译者
③ 詹姆斯·库克（1728—1779），英国著名环球航海家，著有《1776—1778年太平洋航海记》等书。——译者
④ 劳伦斯·斯特恩（1713—1768），英国教区牧师，著有《约里克先生的讲道》等书。——译者

教义来看，一切宗教必定都有着一些根本性的错误。

在我的童年以及随后的许多年月里，我从未感觉到我的习惯、思想和行动中有任何东西跟我的同龄人不一样；但是在回顾过去，把我的生活同其他许多人相比的时候，我总不免要把对我有利的任何差别归因于早期那一勺把我烫坏的甜蛋粥威胁我生命时所发生的影响。因为从那时起，我不得不注意各种不同的食物对于消化力已受严重损害的我的身体的影响。我不能像我的同龄人一样吃喝，因此，我在某些方面被迫过着节制饮食的隐士式生活。可是我参加了那些和我境况相同的人的娱乐活动，也同样玩当时那个地区男孩子玩的游戏——例如弹子、手球、足球等。我有一段时间还上过舞蹈学校，在所有这些游戏和运动中，我不但胜过了和我同年龄的人，而且胜过了比我大两三岁的人；我非常活跃，在学校里我赛跑得第一名，跳高和跳远也是第一名。我还尝试学音乐，吹竖笛，在我练吹期间恐怕我准是吵得四邻不安，因为我父亲的房子坐落在那条最大街道的中段，我吹奏的"天佑我王"之类的曲子几乎全镇都听到了。但是我记得从未有人提出过正式的不满。全镇的人过分地喜欢我，时常挑我和同年龄的人比试，有时还同比我年龄大的人比试——有时比这项，有时比那项。后来我时常回想这种做法在原则上多么不公平，而且实际上多么有害。有一桩这样的事在我心中留下了深刻的印象。有人同别人打赌，说我的写作能力要比大两岁的二哥约翰更好；经过他们委派的几个评判人的正式测试，判定了我的写作是更好的，虽然按照我当时的看法，我认为我哥哥的写作和我一样好。自从那天以后，我觉得我哥哥对我的感情不如这次愚蠢的比赛以前那样热烈了。

我上面说过这种竞争是不公平的，因为任何两个有机体都不是完全相同的，所以在任何两个个人的竞争努力之间，都不可能有公正的比较——进行这种竞争会使获胜者产生虚荣，而使失利者产生妒忌和仇恨。

当我年龄在六岁到八岁的时候，我时常去拜访罗地区的德雷克牧师，他是相邻的一个教区的教区长或教区牧师——我记得这个教区的名字时常被我用来向生于英格兰、苏格兰和其他地区的朋友打趣，或者提到这个名字时我说出字母后叫他们读出音来，或者我读出音后叫他们拼出字母。这个把人难住的字是这样拼写的：Llanllwchaioin。熟悉它的人很容易念出来；可是不知道威尔士名字和拼法的人就念不对。

这位牧师是德雷克海军上将的直系后裔，作为一个牧师，他是非常怪癖的。有一个礼拜天，他同教区中最大的地主发生了意见分歧之后，带我到教堂里去，在讲道中针对那位地主十分严厉地训斥了一通，令我感到诧异，也使来做礼拜的会众为之震惊——其攻击的矛头既是针对个人，语气又很尖刻，以致那位携眷而来坐在前排非常显眼的长凳上的地主感到踧踖不安，终于准备离座而去，这时德雷克先生停止了讲道，冲着他说："别着急，我快讲完了，你还是安静地坐下的好。"这个场面给我留下了深刻的印象，永远不能忘怀。大致也在这个时期，还有一位名叫詹姆斯·多恩的年轻绅士，为了将来充当神职，当时正在牛津或剑桥大学读书，趁假期到纽汤来游览，我成为天天和他在一起的同伴。他那时大约十九岁，我八九岁。我相信，纽汤周围的乡间一般被认为是有趣而美丽的，在多恩先生逗留的期间，他和我在树林、羊肠小道和高地之间漫步，向四面八方欣赏景色。同他这样一个情趣高雅、谈吐不俗的人做伴的那几次出游，在我心中唤起了一种兴致，其后每当我饱览种种自然景物时，都体验到这种愉快的心情——随着我年事增长，这种兴致一直保持着，而且更加浓厚。这样开始缔结的友谊随着彼此年华的增长而更形亲密，直到多恩先生去世为止；他晚年以奥斯韦斯特里的多恩先生闻名，深受人们尊敬。我们两人常有书信往来，1817年当我在伦敦中心区酒家举行几次大规模公开集会而引起了文明世界善于思考的人们的注意时，我意外地收到我十分尊重的朋友多恩博士寄来的一封信，信中告诉我，他自动担任了一件愉快的工作，去追溯我的世系，并已经发现我是北威尔士王室的真正后裔。真是个好人！我肯定他认为这个消息会使我高兴，因而他才不怕麻烦做了这件事。但是，因为当时我正忙于考虑重大的社会问题和处理大量私人的业务，我没有把这件私事放在心上，并且始终一点也没有去询问事情的经过；由于这些情况，恐怕我从未对他这番殷勤的美意表示过任何适当的感谢。

在学校放假的期间，我惯常去拜访我的亲戚，他们住在离纽汤不远的地方，从事农业。其中我现在记得的有三家。住在佩纳思的特纳家，供职法院的古德温家，以及原来住在维诺尔、后来迁往离纽汤三四英里的克里村附近老庄园的威廉斯家。我现在猜想，前面两家是我母亲的两个妹妹嫁过去的人家；第三家是我母亲的兄弟家，我想她的几个兄弟在那时期只留下他一个了。我走得最勤的是这一家，家中有个独生子，名字和他父亲一样也叫理查德，他比我小一岁。我们俩一直是好朋友，彼此很亲热，很高兴待在一起。

我的表弟具有我在任何少年身上从未见到过的最美好的品质，他受的教育就当时来说以及就他父亲住的地点来说是相当优良的了。他曾被送进远处的一所寄宿学校。他虽然比我小一岁，却是几乎在各方面都比我强得多——因为他不论试着做什么事，都远远胜过和他年龄相同的孩子。然而他做起事来总是从容不迫，好像全不费劲似的。他似乎并不意识到他自己有非凡的能力。我已说过，威廉斯一家在同他们地位相仿的人家中间自然是出类拔萃的，我表弟的母亲也是在和她生活地位相似的人里面我所见过的最出色的妇女之一。人人都认识她、爱慕她，谁都乐于享受她家的款待，这是那一带地方相当大的范围内出了名的。我的外祖父住在他们家，直到九十多岁；我回忆中最早的一幕情景是看见这位老人在他儿子家里的火炉旁边坐着。表弟和我书读得多、问题思考得多，然而我们两人一般说来也都很爱活动。

记得在干草收获季节里有一天气候酷热,我们衣服穿得太多,热得受不了,这时我们就漫步走出家门,走向一大片田地,那里有许多翻晒干草的工人正在勤奋地干着活。我们闲待着,还感到热不可耐,而在我们看来,那些干活的人似乎倒是凉快舒服的。我说:"理查德!这是怎么回事?这些勤奋地干活的人不受暑热,却挺凉快,不像我们这样热得好苦。这里面一定有什么秘密。让我们想法找出这个秘密吧。我们不妨和他们一样干,和他们一起干活去。"他心甘情愿地同意了。我想那时我九、十岁,他八九岁。我们看到所有的男人都脱掉了外衣和背心,并且敞开着衬衫。我们采取了同样的做法——拿到了两把最轻的草耙和干草叉——因为这两样东西并不经常用到,——理查德和我脱了厚衣服,一连数小时抢在头里干活,结果感到要比我们闲荡时凉爽一些,也不那么疲乏了。后来这件事对我们两人都成为一种宝贵的**经验和教训**,因为我们觉得自己在积极做事的时候比闲待着要舒服得多。

我表弟长大成人,成为四乡最优秀的青年——身强力壮,活动能力和胆量都远远超过所有的同伴,不论做什么事他都比别人强,然而他总是举止温文,态度谦逊,凡是认识他的人无不另眼相看。我时常想,如果他顺利地跻身于更上一层的社会,他本来是会变成第二个,甚或更卓越的"可钦佩的克赖顿"[①] 的。他既是独生子,又是这样出众的孩子,因此深受父母的钟爱,但他并没有被这种感情所宠坏,始终是个十分顺从和关怀双亲的儿子。然而,他父亲对于自己认为正确的事常常固执己见,由此而犯的仅有的一次错误竟毁掉了这个优秀人才的远大前程。他恋爱了,深深地爱上了他母亲娘家的一个表妹——门第和财产样样相当,而且是个独生女。这一对恋人的父亲对于给予每人的财产数额问题不能取得一致意见。理查德的父亲能够并且愿意

[①] 詹姆斯·克赖顿(1560—1585?),苏格兰一位学识超凡的人物。——译者

给予他儿子一笔在当时被认为用来开始生活是数目比较大的款项，希望那位闺女的父亲也拿出同样数目的一笔款子来，因为他认为他是完全拿得出来的。但是女方或者当时拿不出来，或者不肯同意所提出的条件；单凭这一点，我表弟的父亲由于担心儿子在社会上的经济地位有限，坚持要按照他认为正当的条件办，否则就不同意这桩婚事。他儿子的终生幸福就这样被断送了，因为他太爱自己的双亲，不肯采取违背他们意愿的行动，并且他气性高傲，不愿口出怨言。两家的感情开始冷淡下来。理查德的痛苦超过了任何人的设想。他的感情受到了沉重的打击，但是他父亲一旦宣布了他的决定，那种固执的态度就是不可动摇的了。这个当儿子的原先是自我克制的模范，现在开始改变这种习惯，逐渐变得放纵起来，并且过早地去世，成为他爱情幻灭的牺牲品。这又一次提醒人们，做父母亲的不要去无理干涉他们子女的已经确定了的爱情。在两家疏远的时候，那位闺女出嫁了，不久就继承了一位亲戚遗留给她的四万镑。这些详细的情况我知道得太晚，没有办法进行干预，否则，我由于能够给舅父母施加影响，或许可以使这种不幸的过程产生截然不同的结局。表弟和我有着早年滋长起来的深厚情感；过了许多年，当我在管理德林克沃特先生的企业时，我很想请他来和我一起干；因为除了其他条件之外，他还有创造机械的特殊天才，本来是可以成为一个杰出的工程师的。我打消了这个念头，因为考虑到他是独生子，是他父母所依靠的，同时考虑到他接管了父母的财产，已经处于经济独立的地位，而使他们彼此分离，他们双方都可能感到痛苦。然而，当我得知上述的发展过程时，我后悔没有劝我表弟来同我一起工作，因为在我二十四岁、他二十三岁的时候，我本来是可以把我那个年薪五百镑的职位给他的。但是事与愿违，因为当时环境的影响不许可这样做。

现在回过来讲我的早年生活。我已经叙述了我因胃中烫伤几乎送命的事。在这事件之前不久，有一天我正在鼓捣一扇大门上的钥匙孔,那扇大门是安装在我父亲的房子和我家邻居的房子之间的甬道里的;不知怎么,我的一个手指头被卡紧在那钥匙孔里了,我使劲想抽出来时,手指被扭曲得疼痛万分,以致我晕了过去;我不知道手指头是怎样抽出来的,因为后来别人发现我昏迷不醒,躺在地上。

还有一次我遇到了生命危险,也是不知道怎样脱险的。纽汤坐落在塞文河两岸,当时河上架着一座已经修建多年的木桥。桥上只能容纳一条马车道和两旁各一条狭窄的步行道。我父亲有一头心爱的奶油色母马,它的牧场在隔桥与我家相对的那一边。当我父亲需要用这匹母马的时候,我因为也喜爱它,常常到牧场去找它,骑着它回家,虽然我那时还是个年幼的骑手,只有六七岁。有一天骑着这匹母马从牧场回来,我正在朝回家的方向通过那座桥,但是还没有走到一半,有一辆马车从桥的那一头过桥来了。桥窄路狭,要迎头错开,我的腿非碰撞马车的轮子或桥的栏杆不可。我那时脑子还不够灵活,没有想到向后转,而是竭力要从马车边上挤过去。我随即发现我的一条腿有被车轮擦伤的危险,就把腿搁到马鞍上去,结果我摔到另一边去了,摔下去时我大惊失色,唯恐掉进河里或者砸在桥上,以致失去了记忆。我不知道我是怎样脱险的,不过在恢复神志时我发现自己躺在桥的步行道上,母马安静地站在我的近旁,马车已经过去很远了,我没有受伤。发生这件事以后,我总觉得拿任何别的马来比较,我更加特别喜爱奶油色的马了。

我家隔壁住着姓蒂尔斯利的两位未婚小姐,她们开设一家比较好的乡村商店,一侧出售布匹和服装,另一侧出售杂货。其中一位后来结婚了,丈夫叫穆尔先生;他扩大营业,在他们原来零售业之外增加一个批发部分,因此他们自己就忙不过来,需要有人帮忙。我生性活泼,被认为可能对他们有些用处,于是他们就请我去当个帮手,起先在交易日和集市日帮着做买卖。后来,由于我担任助教的职务已经两年,除了教书什么也没有学到,穆尔先生便请求我父亲允许我一个星期中每天都去同他们待在一起，而不是像以前那样只在他们更忙碌的日子去帮忙。这样的职务我干了一年，但仍住在我自己的家里。

由于这个时期我已经从书上读到了许多关于外国和其他事业的情况，又由于我有着喜欢思考问题和极端自我节制的习惯，不喜欢小乡镇上的习惯和生活方式，我就开始向往另一种活动场所，希望父母允许我到伦敦去。这时我大约九岁半；我在家里深受宠爱，但他们终于答应，等我满了十岁，就准我到伦敦去。这项保证当时使我感到满意，我继续在我从事的职务上增长知识，也继续读书和学习舞蹈课。

在我仍旧给穆尔先生友好帮忙的期间，发生了一件滑稽可笑的事情，给我留下的印象至今记忆犹新。有个年龄和我相仿的同学，他的父母在镇上开了一家杂货店。糖浆当时是畅销货，他们的糖浆存货卖完了。因为穆尔先生手头存着可供批发的大量糖浆，我那名叫约翰·斯坦利的同学便拿着一只两个手柄向上突起的大桶，来购买一满桶糖浆。批发存货放在店铺下面的地窖里，进入地窖要通过店堂地板中心的一个活门，从一把梯子上走下来。约翰已把大桶装得满满的，顶在头上正踏着梯子往上爬，在达到地板的高度时，大桶的一个手柄碰上了地板，于是大桶翻倒了，浇得他满头满脸的糖浆，因为他没有戴帽子，只有很厚的头发。糖浆顺着他全身衣服和整个身体淌下去，把他弄成一副能够想象出来的最滑稽可笑、同时也最可怜的模样。他回到家里如何收拾这浑身讨厌的东西，只能让别人去猜想了。但是，在我留住纽汤的期间，我们那些邻居常常要谈起这场灾难，使他很生气。

我已讲到我继续上舞蹈课的事；在我离家以前，我是很喜欢舞蹈的。正是在舞蹈课上，我第一次意识到了儿童们天然的同情心和恶感或妒忌。我被认为是我们班上跳舞跳得最好的人，那时期我在第一班。女孩子们争夺舞伴的情景往往是有趣的，但有时确实令人苦恼。有那么几个女孩子，如果她们得不到自己所中意的舞伴，她们的情绪就会充分暴露出来，以致看到她们那种难受的样子，委实令人心痛。

我早就认为，幼小儿童的心理和感情很少受到应有的考虑和关注，假如成年人经常耐心鼓励他们坦率地表达出他们的思想和情感，那么孩子们就可以免除许多苦楚，成年人也会获得很多关于人类天性的有用知识。我现在意识到，当时在那个舞蹈室里曾经造成许多真正的痛苦，假如那时舞蹈教师和孩子们的父母对人类天性有了较多的了解，那些苦痛本来是可以避免的。

这时已经临近我要离开父母庇荫的时候了，我即将踏上的旅途在当时的道路状况下成年人也会感到相当艰难。我当时毫无经验，却必须单身从施鲁斯伯里旅行到伦敦。那时我认识镇上的每一个男人、女人和小孩，他们也都认识我，所以我一一去拜访，向他们告别；我收到了许多纪念品，比较富裕的人家还赠送了现金。我以十岁的幼龄，自认为有了四十先令（乘坐长途马车的费用已经替我付掉）就拥有足够的钱财去谋求出路了。在这里我可以说明一下，在我离家之前的两年或更长的时间里，父母要决定什么重要的事情，常常找我商量，但是我不知道他们为什么要征求我的意见，也没有觉得我能够提出什么有用的见解。

在开始叙述我的旅行之前，我可以说，除了一次以外，我从来没有犯过什么错误要我父母加以责备。那次责备是在下述情况下发生的，我想那时我还不满七岁。我一向总是极想顺从我父母的心愿，他们无论要我做什么事，我绝不拒绝。有一天，我母亲对我说了一句不太清楚的话，据我猜想，适当的回答应该是"不"字——于是我照例说了"不"——满以为我是在迎合她的心愿。她没有懂得我的意思，认为我拒绝了她的要求，马上对我相当严厉，一反她对我说话和气的习惯说道："什么！你不愿意吗？"我想，既然我已经说了"不"字，假如我再说"是，我愿意"，那我就会自相矛盾，显得虚伪了，于是我又说了个"不"字，但是丝毫没有违拗她的意思。那时她如果平心静气地问起我的思想感情，就会对我有正确的了解，整个气氛也就会跟平常一样了。但是母亲不理解我的思想感情，变得格外生气，她的话也说得更加严厉——因为我以前从来没有违拗过她；当我再说不愿意的时候，她必定大为吃惊和生气。我们这些孩子，谁也没有被母亲责打过——这是归父亲管的事；我的兄弟姊妹偶然挨上一下鞭子，那是为了维持孩子们中间的秩序而采取的行动，但我以前从未挨过鞭子。这时我母亲把父亲叫来，向他说明了我拒不服从命令的情况。他又问我是否愿意做母亲要求我做的事情，我坚定地说"不"，于是，在他每次问我是否愿意服从和按要求去做而我拒绝之后，我就挨一下鞭子。他每次这样问我，我总说"不"字，最后我小声地但是坚定地说："你们可以打死我，但是我绝不做那件事情"——这才结束了那场争论。从那以后他们再也不想来惩罚我了；但是双方很快就消弭了这种不和，我和过去一样仍旧是他们的宠儿。

我至今还清楚地记得自己小时候的情感；根据我当年的情感来看，我相信经常施加处罚不但没有好处，而且是十分有害的，对施罚者和受罚者都会造成伤害。

虽然我只身前往伦敦，到了那里以后就不会是孤零零一个人了。我大哥威廉已由我父亲培养起来经营他自己的那种行业。大哥出了师，同父亲一起工作了几年以后，决定到伦敦去。那时他二十几岁，到了伦敦，在寓居霍尔本大道84号的当马具师的雷诺兹先生那里谋得了一个职位。我是被交托给大哥来照顾的，因为那时雷诺兹先生已经去世，我大哥已经接管了那个买卖，并同那位孀妇结了婚。

离　　家

父亲把我带到威尔什普尔，我从那里到施鲁斯伯里去乘坐驶往伦敦的马车，施鲁斯伯里是当时具有前往伦敦的公共交通设施的、距离纽汤最近的地方。大马车夜里从施鲁斯伯里出发，给我买的票座在车篷外面，本来希望在夜间赶路时我可以到车篷里面去。马车的主人同我家相熟，他正要让我坐到里面去，这时不知哪一个脾气暴躁的汉子已经发现我付的车钱只够让我坐在车篷外面，不肯让我到里面去。天已黑了，我看不见那个反对的人，也发现不了车篷里可能是多么拥挤，因为那时的大马车车篷里一般有六个座位。事后我很高兴我当时不知道这个汉子是谁；我一直没有发现他，因此没有办法对他发火，他不肯让一个小孩坐进车篷，我本来是会对他发火的。那时我还没有完全懂得性格形成的原理，以及环境对于一切生物的影响，否则我就不会对这种行为感到愤慨或者惊讶了。我平安地抵达伦敦，大哥热情地欢迎我，因为他向来是袒护我的，我的嫂子也很亲切地接待我。

父亲已为我的事情写信给他的一个名叫赫普廷斯托尔先生的朋友，他住在勒德盖特山 6 号，是经营英国和外国花边的一个大商人；穆尔先生也已为我致书蒂尔斯利先生，他住在纽盖特街 100 号，当时开着一家被认为是规模较大的布店。这是 1781 年的事。我想那是在我这次来看大哥后已将近六个星期的时候，赫普廷斯托尔先生为我在詹姆斯·麦格福格先生那里谋得了一个职位，他赞誉这位先生在林肯郡斯坦福德经营着一个对外地市镇来说是规模很大的商店。向我提出的条件是以三年为期——第一年没有薪给，第二年薪金八镑，第三年十镑，外加由店里供应膳食、住宿和洗衣。我接受了这些条件，并且由于为我置备的衣服已足够我穿一年有余，我从十岁那个时期开始就自己维持生活，没有再向父母要求任何额外的帮助。

我居住在麦格福格先生家中[①]

我离开大哥在伦敦的住宅，来到斯坦福德，我在那里发现麦格福

[①] 除此处及上文两处外，原书不分章节，未立标题。我们在下文可以另起章节的段落前，择要分别加间隔符号，不加标题。——中译本编者

格先生的企业完全像人家所说的一样,并且他的住宅既漂亮又舒适。我从这里开始进入活跃的生活,是十分幸运的。詹姆斯·麦格福格先生是苏格兰人,十分诚实,善于经商。他办事很有条理,心肠慈善,落落大方,乡邻和顾客对他非常尊重。由于他严守时刻,通情达理,那些提交货物供他销售的人也十分尊重他。我很庆幸有他这样一个人来做我的第一位老板。他告诉我,他从前在苏格兰依靠半个克朗①开始生活,用这个钱去买了一些东西来出售,把东西摊在一只篮子里沿街叫卖。他逐渐把一篮东西换成了一捆货物,带着它到各地销售,从经验中取得知识,并增添了存货,终于先买了一匹马,后来又买了一匹马和一辆有篷的货车。他在林肯郡和邻近几个郡的一些最体面的顾客中间定期巡回,直到后来,斯坦福德四周的贵族、主要的家族和农民们要求他在当地开设一家商店,销售最优良和最精致的妇女穿戴用品。由于他从前经商有方,他早已以买卖妇女服饰而遐迩闻名了。当我来到他门下时,他已经开业了几年,正在开始独资经营,达到全部用现金进货的地步,并且正在富裕起来。他娶了个光景很不错的中产阶级人士的女儿,看来他们俩日子过得很融洽,都很勤奋,总是一心扑在他们的买卖上,然而他们的人品又始终令人肃然起敬,作为零售商人来说确实是出人头地的。他们地地道道是这一类人中间的杰出人才,而没有这一类人通常表现出来的那种经不起推敲的自负心理。这时他们已经雇用了一名助手,名叫斯隆,大约三十五岁,是个单身汉;还有一个年龄和我相仿的少年,是麦格福格的侄子。

在这里,我立刻被安置为家庭的一员;在我和他们住在一起的期间,他们待我真像对自己的孩子一样,不把我看作从远处来的陌生人。麦格福格先生仔细地引导我了解日常的业务,教导我熟悉其中的详细情况,以便使我习惯于办事精确,井井有条。买卖是在考虑周密

---

① 克朗是英国旧制值五先令的硬币,半个克朗的硬币值两先令六便士。——译者

的一套制度下进行的，其效果非常成功。我想他们认为我是勤快的，也是留心听从指导的，因为麦格福格先生和太太都很少对我有什么挑剔或者说一些不愉快的话——麦格福格太太是常常照管店里的买卖的。

经营的商品都是从世界各地市场上能够采购到的质地最优良、最考究和最精选的产品；因为这家商店的顾客有许多是英国地位最高的贵族，他们往往有六七辆自备的马车同时停在商店门前守候着。麦格福格先生的商店已经成为高等贵族一个通常聚会的地点。经常光临的顾客中有伯利、威斯特摩兰、劳瑟、安卡斯特、布罗顿、诺埃尔、特罗洛普等家族，还有许多姓氏我已经记不起来了。这样，我就有机会注意这些人的风度，研究他们在不受拘束的时候所表现出来的性格。由此我也熟悉了用不同方法制造的各种最精致的纺织品，其中有许多在拿放和保管时需要十分精心，才不致受到损伤。这些情况看来似乎琐碎，但对我以后的生活，即我后来成为经营规模颇大的工业家和商业家时却非常有用，因为这些经验给我将来同所谓广大世界进行的交往预先作了某种程度的准备。

麦格福格先生由于诚实和买卖爽气而深受这些人的尊敬，他还为当时的威廉·劳瑟爵士，即后来已故的朗斯代尔伯爵在乡间经管银钱出入。这位爵士和奥古斯塔·劳瑟夫人及其家属也是经常光临的顾客。在我离开斯坦福德之后，我从麦格福格先生那里得悉，威廉爵士曾赠送给他一只自己心爱的猎狗，麦格福格先生在不再经营买卖以后还时常用威廉爵士的猎狗出去打猎；他直到去世为止始终为大家所称道。

麦格福格先生的书房有许多精选的书籍，我可以随意取阅；因为我们主要的营业时间是从上午十点到下午四点，我待在斯坦福德的期间平均每天读书五小时左右。

伯利公园有一个入口在那市镇附近；到了夏季，只要天气适宜，我总喜欢一清早就走进公园，在当时园中很多幽雅的林荫道上散步、读书、思考和研究问题。在盛夏时节，我经常这样待在公园里，从清晨三四点钟到八点，又从傍晚六七点钟到暮色苍茫。我已经把塞尼加①的许多道德箴言抄写在我口袋里的一个本子上；在公园里反复思考这些箴言，是我的乐事之一；在我研究问题的这个公园里，我还阅读了许多卷我所能获得的最有益的著作。在我前面所说的清晨时刻，我常常只见到埃克塞特伯爵正在做他一天之中的第一次散步，我相信他是他的继承人的叔父；那个继承人就是坦尼森②的优美诗章中那位同磨坊主的女儿结婚的主人翁，同时他也是目前的侯爵的父亲。

这位老伯爵的习惯很奇特。夜里他睡醒一觉之后，绝不容许自己再度入梦。不论他在什么时辰醒来，不管是冬季还是夏季，他都立即起床，要是天气不好，他到书房去读书，天气好的话就散步，所以我往往在早晨四点钟看见他一早就在锻炼身体。他还有种种严守时刻的习惯：比如他吩咐仆役必须在下午三点时钟敲响第一下的顷刻把正餐的第一道菜从厨房向餐室送去，不管那时是否有人外出或者在家里的人是否到齐，他绝不等待。但是他周围的人都十分尊敬和喜欢他。我不时回忆起我在那个公园里享受的许多愉快而有益于身心健康的时光。我时常在早晨欢呼日出，在傍晚观赏落日和冉冉上升的月亮。

在我当学徒的第二年，我们那个商店的圈子里又增加了人手，一个是麦格福格太太的妹妹，一个是她的侄女——前者约十九岁，后者约十岁。我们的乐趣也增加了，因为在家庭全体成员之间彼此都有好感。唯一的例外是那老光棍戴维·斯隆，他对自己和别人都很不满意，并且似乎妒忌全家人员普遍对我表现出来的那种亲切感情，也妒忌许多经常光临的顾客在可以选择的时候宁愿要我为他们服务的那种表示。他吝啬成性，自私的程度多少有点不适合于结交朋友。曾经发

---

① 塞尼加（公元前4？—65），罗马政治家和哲学家。——译者
② 艾尔弗雷德·坦尼森（1809—1892），英国诗人，1850—1892年拥有桂冠诗人称号。——译者

生过一件荒唐可笑的事情，使得他这些未能避免的缺点更加明显。他睡在同批发部相连的一个房间里，当批发部偶尔装满存货无法再容纳的时候，有时就把一些剩下的货物放进他的房间。在我所说的那件事情发生时，恰巧有一些昂贵的高级货物放在他房间里的桌子上。他非常当心自己的衣服，喜欢尽可能长久地保持它们新的样子。他刚刚带来一条长及膝盖下面的紧腿新短裤（因为当时还没有时兴紧腿长裤），上床时他把新裤子放在搁着那些货物的桌子上面。他就寝前灭掉灯火时，不注意让蜡烛的火花或剪下的烛芯落到了这些货物中间和他新买的裤子旁边。他睡着了，桌上有几件东西烧掉了，戴维新买的裤子也烧掉了，只剩下几粒扣子和一些残片。火烧的焦味马上惊醒了麦格福格先生和太太，他们立即喊报火警，大家穿着睡衣急忙起床，发现烟是从戴维的房间冒出来的，撞开了房门，睡梦中的戴维才陡然惊醒。桌上燃烧着的东西说明了火警的缘由，大家七手八脚地弄了水来，火很快就被扑灭了。危险过去以后，各人互相打量起来——但是戴维的形状特别惹人注目。他穿着短睡衣，戴着彩色睡帽，站在桌子旁边，脸色十分悲哀，正在把烧毁的衣服残片一点一点地拿起来检视——既不关心他已造成的危险，也不顾货物被火烧毁或遭到水渍而使麦格福格先生蒙受的损失——每次拿起一个残片或一个纽扣，他就叹口气说："哎哟，我的新裤子！——哎哟，我的新裤子！"在相当长的一段时间内，多次问他起火的原因，所能得到的回答仍然只有这句话，直到后来这种场面变得非常滑稽和荒唐，谁也忍不住对他嘲笑几句，最后让他一个人在那里可怜巴巴地发呆，直到早晨。但是，可怜的人哪——"哎哟，我的新裤子！"这句话此后始终没有被人忘掉，不过只有那些存心想折磨他的人才会提到这个笑话，唤起他那苦痛的回忆。多年以后，当我们的社会地位都已提高时，我在曼彻斯特碰上他，他很激动地同我热情握手，异常恳切地说："你能原谅我从前对不起你的地方吗？"我说："我不知道你有什么对我不起的地方，所以我没有什么可原谅的。""有的,"他说,"你有的,并且这件事时常使我感到很苦恼,你就说一声原谅我的话吧。""不管可能是怎么回事,我确实一点也不知道,但是,如果能使你感到满意,我真心诚意地原谅你,并且并不希望知道你哪一点对不起我。"这个可怜的人似乎确实卸掉了心头的重负,他再一次同我热情地握了手,带着满意的神情离我而去。

麦格福格先生是属于苏格兰教会的,麦格福格太太属于英格兰教会,他们相约早晨到一个教会去做礼拜,下午到另一个教会去做礼拜,并且总是带着我一起去。我听了一些互有争论的讲道,因为这些讲道往往是,而且实际上通常总是谈到他们自己教派的见解,或者反对一些对立的教派。但是,在我同麦格福格先生和太太在一起的四年期间,我从来没有听到他们两人之间有什么宗教方面的不同意见。

在此期间,我不断地努力去寻找纯正的宗教,有一段时间我感到大惑不解,因为我发现我所读到的或者我从宗教讲坛上听到的全世界每一个教派,无不各自声称它自己掌握着纯正的宗教。我再三研究,仔细地把一个教派同另一个教派加以比较,因为我那时是非常倾向于宗教的,并且十分急迫地希望走上正路。但是,我倾听、阅读和思考得越多,就对基督教、犹太教、伊斯兰教、印度教、儒教和异教越来越不满意。我开始认真地研究所有这些宗教派别的基本原理,并查考它们所根据的是什么样的原理。在我调查研究结束以前,我满足于这种想法:各个教派都是从同一个来源发展出来的,它们的变异起源于我们早期祖先们同样的一些虚妄的幻想;这些虚妄的幻想形成的时候,人类还不知道他们自己的天性,没有经验,受到他们胡乱猜测的支配,这些猜测正像他们关于地球是固定不动的概念一样,最初几乎总是不符合真实的情况的。我抱着极端勉强的心情,并且经过长时间的内心斗争,才不得不放弃我偏爱基督教的那种最先留下的根深蒂固的印象。但是,既然不得不放弃我对这个教派的信仰,我同时也就被迫丢弃其他一切教派，因为我已经发现，一切教派都是以同样荒诞不经的幻想为基础的，即认为"每一个人形成他自身的品质，决定他自己的思想、意志和行为，并且为自己的品质、思想、意志和行为向上帝负责，向他的同胞负责"。我自己的思考逼迫我得出与此大不相同的结论。我的理性告诉我：我无法造成我自己的无论哪一种品质，这些品质是"大自然"强加于我的；我的语言、宗教和习惯是"社会"强加于我的；我全然是"大自然"和"社会"的产儿；"大自然"赋予品质，"社会"引导品质。就这样，由于看出了各个教派的基本原理的错误，我便不得不全盘抛弃我对人类历来被教导的每一种宗教的信仰。然而，我的宗教感情立即被博大兼容的宽宏精神所取代，这种宽宏精神不是对一个教派或一个党派，也不是对一个国家或一个人种，而是对全人类的，并且我抱有真诚的热烈愿望，想为人类做点好事。

然而，在我的认识达到这一步之前，当我仍是一个基督教徒，对于基督教安息日的神圣不可侵犯的性质获有深刻印象时，我认为安息日在斯坦福德甚受轻视，于是我在十二三岁的时候就突然想起，要就这个问题写封信给当时的首相皮特先生。在我写给他的信中，我叙述了正在斯坦福德发生的亵渎神圣的情况，希望政府采取某种措施，强制人们更好地遵守安息日的惯例。我连续花了一些时间写这封信，在我把信送去邮局以后，麦格福格先生和太太问我什么事情使我那么兴高采烈。我说："我已写了一封信给皮特先生。""给皮特先生！"他们多少有点惊讶地喊叫起来，"你会有什么事情要向皮特先生申诉呀？"我说那是关于像在斯坦福德这样有许多人可耻地使用安息日的问题，有的人甚至在那一天还开门营业。他们俩面面相觑，露出了笑容，但在那时，我认为这件事没有什么了不起的。过了大约八天或十天，麦格福格先生带来了一张伦敦的报纸，对我说："这里有你给皮特先生去信的答复。"我并未期望得到任何答复，所以大为惊奇，连脸都涨得通红。我问那是怎样的答复,他说那是"政府的长篇公告,劝谕各方人士要更严格地遵守安息日的种种规定"。我当然十分高兴,因为我完全相信我的那封信已经产生了这种结果。毫无疑问,像我当时所能写出来的那样一封信,多半在拆开以后会被丢进字纸篓里,皮特先生绝不会知道有这么回事。我的信在那个时期寄去,定然不过是一种巧合,因为据我现在所能记起的,那则布告是政府经过充分考虑的正式文件,大概在我把信送到邮局之前就已经作出那样的决定了。然而,当时这件事使我很高兴,也使麦格福格先生和太太感到吃惊。

在我三年期满以后,麦格福格先生希望我留在他那里,再给他当一年助手。在这期间,对于我所从事的行业,我已经获得了环境所能提供的全部知识,同时,虽然我在这个家庭里一直生活得十分愉快,我愿意再待多久就可以再待多久,但是我的希望却在于获得更多的知识和扩大活动领域。因此,鉴于麦格福格夫妇和他们的亲戚始终如一地热情对待我,我只好吞吞吐吐地表达了我要回到伦敦去的愿望。他们非常友好地提出了挽留我的建议,但是我的决心已定,于是我带着麦格福格先生有力的推荐信,回到我大哥在伦敦的住所,这时我十四五岁。我留在斯坦福德的期间,一次也没有见到过以前所认识的任何人;但是有一天,在我路过当地最大的旅馆"乔治旅舍"的时候,我看见一个人在门口同一位绅士谈话,那个人非常像我的父亲,我断定那绝不会错;在他们继续谈话的时候,我在他们旁边走来走去好几次,越来越相信他一定是我的父亲。他们的谈话终于结束了,于是我走到我猜想是我父亲的那个人跟前,以便接触他的目光,引起他对我的注意。但是在他那方面没有认出我的迹象,只有在那种情况下我才发现我认错人了,虽然我当时仍然感到他活像我的父亲。我的失望是不难想象的。

由于同我的亲友睽离得那么久,我很高兴同我大哥威廉在一起度过几个月,因为我们两人之间始终存在着深厚的依恋感情。我花了一些时间去游览伦敦的名胜，熟悉它的主要场所，漫步公园，特别是在晴朗的星期天同我大哥和嫂子漫游肯辛顿花园。

就在这个时期，我看望了在威尔士的父母和亲戚。我在纽汤的家里住了一些时候，又在邻近亲戚的家里待了几天。我受到各方面不寻常的款待，并且同我的表弟、早先的同伴理查德·威廉斯一起待了一些时间，他当时住在蒙哥马利郡克里附近他父亲新购置的"老庄园"里。我也看望了在拉德诺郡的姐姐，她已同一位戴维斯先生结了婚。我在威尔士只逗留了很短一个时期，因为我急于想再次从事商业工作，而且我的存款也要求我只能付出有限的开支。于是我回到了我大哥在伦敦的寓所，从那以后直到现在我只是又访问过纽汤一次。然而，现在我怀着强烈的愿望，想去看看从我第一次离开纽汤以后它怎样改变了原来的面貌，并且我希望，如果我的健康状况许可的话，我要在下一个夏季去走一趟。

* * *

离开职业休闲了一段时间以后，我需要寻找一个新的职位。通过麦格福格先生的推荐，我从弗林特先生和帕尔默先生开设的商店里谋得了一个职位，那是一家历史悠久的商店，坐落在老伦敦桥堍，在市区一端，俯视着泰晤士河。那是专为薄利多销赚得现钱而开设的一家商店，我相信它也是第一家这样的商店。这家商店财力已经不小，全部用现金进货，营业一直很昌盛。这商店最初是弗林特先生开创的，他赚得了以零售业来说被认为是很大的一笔财产；他有一个独生女儿，嫁给了帕尔默先生，而帕尔默先生以他的地位而言，是个很值得尊敬的、具有绅士风度的人，一个有实际经验的可靠商人。当弗林特先生去世时，这家商店和大笔资本留给了遗孀和女儿女婿。帕尔默先生有两个弟弟，现在已参加营业，最小的一个年龄和我相仿。这时店里的男女店员不少，还有几个年纪大的老助手，受雇照料业务上的各个不同部门。我过去的习性使我有条件在服务业务的零售组里成为有效率的一员。我在店里吃住，年薪二十五镑，我自认为经济宽裕，不必为生活发愁，因为我满足了自己的一切个人需求而外，绰绰有余。可是不久以后进入暮春时节，我发现这和我在斯坦福德所处的环境大不相同。顾客属于境况较差的阶级，接待顾客的方法也大异其趣。不容许用很多时间进行讨价还价，每样货物都有固定的价格，而同别的商店相比，价格是便宜的。如果对此有异议，或者踌躇过多，所要的那件商品就被收回来，因为从早到晚，店里一般总是顾客盈门，店员就去照料别的顾客了。

  这家独具特色的商店的习惯做法，已普遍为人们所熟悉。要买的货物被拿到你面前，你要立即买下，付清价款，全都高速度地进行，就这样店里每天都做了数额很大的买卖。看来货物的买主比卖主获得的好处更多。但是，对于这家闹忙的店铺里的助手们来说，职务是非常繁重的。他们必须及早起床，吃早饭，穿着打扮完毕，赶八点钟开始在店堂里接待顾客，而穿着打扮在那个时候可不是什么小事。那时我虽然是个男孩，却也必须等待轮到我的时候由理发师替我搽粉，上头发油，卷起我的头发，因为我每边各有两大发卷，还有一条硬挺的小辫子，除非等到这一切都非常讲究地、一丝不苟地做妥，谁也别想出现在顾客面前。八点到九点之间，商店里开始挤满了买东西的人，人们越来越多，结果纵然店堂很大，也挤得摩肩接踵，这种情况一直持续到很晚的时候，通常到十点，或者在春季月份直到十点半钟。午饭和茶点吃得十分匆促，每次两三个人、有时只有一个人溜走，去吃他或她能够最容易吞下肚去的东西，随即回来替换其他那些正在服务的店员。除了星期天以外，这个时节我们唯一能够按固定时间吃到的饭是早餐。在星期天，总是准备了一顿丰盛的午餐，大家吃得很痛快。但是当顾客们在十点或十点半钟离去时，在清扫店堂之前，还得开始去干另一部分的店务。服饰用品店经营的商品不计其数，这些东西摊开给顾客挑选的时候被抖开，扔在一起，搞得杂乱不堪，白天既没有时间，也没有空地方归置和整理任何东西。这项工作要在十一点钟顾客走尽后关起门来才能进行，因此，等到店里的货物整理清楚，为第二天再经历同样的过程作好准备以后，往往已经是凌晨两点钟了。我从早晨八点开始，整天不停地奔走忙碌，到凌晨两点钟扶着栏杆走上楼梯去睡觉时，常常步履艰难，简直走不动了。这时我只有大约五个小时的睡觉时间。

我感到，像这样在一星期里天天紧张工作和劳累，是我的体格所不能长久支持的，于是在春季买卖结束以前，我就请求我的朋友留心为我另找一个职位。春季买卖结束了，业务逐渐变得不太繁重了。我们可以比较从容地用餐，并且在十一二点钟就寝，相比之下，这成了相当舒适的生活。别人待我挺亲切。帕尔默家最小的兄弟是个善良而漂亮的年轻人，他很喜欢我，我们俩成了亲密的朋友，星期天我们总是一起出去游览，并且随着比较不太忙碌的季节来临，我们开始以在户外运动或阅读的方法享受我们空闲的时光。他有良好的习惯，一举一动都逗人喜爱。有了这样的变化，我一天天越来越适应这种新的生活方式。我正在开始喜欢这种生活，已经忘掉我曾要求我的朋友留心为我另找职位的事儿了，这时，确实使我遗憾的是，我从哥哥那里得悉：住在勒德盖特山6号的旧友赫普廷斯托尔先生已经从一位萨特菲尔德先生处为我谋得了一个极好的职位，这位先生在曼彻斯特经营着一家批发和零售商店。信里还告诉我，那是一家第一流的商店，而他向我提供的条件，除了让我在他的商店里膳宿和洗涤以外，还给我年薪四十镑。这个职位诱惑力很大，所提的条件很宽厚，叫我无法推辞，尤其是因为我的朋友认为这个机会对我大有好处，已经告诉萨特菲尔德先生预料我会接受的理由。于是我只得硬着头皮事先通知帕尔默先生，说明我必须离开他了。然后，我相信我们彼此怀着遗憾的心情分了手。我感到特别不愿同我年轻的朋友威廉·帕尔默离别，因为在全部空闲的时间里，他都是同我形影不离的。

在这个环境里，我被迫养成了办事敏捷的习惯，以及天天毫不间断地长时间勤奋工作的习惯。我还了解到与麦格福格先生的斯坦福德顾客们截然不同的另一个社会阶级的特性，也懂得了怎样用另一种方式来经营商业。麦格福格先生的经商方式是体制明确、秩序井然的。任何时候，甚至最忙碌的时候都丝毫不乱，因为他店里的规矩是，除非等第一件货物收了回来，平整地放回原处，绝不拿出第二件货物放上柜台。这样，当顾客离去的时候，就没有什么事情要做了，因为一切都已井井有条。

说到这里我突然想起，我还没有讲出麦格福格先生性格中的一个可贵的特点，那就是他愿意靠他出售的货物取得适当的利润，而绝不愿意利用任何人的无知或缺乏经验。有一次我同他在一起时发生了这样一件坚守诚实的事例，这事教育我懂得了人性的刚直，并且当时使我颇感兴趣。那个时期有很多农场主很富裕，有一个林肯郡的富裕农场主去世了，留给他的遗孀和子女的财产很多，无论怎样合理安排也花不掉。不久以后，那位孀妇希望到麦格福格先生的店里来买一块他能提供的做妇女衬衫用的优等爱尔兰亚麻布。要知道，麦格福格先生习惯于采购他所能够见到的各种各样最优良的物品，常常跑到伦敦去采购这类东西，以便供应那些经常光顾他商店的名门贵族中的顾客。当时他店里有着各种所能织出来的最优良的爱尔兰亚麻布，这类货物当时价钱很贵。按照这位新近居孀的妇人的要求，麦格福格先生给她拿来了他曾购进的一种最上等的亚麻布，也就是当时所有制造厂能够织出来的最好的布匹。价格是每码八先令，包括他通常计算进去的微薄利润。那位太太把这纺织品看了又看，然后说："你们没有比这更好的了吗？这块衣料我穿在身上不够漂亮！"麦格福格听了这话十分惊讶，因为他知道这种织物十分精美，哪怕是全国第一位公爵夫人也会感到满意。但是他一向懂得人们的性格，说道："我想起来了，上面的库房里我也许还有一块更好的料子——我去看看。"他走进去，拿来了一块同刚才售价八先令的那块相类的料子,他说道:"我找到了一块,但每码十先令,价钱也许高一些,您未必愿意出这样的价钱。"那位孀妇仔细端详了这块新拿来的织物,摇着头说价钱不算太高,这正是她想买的织物。麦格福格先生暗自发笑,他发现不出所料,这块织物这回是以价钱而不是以它本身的价值来评定优劣了,就像他屡见不鲜的那样。但是,我上文说过,他绝不愿意利用富人或穷人的无知或缺乏经验去谋取利益,所以在开发票的时候他把所谓每码十先令的这块料子仅仅要价八先令,说他不愿意要她出更多的钱,因为这个价钱已经让他可以获取适当的利润了。那位孀妇没有再吭声,但是她以后再也不来光顾了。买卖公道,其给果大抵如此。

现在回过头来继续我的叙述。我离开弗林特与帕尔默商店,搬去住到曼彻斯特的萨特菲尔德先生那里。他的商店当时在零售行业中首屈一指,但是作为一个批发货栈却并不怎样值得夸耀。总的说来,它经营得挺不错。萨特菲尔德先生在他的行业中不善于精挑细选地批进商品,然而在销售方面却颇有办法。麦格福格先生擅长进货。凡对当地商业来说是经过审慎考虑的对路货物,几乎都能毫不费力地销售出去,不给售货员带来什么麻烦;而如果货物不是精心采购的,销售的困难就大为增加。进货精明的店主几乎肯定会生意兴隆,而考虑不周的买主往往往无法积累资金,达到得心应手的地步。因此,麦格福格先生离开商界隐退时,拥有一个零售商当时被认为是很大的一宗财富。他留给他的遗孀每年一千多镑的收入,还有其他馈赠。另一方面,虽然萨特菲尔德先生开设的商号更大,他付出了大量的艰辛劳动,备尝了许多忧虑,却一生只是勉强支撑,除了赊欠无法进货。我知道,继承他事业的儿子比他幸运。不过在他的店里我也过得很舒服,并且取得了熟悉另一个社会阶级的新经验。萨特菲尔德先生的顾客一般属于中产阶级上层,即富裕的工商业家的家属,这是介于麦格福格商店的顾客和弗林特与帕尔默商店的顾客之间的一个阶级。这样,我也开始熟悉了这个阶级的思想和习惯。

我们生活得很好，彼此和睦相处，那些在营业中当助手的年轻人大都出身于体面的家庭，举止端庄，在各自的营业部门负担的工作都不太重。因此，我不久就适应了我的朋友为我安排的变动。有了年薪四十镑，加上膳宿和洗涤，我认为自己是够富裕的了。我的享受和收入超过了我那有节制的生活习惯所需要的水平，因为我从来不习惯喝任何种类的烈酒，食品总是吃得不多，而且质量是最简朴和最容易消化的。

*　　　*　　　*

这样的生活一直继续到我十八岁的时候。我们商店所出售的物品中，有一种做女帽底衬或架子用的金属丝。制造这些女帽架金属丝的是个机械工人，他有一点创造能力，好动脑筋。当他把每星期供应的金属丝架子送来时，我负责把它们接收过来，他就向我讲起曼彻斯特已经怎样在开始引进一些伟大而卓绝的新发明，使用新奇的机器来纺纱等等。他说，他正在尽力想法去观看和了解这些新机器，并说如果他能办到，他就可以用它们来做一种很好的生意。这个金属丝制造商名叫琼斯，时常在谈话中补充这类的内容。后来他终于告诉我，他已顺利地看到了这些机器运转的情形，并且他肯定能够制造和开动这种机器。但是他没有资本，而没有资本他就无法着手进行。他说只要有一百镑，他就能够开始干起来，并且很快就能积攒足够的资本继续干下去。最后他说，假如我愿意预付一百镑，我将分得将来赚到的巨额利润的一半，如果我肯同他合伙的话。他使我相信他已获得了一项重大的秘密，如果得到他所说的帮助，他就能够很快办起一个颇有前途的企业。我写信给我在伦敦的大哥威廉，问他借给我所需的款项是否方便，他立刻给我寄来了一百镑。这时我必须按照契约，把情况通知萨特菲尔德先生，因为我将要进入我自己兴办的新企业了。我相信这使他极感失望，因为这时我已经成为一名可靠的得力助手，我的服务工作深得他的主要顾客的欢心。在我提出通知到最后离开萨特菲尔德先生的商店期间，琼斯和我已经同一位建筑商达成协议：他将建造一个宽大的机械工场，租给我们使用，其中包括几个纺纱车间。等我离开萨特菲尔德先生时，这座建筑物已经完工了。不久我们就雇用了大约四十个工人来制造机器，还赊购了木材、铁和铜供制造机器之用。

可是我不久就发现，琼斯仅仅是一个会操作机器的机械工人，根本不懂得怎样管理工人，也不知道怎样经营他已开创的那样规模的企业。

关于这种新机器，我一窍不通，从未见过它怎样开动。我对于需要些什么东西，毫无所知。但是，既然聘用了这么多人来为我们做工，我知道他们的工资是必须付给的，同时，如果不去妥善地照顾他们，我们的企业必定很快就要停顿，而以我们的破产告终。琼斯几乎全然不懂簿记、财务或怎样督导工人。因此我担负了管账的职务，支付和收入全部款项。工场里的事务从头到尾都是我一把抓。我很机灵地到各个部分去察看工人，虽然实际上我是个外行。但是，由于用心观察每一件事，我维持了整个企业的秩序和有条不紊的生产进程，在这种情况下，业务进行得比我预料的要好得多。我们生产一种纺绩棉花用的机器，技术名称叫"走锭精纺机"，我们把它们推销出去，看来生意做得很好。同时，因为我已发现我的合伙人缺乏营业能力，我战战兢兢地开展了这项业务。

我们开张了不多几个月，一个拥有中等财产的资本家认为这家企业很有发展前途，申请琼斯允许他合伙以增加资本，因为他满以为琼斯是个能力很强的企业家，如果能够诱使我脱离这家企业，那么他（那个申请人，他的名字我已经忘了）就可以很容易地担负起我所做的工作。他们吞吞吐吐地向我透露他们的打算，因为他们凭自己的印象，认为我会极不愿意离开一个兴旺发达的前景如此光明灿烂的企业。他们马上向我提出了一些条件，我后来发现，假如我拒绝接受，他们当时一定愿意加码，以便把他们认为是兴隆的企业搞到手，而这个企业如果继续得到妥善的照料和有效的管理，本来是会兴隆起来的。但是我非常高兴同琼斯分手，毫不犹豫地接受了他们的建议。为了偿付我在企业中的股份，他们提出给我六架我们正在制造以供销售的那种纺纱机、一架卷线车，以及一架用于把已制成的一束束棉纱包扎成捆以供销售的包装机。这时我大约十九岁，就不得不拿着这些机器作为发展前途的开端，依靠自己的力量在社会上谋生了。

当我离开萨特菲尔德先生的商店时，我必须寻找新的住所，这是我生活道路上尚未尝试过的又一步。萨特菲尔德先生的商店坐落的圣安广场里，住着一位老孀妇，她给人提供寄宿和伙食。当我去要求寄宿时，她那里已经住下了两位体面的旅客；我发现我可以独自占用一间卧室，和这两位正在为几家有地位的制造厂出外推销商品的先生共同使用面临广场的一个起坐间，享用同他们一样的膳食，费用为每星期半个基尼①。我接受了这些条件，发现房屋清洁，招待很好。早餐是茶或咖啡等等，午餐是烹调精美的刚起锅的大块带骨腿肉，每天还有一份布丁或馅饼，下午是茶，晚餐是上好的面包、乳酪和黄油，还有一杯啤酒。现在回想起来，以前过的生活，单就吃喝方面的生活来说，没有比这更好或更使我满意的了。但是，这位老孀妇如何能够一直像这样继续供应我们，还能从我们身上赚出她自己的生活费用，我却始终不清楚。也许那所房子是她自己的，那时食品（1789－1790）价钱便宜，而工业奢侈品还没有出现。她看起来总是那么心满意足，乐呵呵的。我们都是单独就餐，在我继续同琼斯合伙的期间，我就一直住在这个地方。现在，如果要享用圣安广场那样的膳宿待遇，我想那得每星期付三十到四十先令。

我同琼斯先生合伙时期曾收到我早先的师傅麦格福格先生寄来的

① 基尼是英国旧制值二十一先令的金币。——译者

一封信，他逐渐老了，也富起来了。他希望我加入他的企业，向我提出了一项具有强烈诱惑力的条件。他表示愿意提供全部资本，立即给我一半利润，并在几年之后把这已经很有根基的企业全部划归我的名下。我真诚地感谢他那十分慷慨的建议和好意，但当然不得不加以谢绝。其后我屡次回想，假如我接受了这笔交易，我一生的经历就会变得怎样迥然不同；而跟我同等年龄和处在我同样境地的一百个年轻人中，大概是会有九十九个喜出望外地愿意承接他的企业的，而且在一千个人当中恐怕不会有一个人予以拒绝。

假如我当时接受了这个建议，我也许会同麦格福格先生的内侄女结婚了，因为在许多年以后，她自己向我透露，当初虽然我们年纪还小，她已对我很有感情；那样，由于我们会成为麦格福格先生和夫人去世以后的财产继承人，我很可能会以斯坦福德地方富裕的布店商人的地位而终其一生。然而，后来的情况却不是如此，这是因为，为我准备好的是一个不同的活动领域。

*　　*　　*

当我脱离琼斯先生和机器制造业的时候，我租赁了一座新建的大房屋，那时人们正开始把这种房屋叫作工厂。它位于安科茨巷里面。我从一个名叫伍德拉夫的营造商那里租下了这座房屋，后来我搬去同他在一起吃住。琼斯先生和他的新伙伴答应给我的六架纺纱机，我收到了三架，另外还有那卷线车和包装机。以这点本钱为基础，我在这座大房屋的一个大房间里的一小部分，开始独立经营业务。

这些机器开始运转，我雇用了三个工人来操作机器，那就是，依靠机器把事先准备好的所谓粗纱纺成棉纱或棉线。棉纱刚纺成的时候，是圆锥形的纱团，要把它在卷线车上绕成一绞一绞的纱束，每绞一百四十码长。我完成了这项操作以后，把一绞绞的棉纱包扎成捆，每捆重五磅，然后把成捆的棉纱——用纸整齐地包好，出售给一位米切尔先生，他是从格拉斯哥来的一些制造业厂商的代理人。这些厂商把棉纱卖给平纹细布的织布厂，或者自己织成细布。英国细布的织造，当时尚在摇篮时期。最早的英国细布是在我充当麦格福格先生的学徒时织造出来的，织造人是柴郡斯托克波特的奥尔德诺先生，该地离曼彻斯特约七英里，他想必大约在1780、1781或1782年就开始经营这门制造业了。追溯织造细布的历史是有意义的。

我刚到麦格福格先生那里去的时候，别的地方还没有细布出售，只有东印度群岛出产的，它以"东印度细布"闻名；可是当我仍和麦格福格先生在一起的时候，奥尔德诺先生开始制造一种纺织品，为了有所区别，他称之为"英国软细布"。这在市场上是一种新商品，他把这种宽不到一码的细布卖给麦格福格先生，每码收取九先令或九先令六便士，麦格福格先生再以每码半个基尼的价格卖给他的顾客。就是这个价格，那些贵族也热切地寻求并且很快地买光了这种细布，于是麦格福格先生从奥尔德诺先生那里得到的货源变得供不应求。他不得不频频乞求奥尔德诺先生把每周的订货量增加一两匹，却常常达不到目的。在现今人类理智错乱的情况下，追求时髦及其荒唐可笑之处所产生的无比强大的影响就是如此，其结果便出现了这样的情况：当时渴求以每码十先令六便士购买这种新织物的那批人物，现在对它已经不屑一顾，而目前穷人出每码两便士的价钱就能买到质量要好得多的织物了。

我已讲过，我的三个纺纱工人正在我的三架纺纱机上把粗纱纺成棉纱线。我没有制造粗纱的机器，不得不买进粗纱，这是一种用以纺成棉纱线的半成品。我结识了两位勤恳的苏格兰青年，名叫麦康内尔和肯尼迪，他们曾经和我差不多同时也开始小规模地制造棉纺机器；这时，在加工棉花为纺纱机作好准备方面，他们已经进展到能够制造一些机器来生产粗纱的程度，从而把生产出来的粗纱出售给纱厂主，获得厚利。我是他们最早的和最经常的顾主之一，我记得我付给他们每磅粗纱十二先令，在我把粗纱纺成棉纱线，包装成五磅一捆出售给米切尔先生的时候，是每磅二十二先令。这是1790年的事。

麦康内尔和肯尼迪两位先生的棉纺工厂，就是这样开始发迹的；这个厂家后来兴建的那些豪华的建筑物，以及他们赚得的巨额财富，就是靠这样的基础来实现的；这也就是我自己在曼彻斯特和在苏格兰新拉纳克的事业所依靠的基础。当时，他们只能制造粗纱，不能最后制成纱线，而我只能最后制成纱线，没有能力制造粗纱。

这些正是属于这样一种情况：不知不觉，也不受我们的控制，小小的开端竟产生了我们最初万万没有料到的结果。

正像我所预料到的，琼斯和他的新伙伴正在迅速地陷入混乱和财务困难的状态。他们告诉我，他们没有能力履行他们和我达成的协议，此后我再也没有收到他们欠我的其余三架纺纱机。我相信他们最后宣告破产，琼斯又去干他制作金属丝女帽架的老本行了。

既然我不可能从我以前的伙伴得到另外几架机器，我就决心用我已经得到的那部分设备尽最大努力把业务搞好。由于有三个工人为我纺纱、卷线和包装他们纺出的纱线，并每星期把它卖给米切尔先生，我每星期获得大约六镑的利润，自认为这样的成绩对一个年轻的创业者来说是蛮不错的了；这是因为，我已把我所据有的大建筑物的其余部分出租给一些房客，他们支付了我的全部租金，而我以这个办法自己留用的那部分房间就不用付钱了。

* * *

大约在这个时期，棉纺业获利十分丰厚，已经开始引起许多拥有资本的人的注意。阿克赖特先生如果说不是这种新式棉纺机器的发明者，也至少是首先采用它的企业家，他已经在曼彻斯特建立了一家棉纺厂，由一位名叫辛普森的先生担任经理。另外还有一位德林克沃特先生，他是一个富有的曼彻斯特工厂主和外贸商人，创立了一家制造细纱的工厂，正在乔治·李先生的监督下开始安装机器，李先生在那个时代是一位非常优秀的科学人才。乔治·菲利普斯先生（后来成为爵士）想在索尔福德兴建一家大厂；他在德林克沃特先生不知道的情况下，同乔治·李先生组成了一个合伙企业，名叫菲利普斯与李公司，后来许多年它一直是曼彻斯特有名的一家大公司。李先生已经通知德林克沃特先生，说他必须脱离他的工厂，因为他已组成了这个新的合伙企业。虽然德林克沃特先生是个出色的制造粗斜纹布的工厂主和第一流的外贸商人，并且这时已成巨富，但他对于棉纺业的事务却一无所知，因此，李先生这样突然抛弃了他的工厂，使他非常狼狈，当初要不是指望得到李先生的持久效劳，他本来是不会开始建立这家工厂的。

在这种对他非常不利的情况下，他只得登报招聘一位经理去主管这家已在创办的工厂。他的广告在一个星期六出现在曼彻斯特的报纸上，但是在下个星期一的早晨我到我的工厂去以前，我没有见到也没有听说有这则广告。那天，当我走进纺纱车间时，有个纺纱工人说："李先生已经离开了德林克沃特先生，他已登报招聘一位经理。"我只说了声"他将怎么办呢？"就去做我自己的事情了。但是（我不知道当时我怎么会起这个念头的），我一声不吭，戴上了帽子，直接前往德林克沃特先生的办公室。尽管我那么年轻，又缺乏经验，我还是向他应征他登广告招聘的那个职位。当时发生的情形给我留下了经久不灭的印象，因为这些情形导致了将来重要的后果。他立刻说："你太年轻，"——那时我脸色红润，看起来比我实际的年龄更小一些。我说："那是四五年以前向我提出过的反对的理由，我料不到现在还会向我提出这一点。""你有多大？""今年5月整二十岁，"我回答。"你平常每星期喝醉几次？"（这是那个时期曼彻斯特和兰开夏几乎人人都免不掉的共同习惯。）我说："我一生中从来没有喝醉过。"这个出乎意料的问题窘得我满脸通红。我猜想我的回答和态度产生了良好的印象，因为下面一个问题是"你要求多少薪金？""一年三百镑"是我的回答。"什么？"德林克沃特先生有些吃惊地重复着我的话说，"一年三百镑！今天早晨来找我求职的人不知有多少，我想他们提出的要求加起来总共也到不了你要的数目。""我不能受别人要求的约束，"我说，"少了我不能接受。我靠自己的企业现在就赚那么多。""你能向我证明这一点吗？""能，我可以让你看看我的企业和我的账册。"德林克沃特先生说："那我倒愿意跟你去，让我亲眼看看。"我们来到了我的工厂。我说明了我的企业的性质，打开了账册，证明我的话并不虚假，结果使他非常满意。他然后说："关于过去的品格，你能提出什么证明呢？"我向他提起了萨特菲尔德先生、弗林特与帕尔默商店，以及麦格福格先生。"某一天你到我那儿来，我给你答复。"这是为了让他有时间去进行调查。

我在指定的时间去看他。他说："我愿意按照你的要求，给你一年三百镑，我还愿意按成本价格买下你的全部机器，同时我将要求你马上负起管理工厂和大约五百名工人的责任。"我相应地作了安排。德林克沃特先生关于怎样管理工厂，一窍不通，不过随着业务的发展，他一直按照需要供给资本，并在产品脱手和得款以后，提取他的资金。李先生在我被叫去接替他的职位的前一天就已经走了，因此，我是在对任何事情都没有得到一点指导或解释的情况下担任这个职位的。工厂位于离德林克沃特先生办公地点有一段路程的另一个城区；当我到达工厂时，我立即发现自己置身于五百名正在机器上忙碌着的男女工人和童工的中间，那些机器有许多我几乎没有见过，它们同从棉花到成品纱线的纺制过程并没有什么正规的联系。我抱着一辈子也忘不了的那种心情暗自思忖："我怎么到这里来了？我用什么办法可以施展我的本领来管理这些工人和这个企业呢？"到这个时期为止，我一向喜欢潜心思考，性情孤独，极为敏感，同陌生人讲话很少能不脸红，尤其是同一位异性说话的时候，除了在我经历过的那些商业部门中日常服务的时候不算；而且，我对自己的能力缺乏自信，因为我知道自己所受的教育很不够，质量也差。所以，对于我自己不假思索或考虑，居然凭一时的冲动，求得了这个职位，我不禁大为惊讶。但是，我万万没有想到，我必须完成的工作在许多方面是完全陌生的，否则我就绝不会试图去担当这项工作了。我唯一的经验是在零售商店服务过，此外就是同琼斯合伙干了几个月，这个短暂的时期用来记工资账目，监督工人的劳动，以及靠一百镑的资本经营生意。如果我在申请当经理之前看到了这个企业，我是绝不会想到要去采取这种十足冒昧的行动的。李先生在我承接这项工作的前一天已经离开工厂，德林克沃特先生没有同我一起来到工厂把我介绍给任何人，就这样，我必须在得不到指导的情况下担负起这个企业的管理工作。我必须采购原料，制造机器，因为工厂里还远远没有装满机器，另外要把棉花制成棉纱，销售棉纱，还要记账，发付工资，以及事实上担负有史以来建立起来的第一家用机器纺绩细棉纱的工厂的全部责任；而开始兴建这家工厂的，却是当代一位最有科学头脑的人士，他受过高级教育，被认为是一个造诣很深的人，一个颇有才能的数学家。这就是我还不满二十岁时必须去管理的工厂，这就是我必须去接替的人物。

德林克沃特先生已经聘用我的消息在曼彻斯特传开；人们听说担任他那家新工厂的全部指挥工作的仅仅是个没有经验的孩子，而这家新工厂当时被认为简直是机械工业和制造业的一个奇迹，因此，据我后来获悉，一些头面人物认为他已丧失理智，预料他非遭受失败和大失所望不可。言归正传，我已经到了那里，去担任这个艰难的任务，并且谁也没有给我什么帮助。我立刻下决心作出最大的努力，开始仔细查看正在进行的一切事情的全貌和细节。我神情严肃，非常细致地审察每一件东西，细看了李先生留下的关于机器的图样和计算出来的结果，这些东西对我大有用处。早晨我和最早的一批人一起进厂，晚上我把厂房锁起来，自己掌握钥匙。我天天这样默不作声地检查和监督，继续进行了六个星期。对于向我请示的问题或其他问题，我仅仅作了肯定或否定的回答。在这段时间里，我没有对任何事情发过一道直接的命令。但是，到这段时间结束时，我觉得自己已经精通我的职务，可以准备对每个部门发出指示了。我以往的习惯给我行动的精确性打好基础，也便于我在某种程度上做到办事妥善，这是当时从事棉纺业的人所不习惯的。我不久就看出了各种工序中的缺点，以及机器的某些部分在制作方面所需要的修改——那些机器同当时到目前已经取得的进展相比，毕竟还是处于粗陋状态。这个工厂或称为棉纺工厂兴建的目的，是要制作最纤细的棉纱或棉线，李先生已经达到了当时被认为十分了不起的纤细程度，已经成功地生产了技术上所说的每磅一百二十绞的细纱。但那时质量很差。凭我在麦格福格先生训练下学到的本领，能够正确而严谨地经营和保管精致的昂贵商品，我不久就改进了我们的制品的质量。厂里存放着在李先生管理下制造出来的大批尚未出售的棉纱，其纤细程度从七十绞到一百二十绞不等。

德林克沃特先生夏天住在他的乡间住宅里，冬天住在他城里的住宅里。这时他正住在乡间，每星期两次来到同他冬季住宅毗连的他的办公室和仓库。他绝不到工厂里来，几乎总是希望在他身临办公室的日子在那里见我，并且要我把逐个星期的产品货样带去。他发现质量逐渐改进了，采购产品的顾客宁可要新纺出来的纱支，而不愿买进旧的存货。根据别人给他的报告，他还发现受雇的职工很守纪律，并且他们还对我所实施的规章制度和管理方式深感满意；因此，对于他不顾舆论反对而请来管理他的新工厂的那个孩子，他一个星期比一个星期更加满意。我具有一些有利条件来弥补我知识和经验的不足，这些有利条件来源于我早年跟着麦格福格先生获得的关于鉴别精致高档纺织品的训练，以及早年由于克服了宗教偏见而获得的关于人类天性的知识。

到这个时期，我已经觉察到环境对我自己和别人的行动所产生的经常不断的影响，并且通过把我自己同别人作一番比较，开始意识到在我们最初的机体上被造成的差异。从我的头脑中清除了宗教偏见及其对通情达理施加的影响之后，我的头脑在重新安排各种概念方面变得不那么复杂了，并逐渐得出这样的结论，即认为人不能形成他自己的机体或其任何一种品质，这些品质是按其性质或多或少受到每个人生活中所遇环境的影响的，除了这些混合起来的环境赋予个人的控制能力以外，个人对环境没有其他的控制能力，但是社会对环境却有着势不可挡的影响；因此，我是通过与别人不同的途径以及用宽宏得多的精神来观察同属人类的其他人的秉性的。既然知道他们并不塑造自己，也不塑造他们所处的环境或条件，并且知道，这些条件结合在一起必然要迫使他们变成那种模样，我不得不认为，我的同类是由他们降生以前和以后那些不受他们控制的环境所塑造的，除了上述有限的控制能力而外，他们没有其他控制环境的能力，因此，我也不得不怀着无限的宽宏精神对待他们的感情、思想和行动。这种关于我们的共同天性的了解，使我很早就习惯地认为人是他的机体以及自然与社会在他周围形成的条件的必然产物，并惯常用这种认识带来的精神去看待和对待所有的人。结果，我的意境逐渐变得宁静了，愤怒与敌意在我心中熄灭了。

对于人性的这种了解，使我长期以来不知不觉地具有一个超过别人的优点。我对待我所交往的一切人的态度是那么自然，以致一般总能获得他们的信任，并招致他们仅以善良的品质来对待我；因此我往往颇为惊奇地发现，我竟比教育程度远远胜过我的别人格外容易达到我的目的。通常我总获得一切人的善意对待；并且，除了我后来公开反对世界上的一切宗教以及过去和现在的社会制度，从而引起最陈旧的偏见来反对我的新社会观之外，人们无论男女或属于什么阶级，一般都是喜爱我的。

由于我有这种不知不觉地胜过别人的能力，在我管理工厂的头六个月之内，我对工人已经产生了这样的效果，使他们完完全全受我的影响，他们的秩序和纪律超过曼彻斯特市里或附近的任何其他工人，至于他们有条不紊的工作作风和严肃态度,更是当时别人无法仿效的榜样,因为在那个时期,工人比后来任何时候挣的工资都多,也远比现在更其不愿受到约束。

我还把工厂重新作了安排,总是使它秩序井然,因此它随时都处于能够让任何方面的人士前来参观视察的状态。

但是在那个时期,棉纺厂把所有的生人拒之门外,不准任何人入内。各工厂都谨慎地防范人们擅自闯入,外面的门总是锁着的。德林克沃特先生本人从我负责工厂以来还没有进来过,在我继续管理工厂的四年间,他只来过三次,每次都是同一些对他有影响的外人一道来的。第一次他带来的是著名的天文学家赫谢尔,第二次是萨金特·海伍德先生,即他的女婿,第三次是彼得·马斯兰先生,苏格兰某地下院议员的父亲。当时彼得·马斯兰先生是新出现的棉业界巨头之一。

现在再接着前文叙述。德林克沃特先生必然已从某个消息来源得悉我的管理工作的详细情况,以及我在工厂里获得的进展和实行的变革,因此,在最初六个月结束时,他派人来请我到他的乡间住宅去,说是想告诉我一些事情。

那时我还只是个所受教育很少的笨拙的青年人,对我教育上的缺点十分敏感,讲话不符合语法,说的是一种威尔士的英语;这是因为人们在纽汤说的语言不够完美,是威尔士话和英吉利话的颇有缺陷的混合物;而我接触到的社会还仅限于一个零售店的助手所耳闻目睹的社会。同时我还由于非常敏感,在陌生人中间的心理反应和动作显得很不自在;我对自己的讲话和行动总感到不满,常常很讨厌地脸红起来,这种毛病无论怎样拼命努力也克服不了。事实上,我觉得自己没有能力来充分表达我内心的思想,这使我在陌生人面前总感到局促不安,当我同那些按照流行的教育观念可以说是受过系统的良好教育的人在一起时,尤其如此。我还没有到德林克沃特先生在曼彻斯特的住所去过,因此,当我被约请到他乡间住所去看他的时候,我无法猜测这种突如其来的举动目的何在，对后果摸不着头脑，委实有点慌乱不安。可是，当我到达那里，被引进德林克沃特先生的办公室时，他说："欧文先生，我请你来是为了向你提出一个对你我都很重要的事务问题。我留心观察了你为我服务以来的办事方法，并且对此深有了解，我对你的一切工作非常满意。我现在希望你下定决心永远留在我这里。我已经答应今年给你三百镑；如果你同意继续留在我这里，我明年将给你四百镑，第三年五百镑，另外，我有两个儿子正在长大成人，到第四年你要和他们一起同我合伙经营，你可以得到四分之一的利润，现在你是知道那时可能会有多少利润的。这个建议你看怎么样？"我说："我认为这是十分宽厚的，我愿意接受这项建议。"

"那么，"他回答说，"协议就趁你在这里的时候订立，你可以带一份合同回家去。"当协议写好，两份都签上字以后，我怀着对这次拜访感到很满意的心情回到家里。

这时我不满二十岁，已经处于有充裕的收入维持自己生活的地位了。如前所述，我生于1771年，而这件事发生在1790年初。我还被授予了充分的权力，可以按照我自认为有助于促进工厂利益的方法办事。我想要使那在我指导下制造出来的棉纱同过去在李先生管理时纺出的棉纱有所区别，于是，在那些供销售的五磅棉纱包（人们也管它叫"捆"）外面，经准许打印上了我的名字。新纺出的棉纱以高价很快脱售，而价格较低的原有存货销售缓慢，直到很久以后才全部销掉。

在这个时期，供新机器纺绩的棉花是从我们英属西印度群岛、从南美洲以及从法属波旁岛购进的，通常被称为奥尔良棉花。当时尚无使用北美洲棉花来纺绩的事。从北美运来的棉花不适合当时使用的机器。当时纺出的最精细的棉纱和棉线是这个工厂的产品，是用从法属岛屿购进的棉花制造的；到那时为止机器生产的绞数最多的，亦即最精细的纱线，在技术上"称为120"，这就是说，每磅需要由这个数量的、每绞长 840 码的纱绞组成。在那个时期，这些纱线是按照公布的价格出售的，价格表上从最低到最高的绞数列出每种绞数的价格，并根据每家工厂产品的质量，质最次的从公布的表上的价格减去百分之若干，或者质量非常好的，在那价格上增加百分之若干。但是，只有德林克沃特先生的新细纱能够达到比表上高出百分之十的价格，并且就是按照这个标价也销售得很快；而在李先生任经理时指导下制造出来的质量，难以迅速地按表格价格出售。这真成了超过兔子的乌龟；因为李先生天赋颇高，具有作为科学机械师和工程师的了不起的才干，这是我自愧不如，万万不能企及的。但事实却是，在曼彻斯特公众和最早的一批苏格兰制造细布的工厂主（他们是我们的主要顾客）的评价中，我已经成为一个精细棉纱制造者而居于很受尊敬的地位了。

前面已经提到过，我必须购进我们工厂所需的棉花。我一直对这部分的业务极为注意，当时棉纺厂主向其购买这种原料的棉花经纪人都一致认为我即使不是市场上棉花质量的唯一最出色的鉴定人，也是少数几个权威鉴定人之一。

在我经常向其购买棉花的经纪人中间，有一位罗伯特·斯皮尔先生，他在这行业中地位很高，是一位学识渊博的正直人士。在 1790 这一年或者是在 1791 年初，最早的两包美国海岛棉花由美国种植者在利物浦的代理人交付给斯皮尔先生，请他要求一位有资格的棉纺厂主试验一下它的质量，并对它的价值提供意见。斯皮尔先生向我提出了这个要求，并且说，拥有这种棉花的几方面的人不了解它能派什么用处，也不知道它对棉纺厂主有多大价值，因此请我用它加工纺纱，并在试用以后按棉花的质量定出价格。棉花包打得很松，每包约重一百五十磅，一半夹着棉籽，同最优良的奥尔良棉花相比，光泽差得多。这是从美国第一批运来，要在新机器上通过卷轴而不是用手工纺纱杆或手摇梳棉机纺绩的棉花。我叫人把两袋棉花摘拣干净，进行加工，纺出来的棉线比用法属岛屿的棉花纺出的好，但颜色暗得多，因此很不中看。我把它卖给一个名叫詹姆斯·克雷格的苏格兰工厂主，由于色泽的关系要价比较低，于是他就成为用美棉纺织的棉纱织成平纹细布的第一个工厂主。我多少有点感到诧异的是，克雷格先生不久就从苏格兰回来，向我要求再购买一些他曾向我买进的那种色泽暗淡的棉纱。我对他说，在他离开的时候我都卖光了，他显出很失望的样子。"我们很快就能够按通常的价格向你提供色泽光洁的棉纱，"我说。"你干吗要这样失望呢？"

"我确实大失所望，"他回答说，"因为那证明是我所见过的最优质的棉纱。""可是色泽呢？"我说。"哦，"他说，"那无关紧要，因为它即使不比白色美观，也同样可以漂白的，所以我才打算来向你买这种棉纱的全部存货。"于是我充分懂得了海岛北美棉花的优良品质。这是北美棉花的长纤维品种；后来，经过一段时期之后才发明了纺绩高地棉花或短纤维棉花的机器，这种短纤维棉花现在已大宗输入我国，并在北美南部各州大规模种植了。

从那个时期到现在，棉纺业不断扩大，这是现代的奇迹之一，我突出地和积极地参加这个行业达四十年之久，在此期间，无论在整顿和管理庞大的工厂方面，还是在改善所雇工人的劳动条件和生活方面，我都带头作出了榜样，最初只有极少数较大的厂家起而仿效，后来其他的厂家也慢慢地如法炮制了。

我很早就注意到人们十分关心死的机器，忽视和漠视活的机器。在我目前正在谈到的那个时期，我还是初出茅庐，对一般的社会了解得很少。我所熟悉的社会只是零售业的顾客，或者我作为老板店铺的低级伙计所接触到的社会；这是因为我离开了萨特菲尔德先生的商店和我承担的任务不过一年多一点，就去经管破天荒第一家开始用机器纺绩细纱的工厂了。我的生活是逐日密切地注意业务，只有在我离开麦格福格先生前往弗林特与帕尔默商店任职时用几天工夫去探望纽汤及其附近的双亲和亲戚除外。这样，我从十岁起仿佛就是生人中间的一个生人，人们只认为我是个做买卖的青年，在很大程度上要靠我自己来思考和非常生疏地观察周围的事物。由于潜心注意业务，我简直不了解那些俨然在社会上享有某种地位的家族的习惯和风尚，因此我这时深感这方面的不足。其原因在于，那些按现有教育观念来说曾获得良好教育的人士以及在商界颇有地位的人士这时开始希望和我结交。然而，既然知道我自己在这些方面缺陷很多，我总不愿接受邀请，而且除了女顾客以外，我对女性可以说是茫然无知。这也使我不敢贸然同任何一家子结识。在这些问题上我过分敏感，达到忐忑不安的地步，因为那时我异常尊重那些受过教育的富裕阶级以及在他们之上的一切阶级的造诣。我未来的历史将要表明，我是多么不幸地误解了他们通过所谓优良教育而取得的成就啊。

大约在我开始管理这家工厂的一年之后，我对大不相同的棉花质量已增多了知识，改进了所用机器的精密度，并修改了原料在纺绩棉线或棉纱成品时必须经过的工序。同时，我已想出了办法，可以把纺出的棉纱的细度从每磅120绞增加到300绞以上，从而使佩斯利及其邻近地方的苏格兰工厂主能够开办庞大的新工厂织造各种优质的平纹细布。我厂纺绩的棉纱的质量十分高超，因此很容易按超出价目表定价百分之五十的价格脱手，在工商业多难的1792年影响一切制造品的价格并使业务规模庞大的许多家工厂破产以前，即使我们的全部机器充分运转，生产出来的棉纱也供不应求。

我出五先令一磅的代价购进棉花，纺成每磅几乎达250绞的细纱供织造细布的工厂主应用时，我以每磅九镑十八先令六便士的价格卖出，根据这一事实读者也许可以略知我为德林克沃特先生经营的工厂该是多么兴旺发达了。这样的细纱在1792年初卖给了克尔巴昌的亚历山大·斯皮尔斯，他把它织成细布，其中第一匹作为英国棉织业的莫大珍品，当礼物呈献给了年老的夏洛特王后。我后来进一步把棉纱的细致程度提高到每磅300绞以上，如果这样的棉纱在上述同一时期出售，那就可以每磅不止卖三十六镑。然而，工厂的这种昌盛景象受到对法战争的妨碍，我记得就是同等绞数的细纱，此后也永远卖不到这样的高价了。

我获得了全世界首屈一指的细纱纺绩者的美誉，在我继续经营德林克沃特先生的工厂的时期，我一直享有这种声望。这家工厂当时坐落在曼彻斯特的班克托普，我相信它还在那里。那时人们惯常称之为"班克托普厂"。

在普通绞数和细度方面勉强可以算作我的竞争对手的，是一位阿奇博尔德·布坎南先生，后来他同格拉斯哥的柯克曼·芬利先生在埃尔郡合伙开棉纺厂。他（布坎南先生）是苏格兰迪安斯汤已故著名的史密斯先生的亲戚、前辈和导师。那个时期布坎南先生纺出的棉纱质量按超过价目表百分之十的价格出售，而德林克沃特先生的棉纱却以超出表价百分之五十的价格畅销市场。

举出这些事实是为了说明嗣后的活动，因为棉纺业任何部门的最出色的制造厂商在那个年代都成了社会上赫赫有名的人物，我在曼彻斯特公众的心目中已经是相当著名了。

* * *

在那个时代，有两个机构在曼彻斯特非常引人注目，它们各以自己的特色享有声誉和名望。一个是"曼彻斯特文学与哲学学会"，当时由现已去世的颇受尊敬的珀西瓦尔博士任会长。另一个是"曼彻斯特学院"，由本斯博士主持；这所学院在他逝世以后迁往约克，请韦尔比洛夫德先生担任院长；学院的宗旨主要在于培训唯一神教派的牧师。

在这个时期，教友会教徒约翰·多尔顿，即后来颇负盛名的哲学家多尔顿博士以及一位温斯坦利先生，都在本斯博士所主持的这所学院担任助教，他们是我的知己朋友；晚上我们往往在他们的屋子里碰头，经常兴致勃勃地热烈讨论宗教、道德和其他类似的问题，也讨论化学和其他科学方面的新发现，在这里，多尔顿第一次提出了他那在当时尚未明确的原子理论。我们开始自认为哲学家。偶然我们也吸收一两位朋友来参加我们这个小圈子，但这被看作一种难得的恩遇。在这个时期，科尔里奇正在一所大学里攻读，当时就被认为能言善辩，是个天才。他请求准许参加我们的讨论会，希望在讨论时同我见面，因为我是这几个人中唯一反对所有教派的宗教偏见的；然而，我对自然和社会真正形成人们性格的情况既然有所了解，这时就已经养成了对对手采取宽容和仁爱的态度，总是友好而和善地提出我的反对意见。科尔里奇先生口若悬河，善于巧妙地把许多字眼拼缀成铿锵的语句，可是我话语虽然不多，却直接说到节骨眼上，总能把意思清楚地表达出来。他有口才和学问，但有力的论证却显然在我这一边。多年以后，当他名气更响并被人更加交口称誉的时候，我送了他一本我所写的《论性格的形成》；在他读过以后我下次和他碰头时，他说：“欧文先生，我真正感到自愧。我写文章和讲话，一向用很多词句来求得所谓生动有力，流畅典雅，另一方面，我发现你所说的话倒是直截了当，明显易懂，要中肯得多。我决定努力从中吸取教益。”

同我朋友多尔顿和温斯坦利（后者是曼彻斯特最有成就的一位内科医生某博士的姻弟）的这些友好会晤和讨论，一直继续到引起院长本斯博士的注意时为止；由于他担心我会使他的助教改变对他那种正统观念的信仰，他要求我们不要那么频繁地在学院里举行聚会。然而，这种聚会继续在别处举行，并且我从与会的一些人士那里获得了"推理机器"的称号，因为他们说我把人变成了一架纯粹由自然和社会陶铸出来的推理机器。这所学院在我仍然待在曼彻斯特的期间搬到约克去了，现今在那里还叫做"曼彻斯特学院"。

不管我的见解多么违反公认的标准，"曼彻斯特文学与哲学学会"还是征求我的意见，要我加入该会为会员，对此我表示同意。这样，我就被介绍认识了许多学有专长的主要人物,特别是医药界的专家,而那时医药界在曼彻斯特地位很高,它的主要成员是这个城市的贵族。这个时期的制造商一般都埋头从事业务,知识不多,思想活动有限,充其量只熟悉与本身业务直接有关的职业界。对外商人,或者更确切地说那些经营对外贸易的商人,则多少比较先进一些。我自己也不知道是什么缘故,就这样被介绍认识了曼彻斯特文学与哲学学会的杰出人物,因为在我成为该会会员不久以后,我便被邀请担任它的委员会的委员,而委员会这个组织则由公认为学会中杰出的、最有能力的会员构成,经常在学会定期召开的会议之后立即开会。这个组织或委员会那时包括珀西瓦尔博士(主席)、费里尔博士、霍姆博士、巴兹利博士、外科大夫辛普森以及化学家亨利先生。由于感到我缺乏这样一些人平常所受的教育,我无法了解他们为什么把我吸收进学会和委员会。有一次在学会开会期间,在会长担任主席的一天晚上,会议谈到了棉花问题。我以前从来没有在会上发过言,也没有听见自己在公众面前发表讲话的声音,更没有想要听到那种声音的念头。我过分羞怯和敏感,根本不觉得有任何这样的心愿;可是这一次,使我惊奇和心慌意乱的是,帕西瓦尔博士说:"我看见一个年轻朋友在场,我相信,如果他愿意就这问题告诉我们一点宝贵的资料,他是能够做到的。我指的是以其在棉花精纺方面知识渊博而闻名的欧文先生。"我害羞得脸红了,结结巴巴地说了几句前言不搭后语的话,并且为了我这样当众暴露出自己的无知和笨拙而自怨自艾。要不是发生了这件事情,我或许永远也不会企图当众发言了。我意识到我自己比那天晚上就这问题发表意见的任何人都更了解这种原料的种类、质量和历史。这一印象促使我企图为该会就这问题撰写一篇论文,随后这篇论文就在该会下一次的会议上宣读和讨论了。学会会长总是希望提携和鼓励已经加入该会的年轻会员,因此他在会议结束时为了那篇论文对我表示感谢,说那是一篇包含实际经验的非常有用的文章,从而给了我很大的荣誉。我并不以为我应当得到这种夸奖，而是把它归因于会长的善良心肠。正是在会议讨论了这篇论文之后，我才被邀请参加委员会的，因为委员会的所有成员都得在该会的每次会议期间撰写一篇论文。

在嗣后的一次会议上，当我已经多少增加了一点自信时，费里尔博士宣读了一篇论文，其主题在于企图证明，任何人凭他自己的意志都可以成为天才，各行各业的任何人只要下定决心，勤奋努力，都能养成这种本领。这篇文章很有学问。费里尔博士是地位较高的副会长；在他宣读之后出现了长时间的沉默，而同历来整个的做法相反，在会长照例发表意见，说那是值得重视的有分量的论文后，谁也没有站起来发言。每个会员有权带一两个朋友与会，那天晚上我是带了约翰·多尔顿和温斯坦利先生一起去的，认为他们会对辩论发生兴趣。由于看来谁也不见得会带头讨论，我觉得很失望。左等右等，直到我认为会长因为无人发言似乎要结束会议——虽然那是一次全体会议——的时候，我只是为了引起辩论，免得我的朋友失望，才站起来说："会长先生，这是一篇十分博学而颇有独创见解的论文。然而，在倾听论文宣读的时候，我想到自己向来总是竭力希望成为一个天才，一直孜孜不倦地致力于这一目标，可是我始终没有成功。因此我不得不得出这样的结论，认为在我们饱学的作者的理论中一定存在着某种错误没有得到解释。"说了这几句，我坐了下来。费里尔博士站起来答复。他面红耳赤，或者可以说是由于强自抑制感情而涨得满脸通红，以致引起了会员们的注意，并且只是结结巴巴地作了一点杂乱无章的答辩。这时，为了使他摆脱窘境，一些会员开始发言，接着就展开了讨论。然而，从那个夜晚起，费里尔博士始终没有忘记我那简短的发言，因为他此后并不像从前那样对我非常亲切和友好了。拉弗瓦西埃[①]和夏普塔尔这时已使化学成为专门学者喜欢讨论的课题，我也稍稍加以注意。一天夜晚，当他们的发现成为讨论的话题时，我说：宇宙在我看来是个巨大的实验室，万物都是化合物，人不过是一种复杂的化合物。从那个夜晚起，人们管我叫"企图用化学来制造人的哲学家"。

在我继续待在曼彻斯特的漫长时期，我一直是经常参加该学会及其委员会活动的成员，并为每次会期撰写人们希望我提供的论文；但究竟写了哪些题目，我现在记不起来了。然而，那时我感到会议很合胃口，也对我颇有助益；它们使我熟悉了社会上一个新兴阶级的思想、习惯和偏见。我说偏见，那是因为文人学士像其他所有的人一样，也有从所受教育中得来的强烈的偏见。

* * *

我继续在职业上运气亨通地取得进展，直到1792这一灾难性的年份来临时为止，这个年份妨碍了棉纺业的突飞猛进的发展。经营这一行业的人或多或少遭了殃。全王国从事各种工商业的人有很多破了产。德林克沃特先生资本雄厚，经得起商界的这场急剧变化而没有遭受重大损失；与此同时，我仍旧领取全薪，德林克沃特先生对我的一切业务经营到那时为止还是非常满意的。

他有一家棉纺厂在柴郡的诺思威奇进行生产，它从事技术上所谓水纺或者说类似阿克赖特在曼彻斯特的克伦福德和别处用机器操作的经纺。这家柴郡棉纺厂是由一个上了岁数的人经管的，他负责厂务已有若干年头了。德林克沃特先生看到我在曼彻斯特的精纺工厂作出的成绩以后，希望我也去检查、整顿以及在总的方面指导那家出纱数量比我们曼彻斯特工厂低得多的经纺工厂。像我这样一个青年，要负责指挥柴郡工厂的老经理，那可是一件吃力不讨好的差使，但却是这样

[①] 昂图安·洛朗·拉弗瓦西埃（1743－1794），近代化学的法国先驱。——译者

做了。以前的经理仍旧负责，但他要在我的指挥下行事。我每隔两星期骑着马到那边去监督和指导，这在我和德林克沃特先生共事的期间一直是如此。每逢轮到的那个星期的同一天，我骑马作这种旅行，途中必须穿过当时一片很大的公地。在仲夏晴朗炎热的一天穿过那片公地时，发生了一件当时给我深刻印象的事情，这件事我想要等将来能够显出它的重要意义并比现在叙述起来更有用处的时候加以说明。我在这里指出来，只是为了提醒自己，免得在适当的场合把它忘诸脑后。

当我的这些业务情况正在顺利地和幸运地发展的时候，德林克沃特先生的家庭里出现了一些对我的未来生活产生决定性影响的事件。

德林克沃特小姐正达到成年年华；虽然我现在不记得是否见过她，但我可以断定，抛开大家估计她父亲能够和势必会给她的大宗财产不谈，她是个讨人喜欢的女郎，因为人们经常赞扬她，而且她还受过精心安排的良好教育。因此她被认为是在他们那个圈子里头等商业或同行家庭出身的青年的对象和匹配。有一位先生——我已忘记了他的姓名——是曼彻斯特的外贸商，他风度翩翩，在社会上颇有地位，住在德林克沃特先生所居市镇的邻近，常常对她大献殷勤。虽然他的年纪要比她大十岁或十二岁，这位小姐却并不厌恶他，因为他脾气温和，他的风度对异性有吸引力。人们开始认为他们的关系已成定局了。在他们这件事情上，正像其他许多人也往往有这样的遭遇一样，真正的爱情所经历的道路并不是没有坎坷的。我这里必须重新提起在这段叙述的前面部分中提到过的一个人名，此人是制造英国细布的实力最为雄厚的数一数二的工厂主，在柴郡和兰开夏享有崇高地位，正如前文所述，麦格福格先生就是常常向他购进布匹，并恳求他在每周订货的数量外多增加几匹的。这就是曾经显赫一时的极有魄力的塞缪尔·奥尔德诺，他在不久以前即连续两年每年以获利一万七千镑而闻名遐迩，因此当时人们都认为他非常有钱，是织造业和商界的大人物。他从棉纺厂购进棉纱，靠织造细布获取了这些利润。他以为纺纱厂商获利颇丰，也像其他许多人一样，不满足于当时他那种经营得不错或相当不错的事业，而是野心勃勃，希望不但是个最大的细布织造厂主，而且成为一个大纺纱厂主。他在精心规划的场地中间兴建了一座富丽堂皇的大棉纺厂，工厂的环境非常优美，因为他在这些事情上总是很讲究的。他实际上正在作好准备并大踏步地取得进展，要成为第一流的、主要的"棉纺大王"。然而，由于他在建造厂房、安装机器、购买周围的土地以及在斯托克波特及其附近建造了华丽的楼房和作了考究的布置，以便进行庞大的纺织事业和便于成品的销售，大手大脚地花费了他的资本；于是，当1792年难熬的时候到来时，他的计划铺得太广，弄到非作出重大牺牲就无法为实现计划而提供资金的地步。人们后来普遍地揣测，为了防止这种趋势，他认为如果同德林克沃特小姐结合，他依靠她父亲的帮助，也许能够不受阻碍而继续实行他的计划。他是个精神饱满、健康和仪表堂堂的男子，但也许还比德林克沃特小姐目前的求婚者大五岁。然而我猜想他断定，"怯懦的感情争取不到美丽的姑娘"，因此他立刻向德林克沃特先生提出要求，请准许他向他的女儿求爱。这个要求使德林克沃特先生深感荣幸，因为奥尔德诺先生这时在棉织业红得发紫，仅次于德比郡的阿克赖特家族和斯特拉特家族。

  人们都认为那位年轻的小姐最初没有怎么热情地接待他。但是做父亲的虽然喜爱他那些儿女，却野心勃勃，性情固执，通过向她指出巨大财富和尊贵地位的美好前景，终于能够克服她的勉强心理。她自己无权掌握财产，无法抗拒他的权威，因此她就向她父亲的愿望屈服了。奥尔德诺先生随后受到父亲和女儿两人的盛情款待，被承认是后者未来的丈夫。

  在某一个时候，一切事情对奥尔德诺先生来说似乎进行得相当顺利，并且在某一段时期内还对德林克沃特先生产生巨大的影响。在这期间，他了解到了德林克沃特先生聘请我经管工厂的事实，而这一事实当时却成为阻碍他（奥尔德诺先生）实现野心的绊脚石。他强烈要求把两家工厂的全部业务完全归他掌管，而按照协约应于下一年开始的我参加合伙的关系则妨碍了他独揽德林克沃特先生产权的图谋。

　　奥尔德诺先生认为这道难关应当不惜以任何代价加以克服，因此他下定决心要想尽办法来对付我。德林克沃特先生在三年期间只是为了向我介绍著名的天文学家赫谢尔，才到过他设在曼彻斯特的这家工厂一次；这时他请我到他的乡间住所纽沃尔别墅去，而这个地方从他自动提出订立协议的那天起，我一直没有再去过。我已点点滴滴地听到了一些那里已经发生和正在发展的事情，也知道奥尔德诺先生的野心不小，因此我猜想他们多半要提出什么新的建议了。我口袋里带着协议书，来到纽沃尔别墅。我被带进德林克沃特先生的书房时只有他一个人在那里，现在我已深信不疑，几方面都是把这一天看得十分重要的。他说："我请你来是为了解释一下近来在我家庭里发生的一些意料不到的变化。著名的奥尔德诺先生就要成为我的女婿了。你知道，他是英国首屈一指的细布工厂主，并将成为棉纺业的巨子。他已表示强烈的愿望，想把两个工厂的全部业务保留在我们这个家族手里，可是你根据我们双方的协议，有权在明年成为我那工厂的合伙人，而这项协议却妨碍他实现远大的抱负和作出相应的安排。他希望从你那里弄清楚，你愿意以什么条件留任工厂经理，同时放弃在我们企业中实行合伙的协议。如果你肯放弃合伙的权利，你可以提出你自己的薪金数额。你现在一年拿五百镑，你只要说个数目，我一定照付。"他看来万分焦急地想听我的答复。我说："我随身带着协议书，就在这里，现在我把它烧了，因为我绝不愿意和任何不想同我推心置腹协力奋斗的人有什么瓜葛；可是在这种情况下，不管你出多大薪金，我是不能继续担任你的经理的了。"于是协议书当着他的面付诸一炬。对于这种断然的行动，他根本没有思想准备；在我这方面来说，这是发泄气愤，不是权衡得失以后作出的行动。我的性格和以前所处的环境使我产生了这些反感，并且当时我也不可能采取其他的行动。这些反感又一次彻底改变了我未来的命运。

德林克沃特先生说了许多话，想改变我的决心，但毫无效果。我的意向牢固地停留在我的反感迫使我作出的决断上了。于是他说："我希望你留下来，等我们能够物色到另一位经理的时候再离去，我必须仰仗你去寻找一个胜任的人员。"对此我表示同意。然而，在这事件发生之后过了好几个月，我才遇到一位具备必要的资格，能够像当时那样经营这种企业的人员。

当我即将脱离德林克沃特先生的企业的消息传开时，塞缪尔·马斯兰先生和其他一些人已经购买了曼彻斯特附近乔尔顿的大片房地产，打算在上面兴建一座新的城镇；于是他来向我接洽，说他将在这片地产上建造几家规模宏大的工厂，如果我愿意同他合伙，他就去筹集资金，将来给我三分之一的利润。这是个非常慷慨的建议，但由于他没有自动提出给我一半利润，我的反感促使我断然拒绝了。

*　　　*　　　*

这里又出现了我无法避免的与稳妥判断背道而驰的感情冲动的巨大影响。在我当时所处的环境下，接受马斯兰先生的建议是符合我的利益的，因为我此后作了比这不利得多的安排，同两个虽有资本但在业务上毫无经验的年轻人进行合作。我们决定兴建工厂，平均分配利润，并由我负责以"摩尔逊—斯卡思—欧文"商号命名的整个企业的经理工作。我开始在塞缪尔·马尔兰先生和他的合伙人卖给我们的土地上兴建乔尔顿工厂，但是在工厂正在建立的期间，我作了新的安排，这就势必使我未来的生活走向另一个方面。新的安排是同伦敦的博罗代尔和阿特金森两位先生的企业以及曼彻斯特的巴顿家族的企业达成协议，这两家企业都是实力雄厚的老厂，我同他们用"乔尔顿纺纱公司"这块牌子进行新的合伙，由我担任经理，副经理由托马斯·

阿特金森充任，他是博罗代尔与阿特金森商号的老板之一的兄弟。

在我通知德林克沃特先生说我必须离开他的企业将近一年之后，我才能够找到任何有能力充任我的职位的人员，但由于我必须开始担任我的新职，我不得不把职位给了一位汉弗莱斯先生，他是工程师，曾经在我主管的工厂里担任过安装机器和其他的机械技术工作。经过我的介绍，德林克沃特先生接受了他。

接着我必须监督当时被认为是一家大厂的我们工厂的兴建事宜，安排所造机器的装配工作，然后使整个工厂运转起来。我于1794或1795年与德林克沃特先生分手，过了两三年以后我们的新乔尔顿工厂才正式开工。

我兴建工厂和购置机器，并不是为了同德林克沃特先生进行竞争，因为除了没有坚决维持他自己同我订立的协议以外，他对我和蔼可亲，心胸宽大，所以我不想损害他。我们在乔尔顿工厂采用的机器，适合曼彻斯特和格拉斯哥的厂商制造印花用的织物的需要，也宜于他们织出几种细布。托马斯·阿特金森先生经管账册，我负责购买棉花，把它纺成棉纱，然后销售出去。后者的职责使我遍访了兰开夏的织造业城镇，并且隔了一段时间以后还到了苏格兰西部。有一次在作这样的旅行时，我必须到布莱克本去一趟，因为我们有几位主要的顾客住在那里经营织造业，其中有伯利和霍恩比两位先生。那次我租了一匹马骑到布莱克本。当我拜访上述两位有钱的顾客时，他们的工厂的一位年轻先生问我是否愿意早晨跟他去打猎。我对狩猎一窍不通，没有心思去作这种消遣，所以拒绝了，说我在曼彻斯特只租了一匹驽马，让它驮我到布莱克本来，它是不适合打猎用的。"噢！"他回答说，"这不成问题，我有一匹跑得飞快的猎马可以供你使用。"当时我再也想不出什么推托的话，而那样的盛情接待又不合我的心意。因为我无法言之成理地拒绝我们的一位最大顾客的这项建议，我只好接受了。第二天早晨他派人把猎马牵来，我骑上了它；由于毫无经验，不知道该怎样骑这种马去打猎，我内心深深地感到，如果不摔断腿和胳膊，甚至丢掉性命，我是断然回不来了。我在人们发现猎物的前一刻到达围场，在这关键时刻，我看到骑术非常高明的当地教区的牧师就在我的身旁。他岁数不大，被公认为跟随猎狗冲劲最足的骑手。当狐狸在另一边被惊出巢穴时，他和我正处在我认为是一堵不可逾越的围墙的这一边。"开始吧，"牧师对我说，他策马奔到围墙跟前，潇洒利索地飞身越过围墙。我的马（我发现那是一匹有经验的猎马，虽然我并非有经验的猎人）立即追随牧师奔去，我现在也不知道当时是怎样继续骑在马鞍上的，但实际的情况是，在一阵猛烈的震动以后，我并没有摔下马来。牧师已经跑出老远，我起初驰过一片坚硬的场地，然后是所谓真正的野兽出没之所，这场狩猎连续进行了几个钟头。我体重较轻，胯下的坐骑调养得十分精壮，是匹训练有素的猎马。我听任它自择路径，不久就发现，关于挑选哪一条路最好，它比我高明得多。牧师和我立刻就冲在围猎战斗的前头。我们形影不离，因为两匹马似乎彼此认识，并且我们都亲眼目睹了杀死猎物的动人场面。打猎到傍晚方告结束，那时我平安无事地回到旅舍，并不感到过分倦乏。当初我刚越过围墙，发现自己安稳地坐在马背上时，我的恐惧就烟消云散了。我很信任那匹马，并且使我觉得惊奇的是，我竟爱上了打猎这种娱乐。这样，我破天荒第一遭体会到了空气、运动和刺激给我带来的乐趣，这种乐趣引起许多人花费大量的时间去追随猎狗，其结果使那些从未体验到它对人们逐猎时的心情和此后食欲所产生的影响的人为之诧异不止。

然而，我醉心于这种奢侈的生活，是生平仅有的一次。也并非得不到鼓励，因为我在布莱克本的所有的朋友和熟人第二天都交口称誉我上一天在猎场上的表演，赞扬我能同牧师并驾齐驱，而牧师在整个地区的很棒的骑手中间，被认为在机智老练和精确判断猎狗的动向方面是数一数二的，并且总是一马当先，领导全场的狩猎活动。我充分了解我自己是怎样不配承受这些赞扬，又深知我多么得力于那匹借来的猎马。

　　新开设的乔尔顿纺纱公司这时开始声誉鹊起，营业相当兴旺。由于在格拉斯哥及其周围有许多客户，我就有必要到苏格兰去拜访他们，并力图扩大我们的业务联系。在我首次去北方的途中，普雷斯顿一位拥有大企业的工厂主要求和我结伴同行，他在王国的那一部分并没有什么业务需要处理，而只是想去观光一下他以前没有到过的那块地方。我们一起登程，那时出外旅行可并不容易。邮车还没有设立，我们乘坐四轮马车不停地跋涉了两夜三天，从曼彻斯特前往格拉斯哥，因为那时道路崎岖，并且我们还必须在午夜左右爬过一座名叫特里克斯通的著名的险峰这一障碍，当年旅客经过那里，莫不胆战心惊。然而，我们终于平安抵达格拉斯哥，那时大约是早晨五点钟，马车停在那儿的旅馆里还没有人起床，我的旅伴和我便下车在格拉斯哥著名的草地上散步，因为那是夏季的一个温暖的早晨，天气晴朗。后来在草地四周紧挨着盖起许多房屋，空旷宜人的景色就消失了。

　　当时还存在着旧式的洗衣房，一般的办法是把要洗的衣服放在桶里踩踏。洗衣妇做这项工作时总是卷起她们的衣服。经常有许多妇女干这种活儿，然而主要是一些老太婆。那时时间还早，气候温暖，除我们而外没有人在外面遛弯儿。我们信步走去的从城镇到河岸的那条路经过这些洗衣房的旁边，但洗衣工作是在房屋外面的露天进行的，过往的行人都看得见。我们俩都对这种洗衣的方法感到新奇，并且在我们走近她们以前根本猜想不出么许多人一清早踩在桶里忙着干些什么。当我们走得更近的时候，看见这些妇女裸露着双腿，她们的衣服高高卷起，超过正派的行动准则所允许的程度，或者说在我们看来根本没有那种必要，我们就格外惊讶了。我的朋友停住脚步，脸上露出十分惊奇的神情说："欧文先生，难道这些真是娘儿们吗？"我说："她们看起来像是娘儿们，虽然我以前从来没有见过这样的表演；可是这些人一定在奉行着一个我们所不熟悉的地方的风俗习惯。"这一推测我们得到了证实,因为在我们走上前去从她们身边经过的时候,她们毫不在意,仿佛我们并不是在她们的近旁似的,而且并不改变她们在桶里踩踏和转身的姿势。我在我们走过她们的边上之后说:"这些妇女显然认为这样做是稀松平常的事。毫无疑问,她们从小就习惯这样做,没有我们英格兰人看见这种做法时产生的反感。这是千百件事例中的另一个事例,证明我们在人生的初期就可能受到教育去判定任何习俗的正确或错误,并可能从中得到可贵的教训,因为像你所见到的那样,看起来她们谁也不觉得或认为她们正在做的事情有什么奇怪或不对的地方。"

直到这时为止,北方和南方之间的交往同不久以后有了邮车,从而改善了苏格兰公路这一变化相比,是非常有限的。英格兰人初次来到格拉斯哥时蓦地见到这种做法,大为惊异,这种情况引起那里对这习俗进行了改革,现今除了在偏远的乡区外已经很少看到了。在我首次访问格拉斯哥时,那里的居民并不意识到这种举动有什么不妥;当那片草地挤满了从四面八方走来的人们时,我看见那种洗衣的动作还在继续,那些洗衣妇似乎没有引起任何人的注意。然而,我以后见到的洗衣动作却不如这次有声有色;所以,作为地地道道的生客,我们是以异乎寻常的方式开始认识苏格兰的,因为我们还没有踏进一家苏格兰人的房屋,当时完全没有想到我此后会对这个地方产生那么大的兴趣。

从那个时期到现在,格拉斯哥以及总的说来苏格兰的种种改进措施也许是世界上其他任何地方所望尘莫及的。

*　　*　　*

这次到格拉斯哥的访问是我个人历史上出现一个新局面的起因,并成为一个对我此后的活动产生巨大影响的事件。我已提到过我认识了曼彻斯特的棉花经纪人罗伯特·斯皮尔先生,他曾交给我两包最早输入我国的美国海岛棉。我也认识他的一个妹妹，她在曼彻斯特和他住在一起。当时，这个妹妹恰巧在戴尔先生家作客，而戴尔先生当时是苏格兰工商界最了不起的人物之一，一位大工厂主、棉纺厂老板、商人、银行家和传道士。他有五个女儿，最大的当时大约十九岁。在格拉斯哥，当我有一天正在该市最知名的地方"十字路口"附近步行时，我遇到斯皮尔小姐伴同戴尔小姐在一起。斯皮尔小姐很高兴见到一位从曼彻斯特来的熟人，叫住了我，同时介绍我和戴尔小姐相识。我同斯皮尔小姐谈了一会儿有关我们在曼彻斯特的许多朋友的情况。隔了一刻，戴尔小姐问我是否见过克莱德瀑布和她父亲的工厂，因为如果我没有，并且希望去参观一下的话，她愿意把我介绍给她的叔父，他是工厂的经理之一，就住在那里。我对她表示感谢，并说我还有个朋友和我一起在格拉斯哥，我们都想参观瀑布和工厂。她说她要知道我们参观回来后有什么感想。经过她对我和我的朋友作了介绍，我们欣赏了那处在我们看来是新奇的景色，参观了詹姆斯·戴尔先生指导下的工厂。我们了解到，原来他是戴尔小姐的父亲戴维·戴尔先生的同父异母的兄弟。那家企业叫作"新拉纳克工厂"，当时包括一个原始性的苏格兰制造业村落以及四个棉纺厂。参观以后，我站在厂房前面对我的朋友说："我看到过许多地方，唯独喜欢在这里尝试一下我早就反复筹划的、希望有机会付诸实践的试验"，当时根本没有想到会有丝毫的机会能够赖以满足我的愿望。在回到格拉斯哥时，我拜访了戴尔小姐，感谢她盛情地为我向她的叔父所作的介绍，说明我是多么高兴地看到了克莱德瀑布的壮丽景色和工厂的厂址。她在家里。她的父亲出门去忙着处理他的许多工作了，她正要带她的几个妹妹到克莱德河河岸的草地上去散步。她说那种散步令人赏心悦目，像我这样的外地人也许喜欢享受一下。对于这个建议，我欣然同意了，这是我第二次接近我未来的妻子，也是第一次同她在一起散步。她惯常清早同她的妹妹在那里信步漫游，因为草地就挨着她们的住宅。在我返回曼彻斯特以前，我们后来又见过一两次面；在我们分手时她说，当我再次来到格拉斯哥时，她将乐于同我会见。

在这次访问格拉斯哥的期间，我扩大了我们同苏格兰那些工厂主的业务联系，他们早先根据我主管德林克沃特先生的工厂时从该厂卖给他们的每捆或每包棉纱上的印记，已经熟悉我的名字，而这一点正是给我作了有利的介绍，便于我取得成功，其结果使我在曼彻斯特和伦敦的合伙人莫不为之惊异。

我的那些合伙人认为，每隔半载我深入到苏格兰去作这些旅行是有好处的，因为要求购买我们的产品的订单不断增多；当时为了便于识别而称之为"乔尔顿纱捻"的棉纱大部分是由格拉斯哥和佩斯利的厂商购进的——剩余的部分在曼彻斯特和其他兰开夏城镇出售。

斯皮尔小姐探望戴尔小姐后已经归来；当我见到她的时候，她滔滔不绝地谈起她那格拉斯哥的好友如何和蔼可亲，品性如何善良，还着重提到她的动人之处和她的地位，谈到格拉斯哥市内及其周围的青年有多少人希望成为她的求婚者。可是斯皮尔小姐说，她在那些人中间还没有发现一个有资格得到鼓励的人选，因为在许许多多已经热情地向她求爱的人当中，她还没有见到一个她可以同他缔结婚姻的男子。她说，戴尔小姐认为他们多数是注意她那笔预计可以继承的财产。当我这时又要去苏格兰时，她请我替她转一封信给她的朋友，我一口答应在抵达格拉斯哥时就把信交出去。在那个时候，远居两地的朋友要互通书信，那可是一件耗资不小的奢侈事儿。用便士计值的邮票制度那时还没有设计出来，朋友之间大量实行着私人邮递。时至今日，根据国内取得的成功经验来看，用便士计值的邮票制度将在海上和陆上普遍推广，以便利环球的交往，最后势必不但在口头上而且在感情上消除有关异域的概念，从而使全世界的人类在兴趣、语言和感情上融为一体。这显然是眼前社会的首要目标，而电报的发明则将成为加速实现这一目标的手段。

当我第二次抵达格拉斯哥时，我去拜访戴尔小姐，向她递交斯皮尔小姐的信，她收下了信并十分高兴地把它读了一遍。戴尔先生又是在外面照料他那企业的一些部门，我还没有同他见过面。我现在记不得当时的情景是怎么发生的，反正有人提议到草地上去散步，于是我便伴同戴尔小姐和她的妹妹走向克莱德河的河岸。参加散步的人似乎都兴高采烈，结果有人主张，如果早晨天气晴朗，第二天一早就出门到那里去散步。

当我继续留在格拉斯哥的期间，我们是常常这样去散步的，并且同样那几个参加的人几乎总是在这些短途的出游中聚在一起。当我必须返回曼彻斯特时，戴尔小姐要求我把她的复信带回给斯皮尔小姐，我照办了。

我发现，这第二次到格拉斯哥的访问正在开始从我心中萌发出一些并非单纯对业务的关注所能比拟的情感。既然我这时在曼彻斯特的一家最受尊敬的工厂里作为一个合伙人而有了经济基础，并且从各方面看来都是一帆风顺，我便觉得有心想要物色一个配偶。但我还是初出茅庐，在结识女性方面往往畏缩不前，并且除非我获得鼓励来克服自己的羞怯心理，我那软弱的感情使我难以有所进展。在这个时期，我作为单身汉正住在"乔尔顿邸宅"里。这是一座旧的宅第，不久以前由乔尔顿庄园的前业主明查尔太太所占用；那片庄园当时已经按照规划要划出地皮开辟几条街道，并将像现在这样成为并入曼彻斯特市的一个范围不小的市镇。在离"乔尔顿邸宅"不太远的地方，住着一家颇有社会地位的富户，那个人家有三四个女儿，但是没有儿子。当时长女是个受过良好教育、颇具才艺的十七岁的美貌女郎，不管是谁，见了她没有不夸奖的，因此她成了高门大户的青年所热烈追求的对象，而她自己的门第又是曼彻斯特市内及其周围的最有根基的世家之一。我多次在教堂里以及偶然在曼彻斯特经常举行的公开音乐演奏会上见到这位少女，凡是瞥见她的人莫不赞美她的俏丽和风度而为之神魂颠倒。她的家庭地位远远超过我当时在社会上还自认为相当不错的声望，因此她是不可能认识我的，而我自己也绝不希冀有这样的可能，因为我当时还不敢认为自己有多么大的势力和地位。然而有一天，当我碰巧待在乔尔顿邸宅的家里时，两位女士——一位年龄较大，一位年轻——突然来访，要求让她们参观一下那座老宅子的旧花园，对此我当然乐于同意，并领她们穿过林间曲径。这些客人就是上面提到的那位小姐和她的姑母。我过分胆怯和害羞，不敢同她们交谈，同时也过分深信不疑，想象不到除上述的目的而外她们还有其他任何目的。这样，我由于极端无知和胆怯，就让她们像来的时候那样匆匆地离去了，而她们所拜访的竟是像我这样的傻瓜，这种结果肯定使她们非常失望，因为在我的举止或言谈中根本没有一点向妇女倍献殷勤的形迹。事实上，我的脑子里连一忽儿也没有想到她们前来拜访除参观花园以外还有其他什么目的。我后来得知，可惜知道得太晚了，这位妙龄女郎曾对我的品德留下美好的印象，有一段时期认为我比所有那些急于想征得她同意的求婚者更合她的心意。甚至在她这次对我访问以后，我也根本不知道她那一往情深的心理，更其没有猜想到这一层；我在这个时期畏缩不前，并不认为我有资格同她本人或她家里的人接近。如果我当时对世事有充分的了解，又有足够的自信去谋求联系的手段，我本来是可以联系上的，而那种联系势必可以适应我天生的一切情感并满足它们的需要。然而事实却并非如此，环境不利于这样的发展，并且有另一种命运在等待着我。

在这一件事发生以后不久，曼彻斯特的一个富商兴建了一座精心设计的、造工考究的房屋，他从洪都拉斯进口了桃花心木，用以制造门和窗子的框架，主要的房间都镶有厚厚的平板玻璃。这座房子有一大片用墙围起来的花园和娱乐场。它那时坐落在曼彻斯特市外大约两英里的地方，虽然它现在是被一个人口稠密的大城市包围起来了。房屋的业主给它起个名字叫格林海斯，它刚刚各部分建造完工，一共花了五千镑，这时业主去世了，撇下了一个遗孀和许多孩子，而这一家子还没有谁在新居里住过一天。他们打算把它卖了；由于它是个大宅，那就可以很容易隔成两半，一家住半边，我自己住另一部分——给我全套单身汉的设备。于是，一位马歇尔先生和我自己便出钱把它买了下来，各占一半。我从乔尔顿邸宅搬出，在格林海斯这所房屋里住了两年，雇用两个上了年纪的已婚的人来照料房屋、花园和马厩。我在结婚以前就这样度过了两年，享受着对单身汉来说相当舒适的生活。那时期我有一个特殊的习惯。年老的女管家在早餐以后总跑来问我午饭吃些什么，我的回答是："一份苹果布丁"——这是她的拿手好戏，——"另外你随便看着办吧。"在我还没有结婚的期间，这个惯例始终没有打破。我的注意力集中在业务和读书方面，没有那份心思去考虑吃喝之类的琐琐碎碎的问题。

在第二次和第三次访问格拉斯哥的中间，我偶然见到斯皮尔小姐。当我有一次去拜访她时，她问我对她那位格拉斯哥朋友戴尔小姐有些什么看法。我说，根据我们在她妹妹的陪伴下在格拉斯哥草地一带散步时获得的不多几次见面的机会看来，她是个非常和蔼可亲的年轻小姐。她接着告诉我，她父亲笃信宗教，是独立派的一个教派的领袖，负责管理苏格兰各地大约四十个教堂，每礼拜天都在格拉斯哥向他的会众讲道。又说他当过格拉斯哥的地方行政官，深受远近居民的尊敬，在苏格兰的不同地点，他拥有规模庞大的企业。还说戴尔太太是在戴尔小姐十二岁那年逝世的，从那以后她就负责照管她的几个妹妹和家务。她是个异常善良的年轻人，凡是认识她的人都喜爱她。斯皮尔小姐还补充说："我可以告诉你一个值得让你知道的秘密，或者说至少有百分之九十九的人是乐于知道的，如果他们像我一样深切了解戴尔小姐的话。可是，除非我认为你像我设想的那样对她深感兴趣，而且一定是如此，否则我就不能向你透露口风。我不知道是否现在就该向你透露，然而我觉得，让你知道这个秘密，是有利于双方的幸福的。""请你把秘密告诉我吧,"我说,"因为我很感兴趣,急于想知道那是怎么回事,特别是在你刚才表达了那番话以后,我的心情更其迫切。""那好吧,由于我相信你不会不成体统地利用这个秘密,我就决定告诉你。我想那是大约一年以前的事,那时你碰见戴尔小姐同我一起在格拉斯哥的十字路口附近走着,我叫住你谈了一会儿,戴尔小姐作为我的朋友,自动提出要把你介绍给她的叔父,让你参观一下工厂和克莱德瀑布。""这件事我记得清清楚楚,"我说,"因为她对一个陌生人所表现出来的亲切态度和好意,使我很受感动。""当我们分手时,"斯皮尔小姐接着说,"她向我打听你是谁,以及我所知道的有关你的全部情况。当我满足了她的询问时,她说:'我不知道是怎么回事——不过如果我要结婚的话,他倒可以做我的丈夫。'我告诉你这话,因为我知道你是会正确地加以利用的。你已经见过她几次,可以判断出她是否对你抱有同样的感情。可是我知道,从那以后她已经几次拒绝了有人向她提出的本来可以得到她父亲同意的婚事。"我感谢斯皮尔小姐给我传达了使我非常高兴的消息,并对她保证,我一定只是为了促进双方的幸福才加以利用。这项消息导致我下定决心,要到苏格兰去寻找配偶。如果我还蒙在鼓里,我认为自己是绝不会贸然想到要在戴尔小姐身上打主意的。她父亲虔诚地信仰宗教的性格、他那崇高的社会地位以及我还同他并不相识这一切,本来都会使我感到为难,不敢追求这种成为他的东床快婿的地位。我那时暗自忖度,纵然我能征得戴尔小姐的同意,也没有多大希望可以克服我在前进道路上所见到的种种困难。然而,我必须带着斯皮尔小姐的信札和口信去拜访她。我在苏格兰又受到她的热情欢迎,但她的父亲仍旧没有在家。我发现她们照旧早晨到克莱德河岸上去散步,并且在这次访问期间我时常走过去同她们待在一起,觉得没有遭受冷遇。那几个妹妹开始让戴尔小姐离开她们单独同我散步和交谈。因为她们有四位,可以看到她们或前或后地同我们保持一定距离。在这些散步的期间,我了解到戴尔先生想要放弃经营工商业的生活，因为他正在步入暮年，又没有儿子继承他的事业。他有过一个儿子，但不幸夭折。由于他发现新拉纳克的工厂经营得不像预计的那样顺利，同时全国各地新建的工厂正在实行种种改革，增加了竞争能力，他担心无法长期同它们匹敌，所以想把他的工厂出盘。

我慢慢地鼓起勇气，探问戴尔小姐芳心是否已有所属，她坦率地说没有。然而，当我要求她允许我向她求爱并同意我作为她的恋人时，她说，不管她对一个与自己的幸福关系如此重大的问题有什么想法，她估计难以劝说她的父亲同意把她许给一个他从来没有见过，甚或从来没有听到过的外乡人。她又说，由于他秉性善良，是个仁慈的父亲，她的婚姻问题不应当不征求他的同意，可是她又看不出有征得他同意的希望，因此她打算永远不结婚了——她相信，像她已经发现的那样，他是绝不会违反她的意愿，强迫她出嫁的。"然而，"她补充说，"如果你能想法克服我父亲的反对，那就绝不仅仅是消除我这方面可能存在的对你所提要求的任何障碍的问题了。"

我不能进一步再提什么问题，而是完全处于进退两难的境地。我从来没有见过戴尔先生，他也不认识我。我不知道他是否听到人家提起过我的名字。由于我的情感迎来了坦率诚恳的态度，我这时堕入了，而且深深地堕入了情网。爱情是启发人们想出克服困难的办法的神奇力量。在这个问题上，要完全依靠我自己来确定对策。"你必须想法征得我父亲的同意，否则你就永远也得不到我的同意。"戴尔小姐就是这样决定的——怎么才能水到渠成呢？接连几天，每当我考虑到这个问题，我总认为那是一重不可克服的难关。原先我不知道怎样谋取适当的介绍，后来我想我可以假借名义，去探问一下我听说他打算出盘新拉纳克工厂的消息是否确实，如果实有其事，他想按照什么条件脱手。这是我偶然想出来的巧妙办法，于是我就到他总管理处的会计室去拜访他。他冷淡地接待我，不禁使我疑虑丛生，并且他还要求了解我的商业情况。我说我在格拉斯哥风闻他想出卖新拉纳克的工厂，所以我特地来了解一下这个传说是否属实，如果他真要出盘，他准备提出什么条件。我那时大约二十七岁，从容貌上看还不到那个岁数，因此他露出狐疑的神情说："你是不会想买我那些工厂的，你年纪太轻，这样艰巨的工作你干不了。"我说："我同一些年岁比我大的人有合伙关系，也同一些资本雄厚的人合作，并且我们在曼彻斯特已经大规模地开展了棉纺业务。"这番话引起了他的注意，于是他比较充分地深谈起来。他说："你参观过新拉纳克的工厂没有？"我回答说，我已大致看了一下，但并未观察它们的详细内容。他说："我愿意介绍你去仔细看看，再回曼彻斯特去向你的合伙人提出报告。倘若他们想成为我这家企业的业主，我便准备同他们就全部产权问题进行磋商。"根据他的态度来看，我想他并不以为我是在认真洽谈那笔买卖，然而，当我得到他的许可去彻底考察他的工厂时，我乘驿马从格拉斯哥经过大约三十英里的路程前往新拉纳克，那时在这条路上有三道征收高额通行税的关卡。我离开格拉斯哥时没有带零钱，身边只有基尼和半基尼的金币。价值一镑的硬币尚未采用，市面上很少见到金币。当我来到第一道关卡时，我拿出一个半基尼的金币让收税员找还零钱，他翻来覆去地审视了半天，好像以前从来没有见过似的，并且说："你没有钞票吗？"在这个时期，苏格兰的通货是当地银行发行的钞票。我回答说："没有——半基尼是我身边最小的零钱了。""那就把账挂上，等你回来的时候再付。""可是，"我说，"我回去的时候说不定不走这一条路。""我还是碰碰运气，不接受你那劳什子的钱币为妙。我不懂得金币是怎么回事。"在第二和第三道关卡，我也遇到同样的情况；这样，我作为一个外乡人，居然能够免税通行，而收税员为了避免收下半基尼的金币，也只有采取这样的办法。我现在相信他们谁也没有见过金币。当时我断定，我已走进一个相当原始的地区了。

在我离开格拉斯哥以前，我已把我会见她的父亲和动身去新拉纳克的情形通知了戴尔小姐，就此开始了我们的通信联系。在抵达曼彻斯特时，我把在苏格兰发生的事情向我的合伙人做了汇报，可是没有料到他们会立刻希望着手进行谈判。我参与经营的两家工厂各有一人自动建议同我做伴，并催促我立刻回到格拉斯哥去。我们经新拉纳克入境，我的合伙人看到那里的情形和工厂的大致轮廓，感到很高兴。接着我们到了格拉斯哥。在这个时候，戴尔小姐已经把我们俩往来的前后经过告诉她父亲，但他持有截然不同的看法。他说我是个外乡人，对我的情况完全不了解——一个择地而迁的冒失鬼（我猜想，这含有从英格兰到苏格兰来找老婆的意思），她的那些替我吹嘘的话他不想听。他希望有一个诚实的苏格兰人继承他的事业，一个他对其有所了解并能信任的年轻人。我是曾经借口要买新拉纳克的工厂而同他接触的，但他料想我说不动任何方面的有充裕资产的人来买这些工厂——如此等等。戴尔小姐把这番话统统告诉我了，她说她认为没有希望可以劝他同意我们的婚事，而得不到他的同意她又绝不结婚，所以我们最好是断了这个念头，并建议我在英格兰物色一位更好的太太。

在我的合伙人约翰·巴顿先生和约翰·阿特金森先生以及我自己到达格拉斯哥时，情况就是这样。我们拜访了戴尔先生，说明我们的姓名、所代表的合伙人和我们访问他的目的。他显然由于我们来得突兀而感到惊异，并对我们的解释表示满意，因为在那个时期，伦敦的博罗代尔与阿特金森商号以及曼彻斯特的巴顿先生的企业在工商界地位很高。他说他要做一些必要的调查，把问题仔细考虑一下，欢迎我们第二天再去细谈。我们在他指定的时间去拜访，他说："我对你们的社会地位感到满意（他自己是苏格兰银行在格拉斯哥的两位董事的领袖），我愿意同你们探讨你们想买进新拉纳克的土地、村落和工厂的问题，整个企业的一切设施将原封不动地保持现状。"我们问起他估计这项产业的代价如何。他说他自己确实不知道该估多少价钱。他的产业是由他的异母兄弟和一位威廉·凯利先生代管的。他本人难得到那里去,即使偶然去一趟,待的时间也很短,因为他主要的业务是在格拉斯哥。可是他说:"对于这笔产业目前的价值,欧文先生比我了解得更清楚,我希望他提出一个他认为对买主和卖主来说两不吃亏的公平价格。"我多少有点感到诧异,并且因为他专门提到我,要我照顾各方面的立场,承担这笔交易的一切责任重大的后果,觉得有点不知所措。根据我有机会对那企业所进行的仅仅是非常一般性的视察,我作出了这样的估计说:"照我看来,六万镑的总额,每年支付三千镑,二十年偿清,这样的定价似乎对双方都是公平合理的价格。"

戴尔先生一向以诚实爽直的性格名闻遐迩,因此他受到普遍的信任和尊敬;作为进一步的证明,使我伦敦和曼彻斯特的工商业伙伴感到出乎意外的是,他回答说:"如果你认为是这样,我愿意接受你提出的建议,要是你的朋友也赞成的话。"而同样出乎我意外的是,他们表示愿意接受这些条件;这样,三言两语就把新拉纳克的企业从戴尔先生那里转到"新拉纳克纺纱公司"的手里了。

当我在那从普雷斯顿来的朋友陪同下第一次参观这个企业的时候,我根本没有想到我有朝一日会成为它的部分业主并最后成为唯一的经理。

这事发生在1797年夏,即大约在我开始经管德林克沃特先生的工厂之后的第六个年头,那时我大概是二十八岁。

这里存在着种种机会的新的凑合,根本不受我自己力量的支配,但在其进一步的发展过程中已给我自己和别人带来异乎寻常的后果,并且还会给全世界的整个人口带来远为离奇的后果。

新拉纳克村的中心有两片花园,这些花园里盖有两所大的单幢房屋,一所由戴尔先生的孩子们在夏季占用,另一所由工厂的经理们占用。在移交产权的时候,戴尔小姐、她的妹妹和几个佣人正住在这所房屋里,她的叔父、婶母和他们的家属占用着在附近花园里的那所房屋。新的商号决定立即接管整个的产业，因此戴尔先生要派人马上去关照他那些女儿离开她们的夏季住所，回到格拉斯哥。我们都反对他这样做，希望她们继续住下去，直到按照季节通常该离开的时候为止。由于我要接收工厂和附属的房屋，我留在仅仅一英里以外旧拉纳克的克莱德斯戴尔旅馆里，等她们按照过去的习惯到一定的时候搬走。对此，戴尔先生最初表示反对，后来总算同意了。那一家人就这样继续待了大约六个星期，这时戴尔先生派人来接她们回去，我想多半是他知道了戴尔小姐和我在这种安排下经常有机会互相见面——我们多次和她那几个妹妹在一起散步，欣赏克莱德河岸上的绮丽风光，日子过得非常愉快。然而，戴尔先生仍旧反对我们想要结合的任何打算，在这些年轻小姐回到格拉斯哥后他的这种态度表现得十分强烈。可是我在格拉斯哥有两个热心朋友，他们对戴尔先生有很大影响。这就是同戴尔先生一起担任皇家苏格兰银行董事的斯科特·蒙克里夫先生和他的太太，两个上了年纪的很受尊敬的人，他们同戴尔先生和他的家属相当要好，而且两家是近邻。这两位成了戴尔小姐向他们吐露我们衷曲的知心人。

她在新拉纳克同我分手以前，说她绝不违背父亲的意愿擅自决定终身大事，然而，除非她能劝他同意接受我做他的女婿，否则她誓不出嫁。我有理由可以相信，在她回到格拉斯哥时一定会向她父亲剖切陈词，因为他一向对自己所有的孩子很有感情，非常钟爱，特别是对她这个比其他孩子大几岁的长女。我必须屡次回到格拉斯哥同戴尔先生商谈产权的具体转移问题，并了解与产权有关的许多事项，以及教区和郡内的情况，这就使我们频繁地发生事务性的联系。他对我那种不即不离的冷淡态度逐渐有所减弱，在我们见面时他变得自在一些，并终于不再那么拘谨，居然笑脸相迎，隔了一段时间以后甚至显得态度友好，几乎是充满热诚了。我发现斯科特·蒙克里夫先生和夫人每天都在为我们施加影响；他们终于消除了戴尔先生对我们婚姻的一切反对意见，并商妥把我们结婚的日期定在 9 月 30 日。

　　与此同时，我同戴尔先生在一起，变得越来越随便，并不感到拘谨了。他开始在他的住宅里热情地接待我，对我日益信任。我这时的财产已经攒积到三千镑。戴尔先生提出要给他女儿三千镑作为妆奁，并向我建议，以假定我的财产逐年有所增加为前提，我应当作好安排，让她和她的儿女在我去世以后每年有三百镑的收入。在这个问题上，我并不计较，完全让戴尔先生和斯科特·蒙克里夫先生去安排，因为我曾自动提出，戴尔小姐嫁过来的时候不用带任何财产。既然这些问题都已安排妥帖，在我们婚期到来以前，戴尔先生对于我们结婚的计划不但喜形于色，而且非常满意，仿佛他以前从来没有反对过似的。他的一切偏见都已烟消云散，我开始逐渐取得了他的欢心。

　　我们的婚礼在格拉斯哥草地附近夏洛特大街的戴尔先生的邸宅举行，而格拉斯哥草地正是我们最初开始倾诉情愫的地方。仪式，如果可以称为仪式的话，是按照苏格兰的婚礼习俗举行的，结果使我颇为惊异。他们决定由牧师鲍尔弗先生为我们证婚，他是戴尔先生的老朋友，属于正规的苏格兰教会，而戴尔先生则领导着一个不信奉国教的独立的教派。

　　当我们在结婚那天早晨大家聚在一起等待仪式开始时，戴尔先生把他的女儿交到我的手里，由戴尔小姐的那几个妹妹充当新娘的女傧相。鲍尔弗先生要求戴尔小姐和我站起来，分别问我们是否愿意做对方的丈夫或妻子；他说，问到的时候只要点头表示同意，不必多说话，"这样你们就结了婚，可以坐下了"——仪式到此全部结束。

　　我对鲍尔弗先生说，仪式的确很短。他发表这样的意见："通常要比这长一些。我一般总要对两位年轻人讲讲他们结婚后应负的责任，长篇大论地勉励一番。但是，由于戴尔先生依然健在，并且在场参加婚礼，我对他的那些女儿就不能冒昧地这样做，理由是：我知道他事先一定很满意地给了她们一些他认为必要的和充分的指点了。"

我颔首表示同意，并且说，既然他相信这样办完全妥当，我也同样相信如此，对于他给戴尔先生和我们自己的祝贺，我十分感激。戴尔先生的马车在门口等着把我们载往以曼彻斯特为终点的旅程的第一段，早饭一吃完，我们就出发了，同行的有一个陪伴戴尔小姐到英格兰去的女仆。在苏格兰，为男女双方主持结婚仪式的牧师总从新婚夫妇的挚友或从他们本人那里收受某种礼物。这次我向戴尔先生打听这一风俗的内容，请教他送什么礼物较为合适。他说这件事由他负责办理；后来我们了解到，他送了鲍尔弗先生一整套连带礼帽等等在内的衣服，这套衣服对一位牧师来说是顶顶考究的了，因此它成为他终生最漂亮的服装。他对戴尔先生这份珍贵的礼物，真是爱护备至，虽然他们是不同教派的牧师。

到了第一站，我们打发戴尔先生的马车回去，然后乘驿马经过十分窳劣的道路前往曼彻斯特。邮车还没有设立起来；当时旅行所经的旧的路线与现今沟通格拉斯哥和卡莱尔的路线截然不同。在抵达曼彻斯特，经过乔尔顿区前往当时我们的住地格林海斯时，我们必须路过著名的亨利先生为制造浓缩醋精而建造的矮小房屋；由于附近没有其他建筑物，在那厂房呈现在眼前时，我指出这就是我们未来的住所——希望了解我新婚的妻子对此有何感想。她显然没有料到她会发现我竟住在一所那样很不起眼的房屋里，因此她说，她认为我过去对她描述的那所房屋不是这个模样。我看得出来，那个老仆看见她年轻的女主人就要住进这样差的房屋，显然大失所望。在我们从旁经过之后，她们才发觉我形容我的住所的那番话是开的玩笑；过不多久我们就驰进了格林海斯的场地，穿过一部分精心设计和布置得像温室花圃那样的地段，走进了房屋，房屋内部装修考究，陈设雅致，我的妻子和仆人看了异常高兴。我们就在这里度过了蜜月。

* * *

离开新拉纳克以前，我已经在那里按照戴尔先生移交时保持的原有管理系统尽量把一切事情安排妥帖，希望他们会把工厂继续经营下去，取得勉强说得过去的成绩；但是我们不久就发现，两位经理之间感情并不融洽，而且他们也没有能力像我们所希望的那样把这种企业管理好。在这一时期以前我继续担任乔尔顿工厂的经理，托马斯·阿特金森先生一直负责经管账目。这时我认为我有必要返回苏格兰，直接指挥新拉纳克企业的生产和我们在苏格兰的一般业务；认为偶尔在其他合伙人协助下进行工作的托马斯·阿特金森先生应当担负起乔尔顿工厂和兰开夏业务的管理事宜。这样的安排经合伙人商量同意以后，我就在结婚三个月之后带同我的妻子和女仆回到格拉斯哥。我们受到戴尔先生热情和亲切的接待，而我自己则大约在1800年1月1日开始接管新拉纳克的企业。

我说"接管"，其本意并非企图按照当时一般工厂的经管方式，单纯成为棉纺厂的经理，而是要在人事的处理方面采用一些我在德林克沃特先生的工厂里曾经在工人中间行之初见成效的原则，要改变其所处环境看来对新拉纳克全部居民的性格产生有害影响的那些人的生活和工作条件。

由于一系列不受我控制的事态的发展，我这时有了可以一试我想望已久的实验的基础，但是没有料到我会有权付诸实施。

在我着手工作时，我发现其中充满着难以克服的障碍。以前几位经理对经营管理有他们自己的看法。他们满脑子是一些同我的想法直接对立的思想和习惯，我料想从他们那里得不到什么帮助。厂里的工人受恶劣环境的包围，这些恶劣的环境强有力地影响他们去养成不良的品性和行为。我不久就看出，在我能够获得预期的成效以前，有很多措施要取消，也有很多措施要兴办。那些职工以前是从可以派人劝诱前来的任何地方仓促召集起来的，他们绝大多数懒散、狂妄、虚伪，缺乏真诚的感情，常常佯装信仰宗教，认为这样就可以掩盖他们的缺点和不道德行径，并获得宽恕。我第一个目标是要查明我必须对之作斗争的一切错误，而在我调查每一部门的时候，我认为所需的变革可以说是漫无止境的。我不久就发现，要符合我的观点，要使公司取得经济上的效益，整个企业非**改组**不可。因此我开始审慎地为预定的改革奠定基础，希望使不同部门的旧的主管人员成为我实现这一目标的推动力量。可是我不久就发现，他们囿于自己的看法和旧日的偏见而不能自拔，要想推行新的措施，那就必须聘用一些新人，因为旧的人员宁可离开他们的职位，而不愿从事他们认为行不通的、我所期待的那种改革。在他们看来，改革的计划就是实行不了的，因为他们根本不懂得我建议要实行的和我打算用以管理职工的原则。也就是由于同样的无知，现今公众还认为我的意图是不切实际的。

我不久就发现，我需要克服职工的一切不良习惯和作风。在整个企业里，他们放荡不羁，行为不端，只有极少数是例外。有一位主要经理的兄弟惯常沉溺于所谓"狂饮作乐"，即接连几个星期无日不酩酊大醉，在这整个期间抛开他的本职不管。盗窃盛行，发展到了灾难性的巨大规模，因而戴尔先生的财产已经在各方面遭到掠夺，几乎已成为公有财产。职工原本是不问好歹从其他任何地方搜罗来的，因为在那个时代，很难说动生活有节的殷实人家离开他们的家园来到当时人们所经营的棉纺厂工作。

既然这时我认识到世界各地环境对人性的影响，我便首先注意发现那些存在于职工中间的不良环境，考虑怎样在最短时期以较好的环境取而代之。有两种管理职工的方法摆在我面前。一种方法是同那些必须努力摒弃坏环境的职工进行斗争，而他们是由于自身无知，才受坏环境的包围的；在这种情况下，我必须不断地找他们的岔子，使他们经常处于抱有敌意和恼怒的心理状态；使他们许多人以盗窃罪受审，使一些人身陷囹圄和流放异乡，并在那个时期使其他一些人被判死刑，因为在某些情况下，我发觉盗窃是大量的，没有办法制止他们的这些行径。这是社会上一向惯用的做法。或者采用第二种方法，那就是我必须体谅这些实际上处境不幸的人，即受无知和邪恶环境影响的可怜虫，他们耳濡目染四周的有害环境，逐步变成目前那个模样，对此，只有社会（如果有任何一方的话）应当负全部责任；因此，不是折磨那些个人，监禁和流放一部分，处死另一部分，使全体职工经常处于荒谬的骚动状态。我必须改变这些有害的环境，代之以良好的环境，从而在适当的自然程序中，按照其不变的规律，用可以由优良环境造成的优良品性来代替低劣环境所造成的低劣品性。这就是为了一切人的幸福应当在实践中普遍采取的方针。

这后一种方法要求人们以无限耐心、克制和坚决的态度去了解人性以及有关环境影响人性的知识。**有了这些条件**，某种最后的胜利必然会随之而来。另一方面，第一种方法即使坚持到底，也不会保证取得成功，而且只要继续实行下去，就一定会使社会陷于形形色色无止无休的混乱、对抗和敌对情绪之中。

然而，有了无限的耐心、克制和决心以后（而且我们知道一身而兼有这些品质的人，在人类历史上还是前所未闻的），又从哪里可以获得关于人性以及关于环境影响人性的知识呢？这是全世界人士至今长期未发现的、值得了解的重大秘密。

这项秘密只能产生于一个来源，即发现这样的认识："每一个人的性格是由上帝或自然以及由社会造成的；无论过去或现在，任何人都不可能有能力塑造他自己的品质或性格。"

这时我依靠自然界逐步给我的教导，通过体验和思考，已经获得了这种知识，它是由我所经历的环境迫使我印入脑际的。现在应当证实一下，它是否已经给了我耐心、克制和决心，可以顺利地进行我的工作，因为我业已决定要根据这些新的观点来管理新拉纳克的全体居民，那就是说，要采用上述第二种方法。为此我必须把计划安排得又深又广，使它们同保证企业获得利润的措施结合起来，足以满足我那些商业合伙人的要求，另外是开头的工作不宜做得太多，免得他们和公众抱有成见，大惊小怪。

詹姆斯·戴尔先生和凯利先生是没有办法理解我的观点或帮助我实行我的计划的。他们因此离开了新拉纳克，回到格拉斯哥去开始各自从事不同的职业。这时，从前我曾向德林克沃特先生推荐以接任我那职位的汉弗莱斯先生来信要我介绍工作。汉弗莱斯先生无法维持棉纱的质量或保持我移交给他时工厂一般的管理水平。德林克沃特先生已经发现奥尔德诺的经济地位不像他预期的那样殷厚，因此奥尔德诺先生和德林克沃特小姐的婚姻没有缔结成功。德林克沃特先生对业务深感不满，出盘了工厂，于是汉弗莱斯先生便丧失了他的职位。我聘请他在我的指导下管理机器，留用了几年，直到他受人怂恿离开我手下去接受他认为较好的职位为止，但这一变动使他倒了霉。

戴尔先生对棉纺业很不内行，以前一向把他几家工厂（因为除新拉纳克之外他还有其他棉纱厂）的管理权托付给他能聘到的经理；到了这个时候，各行各业正在改进机器，这种改进势必立刻使戴尔先生的经理们用以管理他各个工厂的方式不能适应时代的步伐。他有一家工厂设在牛顿—道格拉斯，同威廉·道格拉斯爵士合伙经营；一家设在埃尔郡的卡特林地方，与巴洛奇迈尔的亚历山大先生合伙经营；另一家设在珀思郡；第四家设在很远的北方，同乔治·麦金托什先生合伙经营，后者是用印度橡胶制成"胶布雨衣"和其他产品的首创者的父亲。我劝戴尔先生遇到买主就把这些工厂尽快脱手，他听从了我的建议。

我这时必须认真地开始进行我的伟大试验，——它将通过实践向我证明我不得不深信不疑地认为是真理的永久原则的那些原理，即由此开创一切持久不变的、伟大的有益事业的那些原理是否正确——开始为人类的幸福进行那种在世界任何部分从来还没有实行过的最重要的试验。这是为了证实：改造人类的性格以及更好地建设和治理社会的途径是通过虚伪、欺诈、暴力和威吓，使他们保持愚昧无知和屈服于迷信的状态,还是本着以正确认识人性为基础的忠实、宽厚和仁爱的心地,通过依据那种认识来组织社会上的一切机构的办法。事实上,这是要证实:用优良的环境代替不良的环境,是否可以使人由此洗心革面,清除邪恶,变成明智的、有理性的、善良的人;人从出生到死亡,始终苦难重重,是否能够使其一生仅为善事和优良的环境所包围,从而把苦难变成幸福的优越生活。正是这样一些问题,使我内心对我即将从事的工作的重大意义有了深刻的认识,任何反对意见、任何障碍或挫折都不能使我舍弃这种工作。

我向朋友和至亲提到我打算根据正义和仁慈的原则开始实行一种新的管理制度,逐渐在管理职工方面废除惩罚条例,这时他们无不意存讥讽,把我设想我能实现这种"异想天开的"计划的行动称作天真,并且竭力劝我不要企图推行这样一种毫无实现希望的计划。然而,我已决心准备进行这项艰巨的工作,勇敢地面对任何可能出现的困难;我在管理德林克沃特先生工厂的职工方面曾取得了成功的经验,这一点给了我很大的鼓励。

这个时期新拉纳克的职工连同家属大约有一千三百人,各家各户都住在村子里,另外有从各教区领来的穷苦儿童四五百人,他们的年龄似乎在五岁至十岁之间,但据说是在七岁到十二岁之间。按照戴尔先生的指示,这些儿童在衣食住方面都得到了很好的照顾。他的计划是想在漫长的工作日之后晚上教他们读书,并指导一些年龄最大的孩子练习写作。但是,在孩子们已经精疲力竭的时候,这种教学只是使他们感到痛苦,收不到任何实际的效果,因为我发现,他们谁也不懂得他们试图阅读的课文,许多人在上课的时间都睡着了。

导师是个很好的男教师,按照旧的一套方法进行教学,爱护和体谅学生,但是他要在这样的情况下照顾四五百个儿童,又能有什么办法呢?新拉纳克的整个体制是在戴尔先生十分亲切的关怀下规定的,但情形很糟,工厂由一些平庸的人建造和管理,他们仅仅习惯于简单粗糙的做法。因此我作出决定：戴尔先生同教区商定的关于录用儿童的协议不再继续执行，此后不应当再接受穷苦儿童；应当改善村子里的房屋和街道，建造较好的新住宅，以接纳代替穷苦儿童的新职工家庭；要整顿工厂内部，用新的机器替代旧的机器。但是这些变革必须逐步进行，靠企业的利润来实现。

我的第一项工作是作出安排，用好的环境代替职工所处的恶劣环境。等到我们能使社会上的各界人士有根有据地合理进行思考，人们就会立刻发现，整个社会所必须学会去做的工作就是以优越的环境代替低劣的环境，并确实认真负责地开始付诸实践。事实上，这是人类现今必须记取并在全世界积极实行的一堂课业。这是因为，每个人一生处于什么样的环境或境遇，他就像顺应自然规律那样万无一失地成为什么样的人。如果他为邪恶的环境或境遇所包围，他的思想和行为也一定非常低劣；当他一生所处的环境只是优良的环境时，他的思想和行为就一定是健全的。因此，人类现在要解决的问题是："什么是坏的环境，什么是好的环境？怎样才能在有利于全体人类和得到普遍赞同的情况下和平地以善代恶？"当社会所应依据的首要原则为人们所理解，并始终如一地应用于实践时，这个问题就容易解决，也便于实行了。

信奉宗教并注意它那些被严格遵守的礼节和仪式，是苏格兰人的性格和社会据以形成的基础。在苏格兰各地，无论过去或现在，信奉宗教对于促使任何人能够成为现今称作高尚正派的人来说，是十分重要的；这种信奉宗教和注意其仪式的行动被许多人一致认为是必要的。克己自制和正确的行为却远远没有那么受到尊敬。

然而，由于世界全体居民的性格以其各种形式植基于迷信并植基于各人自己形成其品质及其感觉、思想、意向与行动的能力这一谬误观念，那种性格是以假乱真的，是虚妄的；其结果，全世界从东到西、从北到南所能看到的，仅是一种表面的、虚假的和荒谬的性格。

谁来克服这种普遍的错误和重大的弊病呢？

在新拉纳克的这项试验是采取切实可行的措施的第一步，以便改变在此以前社会从一开头就以此为依据的基本原理；其他任何试验都不能比较顺利地证明下述原理所包含的真理：个人的性格是由外力**为**他形成的而不是**由**他自己形成的；社会现在拥有最充裕的手段和力量来很好地形成每个人的性格，其办法是根据社会的真正原理来改造社会，使它在其各部分和各部门始终与那基本原理相一致。如果全世界的当局一旦能够相信，由于把社会置于其真正的原理之上，会使所有的人永远享受不可估量的利益，那就会很容易给所有的人塑造一种可贵的优良性格，并纯粹用良好的环境来建设社会。

然而，在我必须开始我的试验的过程中，我不仅要反对人们怀疑我那即将着手进行的事项所依据的基本原理的精确性，而且为了维护原理所包含的真理，要反对我打算加以驳斥和克服的那些最顽固的偏见。我必须对之作坚决斗争的恶劣环境是广大职工的无知、迷信以及由此产生的不道德行为和坏习惯，是他们非忍受不可的自早至暮的艰苦劳动，是他们为了自己的消费而必须购买的各种物品的劣质和高价，是他们家庭中从儿童出生经历幼年和童年对其养育和训练所作的低劣安排，是他们对一个英格兰厂商所抱有的成见，因为他们看到我将要采取他们称之为新花样的措施，会认为我也是个冷酷无情的、苛刻的老板。

除了工人们周围的这些恶劣的环境而外，我觉得作为未来一切胜利成果的基础，有必要使企业不仅能够靠本身的力量维持下去，而且能够产生充足的盈利，让我得以实现我所设想的改善环境的变革。我的合伙人都是商界人士，除将本求息外还希望获取利润。因此我必须调整全部的业务安排，大力改变房屋建筑的布局，逐步更换工厂的全部机器。

工人们有组织地反对我所提出的每一种变革，不遗余力地阻挠我那目标的实现。由于他们自然不喜欢新的措施和所有改变他们习惯的企图，我为此预先作了准备，并适当地估计到这些障碍。我打算争取他们的信任，而根据苏格兰工人阶级把英格兰当作外国并把我看作从外国来的生人这种成见来看，要得到他们的信任是极端困难的。我的语言自然不同于他们讲的低地苏格兰语和高地的凯尔特语，因为他们中间混杂着许多苏格兰高地人。所以，我从中挑选一些凭其天生的能力或地位而颇有影响的人，煞费苦心地向他们解释我希望实现的改革用意何在。我耐心说明，他们将为他们自己和儿女获得持久的较大利益，要求他们帮助我开导其余的职工，使他们在思想上有所准备，便于接受我企图作出的新的安排。

用这些办法，我开始慢慢对其中一些成见最少、十分通情达理的人产生了影响；但他们大多数人存有疑虑，认为我像他们所说的那样不过是想从他们身上尽量榨取利润罢了。这种猜疑长期没有消除。在教导他们养成清洁的习惯，要求他们一举一动都要遵守秩序和制度方面，我也遇到很大的困难。然而每年大体上都能看到明显的改进。

家家出售烈性酒类的零售商店是叫人很伤脑筋的。所有卖出的商品均按高价赊欠，以弥补所承担的巨大风险。商品的质量极次，但它们按过高的价格零售给工人。我安排开设高质量的店铺，供应食品、衣服等等他们所需要的各种货物。我在主要的市场上用现金购货，并大规模地订购燃料、牛奶等等，而把这些质量最好的商品按成本价格出售。这种改革的结果是整整节省了他们百分之二十五的开支，更不必说供应他们的是优质商品，而不是他们以前仅能买到的质量极次的商品了。

在改善他们的健康状况，提高他们的衣着水平和家庭的一般舒适方面，效果不久就变得相当明显。

这一措施也有助于减轻他们对我的成见。但是还要经过很长一段时间，广大的职工才能相信我是认真地采用种种办法来改进他们持久的生活条件的。最后发生了一件事,这件事克服了他们的成见,并使我能够获得他们的充分信任。那时是1806年,我们正在从美国采购大量的棉花,由于他们的政府和我们的政府之间存在着外交分歧,美国对它自己的港口实行禁运,不准棉花出口,而且我们也不知道这种禁运可能会持续多久,或者它最后可能导致什么样的结果。各类棉花的价格立即猛涨,棉纺业厂商处于进退两难的境地。大棉纺厂主必须作出决定,究竟是停止机器运转和解雇工人(他们多数是这样做的),还是以高价买进的原料继续进行加工,冒那种在一旦禁运撤销时原料和成品价格突然猛跌的风险。有些厂主采取这一种方针,有些厂主采取另一种方针。

我们是大规模从事棉纺业的厂主,继续进行我们的业务是带有很大的冒险性的。至于说解雇工人,在我看来将是一种残酷的、不正当的行为,因为那时超过半数的工人已经按照我的意愿受过训练,而且他们如果遭到解雇,就会在生活上备尝严重的痛苦。因此,我决定停开全部机器,保留工人,继续付给他们全部工资,让他们只是擦拭机器,使它保持随时可以开工的完好状态。在禁运没有撤销以前,我是一直这样做的。美国政府结束禁运,是在四个月之后,那个时期新拉纳克的职工虽然没有正式工作,却领取了七千多镑,任何职工的工资并未扣掉一个便士。

这种做法赢得了全体职工的信任和爱戴,从此以后他们不再阻挠我进行改革,而我则在自己认为那些合伙股东可以允许的范围内从各方面继续把改革进行下去,直到他们错误的想法阻拦我更进一步的时候为止。

在我离开曼彻斯特并在新拉纳克站稳脚跟成为唯一的主持业务的股东之后不久,有人提出建议,想要向我们的曼彻斯特商号即乔尔顿纺纱公司购买我们的乔尔顿工厂,谈判的结果是把工厂卖给了布莱克本的以前顾客伯利先生和霍恩比先生,他们大加扩充以后,现在还保有这些工厂。这样，在五十多年以前，我在曼彻斯特的经商股权结束了；从那个时期到目前，该市已经发生了天翻地覆的变化。当年在商界或同行业的头面人物，即使现今还有人活着，也是寥若晨星，对我毫无所知的新的一代已经成长起来了。

关于同发明有用的轮船并把它引入北美合众国的已故著名的罗伯特·富尔顿交往、合伙和共同进行商业活动的一些叙述

在我目前同曼彻斯特告别以前，我应当在这里谈谈我同最后遭受冷遇的事业心很强的天才罗伯特·富尔顿的关系。他为祖国作出了那么大的贡献，而那种贡献却没有给他自己带来什么利益。

1794年，罗伯特·富尔顿和我自己同住在曼彻斯特市铜鼻街8号。我们成了朋友，他对我谈了知心话，说他为了人们少花钱和效率更高地掘土或起土以开凿运河，从事了一项偶然想到的发明并设法取得了这一发明的专利权，而在这过程中他已耗尽了他的全部资金，不知道除了转让一部分的专利权以外怎样才能获得另外的资金，因为他所有的资财和信用贷款都已耗费净尽了。他说，在格洛斯特附近有一条运河要开凿，如果我能给他提供经费让他到那里去拜见负责执行这项计划的主管人员，他也许能够谋得挖掘一部分运河的合同，从而使他新的专利项目为公众所注意并且应用得有利可图，为此，他愿意给我一半的发明专利权，但此行能否收到成效，他并没有多大把握。我给了他资金，于是他就到格洛斯特去了。

我收到他第一次书面信息的日期是1794年11月20日，纸上充满着关于他那新挖掘机的稀奇古怪的预测。他给我的第一封信是1794年12月26日发出的，信中告诉我他打算在1795年1月1日左右前往格洛斯特，另外又开列一些预测的数据，还提到他的机器有了

新的改进,最后说:"我在把这方面的资料整理就绪之后,要寄给你一份草图和说明书。"虽然他那时在经济上有很大困难,但为了表现他的乐观精神,他是这样结束他的信的:"请你立刻写信给我,让我知道模型是否顺利地得到改进。请代向摩尔逊先生、我那志愿朋友马斯兰先生和他好心的太太致以最诚挚的敬意。我说'志愿朋友',并非指马斯兰先生是或者应当是一个国防军战士,而是仁慈与协和队的一名志愿兵。该队的原则曾使我颇感兴趣,对它有十分美好的怀念。但愿人人都踊跃参加这种光荣的操练,祈求无限慈悲的上帝允如所请。"

我现在发现接下去第二个文件是富尔顿先生和我自己合伙协议书的条款,这里我把它们全文抄录,以满足他在美国的朋友们的好奇心理。这些条款如下:

本协议书订立于 1794 年 12 月 17 日,以伦敦市的工程师罗伯特·富尔顿为一方,以兰开斯特郡棉纺厂商曼彻斯特的罗伯特·欧文为另一方。

鉴于上述罗伯特·富尔顿近来业已发明某种机器,用以在不设船闸的运河航行上将船舶及所载货物从较高水位调往较低水位,或从较低水位调往较高水位,并获得国王陛下准予专利十四年的皇家特许证书,其机器的三十个部件或部分(全部分成三十二个部件)现已授予上述罗伯特·富尔顿享有专利权。该人又已发明另一种机器,用以在深挖运河时不必使用手推车而将泥土搬上河岸,并即拟申请特许证书,该机器的全部所有权现单独由上述罗伯特·富尔顿享有。又鉴于上述罗伯特·富尔顿和罗伯特·欧文业已商定,两人对该机器及其在下文提到的期限内的运用实行合伙,即——

上述罗伯特·欧文应立即向上述罗伯特·富尔顿预付款项六十五镑,便于他用以使该机器开动起来,一旦当该搬土机根据可能签订的合同按每立方码以两便士计算结账时，或传动船舶的机器在十分钟内将一艘装载量为五吨的船只提升到不超过二百英尺的任何高度时（制造机器的费用不及每年在船闸方面支出款项的一半），或者在上述事项实行以前，经上述罗伯特·欧文的自由选择，上述罗伯特·富尔顿和罗伯特·欧文得成为合伙人，对该机器以及对其在十四年期间或此期限届满以前或上述各特许证书规定的期限届满以前从机器运转和使用上获得的好处有共同的利害关系。各该机器的专利按下列比例分配，即——

上述罗伯特·富尔顿和罗伯特·欧文有权支配该搬土机并平均享有由此产生的利益；上述罗伯特·富尔顿有权支配该船舶提升机三十个部件或部分中的十五个并享有由此产生的利益的权利；上述罗伯特·欧文享有支配其余十五个部件的权利。上述罗伯特·富尔顿应在该合伙关系开始时，或根据上述罗伯特·欧文的意见，得到适当的保证而能如此实行时，将各该机器的相应部分以及特许证书已经给予或此后即将给予的专利权的相应部分授予上述罗伯特·欧文。

上述罗伯特·欧文应根据业务需要，预付数额为四百镑的股款，由上述双方存入银行，供他们为装配完成和开动各该机器而遇有必要时动用开支。

从订约之日起应造季度账册，登录因开动各该机器而出现的收益、开支和损失；在这样的账册中，应记入欠有上述罗伯特·欧文预付总额为四百镑的半数的债务，以及他可能提供的任何这样的信贷（仅上述六十五镑的金额不在此例），作为合伙一方的欠款，并应在上述业务产生的第一批收益中拨付同样的款数；然后所得的收益应在上述双方之间按前面所提到的比例分配。

任何一方均不得将其在该特许证中的份额或利益以及因享有专利权而出现的收益转让他人，除非事前先获得另一方的书面同意。

罗伯特·富尔顿本人在订约之日起，在上述合伙关系开始之后直到合伙关系结束时为止，应将其全部时间和全副精力用于上述业务；但在该机器中的一架大致像本协议书前面提到的那样得以运转以前，不得迫使罗伯特·欧文也这样做，等到机器业已运转时，罗伯特·欧文本人亦应用其全部时间和全副精力去促进业务。

任何一方不得动用合伙的资产或贷款，除非纯粹为了合伙事业的利益，并按正规的营业途径办理。

在上述合伙期间，任何一方可能想起的任何创造、投机活动或其他业务，凡可能有助于增进利益者，均应成为上述双方的共同财产。

在上述合伙期间，除合伙经营的事业外，如不经对方同意，任何一方不得从事其他任何商业或工作、事业或投机买卖；遇有上列情事，上述双方应同样负有连带责任。

一切票据、账单、债券和其他借款凭证均应由上述双方共同签字；如未经这样的签字手续，应被视为由开出单据的一方单独负责的凭证；通常营业过程中的汇票不在此例，可由上述合伙商号中的一方代表双方签字。

双方应就与合伙有关的一切事宜互通消息。

任何一方不得向另一方禁止其与之联系的任何个人或若干人贷款，或与其订立合同；如发生此等情事，前者是应当由他将借出数额交还合伙企业的金库，后者是应当由其自行承担该项合同可能造成的损失。

凡显然有利于合伙企业的旅差所费，以及企业的其他一切开支和损失（如有损失的话），应由合伙双方负担；如出现亏空，由双方本人按应得收益的同样比例分摊。

合伙人的任何一方未经另一方的书面同意，不得对任何人作银钱担保，或在法律上同他有任何约束，亦不得作出任何损害合伙关系的行动。

应以适当的形式造列各种账册。

一切硬币、汇票和钞票在收受时应记入上述合伙企业的现金账目。

在上述合伙企业结束或宣告解散时，应造一总账；此时双方应各自支付由于合伙营业而应负的一部分债款，机器和其他库存应公开拍卖，由此所得的款数按上文提到的比例在合伙人之间分配。

对于各自偿付的债务份额，双方应互相出具债据，以昭信实。

如遇一方死亡，尚留人世的合伙人应按照他认为合适的方式继续经营和管理上述企业；如去世的合伙人遗有妻子或儿女，未死的合伙人应按季将上述期间该企业所获收益的一半支付给已死合伙人的遗嘱执行人或遗产管理人；如已死的合伙人并未遗有妻子或儿女，则尚存的合伙人只应将上述可以支付的纯利的四分之一交给已死合伙人的遗嘱执行人或遗产管理人。

在上述合伙关系期满时，库存应公开拍卖，所得现金按上述分配收益的同等比例分给尚存的合伙人和已死合伙人的遗嘱执行人或遗产管理人。

罗伯特·富尔顿/罗伯特·欧文

这发生在我离开德林克沃特先生和我开始在曼彻斯特的乔尔顿纺纱公司合伙之间的一段时期。

富尔顿先生的第二个文件是他欠托马斯·伦宁先生债务的一纸账单，他曾要求我替他偿还这笔债款。接着是富尔顿先生写给我的一封长信，信中包含他在改进以前的发明方面所作的估计和分析，最后他说："当现金用尽时，我要写信给你。"以后是从1795年1月14日至2月26日相隔时间很短的七封信，信中对新的机器和改进措施作了新的估计，另外画了各种草图，并要求提供更多的资金。

他和运河承包商麦克尼文先生还有一宗以前尚未了结的合同关系，曾要求我把他的一封信转交给麦克尼文先生，提出了结合同的建议，但麦克尼文先生不肯同意富尔顿先生提出的条件。因此，我写信给富尔顿先生，劝他从发信的地址格洛斯特前来曼彻斯特，以解决这个问题，因为麦克尼文先生曾扬言要采取激烈措施来强制解决。那时他似乎到了曼彻斯特，向我提出了新的建议，要继续同我合作，或者是要我向他贷款，愿出百分之五的利息；看来我当时是乐意接受他的后一个条件的。接着是富尔顿先生所提建议的备忘录，签署的日期是1795年3月17日：——

曼彻斯特，1795年3月17日

备忘录，——罗伯特·欧文先生已预付九十三镑八先令的一部分款项，以促进在没有船闸的条件下行驶船舶和挖凿运河这两项工程——兹经双方同意，上述罗伯特·欧文应再预付上述罗伯特·富尔顿不超过八十镑的一笔款项，使他能够在搬土设备方面顺利地进行一次试验；在机器臻于完善时，如上述罗伯特·欧文认为适宜于根据合同进行合伙，他应有充分的权利采取这样的行动。但在完成该机器前如有合伙的要求向上述罗伯特·富尔顿提出，他应有根据上述罗伯特·欧文的建议接受合伙的权利。在这种情况下，上述罗伯特·富尔顿对于预支的款项应支付上述罗伯特·欧文每年百分之五的利息，直到上述罗伯特·富尔顿能够偿还本金时为止。

罗伯特·富尔顿

他给我的下一封信注明的日期是1795年11月2日，信中因他无力向我偿还任何一部分的债款而表示遗憾。我再从他那里收到的一封信是他在1796年9月19日从伦敦发出的，信中仍说他无力还债，但告诉我说，他那新的投机活动由于在鞣革上有所改进，正在初显成效，另外他的运河合同仍然使他抱有最后获得成功的希望。再下一封信是1797年4月28日他从伦敦寄给我的，由于该信口气更加乐观，对他的前景和未来的事业比较满意，我现在把它的全文抄录下来。

伦敦，1797 年 4 月 28 日

亲爱的先生，——

　　昨天阿瑟森先生把你亲切的信交给了我，我请你，连同我所有的旧友，接受我对于他们赐予的友好感情和良好祝愿表示十分诚挚的谢意。

　　我当初写信的目的是想告诉你下月 18 日我有一张期票到期的事，我希望那时能拿到现金。

　　我盼望我至今作出的安排将如愿以偿，因为我已把有希望获得成功的运河事业的四分之一权益以一千五百镑的代价卖给了一位先生，他财力雄厚，颇具胆识，现已卜居纽约。在这一千五百镑中，下月 17 日我将收到五百镑，六个月之内又是五百镑，在我大约于 1798 年 6 月抵达美国时领取最后的五百镑。

　　现在，我的朋友，既然我未来的经济状况如此可喜，我就应当有必要公平合理地对待我所有的债权人，对于他们耐心等待我事业成果的那种容忍态度，我将内心十分感激地永志不忘，**感谢上苍**（有些人也许会说总算运气不错），我的事业终于成功了。

　　在动用第一笔五百镑方面，我要同我的合伙人约定，我应当到巴黎去，获得开掘小运河系统的特许证——此行将花费我大约二百镑。至于其余的三百镑，我决定汇出六十镑作为你的一份，然后在六个月之内把其余的债款还给你，我希望这会使你感到满意。我也乐于支付利息以弥补你可能承受的任何损失。

　　我打算大约在三星期之内动身前往巴黎，希望圣诞节能准时回来和你在一起；大约在明年的这个时候，我预计将坐船到美国去，在那里，我已经使该国的一些头面人物相信我的小型运河系统，因此，展现在我面前的活动范围是十分诱人的。我对这项事业的感觉因而是令人愉快的——并且我希望它将使我所有的朋友额手相庆；请向他们致以亲切的问候。我的好**欧文**，请向马斯兰、摩尔逊、斯卡思、克拉克、乔利等先生和夫人以及全体"大人物"代为致意。

> 我的朋友，再见了，
>
> 相信我，你真诚的
>
> 罗伯特·富尔顿

后来我又收到他一封信，信是在他付了我六十镑并答应在五个月之内偿还余数之后于5月6日同样从伦敦发出的；在他回到美国之前或之后，我没有再接到他的信。

他从我这里得到的款项曾使他能够前往格拉斯哥，在那里看到克莱德河上贝尔发明的那种构造有缺陷的、难以获利的汽轮，这种汽轮不载货物的航行速度每小时不超过五英里。富尔顿一眼看出它的缺点在什么地方，知道怎样改进，便立即动身去美国，比当时任何人都格外殚精竭虑地促进轮船制造业的迅速发展，达到异常兴旺的程度；我认为我给他的那点小小的支援和帮助曾使他能够造福于他自己的国家和整个世界，证明钱没有白花。

当富尔顿同我们一起在曼彻斯特时，他成为一伙好奇的朋友中的一员，这些朋友经常碰头，把他的参加看做锦上添花，不可多得。我以前已经叙述过，已故的多尔顿博士是这小圈子里的一个，科尔里奇在假期也偶然离开他的学院前来同我们聚会。

* * *

我现在必须回过头来叙述我在苏格兰发展的情况。

我结婚以后过了一年，生了一个儿子，但不幸夭折。另一个儿子，取名叫罗伯特·戴尔，是在第二年年底出生的。两年以后，生了威廉·戴尔。然后接下去是两个女儿——安妮·卡罗琳和简·戴尔——彼此大约相隔两年。然后是戴维·戴尔和理查德，我最小的女儿玛丽成为一家末了一个成员。

夏天，我们住在村子和工厂中心的四周有花圃和树木的小型别墅里；冬天，我们同我岳父一起住在格拉斯哥的夏洛特街。我常常骑马往来于工厂和格拉斯哥之间，因为我们的仓库和照管棉花棉纱库存的办公室以及经管收支账目的会计室都在格拉斯哥。上面已经提到，我们冬天同戴尔先生住在一起，他对我们这一家子感情深厚，对我逐渐变得越来越信任。他是我生平遇见过的最宽厚、真诚、仁慈和善良的人之一，以他性格的坦率和正直而普遍受到人们的尊敬。他那善良的性情往往受人欺骗，因此他屡次在不该施舍的时候拿出大笔款项，这些款项是人们由于他身任牧师，主管四十个不信奉苏格兰教会的教堂或地区会众而竭力劝他拿出来的。那些会众主要是穷人，了解自己不信奉苏格兰教会的特殊原因，但对其他方面的一般知识却愚昧无知。戴尔先生一概亲切热情地接待这些会众，确实是他们的好牧师。他纵然没有从他手下的教徒那里得到任何好处，却可以说是他们中间的一位主教；而且，他不但得不到他们的好处，反而慷慨解囊，尽力帮助他们。

从我结婚到他逝世，他和我彼此从来不曾露过不愉快的神色，也没有说过不客气的话；这一点是格外难能可贵的，因为在我结婚的时候，我们的宗教观念截然不同，并且我们显然了解这种分歧。然而，尽管戴尔先生虔信宗教，他对那些持不同见解的人却异常宽厚。关于我们的宗教信仰问题，我们频频进行过多次的友好讨论。我同他讨论时坚持我的主张，认为一切宗教的错误在于把任何功德都归功于对其各自教义的信仰或信念。我认为信念从来不是，也不可能是任何人所能支配的；那是早期的教诲或者对于深印脑际的确凿证据坚信不疑迫使所有的人加以接受的。无论在哪一种情况下，个人都被迫抱有信仰或信念，不管它可能包含什么样的内容；它在每一种场合都是内心的不由自主的行动，为此，任何人都不会得到公正的或合理的赞扬或谴责、奖励或惩罚。由于一切宗教的论据在于假定人们凭其自行产生的发挥独立意志的能力，能够坚信不疑或心存疑虑，又由于这种假定是违反一切事实的，所以世界上的各种宗教都发源于思想混乱或教诲不当，虽然在许多情况下它们受到个别非常真诚、仁慈和好心的人们的支持，因为他们对那些宗教的真实性和意义获有深刻的印象，以致和今天那些同样错误的爱国志士一模一样，往往不惜牺牲生命来捍卫他们的信仰，或捍卫他们不知其起因但仍不得不抱有的宗教观念。

我对他说：我不能迫使我的内心去相信他的良知曾使他深信不疑的事情，正如他不能迫使他自己的内心去相信我曾不得不信以为真的事情一样；在我看来，他被迫认为是天经地义的真理而铭刻在心的东西不过是人类无知的错误信仰，每当他把那种信仰提出来同我讨论时，我总受到良心的驱策，不得不竭力加以驳斥。

在过了一段时期以后，由于他发现自己并不能够言之成理地否定这些事实，并且他胸襟极端开朗，处世为人又那么真诚，他便承认这些事实，并认为我是始终根据我对人性的看法来发表自己的见解的。我们总是以最亲切的精神和充分宽容彼此的意见这种态度来继续进行我们的讨论，在每次讨论结束时，他往往用他特有的那种充满深情的和蔼语调说（因为我已经成为他宠爱的心腹）："你的话也许很对，因为你是非常实事求是的。"我相信，他一定仔细考虑过我所有的见解。

我们关于宗教问题的一切讨论，往往是以这样的态度和本着这种精神结束的；但是在过了一段时间以后，当双方摸清了彼此的意见的时候，就不再进行这些讨论了，我们的谈话总的来说转而倾向于探求某种用以改善穷人和劳动人民生活的切实可行的方案，或者讨论一些国内问题。他那毫不矫揉造作的直率性格、几乎是无限宽大的胸襟和仁慈，以及富于同情心的亲切态度，使我在他在世的期间对他的爱慕之情与日俱增。

我前面已经提到，他同首创把印度橡胶制成著名防水"胶布雨衣"的查尔斯·麦金托什的父亲，即乔治·麦金托什先生合伙经营工商业。由于我劝告戴尔先生结束他的一些企业机构，他希望我同他的合伙人乔治·麦金托什先生一起到他们合伙经营的棉纺厂的所在地萨瑟兰去。这在那个时期（1802年）是件非常艰难的任务。没有轮船，没有邮车，甚至还没有普通的公共马车，并且那些越过许多山头的道路是在韦德将军的指导下在一个假想的敌对地区作为军用道路而修筑起来的，所以崎岖不平，很难行走。通常的旅行方式是徒步跋涉或骑马前进，或者依靠走得极慢的四轮马车。有一次，我们不得不租用一辆轻便马车、几匹马和一名马夫，经历整个旅程同我们一起往返。现在指出这部分英国领土的旅行的进展情况和文明程度，也许是有用处的。我们同马车和马匹的主人约定的条件是：按日计算直到我们返回原地为止，每天付三十先令租费；每天平均旅程不超过二十英里，因为人们认为，马匹和马夫在这些路上，一天奔波二十英里就很累了；我们发现情况确是如此。我们还要付所有的道路税和马夫的费用，但我现在已记不起我们是否要给马匹提供饲料；然而，不管约定的是什么样的条件，我们一般都得徒步走上所有的山头，在多数的情况下还要靠两条腿从山头走下去，偶然碰到小山又长又陡的时候，我们还必须在马车后面用力推送，帮一下马匹的忙。

麦金托什先生对这条路线、一些主要的宅第和屋主了如指掌；他自己是个苏格兰高地人，出生在罗斯郡，颇有才智，富于人情味，并且是个出色的旅伴。戴尔先生最初同理查德·阿克赖特先生（后来成为爵士）合伙在新拉纳克开始经营棉纺业。麦金托什先生出于对他家乡的热爱，劝说戴尔先生同他合营设在苏格兰的这家棉纺厂——称作"戴尔棉纺厂"——以便把这种新的机器引进北部的高地，并使当地的人民获得就业机会。戴尔先生派遣受过训练的人员到那里去为他和麦金托什先生经管业务，但他自己从来没有到那里去过。

在我看来，我们的旅程是颇饶兴趣的。我以前从来没有到过苏格兰高地。景色以及与这个地区有关的一切事物都使我感到新奇，而这一次我又有了一个出色的旅伴。在我们抵达苏格兰高地以后，我们发现很难每天平均走满二十英里，然而使我非常高兴而感到有趣的，是我们所经过的那片荒凉景色以及我们在山民中间遇到的那种简单朴素的膳宿供应,因为在那个时期这些地区很少有旅客往来。

沃尔特·司各脱爵士①这时还没有成名,英格兰人又难得身临苏格兰高地,但由于麦金托什先生熟悉那个地区和它的风土人情,我们前进得虽然缓慢,却比我在启程时预料的要顺利得多。

这里举一件事作为证明我们旅行速度的例子。一天,我们像往常一样,正在走上一条漫长的山路,当地的一个年轻人追上了我们,他看来大约二十五岁,离我们几步路一同走着。我们和他攀谈起来,发现他很熟悉当地周围一大片地方的情况,所以,在我们抵达那连绵不断的丘陵地带的一个山顶以前,当麦金托什先生和我坐进马车朝山顶的另一边缓缓驰下去的时候,我们已经从他那里获得了很多有用的见闻。当时道路窳劣,马匹只能迂缓前进,所以有一段时间我们的新旅伴在马车旁边陪着我们,继续进行交谈。可是我们委实走得太慢,最后他说:"两位先生,我的确同你们有点依依不舍,不过我的行程不能再耽搁了。"在向我们道了"早安"以后,他立刻把我们甩在后面,过了几分钟就消失在远处了。我说:"麦金托什先生,这真是太糟糕了。我们这里有一辆马车、两匹马和一名马夫,而这个步行的年轻人又等不了我们这种缓慢的行动。我们背上了这些累赘,和我们相比,他岂不是自由自在得多?"他说,有很多这样的年轻人为了消遣,根本不把每天走五六十英里路当作一回事,如果有必要延长路程的话,他们偶尔还走得更长。

我们很快就开始享受到崇山峻岭的清新空气;由于不得不在打尖的地方长时间地等待喂马和让马休息,我们常常信步出游,在我们目力能够达到的范围内领略最优美的风光和最旖旎的景色。我非常欣赏那令人精神振奋的山间轻风,感到食欲大增,尤其是在早餐之前旅行了一大站路以后,这时房东的鸡蛋等消耗得特多。

---

① 沃尔特·司各脱爵士(1771—1832),苏格兰诗人和小说家。——译者

这趟旅程大大增强了我的体力,并且使我惊异的是,由于空气非常洁净清爽,加上身体得到锻炼,以致我一反过去的习惯,居然能够适量地喝一杯当时在苏格兰高地酿造的极醇厚的酒,而并无不适之感,可是在苏格兰低地我却从来不能这样办。

在我们前进路上穿过一条夹在高山中间的异乎寻常的幽谷时,麦金托什先生说:"我有十足的理由要记住这条峡谷,因为有一次我单身骑马穿过这里,大约走到峡谷的中部,一只老鹰突然从我身边冲了过去,把我吓了一跳,使我从当时悠然神往的冥想中惊醒过来;当我环顾四周时,我看见两只大鹰在我头顶的上空盘旋,并且我立刻发现,它们是想把我和坐骑当作丰富的早餐饱啖一顿,因为其中一只鹰又立即对着我的眼睛扑来。幸而我有一条短柄长尾的坚固的马鞭,我就用来挡开它们的袭击,而那种袭击是它们每隔几分钟轮番单独进行的。我费了很大的劲来保卫我的头部,不让它们三番五次地想伤害我的眼睛的行动得逞,因为啄取我的眼睛显然是它们的目标所在。如果它们同时向我袭击,它们的速度和强度就要厉害得多,恐怕我就很难长时间地抵御它们的联合起来的力量了。当我穿过这条峡谷,摆脱了那两只强大的猛禽的侵袭时,我才真正感到自己已经死里逃生,不再有危险了。"

我们终于到了因弗内斯,这个自治市的当局都认识麦金托什先生。他向他们介绍他的旅伴是谁,代表什么人来到这里,并说明此行的目的是想了解一下可以采取什么措施来扩大苏格兰高地北部的棉纺业;这个措施已有一段时间成为麦金托什先生特别喜爱的计划,因为他看到戴尔先生在苏格兰南部各地事业兴隆,很想步其后尘,以造福桑梓。

出于对麦金托什先生的尊敬和重视,我们被正式要求接受这个忠诚的皇家自治市的名誉市民的称号,并被邀请出席在举行仪式时由市长主持的公宴。饭后,市长把为此而特制的式样稀奇的盒子盛装的名誉市民证赠送给我们，仪式相当隆重。照例双方发表了颂词和答词。这是我破天荒第一次亲眼目睹苏格兰的一个皇家自治市进行的社会活动，但此后我在举行选举时多次看到了这样的做法，而且使我吃了苦头。这次因弗内斯当局无私的殷勤接待使我们非常满意，并且就在这个自治市，我在苏格兰高地几个地区长途旅行之后，惊讶地听到一般居民竟讲着纯正的英语。

最后我们渡过默里港湾，到达我们向北旅行的最远的地区，到了"戴尔棉纺厂"。工厂规模不大，运转的情况比较差劲；我们逗留的时间不算太长，只是让我有工夫去发现我可以提出哪些改进的办法而不致花费过多，因为那个地点不宜扩大工厂规模，也不利于永久设厂。在我们回来以后不久，戴尔先生把那家工厂的股份卖给了别人，促使麦金托什先生也如法炮制。

在我们返回以前，我们拜访了苏格兰高地几个颇有地位的人家，同他们或长或短地酬酢了一些时间。这次旅行我写有一本日记，但此后住处几经迁移，我又经常外出，这本日记早已丢失了，至今感到遗憾，因为我们那次出差很有趣味，麦金托什先生给我介绍认识的各方面的人士都很热情好客，通情达理，使我那时深感愉快，在心中留下了美好的印象。那些人士和他们的住址我现在已经记不起来了，但洛根城的格兰特先生是其中的一位，他同我的谈话引人入胜，颇饶情趣。

由于我始终觉得我所了解的形成性格的真正原理以及环境，即优劣境遇在形成性格方面的强大影响，对人类来说是非常重要的，同时也看出我们人类的幸福或苦难取决于对形成性格的原理和实践有确切的了解，所以我总力图在我刚厕身于其中的社会用最简单明了的论证和解释来引导人们讨论和注意这些问题。所有以后的阅历往往向我证明，无穷的罪恶、错误和弊病是由十足地受欺骗的想象所产生出来的，并且必然还在产生于同一来源，那种想象诱使我们最早的和最无知的祖先信以为真，尽管时时刻刻出现的与此相反的事实证明他们虚妄的想法是毫无根据的——即认为"每一个人都形成他自身的品质，因而他应当为自己的品质向同胞和上帝负责"。我既然清楚地看出一切错误中这种最不幸的错误正在不断产生十分有害的后果，就逐渐把尽力说服我所联系的各方人士作为我毕生的重大任务，要使他们相信：那种错误在过去的一切年代里已经必然引起可悲的后果；它妨碍我们对自身的认识（一切认识中最可贵的认识）；它产生罪恶和苦难，而如果没有这种错误，世界上本来是不会出现无知、罪恶和苦难的；其结果是博爱、德行和正义的原则沦丧净尽。我经常想到它的弊害，习惯于始终如一地到处对它持抨击的态度，不管它采取怎样多变的形式，也不管它产生怎样邪恶的结果。

正是我的这种思想习惯促使黑兹利特[①]在这时期的几年以后在其著作中说，我"这个人没有第二种念头"。如果他说我这个人所潜心考虑的只是一项基本原理和它的实效，那么他的话就更符合实际的情况了。这是因为，对于"人的性格是由外力**为**他形成的，而不是**由**他自己形成的"这一点的认识并非"一种念头"，恰恰相反，它将被发现是像一粒芥子，即具有极大发展前途的小东西，有能力使人们的内心充满种种正确的新思想，并最后压倒其他一切与它相对立的思想。

正是这次到苏格兰高地的旅行过程中，在不同地点访问麦金托什先生那些殷勤好客的朋友的时候，我开始执行公开宣传我的"新社会观"的使命。这发生在1802年夏季，大约五十年之前。

我多次遇到的论点中，最常见的论点并不是说我所提倡的原理有什么谬误或在任何一点上缺乏根据，而是说它完全不切实际。其所以不切实际，是因为它势必要推翻现有的一切关于区别正确和谬误的观念，以及社会的一切制度和惯例，并将彻底改革人和他的一切行动。

[①] 威廉·黑兹利特（1778—1830），英国小品文作家。——译者

就推翻现有的一切关于区别正确和谬误的观念，以及改变社会的一切制度和惯例来说，这个论点是对的；正是这种表现为但知其变革的范围十分广大，而又不能正确认识到变革会产生什么结果或者它将怎样通过和平的途径造福于一切有关人士的肤浅理解，至今阻碍着世界各国和教会的当局的思想，使他们不容人们就这一问题必将影响社会各部门生活惯例的一切结果方面来从根本上公正地和自由地加以探讨。全世界人们的头脑从他们出生之日起就一向受到自相矛盾的虚妄观念的熏陶并充满着那样一些观念，因此对原理的精确性或对做法上的正确和谬误缺乏明确的概念；由此便产生了人们头脑中的矛盾、争夺和斗争，以及今天全世界到处可见的带有普遍性的荒谬行径。世界各国，虽然无不自诩它们尊崇其称之为文明的先进事物，今天却为暴力、欺诈、虚伪和恐怖所统治，而这些弊害分明是由统治者和被统治者的愚昧无知造成的。在这样的统治和被统治的情况下，人人都成了可悲的受害者。不管社会处于什么形态，真理、德行、智慧和幸福**将**永远无从实现，因为以往和现今的社会都是以这样的假设为根据的，那就是：每一个人形成他自身的品质，具有随意信仰或怀疑、热爱或憎恨别人和事物的自由意志；人们应当为他们身心的品质、为他们的信仰或怀疑、为他们的爱或恨以及为他们由此而产生的一切行动向上帝和社会负责。现在，我以临近八十六岁的高龄（1857年），在毕生厕身于许多国家的各种阶级、信仰和肤色的人们中间而获得异乎寻常的丰富经验之后，不得不抱有明确无比的信念在此声明：任何政党或宗教团体所提出的一切微不足道的改革方案都在原理和做法上缺乏这种彻底变革的精神，不能使其做法始终符合其原理，在大纲和细节上毫不偏离，因此它们不仅无价值可言，而且非常有害地阻碍全人类立即获得德行、智慧和幸福。

正是这种一贯应用于实践的对人性的认识，使我在二十岁时能够非常有效地管理五百名男子、妇女和儿童，把一家困难重重的工厂经营得相当茂盛，超过所有与之竞争的工厂。正是这种认识在我目前正在叙述的个人历史阶段促使我根据这些新的原理，不顾形形色色的抗拒和敌对势力的阻挠，负责管理一批更难对付的人数更多的职工。我现在要回过头来继续我的叙述，读者从中可以知道我是怎样成功地运用这些新的原理的。

戴尔先生和麦金托什先生出盘了"戴尔纺纱厂"，戴尔先生和威廉·道格拉斯爵士出盘了在牛顿-道格拉斯的工厂。戴尔先生和巴洛奇迈尔的亚历山大先生在埃尔郡合伙经营的卡特林棉纺厂也卖给了格拉斯哥的柯克曼·芬利公司。

这些工厂的出售使戴尔先生免除了很多忧虑，使他能够比较安静地和更加心满意足地度过他的晚年。在夏季，当我们住在新拉纳克的时候，戴尔先生偶然来同我们一起待上几天。他由于担任设在格拉斯哥的苏格兰银行的经理，不能长期离开那个城市。年复一年，他亲眼看到了逐渐发生的变化：职工的生活和工作条件有所改善，他们比以前勤奋得多；这些现象同我们购买这家企业时的状况形成了鲜明的对照。戴尔先生对职工们说："如果当初工厂像现在这样经管，你们那时工作的劲头像现今为欧文先生工作时一样大，我是绝不愿意把企业出盘给外乡人的。"这时我只占九分之一的股份，但我作为唯一的经理，每年有一千镑的薪金。要是我们预见到事业会发展得这样顺利，戴尔先生是宁愿把这个企业完全保留在他的家族手里的。

*　　　*　　　*

当我声明我在改善社会的过程中将用良好环境代替现有的万恶环境以实现变革时，人们往往提出这样的问题：你将如何着手？我的答复是："采用我在新拉纳克开始实行变革时采用的那种方式。我研究了当地产生弊病和错误的现有的根源，用其他不大会产生弊害的根源来逐步代替这些根源——这样的根源估计会产生有益的而不是有害的效果。"因此，如果能够做到合乎理性，这种变革一定到处都可实现。

我们必须仔细地考虑当地在一切情况下产生弊害的根源，然后应当想出一些恰当地适合具体条件的措施来用良好的根源代替有害的根源。

然而，在开始这样做的时候，全世界的各界人士甚至在今天还是生手，或者所得的知识还很不完备。由于所谓**"每个人把他自己形成他那样的人"**这种谬误的基本原理在那里作祟，纵然有人能够辨别不良的环境和优良的环境，知道怎样用优良的环境来代替不良的环境，他们也寥若晨星。因此，所有的教会和政府都没有能够培养任何一部分人类，使他们开始明白事理，或者变得善良、明智和幸福。反过来说，如果他们早期便懂得这种做法，世界上所有的人在几千年以前就会只是处于优良的环境之中，他们所享受的生活状况将使他们不必通过个别的奖惩办法，而仅仅通过周围优良环境的影响，就不得不变得善良、明智和幸福。

这时，使那些职工对这种变革在精神上有所准备并用实例来向他们显示如此简单的做法能产生什么效果这两项工作，便成为我一生多年的任务，而且我确实认真地着手进行，锲而不舍。

如果我当时必须从头开始创造我自己组合起来的环境，它们多半会同单纯的棉纺厂联合组织大相径庭，与这一时期存在于新拉纳克的村庄和工厂的那些组织截然不同。要促使所有的职工不必通过个别的奖惩办法就都养成善良的性格，那是不会有什么困难的；如果我依靠新的基础和场所，能够创立一套足以实现这些效果的环境，那也不难使他们一直愉快地享受用之不尽的最宝贵的财富。社会还从来没有让我能够向全世界显示这些环境的事例，虽然在我有生之日把这种事例显示出来是符合所有的人的最持久的最高利益的，因为我在用优良环境代替不良环境而作出切合实际的科学安排方面所取得的经验，是世人所已经知道的属于那种性质的唯一经验。

我需要在新拉纳克完成的，是一种大不相同的、远为艰巨的工作。我不得不在迁就一系列互相纠结的恶劣环境的情况下开始实行我的计划，然而那些环境却是职工们曾经长期习惯的，也是他们对其颇为依恋的。在**消除和克服**一向是错误的现象方面所遇到的困难，远远超过在开头就加以纠正时所面临的困难。要是我有办法不让合伙人和无知的偏见束缚我的手脚，我本来是能够在两年内比较合乎理想地作出成绩来的，可是在当时存在于新拉纳克的一个棉纺企业中的一系列错误设施的影响下，我尽管在经营那个企业的三十年期间殚精竭虑地关注这一问题，却实现不了那样的成绩。既然那些环境势必同一个纯粹的制造企业联系在一起，我就很难把这种企业办成按我的标准来衡量还算不错的模样。它的基础是错误的；只有彻底地重新创造新的环境，才能改进它的上层建筑。

然而，必须把我所建议的用来围绕人类的新环境输入到现今存在着旧环境的一切地方。这里应当明确指出，我所建议的人类所处的新环境必须从一些新的地点开始，因为你绝不能够把那些旧的地点统一成为一个牢固的、合理的、正确的和有益的社会。因此，我能够希望在新拉纳克做到的，是在某种程度上消除一个基本上错误百出的制度的最严重的弊害。然而，照公众看来，在新拉纳克实行的变革是完全出乎意料的。前来考察该地的那些外乡人说，在他们亲眼看到以前，他们认为那种变革是绝对行不通的。

我在这里作这些解释，因为那时公众认为我力图使新拉纳克成为我所提倡的那种制度的范例，同时认为我希望全世界都能在组织上像经过改进而面目一新的新拉纳克那样作出安排。虽然我在那里完成的工作还不到最后实行的改革措施的一半，工人们环境的改善已使前来参观工厂的外乡人感到满意；并且，同其他所有地位相似的工人比起来，这些工人是幸福的，他们公开表示对他们的处境心满意足。尽管如此，我深知他们的思想境界还不高，环境还不够完善，他们还在遭受不公正的对待，因此我并不能够为他们额手称庆。我分明知道社会可以为他们以及为其他一切阶级做更多有益的工作。

因此，人们有必要永远记住，我在新拉纳克实行的措施是在我接管那个企业以前已经存在的对于工厂和村庄安排不当的情况下尽量能做到的事情。

在美国对其口岸实行禁运因而使新拉纳克发生了由原料不足引起的事件以后，我对工人们真诚地和我合作这一点满怀信心，于是我就以更大的速度积极推行我那从物质和精神两方面改善他们的工作和生活条件的措施。由于我发现种种诱惑对他们的吸引力很大，使他们不容易做到待人诚实和生活朴素，也不能坚持不懈地经常勤奋工作，我就设计了新的环境来抵制这些诱惑。我采取了稽查企业各部门的各种工作的办法，如有盗窃情事，几乎可以立即发现，使其不能得逞。有一个部门，盗窃本来已经达到了灾难性的程度，成千上万种物品每天由四个集团偷盗出去，因此我在那里设计了一种办法，只要失窃一件东西，不必查点就能立刻发现丢失的物品，并且知道事情发生在哪个部门。我还规定每天早晨要把上一天工作的日报表送到我手里，另外我也经常检查各部门的收支账册。

然而，我发现制止不端行为的最有效办法是设计一种考核企业每一职工的无声装置。这个装置是一块有四面的木头，大约二英寸长、一英寸宽，每面涂上颜色——一面黑色，另一面蓝色，第三面黄色，第四面白色——顶端削成锥形，最后钉上两个铜圈，以便平稳地挂在一个铁钩上面。每一职工的近旁都在显著的地方挂有这样的一块木头，其正面的颜色按四种比较等级表明这个人在上一天的行为。恶劣，由第四号黑色表明；怠惰，由第三号蓝色表明；良好，由第二号黄色表明；优秀，由第一号白色表明。每一部门设有品德考核簿，在各栏的前面填写该部门所有职工的姓名，各栏的地位足以标出每天行为的号数，逐日登录，到登满两个月为止；这些考核簿一年更换六次，都妥加保管。依靠上述安排，我掌握了那些职工在其每年受雇期间除星期日以外按四种比较等级登录的行为。每一部门的主管人员负责每天放置这些无声的考核装置，工厂的厂长管理该工厂各部门主管人员的行为考核。如果有人认为部门主管人员评判不公，他或她有权在品行号数登录以前向我申诉，或者在我外出的时候向厂长申诉。但这样的申诉是很少发生的。在考核簿上登录号数而不准加以涂掉的措施，也许可以比作想象中的登录不幸人类的善恶的天使。

看到这些无声考核装置所产生的新精神，令人欢欣鼓舞。这种防止恶劣行径的简单计划所产生的效果和取得的进展，远远出乎以前一切的意料之外。像上面所说的，每一个无声的考核装置安放的地位十分醒目，所属的那个职工可以一眼看到。这样，我走过每一个工厂或工场的房间时，扫视一下就能看到每一个职工在上一天的表现如何。

在开始采用这种记录品行的新方法时，大多数是黑的，许多是蓝的，只有少数是黄的；后来黑的逐渐减少，被蓝的所代替，蓝的逐渐被黄的所代替，而有一些是白的，虽然最初为数颇少。

在头八年中，我继续专心致志地训练职工，改善村庄的面貌和更新机器，为将来的发展奠定基础。这样的工作目的是为了棉纺厂的事业，也是为了有利于世界的一种试验，这种试验尽管存在着严重的缺点，还是可以为此而应用于一家实验性质的企业的。我从早到晚的时间和心力继续用来筹划措施，在我亲自指导下付诸实践，以改善职工的工作和生活条件，同时提高作为一家制造企业的机件和机器的效能。

* * *

在这期间，我岳父的健康开始衰弱。我们彼此已经有了真挚的友谊和热烈的感情。他是个坦率、善良和虔信宗教的人，而我却凭良心认为一切宗教基本上都是错误的。然而我们两个人倒确实能够尽量做到融洽无间。一方尊重另一方发自内心的看法，双方都洋溢着极端宽厚的感情来看待这些分歧。在我所认识的所有宗教界人士中间，他是唯一对那些持不同见解的人抱有真正宽容态度的长者。他充分信任我，事无巨细都征求我的意见，我现在还认为他每次都采纳了我的建议。

在他最后一次生病的时候，我经他恳切要求，继续同他待在一起；他总希望我给他喂药，不肯服用任何别人给他喂的药剂。

当他认为自己活着的日子不会很多的时候，他要求我告诉他，除了对他的直系亲属已立有遗嘱外，照我看来，他对其他的人还能做些什么事情。已故的戴尔太太还留有两个未婚的妹妹和一个已婚的妹妹，我知道她们的家族希望一向对她们非常慷慨的戴尔先生会在他的遗嘱中提到她们。可是，由于他自己有五个孩子，预料再下一代的人数很多，他并不认为有必要这样做，因为她们的近亲都很富裕，虽然她们自己的收入有限。

我说："我可以肯定她们是会感到十分失望的。""好吧，"他说，"把你认为应当如何照顾她们的办法写下来。"那时我认为戴尔先生的财产价值比以后多次变动的结果要大得多。所以我写下了打算作为他的遗嘱附录的笔据，让这些女士终身可以每年领取一百镑，还有其他一些遗赠，其数量我现在已经记不清了。

这些女士有一个哥哥，境况很好，又同名门世家结为姻亲，他本人是爱丁堡的一名业务繁忙的律师，生活和工作都很不错；另一个哥哥已经去世，他就是坎贝尔将军，当过直布罗陀的代理总督，并曾在殿下即已故的肯特公爵手下担任过司令官。坎贝尔将军是个非常优秀的军官，深得公爵的欢心。由于将军的卓越的劳绩，他的长子即现在的将军盖伊·坎贝尔爵士被授予从男爵的爵位。当我住在布拉克斯菲尔德时（以后即将提到），他有一次来拜访我，碰见了爱德华·菲茨杰拉德勋爵的女儿菲茨杰拉德小姐。当时她正同我们的邻居博宁顿的罗斯·贝利夫人一起在我家做客，贝利夫人的长子查尔斯·罗斯爵士（从男爵）已经娶了伦斯特公爵的妹妹玛丽·菲茨杰拉德小姐。盖伊爵士和菲茨杰拉德小姐在博宁顿结了婚，当时是由我把新娘交给新郎的，并且我和她的伯父伦斯特公爵一起是她的财产受托人。

我提到这些情况是为了表明坎贝尔家族有着富裕而地位优越的亲戚。这促使戴尔先生说他认为我建议给予那几位坎贝尔小姐的馈赠是并不需要的，也不会是她们合情合理地希望得到的。

然而，如果这些小姐和她们的哥哥在戴尔先生的遗嘱中根本没有被提到，他们的失望一定会使他们深感苦恼。在我写了那份包含这种馈赠建议的遗嘱附录之后不久，她们的兄长从爱丁堡前来，看了我所写的遗嘱附录，急切希望戴尔先生马上签字，并竭力敦促他这样做，但戴尔先生态度异常坚决，打定主意不肯签字。"那么，"坎贝尔先生说，"这就成了一张废纸，毫无用处了。"然而，我们越是恳求戴尔先生，他越是不肯让步，最后他说："我死后让我的女婿按照他可能作出的决定去办吧"，这样才了结了这件公案。坎贝尔先生是个教派的领袖，又是个受欢迎的律师，很受人们的尊敬。

过了两三天，戴尔先生与世长辞了，他的逝世被认为是社会的一大损失，因为他普遍被人尊崇，凡是认识他的人莫不爱戴有加。他的一举一动流露出一种特别吸引人的、可爱的仁慈，所有同他相识的人毫不例外地为之倾倒，那些同他往来密切的人尤其是如此。在他一生的最后六年期间，他充分信任我去为他经办一切事情，对我的那种亲切感情已经达到十分钟爱的程度，他的逝世在我看来是使我丧失了慈父和密友。我对他的那种依恋只有我自身才能了解和体会到，仿佛觉得我自己有一大部分的身心已随之消逝似的。在他逝世之后的第二天早晨，我感到世界一片空虚，他的死对他家庭的每一个成员来说是不可弥补的损失，他们也深深地有这样的感受。

格拉斯哥的居民使他的葬礼办成隆重的公祭公葬的形式。他们关上店门和放下业务来参加送殡行列，以悼念这位不问信仰、不分畛域地对所有的人都乐善好施和和蔼可亲的胸襟坦荡的老人。

现在回过头来再叙述新拉纳克企业和它的职工。

在寻找包围着工人们的恶劣环境时，我发觉他们从儿女还处在婴儿时期起所采用的家庭培养办法是对父母和儿女特别有害的，因此我这时竭尽全力来仔细考虑，在我们现有条件允许的范围内，怎样才能使他们双方摆脱他们正在遭受的最痛苦的弊害。

贫民和劳动阶级的房屋一般说来完全不适宜培育年幼的儿童，他们在这些住房面积有限和设备简陋的情况下总要妨碍他们的父母，因为做父母的必须忙忙碌碌地处理自己的日常事务。所以，父母对儿童说话的语气和对待的态度恰巧同为了精心培训和妥善教育儿童而必须采取的方式相抵触。做父母的百分之九十九完全不懂得怎样用正确的方法去对待儿童，特别是对他们自己的孩子。这些考虑促使我开始认为有必要设立一所幼儿学校，其真正的基本原则是从幼儿最早能离开父母的时候起就对他们施以陶冶品性的教育。

当时这些儿童所处的环境相当恶劣。我希望在我们企业所能够办到的条件下尽最把他们从那些恶劣的环境中拯救出来，放在较好的环境里来熏陶他们的性情和习惯。但四面八方迎我而来的，是反对我把自己的主张付诸实践的各种异议。兴建和装饰供这方面用的一座楼房首先要花五千镑，此后每年还要花费大笔开支。但据我估计，这种投资将由于儿童性格的改进和父母们生活条件的改善而逐渐充分得到补偿。其次，在房屋兴建时，我必须克服父母们反对把他们这样幼小的孩子送进学校的偏见。我还必须对付我那些合伙人的反对意见，因为他们都是精明的商界人士，只注意他们所说的发财机会，而发财机会则是他们投资获得结果的大好途径。教区牧师也反对我的一切意图。在反复考虑这一新的方案时，我不得不认为有必要作出安排，在使一个棉纺企业能够实施我的方案的限度之内，从新拉纳克的新兴人口的最早时期起到成年为止，设法陶冶他们的性格，并使那些商人同意我的方案。所以，只要我所掌握的财力物力允许我那样做，我就为此而尽量广泛深入地安排我的规划。

当我在曼彻斯特的时期，我早已对人类施教的重要意义获有深刻的印象。在兰开斯特当初企图开创一项公益事业以便着手教育贫民的时候，我曾密切注视这项事业的进展和从旁加以协助，并且在我财力允许的范围内给予热情的鼓励。当教会树立贝尔博士同兰开斯特唱对台戏的时候，我赞成同样鼓励贝尔博士。

我不久就看出了教会和不信奉国教者双方的基本错误；可是，施以某种教育，尽管开头有这样那样的缺点，总比完全加以忽视要好得多。我满怀信心地希望，所施的教育一经开始，必将朝着远为成熟的阶段发展。因此我帮助了兰开斯特，自始至终花了一千镑，并且我还自动向贝尔博士的委员会提出，如果他们让那些抱有各种不同信仰的父母的孩子进入国民学校，我也愿意捐赠同样的款数；但如果他们坚持原来的章程，仅仅吸收信仰英格兰教会教义的儿童入学，我就只捐赠五百镑。国民学校的委员会把我这个建议讨论了两天，最后以微弱的多数作出决定，通知我只接受五百镑，而仍把不信国教的儿童拒之门外。他们为了不愿吸收那些儿童，拒绝了我的加倍赠款。这样，我就省下了五百镑，并且我还非常满意地获悉，那两天讨论的结果是促使国民学校在大约十二个月之后向不信国教的儿童开放。

从那个时期到现在，我在探究这一问题的过程中理解到了名副其实的教育的整个意义，它不仅对于陶冶人类目前时期的优良性格是重要的，而且永久地和普遍地是如此。

在为培育新拉纳克的村庄里的新兴一代预作准备时，我没有掌握那种为使人人都养成优良可贵的持久性格所需要的重新作出大规模安排的财力物力。我为条件所限，不得不利用我所能支配的资力，并且由于阻碍重重，只好慢吞吞地进行。我于1809年开始进行为了培养新兴人口的新性格而修建幼儿学校和其他学校的地基清理工作；但在1816年1月1日以前，由于下文即将叙述的事件，我无法真正实行我的计划。

＊　　　＊　　　＊

到这时（1809年）为止，我在训练职工养成比较严肃和勤劳的较好习惯方面以及发现企业扩大业务的能力方面，已经取得了进展，因此我向伦敦和曼彻斯特的合伙人介绍我所提倡的变革和改革可能带来什么好处。我对他们陈述的意见离他们的看法相距很远，计划中的变革的规模也使他们大为惊讶。两处商号的主要合伙人分别从伦敦和曼彻斯特赶来，想看看我干了些什么和正在干些什么。他们在这次对我的访问中待了几天，在仔细视察并听取我作进一步的介绍以后，他们对于所取得的进展和整个企业的现状表示很满意。他们说，他们将把我的意见照原话转告给其他合伙人并加以考虑。回去之后，他们决定送我一个大银盘，上面刻有许多恭维的词句，因此我断定我的未来发展计划是多半可以得到赞同了。然而有些人胆小，不敢同意我那扩大的计划；经过几个月的考虑，有更多的股东代表和主要合伙人又来充分听取我建议实行的措施的大纲和细节。

我向他们逐步解释我所拟定的方案，说明我预计那些方案会产生什么有利的效果。当我已经充分表达了我打算就这问题发表的意见（他们蛮有兴趣地听取了这些意见）时，他们推出来的发言人的答复把我逗乐了。他说："你那些计划的每一项就单独来着是正确的；但它们导致的结论却与我们的教育、习惯和常规的做法背道而驰，因此它们总的来说一定是错误的，我们不能以这种新的原理为出发点，来管理和扩大这个已经是很大的企业。"我的回答是："只有根据我认为正确的原理，通过我所熟悉的、至今一向是成功的措施，我才能够管理和引导这些职工，指挥我们的企业。"然而，他们似乎心存疑虑，不肯贸然表态或采取行动；他们看出，只要我仍旧是个担任经理的合伙人，我就决定要按照我认为能够最有效地获得成就的方式进行管理。既然知道他们似乎处于进退维谷的境地，我说："如果你们不敢和我携手并进，那我愿意给你们出价购买这个企业。倘若不是由我出钱，那就由你们出钱，在后者的情况下，企业就归你们所有，由你们自己来管理。"他们的答复是："你的建议公平合理。你打算作价多少呢？"我说："八万四千镑。"在交头接耳地商议了一会儿之后，他们回答说："我们接受你的建议，企业就归你买下来吧。"这样，我第二次确定了这些工厂的价格。

格拉斯哥的两位有钱有势的商人以前曾要求同我合股，他们在两家各别的公司经营规模很大的对外贸易，在商界很受人们尊敬。他们都是拥有祖拉岛这笔产业的坎贝尔先生的女婿，而坎贝尔先生也是欧文太太的近亲。在新拉纳克企业的这次变动之前不久，祖拉岛的坎贝尔先生曾要求我收下两万镑，替他保管生息，据他说，为了家庭内部的原因，他不想让女婿知道他有这笔款子；在那个时期，这笔款子是由我保管了一段时间的。为了比较保险起见，我替坎贝尔先生把它存进新拉纳克公司的商号，虽然我是以个人的资格接受委托的。后来我才知道促使坎贝尔先生嘱托我而不是他的女婿来保管他的金钱的原因。

当我已经买进新拉纳克产业的消息传开时，丹尼斯汤先生和亚历山大·坎贝尔先生（即祖拉岛的坎贝尔先生的女婿）要求我同意他们参加企业经营，于是我们达成了协议；当博罗代尔与阿特金森商号的股东代表之一约翰·阿特金森先生听到我的这种安排时，他立即要求参加我们新的合股。博罗代尔和阿特金森两位先生都在"新拉纳克纺纱公司"的商号拥有股份，熟悉这个企业的一切详细情况。对于阿特金森先生的要求，我们欣然同意了。于是我们去掉"纺纱"这个词儿，用"新拉纳克公司"这一新的商号名称开始经营，以标明必要的区别。我们也吸收科林·坎贝尔先生入股，他是亚历山大·坎贝尔先生在另一商号的合伙人。

我们上一期的商号曾经连续经营了十年，在结账时我们发现，除每年给资本家发放百分之五的股息而外，公司的利润达六万镑。

这时的股东有五个，入股的数额不等，科林·坎贝尔先生的股份最小，我的股份最大，另外我还保留每年一千镑的经理薪给。我们以新的商号名义在新拉纳克顺利地经营了一段时间，在这段时间里，我已开始为了陶冶性格而兴建了几所新的学校，同时发现祖拉岛的坎贝尔先生的两位女婿流露出强烈的不满情绪。他们已经从阿特金森先生那里获悉，他们的丈人曾经宁可托我而不愿托他们存放两万镑，由于这种偏爱，他们妒火中烧。看来他们已经骤然充满了不易平息的报复心理，因为他们从发现上述情事之日起到同年去世那天为止，干出了一系列令人恼火的事。他们反对修建学校，说什么他们是棉纺业者和将本求利的商人，与教育儿童沾不上边；谁也没有在工厂里这么干过；他们坚决反对这种做法，反对我为了改善工人的生活条件而采取的一切措施。

他们反对我为了增进村民的福利而已取得进展的一切改革办法，反对我规定的工人工资以及职员和主管人员薪金的等级，因为这些根据原则同时为了根本利益而确定下来的工资和薪金数额在公众看来是丰厚的。然而，我继续自行其是，直到他们正式通知我不要兴办学校为止。于是我说：“既然我看到你们不喜欢我这种管理职工和工厂的方式，又由于我只有用我自己的办法才能有效地经营这个企业，我决定辞退原来单独负责的经理职务，保留一个股东的身份；我与其被迫在违反我自己的信念的情况下继续工作下去，还不如放弃每年一千镑的薪金为好。"但是这番话并没有医治好他们的感情创伤。他们坚持要散伙。

我说：“如果你们想这样做，我愿意出一笔代价把企业买下来，或者按同一代价把我的股份让出去。"不行。他们不同意按照这个条件作成交易，而是要把工厂当众拍卖。

不管我多么厌恶这样的做法，但由于我认为他们决心要趋于极端，我就不想再反对他们蓄意采取的方针了。他们管理企业的账目，手里掌握着它的全部资金。阿特金森先生野心勃勃，觊觎权力，利欲熏心。我立刻发现，他们用有组织的行动结成了同盟，决心要在我担任这样一个企业的经理问题和经济收入问题上置我于死地。在我辞去经理职务之后，他们扣留我的全部资金，拒绝预支足够的款项供我家庭开销之用。虽然像不久就可以看出的那样，我在这个企业的投资超过七万镑，他们却坚决不肯在拍卖以前让我支付任何一部分的投资；我的家庭开支不得不依靠借贷，因此，在这合伙关系的最后一年，我的家属和我自己非常生气。

在拍卖以前，他们千方百计散布流言蜚语来抑低新拉纳克企业的价值，诋毁我作为该企业的经理的声誉。他们声称我制订了教育儿童和改善职工性格的轻率的、想入非非的计划，这些计划除我自己以外是谁也没有想到过或认为可以行得通的。他们说他们已经投资了八万四千镑，而他们相信这个企业现在值不到四万镑，如果将来拍卖时能收回这样一笔数目，那就谢天谢地了。他们想方设法散布这些谣言，其散布的范围不仅包括格拉斯哥和整个苏格兰，而且远及伦敦和全国的各大城市。他们的目的是要阻止任何方面的资本家前来同我合伙，借此在公开拍卖时贬低产业的价值，以便按照大大低于其实际价值的投标金额买进这个企业，从而使我和我的家属丧失将来的糊口之资。

但是，他们承认自己反对我担任经理，不外乎是反对我那些旨在教育儿童和职工并改善他们的环境以及提高工资和薪金的所谓想入非非的计划。事实上，他们对于经营这样的企业使其持久地兴旺发达的真正的原理毫无所知。他们总以为不学无术的经济措施要比开明地和宽厚地对待职工和我们的顾客来得高明。

当他们正在这样企图按照他们知道远远不到其实际价值一半的代价来买进这个企业时，我在拍卖之前不久到了伦敦，去了解我所写的关于陶冶性格的四篇论文的印刷和出版情况。我的合伙人以为我当时只专心从事这样的公益措施,忙着和那些与我志同道合的人士筹集资金以促进贝尔博士和兰开斯特先生的教育穷人的计划,以及忙于考虑当时正在开始引起慈善家注意的其他公益问题,因为这是改善穷人的处境和教育他们的儿童的新时代的开始——在这一年(1813年)里,我就是这样奔走忙碌的。

然而,为了推进新拉纳克的企业,我也正在忙于组织新的合伙关系。我对那些向来只知道廉价买进、高价卖出的合伙人已经完全感到厌倦了。这种职业败坏并往往摧毁我们人体固有的最敏锐、最可靠的官能。我在长期生活中经历了各种等级的工商业和各行业,根据这一经验我绝对相信,在这自私透顶的制度下是不可能养成优良的性格的。忠实、诚挚、美德只是徒有其名,现在如此,过去也历来如此。在这种制度下,不可能有真正的文明,因为所有的人通过这种制度接受表面上是文明的训练,根据所产生的利害冲突的程度去相互对立,并往往以置人于死地而后快。这是处理社会上各类问题的一种卑劣、粗俗、无知和低下的方式;在一种养成优良性格和创造财富的高超方式取而代之以前,不可能产生任何持久的和普遍的重大改进。

这时我刊印了一本供私人发行的小册子,叙述我怎样根据一些不但能为资本及其运用获取合理酬报而且能保证改善职工环境的原理,为经营新拉纳克企业预作准备的情况。这些小册子散发给了宅心仁慈的富翁中最杰出的一批人,以及那些真诚希望开始采取积极措施以改善贫民和劳动阶级生活状况的人士;这样做的目的是想从中觅取一些合伙人,他们愿意帮助而不是阻止我将来的行动计划,并且不肯用过分微薄的工资去强迫他们所雇用的工人付出过多的劳力。结果我发现,在这些观点上认识得比我所预料的更为深刻的合伙人是:阿尔诺园林的约翰·沃克先生、哲学家杰里米·边沁[①]、布朗利的约瑟夫·

---

① 杰里米·边沁(1748—1832),英国哲学家、经济学家和法学家。——译者

福斯特、犁院的威廉·艾伦、牙科医生约瑟夫·福克斯以及后来担任高级市政官和伦敦市长的迈克尔·吉布斯，他们都表示，如果能在拍卖时以合理的价格买进那个企业，他们愿意同我合伙经营。

这个时期，我那些在格拉斯哥的合伙人以为我只是在专心从事公益事业，已经放弃任何恢复我的职位和购买那个企业的想法，因为确定某一天当众在格拉斯哥拍卖的消息已经大肆宣扬了几个月。当日子临近时，我回到格拉斯哥，艾伦、福斯特和吉布斯这几位先生同我一起回去，他们住在一家旅馆里，不和任何人接触，也不透露前来格拉斯哥的目的。

我以前的合伙人信心十足，自认为保证可以当上新拉纳克的业主了，因此他们已经邀约一大批自己一伙的头面人物和商人，请这些人在买卖成交以后共进晚餐，以便纪念这次交易，欢庆他们新购进这家大规模企业的盛举。他们以为经过他们远远近近地拼命散布流言，已经足以败坏它的价值，又经过他们把我推荐的教育儿童、改善工人生活条件的方案称之为想入非非的狂诞计划，已经足以吓退各方面的人士，因此他们料想在拍卖时不会有人肯出价钱来购买这个企业，这样他们就能按照他们的如意算盘用四万镑廉价把它买进，而如果没有谁出来喊价竞买，他们就将如愿以偿，成为新拉纳克的主人。

我在拍卖那天的早晨才同他们见面，以确定所谓开拍的价格，即如果有人承应那笔钱数，而又没有人喊较高的价格出来竞争，那宗产业就归他买进的价格。我向他们提出的第一个问题是："你们打算在开拍时喊什么价钱？"不出所料，他们说是四万镑。我说："你们现在是否愿意按六万镑的价格出卖这笔产业呢？""不，我们不愿意。"他们立刻这样回答。"那就应当定为六万镑。"由于他们有言在先，他们不得不同意作出这种决定。

当我计划中的合伙人一起同我在伦敦会商时，他们问我那笔产业当时的实际价值是多少。我说，我们不应当让别人以低于十二万镑的代价从我们手中买走。最后一致商定授权我去出价到那个数目。

在拍卖的那天早晨,我嘱咐我在格拉斯哥的律师亚历山大·麦格雷戈先生在拍卖场上替我出价,因为我一向认为他是他本行业中最正直的人,是个可以就各种问题向他咨询意见的可靠顾问。这次拍卖的一个条件是每次最低的出价为一百镑。我要求他任何一次出价都绝不超过一百镑,直到出价十二万镑为止,而如果别人出价高于这个数目,那就跑到房间里去找我,听取新的指示。

这场拍卖在格拉斯哥已经引起人们极大的兴趣,因为我在苏格兰颇受爱戴,人们担心我那天势必要遭受实力雄厚的对手的财势的迫害,因此我的朋友和他们的朋友很多都到场了。我在大屋子的尽头能够悄悄地观察一切动静的地方坐镇。我那些对手已经勾结了一个股份较小但富裕的合伙人亚历山大·坎贝尔先生,他们统统亲自出马,为他们自己叫价,并且他们走入室内时昂首阔步,信心十足,充满着喜形于色的希望,因为他们没有听说谁准备给我支持。这从各方面说来,无论对我还是对公众,都是难忘的一天。

拍卖开始了,这笔产业以六万镑开拍。麦格雷戈先生多出价一百镑。有一段时间,我的那些对手每次都多出价一千镑,而麦格雷戈先生每次只多一百。这种喊价的方式持续到参加的那几个人把价格哄抬到八万四千镑为止。这时我那些对手似乎感到手足无措,退进一间密室去商量对策。他们回来后在下次出价时只多喊五百,麦格雷戈先生总是立刻跟着再多喊一百镑。

从这个时期到喊价达十万镑为止,我那些对手每次喊价有时多出五百,有时多出一百。但是在达到这一点以前,他们的表情和神态逐渐发生了变化。他们脸色苍白,焦急不安,又退下去进行磋商。他们在麦格雷戈先生又多出一百而达到十万零一百镑时回到拍卖台前,每次又增喊一百,直到他们喊出十一万镑这一数额为止,接着麦格雷戈先生出价十一万零一百镑。他们变得极端惶恐,嘴唇发青,看来他们是像斗败的公鸡一样，完全垂头丧气了。

我一直没有移动我的座位，也没有显出对拍卖的进程表示关注的神情。可是这时祖拉岛的坎贝尔先生的一个儿子，即丹尼斯汤先生和亚历山大·坎贝尔先生的舅爷，跑来劝我不要再往上喊价了，而是让他们按照这样高的价格成为买主。我请他不要插手干预，保持静默，因为我的计划已经确定，并且我必须密切注意拍卖如何进行下去。我的那些对手又回到大屋子里，显然比以前更加激动。柯克曼·芬利先生是当时格拉斯哥的首屈一指的商界人士，同双方都有友好往来，他已经到场了一段时间，这时离开那间屋子，边走边高声地说："小额喊价（意思是指每次添码一百镑）的一方将取得胜利。"这句话似乎对他们起了刺激作用，他们又照以前的方式喊价，一直喊到十一万四千镑，而麦格雷戈先生仍像过去那样立刻喊出了十一万四千一百这个数目，于是我的对手最后停止喊价，那笔产业就拍板归我承买下来了。

我那些以前的合伙人似乎并未料到会出现这种对抗的局面，没有使他们所预定的新合伙人有按这样的价格买进企业的思想准备，他们才离开屋子去劝他同意再提高喊价的。那些旧合伙人本来会继续奋斗下去，并且也许还会把价格抬高到超出我的估计之外，但是他们无法说动他们预定的新合伙人科林·坎贝尔先生再提高喊价。

约翰·阿特金森先生是开头就和我在这个企业里合伙的，因此十分了解它的价值，他非常激动地立刻离开拍卖室去找芬利先生（他在拍卖结束前已经回去干他的事情了），强调地说："那个该死的欧文！他已经把企业买下来了，占了两万镑的便宜！"这些就是好几个月来不断贬低企业的价值并扬言他们将乐于以四万镑出盘的合伙人！

然而，这还不是我的对手在那天所体验到的唯一扫兴的事。上文已经提到，他们事前邀请大批人士在那天晚上去参加他们的宴会，以便共同欢庆他们成为新拉纳克的不容别人染指的业主——这个晚宴和发出的请柬他们已无法取消。他们的朋友因此陆续光临。晚宴很丰富，各种酒类都是上等名酒。但当客人欢聚一堂时，主人却没精打采，据在场的一些人后来告诉我，那次晚宴几乎始终是在沉默的气氛中举行的。

亨特上校（一个诚实、坦率、正直的好人，颇有才干，是格拉斯哥一家报纸的老板）也是被邀请的客人。他在该市各界的领袖人物中间很有声望，对我并不怀有敌意。等宴席摆好，拿来了酒和祝酒的时间到来时，亨特上校已经知道了当天拍卖的结果和所有详细的情况。他立刻看出了那些主人所处的尴尬境地，了解到了他们自以为布置得天衣无缝的计划已经遭受挫折，并由于这次失败而声誉扫地。据商界人士估计，如果他们获得成功，他们就一定会比以前更加趾高气扬了。可是，正如我已经说过的那样，上校是个正直、勇敢和诚实的人，他谁也不怕，因此他决定让这伙人体会到他们已经自行陷入的新的处境。他要求允许他举杯祝酒，在得到主人的欣然同意后，他祝贺"当事人在那天上午通过拍卖把一宗产业卖了十一万四千一百镑这种显赫的胜利，因为不久以前他们还估价只值四万镑"！他接着又说："请大家斟满酒杯，来庆祝这样了不起的、异乎寻常的胜利吧！"然而，别人告诉我，他的祝酒非但没有使我的对手们兴高采烈，反而使他们更加沮丧了。看到这种情景，上校马上又接着说："他们已经作成了一大笔多么出色的交易，而他们能够摆脱罗伯特·欧文的想入非非的计划，不让他得到这样大的好处，这种状况一定使他们自己感到多么值得庆幸。"这样，整个晚上他向他们展示了他们本来可以乐于接受的以前的定价和他们已经获得的十一万四千一百镑之间鲜明的对比。他还以同样的方式在那个晚上不断地逗得他们又气又恼。

他们曾经约请汉弗莱斯先生担任他们的经理，并且带他来参加晚宴。由于他们认为他是新拉纳克工厂管理部门的台柱，那天晚上他们劝诱他离开我，答应另外给他找个职位更高、待遇更好的职业。这是丹尼斯汤先生和亚历山大·坎贝尔先生在报复心理支配下作出的行动，因为他们的岳父宁可把他的存款托付给我而不愿托付给他们。

他们娶过欧文太太的表姐妹，因此也算是亲戚；我这时很同情他们的新的处境，如果他们愿意让我帮他们的忙，我是乐于这样做的。然而在他们去世以前，我每一项新的成就似乎都增加了他们的愤怒和仇恨。他们是在工厂拍卖之后一年以内去世的，我认为死亡的原因在于拍卖所引起的失望和苦恼，以及随之而来的或由此产生的其他境遇。当时这些因素不断地折磨着他们。甚至在拍卖之后的第二天早晨，格拉斯哥的报纸上就披露消息说，新拉纳克的居民曾经作出安排，派一批人在格拉斯哥等着了解拍卖的结果，并由专人将谁买下企业的信息火速传回新拉纳克；当那里的居民得知企业归我买下时，家家户户立刻灯火辉煌，额手称庆，只有汉弗莱斯先生的房屋一片漆黑，因为他已经被另一方面的人收买过去，当时正在格拉斯哥参加晚宴；他曾在当天早晨赶去，希望第二天返回时已经是在预定由丹尼斯汤、坎贝尔和阿特金森这几位先生组成的新公司的指导下，充任独当一面的经理了。

汉弗莱斯先生这次背叛了他结交二十多年的最要好的朋友，是一定会后悔无穷的。他能够在英明的指导下克尽厥职，但单凭他自己的智谋却永远也难以有什么成就。

报纸让他和他的新主子了解到新拉纳克那种彻夜灯火通明的现象，以及工人们由于工厂又归我买进而欣喜欲狂的情景。

可是我那些对手认为他们还有一个机会，希望有一天他们会发现那些同我合伙的新股东财力不足，不能提供所需要的保证来偿付承购下来的产业。他们的这个希望也落空了。因为当我宣布哪些人是买主的时候，人们立刻发现其中的一位买主，即索思盖特市阿尔诺园林的约翰·沃克先生独自就能绰绰有余地买下两个那样的企业。

这位先生性格上值得敬佩的坦率豪爽，在我们初次见面时就突出地表现了出来。我以前曾发表了题为《新社会观》的头四篇论文。前两篇在1812年发表，后两篇在1813年初发表。① 他读了这些论文，并听说我要组织一个新的合伙企业，参加的股东必须愿意按照教育儿童和改善工人一般生活状况的原则，努力促进企业的发展。沃克先生是个毫无私心杂念的慈善家，受过优良的教育，对艺术有浓厚的兴趣，自己就是个高超的业余艺术爱好者，并精通几门科学。他终其一生，在才智、风度和品行方面都表现出是个完美无缺的正人君子。他以前从来没有经营过任何工商业，并未沾染上工商业的那些使人堕落变质的影响。他出生于豪富家庭，父母广有交往，但他们在特殊环境下允许他由家庭的一位朋友、一个颇有成就的高尚人士陪同和指导，从十二岁起在罗马完成了他的学业，接着他又在罗马待了几年，尽量利用了他的时间。我漫长的一生在本国或其他任何国家所接触到的人们中，他是受现今形成性格和构成社会的那种虚妄制度损害最少的人。他在伦敦贝德福广场拥有一所漂亮的住宅，乡间有一座名叫阿尔诺林园的精致别墅，即纽伯里勋爵以前的宅邸。他已把它大肆修缮了一番，在他的娱乐场里累积了各种各样从国外觅取的奇珍异物，而在他的陈列室里则摆满了任何其他收藏家都不易罗致的博物学方面种种最精选的标本。他被看作教友会的一员；但是，除了对他自己的一切布置和家具抱有正确的审美观点而外，他在谈吐、习惯以及服饰和仪态等外表方面与社会上其他地位相等的人并无差别。

从我们初次会见就可以明显地看出这个卓越的、了不起的好人的个性。他已听说我要组织一个新的合伙企业来推行种种措施，以努力改善劳动阶级的处境，从而逐步向各阶级展示一种可以确立优越社会状态的新的前景。他因此通过一些朋友要求同我见面，讨论我打算在

---

① 此句两个年份同欧文在《新社会观》卷首（见《欧文选集》，第一卷，第1页）所写的有出入。本书还有个别的同第一、二卷不相一致的地方，不一一加注（本书注释中所涉《欧文选集》第一卷、第二卷、第三卷均指商务印书馆"汉译世界学术名著丛书"平装版，特此说明，后不赘）。——译者

新拉纳克建立新的合伙企业的问题。我们见了面，在经过介绍以后他说："有人告诉我，你就要开始在新拉纳克设立一个新的合伙企业，以便表明我们从事工业的职工在既有利于他们自己又有利于他们的雇主和国家的前提下怎样可以大幅度改善生活。请允许我问一下这个消息是否正确，如果实有其事，那么你打算作出什么安排呢？"我说："我准备纠合十三股，每股一万镑；我打算自认五股，并计划以企业收益的百分之五以上支付我们的股息和保险费用，剩余的赢利可以在新拉纳克不受限制地用于教育儿童和改善工人生活，以及用于普遍改善那些受雇于工厂的人员的状况。"他回答说："你是否愿意让我认下三股呢？"由于早就听人家谈起过他的声望、社会地位和为人可靠，我立刻同意了；这就是他把三万镑交给我支配的全部经过。他一直参加我们这个商号，直到逝世为止，但他从来没有参观过新拉纳克企业。

同我一起来从事这项伟大工作的另一位教友会教徒是布朗利的约瑟夫·福斯特，他秉性爽直，具有真诚的宽宏和仁慈精神，是我所遇到的教友会教徒中间除上述约翰·沃克先生以外胸襟最宽大、思想最开朗、见识最广博的一位。他经常为人排难解纷，并且除沃克先生而外，尽管我还结识了教友会中其他许多头面人物，他却是我所认识的最缺乏宗派偏见的教友会教徒。他认股一万镑。

第三个股东也是教友会教徒，即住在隆巴德街犁院的著名的威廉·艾伦。他像大多数教友会教徒一样，按照他自己的方式积极、忙碌、劲头十足，热衷于广施善举，同时怀有亲切的感情和雄心壮志；但他经受不住挫折的打击，因此在情绪上远不如上述两位股东来得稳定。不过他那时很受人们爱戴，在他的教派中深得人心，是其中主要的领袖之一。他也认了一股，因为他的朋友约翰·沃克和约瑟夫·福斯特非常希望他参加我们的股份公司。

接着要求在这独特的事业中入股的是赫赫有名的杰里米·边沁。他一生花了多年工夫企图修正所有那些以一个基本错误为依据的法律而没有发现这个错误；所以，他虽然终生怀有善良的心愿坚持不懈地努力表明并试图纠正个别法律的弊病，却从来没有想到要探究一切法律的基本原理，从而得以查明其错误和弊病的根源。他对世界上的事情了解得不多，仅有的一点知识是通过书本以及从他认为可以结交的少数被看作思想上不受清规戒律拘束的人士那里得来的，例如詹姆斯·穆勒、鲍林博士、奥斯廷先生和太太、弗朗西斯·普莱斯、布鲁姆勋爵和其他一些人；而这些朋友就构成了他的世界。在我同意接受他成为新拉纳克企业的一个合伙人之后，他由于神经质的关系在安排我们的初次晤谈方面颇多周折，我了解了这种情况以后不觉哑然失笑。经过我们彼此的朋友、他那时的主要顾问詹姆斯·穆勒和弗朗西斯·普莱斯几次初步联系，又经过他和我自己几次直接通信，我们才商定：我将在某一时刻来到他那像隐士一般深居简出的寓所，进去以后我开始登上楼梯，我们在楼梯的中段彼此相遇。我照此办理，而他却惊慌失措地迎接我，拉着我的手，兴奋得浑身颤抖，急忙说："好！好！现在一切都过去了。我们已经经过介绍。请进我书房里去！"当我刚跨进房门，他就要求我坐下，仿佛是业已完成一项艰巨而可怕的任务似的。他认购一股。他的朋友们说过，这是他曾经参与的最成功的企业。他像沃克先生一样，从未到新拉纳克去亲眼看看工厂。

另一股给了约瑟夫·福克斯，他是牙科医生，威廉·艾伦的朋友，经过深思熟虑参加了与英格兰教会相对立的某一教派，是个有相当身份的人。

最后一股经上述约瑟夫·福克斯的恳切要求，给了他的亲戚迈克尔·吉布斯先生，即后来著名的教会执事、高级市政官和伦敦市长，他属于英格兰教会，观念保守，但我认为他有良好的意愿、老练的办事能力和认真负责的习惯。

从我抵达格拉斯哥到拍卖结束以后为止，这三位先生——约瑟夫·福斯特、威廉·艾伦和迈克尔·吉布斯——隐姓埋名，迄未露面。但在拍卖之后的第二天，他们宣布自己是我的合伙人，并说明其他的股东是谁。这项声明断送了我以前那些合伙人的最后一点希望，因为他们始终妄图找到某种借口，用来反对那些在拍卖场上同我联合起来买进工厂的参与者。

把产业从一批股东手里转到另一批股东手里去的必要的文件，使我新的合伙人和我自己在它们准备就绪并依法生效以前在格拉斯哥逗留了几天。与此同时，新拉纳克的居民们迫不及待地等着我回到他们身边，并且恳求我让他们知道什么时候可以盼望到那样的时刻。当我能够确定我们的事务可以在哪一天办完时，我立即把我预定返回的日期通知他们。我们坐了一辆四匹马拉的马车前往拉纳克，因为当时这是崎岖难行的两站路，最后一站要爬上一道将近七百英尺高的山冈，但是所经过的地区景色瑰丽。拉纳克的旧镇和新镇的居民已经派几名侦察员出来注意我们的行进情况，并用信号告诉村里我们已经到了什么地点。这天天气晴朗，我们吩咐打开车篷，让我那些新朋友可以看到这一带的风光。当我们抵达距离拉纳克旧镇还有几英里的地方时，我们听到远处喧嚷的欢呼声，并且马上看见有一大群人向我们奔来，这样的场面起初使我那些教友会的朋友大吃一惊。我也不知道对于这么多的人数以及他们走近我们时发出的震耳欲聋的喧哗声该怎么看。他们大声命令驭夫勒住缰绳，让马停下来；在我们体会到他们的意图之前，他们已经把马从马车前面解下来，要求驭夫把它们牵到拉纳克去，并且不顾我们再三恳求，开始自己用人力拖拉马车，而这时我们到旧镇的必经之路，几乎全是上坡路。可是他们的人数很多，不断地换人拖拉，因此他们拖曳我们走上那些陡峭山冈的前进速度，比我们的马还快。

在打量他们的时候，我最初惊奇地发现我所熟悉的面孔不多，因此我捉摸不透他们这样做有什么用意。可是不久我就知道，旧镇的居民曾经要求让他们和新拉纳克村子里的居民一道来表示亲切的感情，并欢庆原来的经理和业主又回来占有他以前的住宅和企业。旧拉纳克的居民还要求让他们享受这种把马车及其乘客带进他们村镇的荣誉和欢乐,然后让新拉纳克的居民把我们从旧拉纳克带到工厂。这一安排说明了为什么许多面孔对我来说是陌生的。

村民的欢呼声以及他们一路表现出来的欢欣鼓舞的热烈情绪,引起了当地各界人士的注意,想要探究这种情绪和异常行动的原委。这长长的行列终于到了旧拉纳克,那里所有的窗口和门前都挤满了男女老少的居民,大家给我们的接待是很亲切热诚的。我那些教友会的朋友以前从未置身于这样令人激动的场面,他们那种目瞪口呆惊讶不已的表情使我乐不可支;但是在他们的惊讶已经消失时,他们变得越来越对居民们在他们新的合伙人面前所表现出来的热烈感情发生兴趣和感到满意。然而,当新拉纳克居民把马车和护送行列从旧镇引导到新镇,然后带我们穿过村庄的各条街道并折回而经过场地到达我那在布拉克斯菲尔德的住宅(离村子约四分之一英里)时,各家窗口和街上的人们脸上所表现出来的感激、爱慕和喜悦的神情,以及他们力图用以欢迎我们来到他们中间并向我们致敬的种种方法,使我那些新的股东喜出望外。他们似乎暗自庆幸他们已经同这样一些人和这样的企业发生了关系。这一天的活动是我永远也忘不了的。它们使我兴趣倍增,同时也加强了我想要竭尽全力为全体职工和他们的子女造福的决心。

我从来没有那种妄图听到群众对我欢声载道的非分之想。我通常总是力求加以避免。可是这一次,情况来得突然,欢迎我的人群又是我曾领导了十四年的职工和他们的家属,并且也由于我那些新的股东亲眼看到了群众自发的感情,我真正觉得心满意足了。当所发生的变化是从以苏格兰人为多数的业主变为纯粹由英格兰人组成的公司时,一大批苏格兰居民居然天真无邪地表现出这些热烈的感情,更是出乎意料。然而事实就是如此,我那几位新的合伙人在同我盘桓了几天以后回家时深幸他们不虚此行，并以绘声绘影的描述使伦敦其他合伙人踌躇满志。

可是我以前那些合伙人却与此迥然不同。有些人已经撰文投寄格拉斯哥的报馆，详细描述我们出发前进的行列以及当地居民异乎寻常的举动，这就成为他们万分恼火的新的根源。而等到他们结算我们四年合伙期间的收支账目后发现，除了扣除百分之五的股息外，净利达十六万镑，这时他们就更其气恼交集，无法遏制了。

一片新的活动领域已经展现在我的面前，我准备充分加以利用来推进我所策划的改革措施。最为迫切的是我多年反复考虑的准备工作，其目的在于改善工人们最幼小的子女当时所处的环境，并采用另一原则来对他们实施训练和教育，陶冶他们的性格和行为。

因此，我赶快着手修建计划中的幼儿学校和其他学校的校舍，开始设计一些方案以减轻工厂雇用的所有工人的负担，因为我深深体会到他们在许多方面由于从以前比较独立的家庭纺织方式变为像奴隶一样受雇于大工厂而遭受损害和败坏的情况。

* * *

可是，我现在必须重新接下去叙述那个时期我个人历史的其他部分，在那个时期，我的社会生活可以说是已经有很好的开端了。

我前面提到过，戴尔先生遗下的四个女儿比欧文太太小几岁。戴尔太太在其长女年仅十二岁时即与世长辞，从那以后她的长女就担负起照管家务和妹妹的责任。戴尔先生是一个人数众多、不信奉国教的教派的领袖，而戴尔太太又出生于一个笃信宗教的家庭，所以那些孩子都受到十分优良的宗教教育，并养成她们的父亲那样和蔼可亲的性情——戴尔太太是在我认识这个家庭之前六七年去世的。然而我经常了解到，她也是和蔼可亲和笃信宗教的。他们一般的熟人和关系比较密切的朋友当然也就是公开表示信仰宗教的人士，常常花很多时间去履行这个家庭通过所受的教育认为是他们的职责的公私宗教任务。另一方面，其他部分的教育被认为远远没有那么重要，因而在戴尔先生健在的时期不怎么受到重视。在他逝世以后，那四个妹妹同我们在一起生活了几年。她们的名字叫简、玛丽、玛格丽特和朱莉娅。

离新拉纳克工厂大约四分之一英里是布拉克斯菲尔德大院，是那个时期颇负盛名的已故上院议员的诞生地和活动中心，在他接受布拉克斯菲尔德勋爵这一爵位以前一直住在那里。这位苏格兰最高法院法官在我购置新拉纳克企业时已经去世但尚未安葬。他在世时同戴尔先生非常友好，竭力鼓励他在其邸宅附近建设工厂，在逝世以前始终是个极好的邻居。他把布拉克斯菲尔德产业留给他的家属；他的长子麦奎因先生曾经娶了埃格林顿已故伯爵的女儿莉莉娅丝小姐并继承了他父亲留下的产业，在他们住了大约八年之后出租给我居住。由于坐落在工厂里的住房太小，容纳不下我们一家子，外加欧文太太的妹妹那时同我们住在一起，另外还必须增添几个佣人，所以我根据麦奎因先生拥有的限定继承权的条款，订定尽可能最长的期限把布拉克斯菲尔德大院租了下来。

这家人迁走，使我感到遗憾，因为他们始终是亲切友好的邻居，特别是莉莉娅丝夫人，她一般说来比麦奎因先生更加随和。

邸宅的环境优美，我搬进去了以后立即着手整理庭园。这在当时是我们的夏季住宅，冬天我们住进戴尔先生建造的、在他逝世以前住过多年的房屋。我们自己置备了马车和马匹，并为我那些小姨子同样购置了一辆马车和几匹马，还另外给她们雇了几个佣人。因此我们的家庭开支很大。

由于我发现单纯的宗教教育对一般的社会交际来说是有缺陷的，因此我作出决定，既然欧文太太的那几个妹妹在她们父亲去世以后理应由我们负责照顾，她们也应当有机会像在当时英格兰为年轻妇女设立的杰出的私立学校里一样，接受比较广泛的非宗教教育。但是，她们首先可以出去游览一番，了解一下她们自己的国家，因此在她们父亲逝世后不久我便带她们到苏格兰和英格兰各地去旅行，遍访了这两个地区值得年轻旅客注意的一切地点。在她们同我们一起待了三四年之后，我花了一段时间在伦敦寻找优良的私学，让她们可以在那里完成她们的教育。这期间我访问了许多教育机构，直到我满意地认为它们教学的内容比较充实，教学质量比较突出，确实符合要求而不是徒有其表为止。为了使四姐妹能有较快的进步，我将她们分成两对，把年龄最大的简和玛丽交给格罗夫纳街的奥利埃太太施教，把玛格丽特和朱莉娅交给了某处的莱恩小姐。四个人在这些比较优良的私立女子学校里待了几年，时间比她们去的时候所预计的要长一些。她们一季度、一季度地推迟了归期，因为她们觉得那里的环境很舒服，并且逐步有所改善。那两家是符合当初介绍的情况的，也是符合我以前进行访问和考察时对它们抱有的期望的。

她们在哪一年回到家乡，我已记不清了；在她们回来之前，我们早就在布拉克斯菲尔德为她们安排了全套住房，准备迎接她们居住。那几年同她们在一起的奥利埃太太和莱恩小姐在每季结束时总是劝她们继续留下来完成她们的学业，而这时由于她们年龄已大，就由她们自己来决定去留了。

戴尔先生在去世前几年曾购置了一处叫作罗斯班克的乡间别墅，离格拉斯哥约莫四英里，边上的一条大路通到新拉纳克，这处别墅在他死后由我们占用。这笔地产此后在析产时归这些年轻小姐承受。在她们回家后，不断有人争先恐后地前来求婚；但是，虽然她们几次有机会嫁给工商界颇有名望的富家子弟，她们有一段时间却一一加以拒绝，看来她们在多见一些世面以前是不愿订定终身的。于是我带她们到法国、瑞士和德国，她们在那些国家经人介绍同当时最著名的人物相识。

在这次到大陆旅行以前，四姐妹中的三妹死了，我们都万分悲痛，因为在这个家庭的所有成员之间一向存在着真诚热烈的感情。在两个大的姐妹出嫁以前，她们在思想、感情和兴趣方面看来是融为一体的。

欧文太太娘家母系的亲戚詹姆斯·霍尔丹·斯图尔特牧师首先向第二个未婚的妹妹玛丽求爱获得成功。他是过了一段时间才被她接受的；他们在玛丽和她其余两个姐妹还同我们住在一起时结了婚，结婚那天由我把她交给新郎，并且由我们陪伴他们度过了几天蜜月旅行。

四姐妹中最大的简，不久以后也结了婚，她嫁给了一个表哥；他同斯图尔特先生一样是英格兰教会福音派的一位牧师，是在已故的肯特公爵殿下麾下担任过直布罗陀总督的已故科林·坎贝尔将军的儿子。

最小的妹妹朱莉娅同她的姐姐简情谊深厚，彼此不愿分离，所以她们一直住在一起，直到现在。

由于我从成年时候起就开始认识这些孩子，我对她们始终有深厚的感情，经常密切关心她们的幸福，但等到她们结了婚，我们亲戚关系的地位发生了变化；虽然所有这些家庭之间还继续保持着情谊，但由于斯图尔特先生和坎贝尔先生像我对自己的事业一样，也真心实意地、热情洋溢地致力于他们的事业，彼此的使命有天渊之别，我们的互访和交往就不如我们在具有相似的人性观和社会观的情况下可以达到的那样频繁了。

我不相信世界上的任何宗教有什么真理，对于这一点，他们无疑是真诚地深感惋惜的。另一方面，这些宗教中的任何一种对所有的人自出生时起施予的教诲使他们头脑愚蠢，从而对那种宗教深信不疑，这也同样令我从内心感到遗憾。这些宗教比其他一切原因的总和更加不能宽容种种不同的看法，对于每一个人还不了解的仅仅是富于想象力的见解更加存有反感。我觉得我们之间的交往是需要双方不断地采取克制态度的往来。一方知道另一方的真诚信念；一方尊重另一方的情感；一方经常小心翼翼，唯恐无意中伤害对方的情绪。在这种情况下，我们的互访次数越来越少，虽然我对姨子们的感情仍旧没有减弱。

在较早的时期，我兴趣盎然地和满意地不断收阅我那充满深情的亲爱的姨子玛丽寄来的信，她在来信的第一部分讲了许多亲切的话以后，最后经常表达了十分恳切的要求，希望我皈依她的信仰；她从未感到，信仰是绝非人力所能左右的，因此在任何信念或信仰中不可能有优点或缺点。我一直感到满意的是，她如饥如渴地希望我改信她的教派，因为我相信她像她的姐妹一样对我始终怀有纯正的感情，都很希望我在宗教问题上能够同她们思想一致。她们总是证明比其他年轻人更加和蔼可亲、热情洋溢和充满善意；然而，在前面的两个姐妹嫁给神职人员之后，我们的交往在她们的长姐去世以后就逐渐稀少了。

确实，宗教一向是、直到今天仍然是个人与个人之间和国家与国家之间产生恶感的最根深蒂固的根源；只要全世界极其愚蠢的敌对教派强使年轻人的头脑中接受任何这种关于人类理智的令人神经错乱的思想体系，一切国家和各族人民之间就一定仍旧不会有普遍的宽宏和仁爱的精神。由于姻亲关系和各种合伙关系，我与不同教派的宗教信徒有过那么多年的广泛接触，所以我充分意识到各个个人以及社会的结构和设施遭受了何等有害的影响。这使我豁然开朗，清醒地认识到：这些宗教大大地损害了最美好的天赋本质；只要有宗教盛行，它们就会永远阻碍人类的和平，阻碍人类的知识、仁厚和慈爱的发展，阻碍人类的幸福。从我十岁那一年起，通过日常的生活，我清楚地看到并且不由我不意识到这些影响。各种宗教是今天社会上令人厌恶的巨大力量；它们使夫妻、父子、兄弟、姐妹分崩离析；无论哪里只要有这些宗教存在，它们就是永不罢休的挑拨是非、制造事端的罪魁祸首。至于说到证明这种情形的证据，那就不妨看看欧洲、亚洲、非洲和美洲各种宗教目前的思想、感情和行为状况。凡是负起责任想方设法来消灭这些精神错乱现象的仁人志士，必将成为人类旷古未有的最伟大的朋友。

　　从我有生以来的早期起，我就看出从一切宗教所依据的谬误中每天产生出来的无数罪恶，了解到人类在摆脱宗教束缚的情况下能够享受的不可估量的无限幸福，同时又热切希望我们人类以后在知识和合理享受方面取得进展，因此，为了消灭世界上的一切宗教，我将心甘情愿地和喜气洋洋地在任何时期作出我力所能及的最大牺牲。其所以心甘情愿和喜气洋洋，是因为我纵然牺牲生命，却知道人类由此可以走上和平、进步、智慧和幸福的康庄大道，而我在作出这种牺牲时的愉快心情将绝对不是我生活在自己那些受宗教影响而丧失理性的同胞中间所能体验到的。各种教派的宗教信徒对他们认为是没有宗教信仰的人毫不宽容，也没有真正的感情。反之，那些不信他们的教义的所谓无宗教信仰者却由于了解全世界一切宗教信仰和信念的根源，对他们都持宽容态度；同时，由于看到这些教义与种种事实相反，与业已证实的真理相矛盾，所谓无宗教信仰者就觉得那些对于构成真理的论据视若无睹而又死抱住教义不放的人实在是太可怜了。全世界的宗教信徒对于和他们观点不同的人毫不容情，但是，那些根据对人性的真正了解而不信宗教的人却体谅那些在所受教育影响下成为抱有同样被称作宗教的各种愚蠢观念的信徒。

　　既然在周围都是这些所谓非常虔诚的活动的情况下生活了那么多年，我自然清楚地意识到这些活动对于宅心最仁慈、最善良的人所作的判断或推理能力产生怎样有害而恶劣的影响，也意识到这些荒唐行径的教导者的卑劣用心。

　　我曾经遇到过的一位学识最渊博、理解力最强、观察力最敏锐的先生是雷蒙·罗伊，在他客居贝德福广场的黑尔先生家的时期，我们隔户相望，是很亲近的邻居，日子一长彼此自然产生了深厚的感情。在我们充分坦率地互倾衷曲之后，我问他（因为他说，在长期研究了所有那些在社会上有过持久进展的东西方宗教之后，他对其有深切了解）是否知道哪一种宗教的牧师没有说过："如果你照我叮嘱你的那样去信仰，照我叮嘱你的那样去怀疑，尊崇我，多给我点孝敬，那么你在死的时候就会升入天堂。可是，如果你不做这些事情，你将永远受到惩罚。"他迟疑了一会儿说："我已经回想了一下我所了解的各种宗教，并且我必须承认，你说的那番话倒是每一种宗教的本质。"关于雷蒙·罗伊，我后面还要提到。

在我试图采取种种办法以推动人类的进步和永远造福于人类并致力于这些最好的目标时，我经常受到宗教的妨碍和阻挡，无法一帆风顺地真正取得进展。这样，我就不得不走迂回曲折的道路，从而收到一种不太完美的效果。

*　　　*　　　*

到我一生的这个时期（从 1810 到 1815 年），我那四篇《论性格的形成》的文章和我在新拉纳克的实践已经使我在那个时期的主要人物中间相当出名。在这些主要人物中，有坎特伯雷大主教、后来担任坎特伯雷大主教的伦敦主教、圣戴维主教伯吉斯、威尔伯福斯①先生、威廉·戈德温②、托马斯·克拉克森、扎卡里·麦考利、银行家桑顿先生、威廉·艾伦、约瑟夫·福斯特、银行家老霍尔、第一代罗伯特·皮尔爵士③、托马斯·伯纳德爵士及其挚友巴林顿即达勒姆主教、纽卡斯尔市的威廉·特纳牧师、约克市曼彻斯特学院院长韦尔比洛夫德先生、彼得博罗市的主教，还有其他一些人的名字已从社会上消失，有许多人的名字我已经记不清了。但是我不应当忘记我那些政治经济学家中的朋友：马尔萨斯、詹姆斯·穆勒、李嘉图④、詹姆斯·麦金托什爵士、托伦斯上校、弗朗西斯·普莱斯等先生以及其他

---

① 威廉·威尔伯福斯（1759—1833），英国政治家，以积极反对蓄奴著称。——译者
② 威廉·戈德温（1756—1836），英国政治哲学家和作家。——译者
③ 罗伯特·皮尔爵士，以棉纺业起家的英国大工厂主，受封为从男爵。其子亦名罗伯特（1788—1850），英国政治家，曾两次担任首相。——译者
④ 大卫·李嘉图（1772—1823），英国经济学家。——译者

许多人。在多次举行的热烈讨论中,我经常与这些政治经济学家有意见分歧。但是我们的讨论始终以亲切的感情和真诚的友谊维持到了最后。就他们那个时代来说,他们的思想是开明的,热心于人民的国民教育,但他们反对由国家向贫民和失业劳动阶级提供就业机会,也反对最大限度地创造真正的财富——这种情况竟见诸那些自称希望有最大量的财富生产出来的人士,不免令我惊异,而最大量的财富在任何时期是只有通过指导有方的工业才能实现。

在我同马尔萨斯先生频繁的讨论中出现的一种奇怪的现象是(根据我个人的印象,他最后对自己曾经那么巧妙地维护的原理是否正确已产生很大的疑问),马尔萨斯太太经常接受我这方面的论据并为之辩护。

詹姆斯·麦金托什爵士也是如此。他常常说,在麦金托什夫人和小姐参观了新拉纳克之后,她们变成了我的热情的信徒,说她们经常为我所提倡的有关人性的原理和实践辩护。

我始终不知道该如何解释这些颇有天赋的人为什么要如此顽固地坚持他们的原则,不准备在全国范围内为所有有此需要的人提供再生产的或有益的职业;我只能根据这样一种理解来解释,即在现代那些政治经济学家中间没有一个是讲究实际的。他们的观点和不正确的原理已经统治了我国的各个行政机构,并影响了这整个世纪的舆论;今天,除了在大不列颠和爱尔兰,无论哪里都不可能见到在其表面的光辉中间夹杂着更加虚伪和不幸的生活,或者在一般社会上有更加层出不穷的尔虞我诈的现象。社会上的一般交往中毫无情感或热情可言;所看到的普遍现象是人们并不以坦率、直爽和十分有益的欢乐交谈来互诉衷曲,毫无保留地直抒所见;社会上绝大多数人在公私生活中的通常做法只是讲一套陈词滥调,没有多少意义或根本没有意义,要不然就是满口虚情假意。有关人生必不可少的职责和幸福的最重要的实话,在一般社会上是被列为禁忌的;所讲的只是杂乱无章地拼凑在一起的关于道德和宗教的互相矛盾、前后不一的一大堆概念，看来在这方面谁也没有接受过一点点关于合理概念的教导，因为他们长期受全世界教士们的拦阻，不能调查研究他们自己的天性，而这种调查研究是使他们能够发现自己已经被造成怎样的人的。因此，人的天性已经在同人类有关的一切活动中受到损害并正在受到损害。今天，他们在全世界的一切活动，就其力求达到大家心目中的目标即他们自己的幸福来说，是极其荒谬的。为了造福于人类，经常需要有两个前提。

第一，从出生到死亡，所有的人都养成一种真正优良的性格。

第二，无论何时，所有的人都能分配到绰绰有余的真正财富。

这是因为，为产生和获取这些结果所必需的安排或条件（或者有些人常常所说的"环境"）将永远使人类享有他们在地球上作为凡人而能想望的一切东西。

然而，从有史可稽的最早时期起，世界上的一切当局历来都不知道怎样作出那种能够赖以达到这两项结果的安排，或者造成那种条件或环境。这是目前全世界之所以到处可见人类的贫困、堕落和痛苦的唯一原因。所有国家的各方面的人士现今正像在追逐猎物时失去嗅迹的猎犬。他们觉得优良和高超的性格是为缔造幸福所必需的。他们认为财富是为他们享受幸福所必需的。他们希望兼而有之。他们急不可耐地寻找它们。另一方面，全世界的教士由于他们自己的错误教导把人类的才智引入歧途，从而使世界各国的当局难以发现他们的错误所在，也不可能知道怎样去走上那条单独通往他们所寻求的知识的道路。

能够赖以取得上述两项结果的科学的发现，使人生的这个时代成为最光荣的时代。这是因为它将引导人类直接走上通往幸福的道路，而幸福则是人的天性所急切追求的，并且是至今他们显然已经努力寻找而徒劳无功的。

人类在孩提时期智能不发达的状况使教士应运而兴，其结果是善恶参半。由于人类逐渐进步以及根据他们对种种事实的精确观察获得了真实的知识，一批接一批教士的错误变得十分明显，不能得到最先进的人士的支持，于是一些错误不太明显的新的宗教就被创造出来。由于可靠的或凿凿可据的科学被人们所发现并取得进展，在来源于事实的大量知识方面获有长足进步的人士的心目中，现今对后来创造出来的这些宗教的信仰或依赖程度减轻了，带有宗教旧的特征的宗教感情已经完全消失，而且它们阻碍所有的人养成优良高超性格的活动现在到处产生的罪恶事实上是现有罪恶中最大的罪恶。只要这些罪恶尚未肃清，人类的头脑里尚未清除一切宗教谬论以及对宗教礼节和仪式的依赖，那么，要使人类在思想和行动上做到合乎理性，是根本不可能的，也没有希望进入接近于持久的普遍幸福的境界。

　　世界各国的领袖人物应当首先考虑的是，怎样把那些能够保证人类从出生起就养成富有理性的优良性格的条件合并起来，并使这些条件（因为它们不能单独存在）同那些在任何时候都为全人类绰绰有余地创造财富的条件结合在一起。各国最先进的人士目前甚至还不知道这种结合的意义；现在必须让所有的人懂得这番道理，因为这是人类必须掌握的最为重要的课题。如果人们接受教育知道怎样创造和合并这些条件来正确地培养人性的才智、癖性和能力，训练所有的人习惯于经常运用一切条件有分寸地克制每一种才智和癖性的发挥，使其不至于忘乎所以，随心所欲——那么到那个时候，也只有到那个时候，人们才会知道怎样让所有的人养成优良可贵的高超性格，或者怎样训练他们成为有理性的人。只有当他们接受教育知道怎样创造这些条件，并把它们同其他那些能使所有的人在任何时候为全人类生产数量充裕、质量可贵的优良财富的条件结合起来时，人类才会富于理性，他们一年之内在获得真正的知识和持久幸福方面所取得的进展才会比他们在现有条件下一百年之内所取得的进展大得多——换句话说，只要来源于一种虚妄的基本原理或空想的现有荒谬条件仍由世界上那些受过错误思想指导的当局加以维护，事实上就根本不可能有那样的进展。

现今存在于各国的很大缺点是那些在教会或政府中负有管理职责的人所受的不正确的指导；这一重大弊害现在必须得到克服。但克服的方法不应当采用武力或谩骂。理智和常识是无往而不利的唯一真正的武器。过着自觉生活的人总是生来就希望享受幸福的。全世界的教会当局和政府当局都是希望获得幸福的。任何教会或政府中的各个成员在他们大家目前所处的虚伪环境下是不可能享受到近乎持久幸福的生活的。另一方面，在以真正理解人性规律为基础的其他条件下，每一个成员却可以得到启迪，从出生之日起便富于理性，做到理论和实践前后一致，在其一切的活动和行为方面顺乎自然，终身享受持久幸福的生活。

既然我事实上知道并感觉到教育广大群众所具有的极端重要的意义，把它看作最后正确地陶冶性格的初步措施，我就像上面已经提到过的那样，非常慷慨地尽力鼓励和资助约瑟夫·兰开斯特和贝尔博士采取办法，在我国按照他们各自的计划方式着手对贫民施以哪怕是一丁点的教育，因为我相信，有了一个开端，就可以使它逐步导致永远有益于社会的丰硕成果。

我在这方面采取的第二步行动是鼓励兰开斯特到苏格兰（在这里，新的工业体系涉及在不利于知识、健康和幸福的新条件下劳动阶级的儿童问题）来制造舆论，帮助我抵制这些弊害。他于1812年来到格拉斯哥，当时人们安排了一次盛大的公宴，把他作为按照一种新发明的节俭计划用一个人教育一千儿童的办法对贫民施教的伟大朋友，介绍进苏格兰社会。

约瑟夫·兰开斯特那时正声名鹊起，以其机械发明和教育方式名闻遐迩，他来到格拉斯哥的消息在提倡贫民教育的朋友们中间引起了极大的兴奋。由于兰开斯特知道我熟悉他也是其中一员的教友会的特殊习惯和宗教偏见,他在同意以教友会教徒的身份出席欢迎他来到苏格兰的公宴之前特地提出了一个条件,要我答应担任宴会主持人。这种宴会的礼节对我来说是完全陌生的。我认为自己没有资格担任这项工作,不愿承担。但是,由于兰开斯特先生坚持自己的主张,那次聚会不可能按任何其他的条件举行。因此我勉强答应了他的愿望,同时指定当时颇受爱戴并关心格拉斯哥的贫民教育的拉尔夫·沃德洛牧师担任副主持人。

在这个时期,我同爱丁堡大学和格拉斯哥大学的许多教授保持着很友好的关系,这次我就得到当时颇受公众尊敬的贾丁教授和迈恩教授从左右两方面的支持。正是在我开头发言宣布聚会的目的时,我首次当众表明了我关于性格的真正形成过程的意见,申述了人基本上是其所处环境的产物这一原理,并提倡采取必要的准备措施来把新兴的一代置于良好和优越的环境之中。我当时说的这番话使到会的人感到吃惊,他们似乎都目瞪口呆了。那两位教授非常高兴,在我结束发言时全体与会者由经久不绝的掌声表达出来的热烈情绪是我以前在苏格兰听众中从来没有见到过的;后来我还收到当时在伦敦的格拉斯哥头面人物柯克曼·芬利先生一封恭维和鼓励的信。

许多到会的文人学士对我的这种赞许以及给予约瑟夫·兰开斯特的热烈欢迎,促使我写出了关于"新社会观"和关于性格之形成的头四篇论文。头两篇论文在那一年(1812年)年底发表,后两篇在1913年年初发表。

在我按照改进计划着手教育和改善新拉纳克的工人和儿童的状况过程中,我到1814年最后一次组织合伙企业之后才从近亲、股东和朋友中间找到了助手。在此以前,同我有往来的人和我周围的人都异口同声地用他们所能搜集到的一切论据来反对我的观点,只有在世时候的戴尔先生除外;并且由于我维护他们所说的想入非非的计划,我丧失了两批股东。可是,当我发表了这四篇足以说明我一直奉行的原理和做法的关于性格形成的论文时,我惊异地发现公众,特别是当时政府和教会中地位较高的成员对待那些论文的态度是出乎意料的,因为那两方面的首脑都急切地希望在它们发表以前能先睹为快。利物浦勋爵和他的内阁阁员,以及坎特伯雷大主教萨顿先生和当时英格兰、爱尔兰的许多主教,都赞成我的观点并且对我个人也很友好。我最初就同教会和政府两方面的主要成员进行联系,希望他们了解和亲眼看到我正在实行的和打算实行的措施,因为我意识到,一旦那些措施获得充分的支持和得以实现,我的社会观必将裨益于从最高层到最底层的各界人士。

当我写出了关于我那些新观点的头两篇论文时,我叫人把它们拿去读给坎特伯雷大主教听,而当我刚完成了第三篇和第四篇的草稿时,我就去会见这位大主教,向他谈起我写作的进展情况。他表示很想看看那两篇论文,要我第二天把它们带到兰贝思去,我照办了。我对他宣读了第三篇论文,这时我认为他已经很疲倦,不会有精神一口气听第四篇了。"不,"他说,"我很想再听听,请你接着再读下去吧。"我继续读到完,在我读的时候我看出这个主题引起了他多么大的注意和使他产生了多么浓厚的兴趣。在我读完以后,他用十分亲切的口吻说:"欧文先生,我相信你不会希望我对你刚才宣读的文章发表意见。但是,我对于你那已经阐明的整个主题深感兴趣,如果有机会的话,我将乐于随时从你那里听到你怎样取得成就的消息。你愿意同我通信吗?"我当时住在苏格兰,要么待在新拉纳克,要么待在格拉斯哥附近的罗斯班克。但在那个时期,若干人由于对现有制度发表了一些比这几篇论文不那么激烈的反对意见和观点,已经遭受并正在遭受迫害,于是我决定要继续探讨这个主题,直到我能够制造舆论以改变社会所依据的基本原理为止,因为我清楚地认识到,如果缺少舆论的支持,决难为任何国家的人民谋得真实的和持久的利益。所以,我暂时有点犹豫;那位善良的、目光敏锐的大主教看出我的为难之处并推测到其中的原因所在，立刻接着说："也许你不愿意同'坎特伯雷大主教'通信，但也许并不反对同萨顿先生通信吧。"我说蒙他体谅我的处境，很是感激，因为凡是我可能不敢对坎特伯雷大主教讲的话，可以对萨顿先生说了。大主教回答说："那么萨顿先生将很高兴同欧文先生互通信札。"从那天起到他去世为止，大主教始终对我十分友好，他也许可以算是历来担任这一职位的最无成见的坎特伯雷大主教了。

我也把几册《论人类性格的形成》送给了当时的首相利物浦勋爵，随后又要求就这些论文和他面谈，他立刻同意并指定第二天接见。晤谈的地点在他私宅的客厅里，我发现利物浦夫人和他在一起，他给我作了介绍。他说："欧文先生，利物浦夫人读了你的论文很感兴趣，她要求在我们谈话时她也在场，因为她对这些问题太感兴趣了。我希望你不反对她待在这里。"我说："恰恰相反，大人；因为我很想促使一些贵夫人也来仔细考虑我所提倡的事业，特别是教育问题，因为对所有的女性提供教育是大有好处的，也是很重要的。"谈话在非常热烈的气氛中持续了很长时间，利物浦夫人显得和蔼可亲，颇有理解能力，她专心注意我们的谈话，有时用地道的慈善家的口气插进几句。她希望今后会做很多工作来改善劳动阶级的状况和提高他们的品德。谈话快结束时她说："我们请了一个很有前途的青年来和我们一起工作，利物浦勋爵已安排他担任私人秘书，他是罗伯特·皮尔爵士的儿子，刚从大学毕业，历次考试都名列前茅；我们希望他取得经验以后会出人头地。"这就是值得哀悼的已故的罗伯特·皮尔爵士，后来我同他的父亲相知了多年，几乎每天都有联系。

这时，在四篇论文发表以前，我正式把它们送交给政府。他们叫人加以研究并仔细作了审查，后来他们给我的答复是："内容无可非议。"

利物浦勋爵和夫人以前已经表示，他们很高兴地阅读和研究了那些论文，并感到十分满意。

以内政大臣西德默思勋爵为代表的政府成员当时问道："你现在打算怎样处理这些论文呢？"我回答说："由于意识到我在论文中提倡的社会观同现有的偏见针锋相对，并急于想在永久具有这样重大意义的问题上不致使公众误入歧途，误解新的社会观必然导致的变革，因此我竭力希望人们不要弄错我的改革计划所依据的原理。为了这个缘故，我建议应当尽可能采取措施来发现论文中可能包含的任何错误；如果政府批准的话，我打算先印二百本，后面装订若干空页，你们可以把它们送给欧美的一些主要国家的政府，送给欧洲一些在学术上享有盛名的大学，并送给你们认为最有可能对我的论文作出正确评价的一些个人，要求这几方面的人士把他们可能想到的反对意见写在空页上面，然后退还你们；等论文改好重印以后再送给他们。"西德默思勋爵说："欧文先生，这个建议是正当的和合理的，如果你送来二百本印好的、这样装订的书，我们就照你的愿望分送出去。"书就这样提供给他们了；西德默思勋爵叫人把它们送给一些政府、大学和有学问的个人。在约定的期限到来时，已有大量的书本寄回给政府，我被召去审查空页上写的内容。我仔细翻阅了所写的评论，可是，结果使西德默思勋爵和我自己都感到惊讶的是，在所有送回的意见中，没有一个提意见的人直接反对任何的事实、原理或结论，而只是说其他方面（并且列举了这些方面）的人大概会表示反对，等等。

既然任何方面都没有直接提出什么重要的反对意见。既然论文似乎大体上是颇受赞许的，西德默思勋爵便问我下一步打算怎么办。我回答说："我想把它们印出来公开发行，以便让它们经受舆论的严峻考验，如果政府不反对的话。"内政大臣说："绝不反对。在你印制就绪以后，请你拿出足够的数量给我们那些主教，由我来分给他们，人手一册。"我把书本送去给西德默思勋爵，后来他告诉我，他已经分给英格兰的大主教和主教每人一本。阿尔马的大主教当时在伦敦，西德默思勋爵说，如果我去拜访他，他一定会很高兴。我真的去拜访了，发现著名的埃奇沃思小姐的父亲、作家埃奇沃思先生和他在一起。埃奇沃思先生问大主教，他是否可以留下来，他说，因为"我已读过那个人的著作，他给我很深的印象，把我的心思完全吸引住了"。我们谈得很多，他们看来对我关于新社会观的进一步解释颇感兴趣。会见结束时，大主教要求我给他送去足够数量的书本，以便分发给爱尔兰的每一位主教。现在据我推断，这些书为我后来从他们那里体验到的热诚接待铺平了道路，那时，即在1822—1823年，我访问了爱尔兰，在那里的都柏林、科克、利默里克、贝尔法斯特等地举行了多次公众集会。

在这个时期，约翰·昆西·亚当斯①是美国驻我国大使，他在离任之前不久经人介绍接见我的时候，要求我给他足够数量的当时已经非常流行的我那几篇论文的印行本，以便分送给联邦每一州的州长。他愿意由他自己出面推荐，派可靠的人分发出去。我把书送给了他；在我几年以后到达美国时，我查明那些州长都曾收到我的书，从而为该国政府以及许多主要人物和政治家给予我的普遍热情的欢迎铺平了道路。

这些论文成了畅销书，因此伦敦市内和伦敦西区最初的一批出版商**都**热望把他们的名字附列在书后面。五种精印本在他们的联营公司——理查德·泰勒公司——的赞助下很快就销售一空。

由于感到这些论文深受第一流人士的重视，并希望把它们置于最高的地位，我叮嘱出版商雇用我所能找到的头等订书匠来精心装订四十册，说服政府给欧洲所有的君主和他们的首相每人赠送一册，这样，在1817年以前，我的书在最高阶层和最有才智的人们中间就声誉卓著了。正是1813—1814年拿破仑·波拿巴囚居厄尔巴岛的时期，

---

① 约翰·昆西·亚当斯（1767—1848），1825—1829年为美国第六任总统。——译者

那批精装本送给了欧洲所有的君主和他们的首相。这时期我在伦敦忙于筹划这些事情，并同那些比我以前的商人较为开明和慈善的人士组成新的合伙关系，虽然根据那些商人关于商业道德的概念来衡量，他们有许多还不失为好人。当我这样忙着的时候，我的姨子玛格丽特病危，家里突然为此叫我回去，我在家中一直待到她去世和丧礼办过以后才离开。

我在伦敦的弗朗西斯·普莱斯先生那里留有我论文精装本的其余部分，请他在我回到伦敦市以前代为保管。当我不在的时候，一位将级军官拜访了普莱斯先生，他说："我知道欧文先生已经把他的著作分送给了欧洲的君主和美国的当局。我正在去厄尔巴岛的途中，如果你愿意委托我带一本去送给拿破仑皇帝，我一定把它亲自送到他的手里。"普莱斯先生非常有见识地给了他一本；毫无疑问，书是安然无事地交给拿破仑了，因为后来我从英国在厄尔巴岛的代表尼尔·坎贝尔爵士那里得悉，通过下列的事实，拿破仑已经收到了书。

我同布朗将军很要好，他是在印度待了四十年之后才返回家乡的，我常常去拜访他，成为他家宴的座上客。和我们聚在一起的有戴斯将军的妻子戴斯太太，她是尼尔·坎贝尔爵士的妹妹。这位太太和布朗将军都对我的"新社会观"有浓厚兴趣。当尼尔爵士在拿破仑脱逃后从厄尔巴岛回国时，戴斯太太希望我同她的哥哥尼尔爵士见面。为此，布朗将军在柯曾街8号设宴，以便我们经过介绍彼此得以相识。戴斯太太要求我带一本论文给她哥哥，我照办了，在饭后把那一册书送给了他。他有点诧异地仔细看了看，说："可以肯定我以前见过这样的书。哦！我想起来了！当我在厄尔巴岛的时候，贝特朗将军手里拿了一本书，就是这本著作来找我，说波拿巴派他来向我打听是否认识书的作者，因为他对书的内容深感兴趣。"（书里有多处讲到拿破仑。）"我翻开扉页看了看，说我不知道这本著作，也不认识作者，因此贝特朗显得很失望。"我后来听说，波拿巴曾经很专心地阅读和研究了这本著作，并曾下定决心，在他重掌政权时如果欧洲那些君主允许他平安无事地仍旧坐上法国皇帝的宝座，他一定要像以前奋力从事战争那样，尽量为和平与进步事业作出贡献；我还听说，正因为这个缘故，他回国时才写信给欧洲那些君主，建议停止战争和恢复和平。可是他们不知道也不相信他已经改变观点，并不认为他的声明是真诚的。他们拒绝接受他的建议这一行动所产生的结果，现在已成为历史的陈迹了。如果当年他被允许和平地统治法国，这样一个非凡的人物会作出什么业绩来呢？我们今天作这种推测，是没有什么用处的了。

＊　　　＊　　　＊

在发表我那四篇论性格之形成的论文并广为流传之后，在由此而把我的"新社会观"公之于世之后，我便集中精力考虑一些带有公共性质的措施，以便大量地和持久地减轻受雇于日益增多的毛、棉、亚麻、大麻和丝纺织工厂的儿童、青年和成年人的负担；在那些工厂里，雇用年纪很小的儿童以及比他们大一些的各种年龄的儿童，已经成了惯例。我在棉纺业这时（1815年）已经连续积累了二十五年的经验，在初期曾把那些与我有利害关系的工厂慷慨地向兄弟棉纺厂主公开，并且是第一个纺出细纱（即从120号到300号以上的纱）的人，因此纺织界的所有工厂都同样慷慨地向我公开。我从北到南参观过大多数工厂，使我能够对其中所雇用的儿童和工人的状况有了正确的判断。就这样，我看出了这些工厂所使用的机器及其每年迅速的改进具有多么重要的意义。我也充分注意到了年幼儿童和其他许多人在这些新机械功率奴役下的日益恶化的处境。不管人们可能有怎样相反的说法，英国工厂里在这不受限制的时期白人遭受奴役的状况比我后来在西印度群岛和美国所看到的在白人家中供使唤的黑奴状况远为悲惨，虽然美国的奴隶制度是愚蠢的坏制度。在许多方面，特别是关于保健和衣食方面，我看到的美国黑奴比大不列颠本土工厂中这些地位低微的被压迫儿童和工人所能得到的要好得多。

作为兰开夏和拉纳克郡的雇主和主要厂主，我曾尽力设法减轻我那些受雇工人的痛苦；然而，即使我在我们那种创造财富、陶冶性格和处理所有世间事务的极不合理的制度下作了最大的努力，我只能在有限的程度上减轻他们的不幸处境，而同时我却知道，甚至那个时期的社会也还拥有十分充裕的财力物力，可以用来教育、雇用、安置和治理不列颠帝国的全部人口，使他们人人都变为健康成长的、具有高度智慧的、团结一致的以及永久享受繁荣与幸福的男女公民，在体质和精神素质方面都异常卓越。通过我自己的切身体会，我这时已经发现了形成性格的正确原理，知道只要始终不懈地在整个帝国把那些原理合理地付诸实践，那就很容易使世上所有的人都养成善良、有益和优越的性格。然而，环境和适应的手段当时还不足以跟上这种变革的步伐，显然还必须做更多的准备工作才能使各国政府和人民得到启发，对这个万分重要的问题发生兴趣，也才能使他们在思想上有所准备，容易接受这个新社会观。我经历的每一步骤，都迫使我越来越强烈地感到有必要通过持之以恒的新教育制度，使各国政府和人民都在思想上做好准备，适应我心目中的变革。

可是，他们双方同旧迷信、旧思想体系和旧习惯结合得太紧密，使他们适应于接受原理并了解其实践意义所需的时间大大超出了我最初的意料之外。我在取得经验以前认为，关于真理的简单明了而忠实的阐释及其对人生的一切实际事务的巧妙应用，将吸引各方面人士的注意并引起他们浓厚的兴趣，认为世界各国人民的革新将是一件比较容易做到的工作。然而，尽管许多事情乍看起来很有希望，但随着时间的推移，我发现种种迷信和错误的自私观念在整个社会上根深蒂固、枝节丛生，拼命抗拒我开始准备在事情有成功的眉目时给予的致命打击。

1814年，我已经组成了一个新的合股公司，那些股东都保证拥护我按照自己的办法改革社会的主张。因此我开始采取一些相应的措施。我的第一个步骤是决定1815年在格拉斯哥的汤廷召开苏格兰的工厂主会议，以考虑是否有必要和怎样要求当时由利物浦勋爵执政的政府豁免对进口棉花课征的重税，并考虑应采取什么办法来改善这时在王国全境迅速扩展的各纺织工厂所雇用的幼小儿童和其他人的状况。会议由格拉斯哥市长主持，该市主要的工厂主到会的人数很多。我在会上申述了召开会议的目的，并首先建议应当向政府请求豁免对棉纱业所用原料的课税。这项建议经一致鼓掌通过。接着我提出了一系列旨在减轻棉、毛、麻和丝纺织厂所雇儿童和其他人的疾苦的决议案。它们包含我后来在一项法案中体现出来的同样一些条件，这项法案我劝导第一代罗伯特·皮尔爵士替我递交给了下院。

这些议案由我在会上宣读；但是，虽然大家都满怀热情地赞成要求豁免课税，却没有一个人附和我主张减轻他们所雇用的那些人的疾苦的动议。这时我拒绝再同他们讨论会议的议事项目，结果会议一事无成。可是我告诉他们，我要不依靠他们而独自走我自己的道路来贯彻上述两方面的计划。

这时新拉纳克正在成为国内外同类企业中最驰名的企业，从世界各地前来参观的人络绎不绝，自那一年到十年后我离开新拉纳克前往美国为止，平均每年不下二千人。

在从格拉斯哥会议回到这个企业时，我立即把我在会上宣读的讲稿送一份给会议主席格拉斯哥市长，又送了几份给政府和上下两院的每一个议员。我还把它在伦敦和地方的报纸上发表出来。

这篇讲话使政府对我加深了了解，并在此后保证我能够同议会的上下两院的议员接触，同时它在全国各上层阶级和工厂主中间引起了很大的轰动。

我把这篇讲话这样公之于世以后，我马上到伦敦去同政府接触，了解一下它对那两个问题将采取什么措施。我发现我的讲话所造成的印象是有利于我的观点的。关于豁免课税问题，他们叫我去问尼古拉斯·范西塔特先生，即后来的贝克斯利勋爵。我受到热情的接待，他在我们的谈话中问我某一个问题，那个问题我现在已经记不起来了，可是我的干脆而果断的回答使他像一位敏感的少女那样面红耳赤，因为他以前完全缺乏有关这个问题的知识。所课的税是每磅四便士，他说他要全部豁免，只是保留一便士这个微小的数额，供政府的某种需要或安排之用。

政府表示，它也赞成我那种主张在全国日益增多的工厂中减轻童工和其他工人的负担的意图，如果我能劝说两院议员为此而通过一项法案的话。要实现这一目标，可真是个非常艰难的任务；这是因为，到那时为止，工业在下院已经拥有强大的势力，而它在院外对议员的影响就更大了，其原因在于他们的当选在很大程度上受它的控制。但是我下定决心要试试真理和不屈不挠的精神究竟能收到什么样的效果。

我亲自去拜访上下两院的主要议员，向他们解释我的目的，那就是要减轻一些我们人口中最有功劳但深受压迫的那一部分人的痛苦。他们，特别是各个政党所分别掌握的各部门的领袖，一般都认真接待我并满口答应给予支持。后来成为黑尔伍德伯爵的约克郡议员拉塞尔斯勋爵，那时是下院最有影响的议员，他表示愿意给我充分的支持，并要我和他共同出面来召开几次两院议员的会议，以便促使我所建议的法案在提交议会时获得通过。

当这些办法已使两院的主要议员发生兴趣并希望我所起草的法案在议会提出时，拉塞尔斯勋爵和我便联名召集两院那些在以前几次会上对提交的法案和我们一样有极浓厚兴趣的议员举行最后一次会议，以考虑由于我并非议员而出现的应该请谁来为法案负责并把它提交给下院的问题。第一代罗伯特·皮尔爵士那时是下院议员，一个实力雄厚的工厂主，政府和议会一般说来对他都有好感。可是我从来没有向他或下院的其他任何工厂主请求帮助，在会上也看不出他对我的建议有什么想法。这次到会的议员（像以前几次会议一样，也在威斯敏斯特的新宫广场的皇家阿姆斯饭店举行，参加的人很多）建议，如果罗伯特·皮尔爵士愿意提出法案，他将是能够使它在下院获得通过的最合适的人选。会议希望知道，如果罗伯特·皮尔爵士愿意担负提案的责任，我对此有没有不同意见。他从来不曾出席过我们的任何一次会议，我不知道他作为一个工厂主是否愿意这样做，并且我认为到那时为止他对我们的会议事项是完全不熟悉的。但是，如果他愿意负责，我却不能加以反对。会议问我是否想弄清楚他对这个问题的看法，我表示同意去了解一下。我为此对罗伯特·皮尔爵士进行的访问使他第一次知道有关这些会议的情况。

当我告诉他两院的主要议员踊跃给我支持时，他表示愿意接受这项任务，并同意参加那些赞成提案的议员所举行的下一次会议，以便了解他们希望最好用怎样的方式提出法案。他这样做了；在那次会上，所决定的一切安排是为了把附有我起草的全部条款的法案提交下院。

如果罗伯特·皮尔爵士有这样的心愿，他事实上本来是可以在下院第一次会期使这个法案迅速获得通过，从而及时地使它在上院顺利通过的。然而后来的迹象表明，他受同业工厂主的影响太深，竟让这种对国家、大工厂主和劳动阶级如此意义重大的法案在通过之前长期拖宕，达四次会期之久，而所通过的议案则已经大量阉割了一切有用的条款，以致对我原定的目标来说变得毫无价值可言了。

在这些活动开始时，我对于我国议会中处理事情的方式完全是个门外汉。然而，在法案由两院加以考虑的四年期间，我熟悉了这些活动，它们使我看清了那些从事政治活动的人的行径，看清了商人、甚至商界地位很高的人为了达到其目的不惜采取一切手段的那种卑鄙无知的自私心理。这些人在法案提交讨论的第一次会期以及此后的四年中无所不用其极地竭力阻挠法案的通过，以一个接一个挖空心思的借口使法案停留在下院达四年之久。

那时儿童在六岁，有时甚至五岁就被招进棉、毛、麻和丝纺织工厂。无论冬夏，劳动时间是不受法律限制的，但通常是每天十四小时——有些工厂是十五小时，甚至还有用最残忍和贪婪的手段把工时延长到十六小时的——并且在许多情况下，工厂被人为地置于高温状态，对健康极为不利。

我的法案的反对者所提出的第一个借口是：立法机关不应以任何方法干涉工厂主的业务管理。

在旷日持久的毫无价值的讨论之后，这一理由终于被否决了。

第二个企图是想证明，纵然各个车间门窗紧闭，室内十分闷热，所用原料的细纤维往往在空中到处飞舞，特别是在棉纺和麻纺工厂，但雇用这些儿童在那样的环境下每天工作十四或十五小时是没有什么害处的。罗伯特·皮尔爵士很愚蠢地同意指定一个委员会来调查这个问题，该委员会持续工作，经历了议会的两次会期，最后这些为国家立法的贤明的正人君子才能够作出决定，说这样的做法是对这些幼儿的健康有害的。

两院所有主要的议员，除了包括棉、毛、麻和丝纺织厂老板在内的工商界人士而外，都赞同我所起草的法案。罗伯特·皮尔爵士屈服于工厂主的叫嚣，首先把毛、麻、丝纺织厂置之度外，它们在开头就被一笔勾销，虽然那时麻纺厂是四种工厂中对健康最为有害的。

在委员会占用的头两次会期期间，他们调查那些受雇于热度过高的棉纺厂每天劳动十四、十五有时甚至十六小时的幼年童工身体是否受到损害的问题，我出席会议，是与会的人中间唯一为改革这些儿童的处境而大声疾呼的，因为我根据自己的大量经验知道，他们的身心确实遭到残酷的损害。可是，我的证据是一个大工厂主提供的证据，是指导二千五百名与这些纺织工业有关的老少职工及其家属的人提供的证据，因此被那些积极反对我所提法案的各项条款的工厂主视为理由充足，难以驳倒，特别是因为我在自己所经营的大工厂中的做法确实符合我最初通过罗伯特·皮尔爵士提交给议会的法案中的若干条款。

所以，那些参加讨论来逐条反对这些方案的工厂主便互相商量，考虑怎样才能削弱我的证据对政府和两院议员的影响。他们说："我们到拉纳克去跑一趟，肯定可以从他已经做的和正在做的事情中发现破绽，用来削弱他现在具有的对这些议员和政府的巨大影响。"这一大批有财有势的大工厂主都认为这个意见很妙。

来自格拉斯哥的一位大棉纺厂主霍兹沃思先生和另一位我已记不起他的姓名的先生，承担了猎取流言蜚语的任务，被派往我那个地区。他们立刻打听到，旧拉纳克的教区牧师是仇视我在新拉纳克的活动的。他住在离旧拉纳克大约一英里的地方，对我在新拉纳克的一切行动消息十分灵通，因为我担任管理该镇的工作已经大约有十六年了。他们认为这个人正是他们用得着的。牧师孟席斯先生已经主持拉纳克镇并在那里讲道了二十年，但在他的教区居民中间并没有向好的方面发展的明显变化；而在十六年的期间，新拉纳克却从道德很低的状态变为敦行励品之乡，吸引了国内外在身份、地位和品格上最杰出的人士的注意。新拉纳克的这种进步已经引起了孟席斯先生的妒忌和仇视，但我总是一直把他看作邻近的牧师，在我设宴招待全国第一流的贵族和士绅时往往请他来我家作陪。

"这个人，"专程前来猎取流言飞语的霍兹沃思先生和他的大工厂主伙伴想道："倒正合我们的心意。"于是他们就赶快乘了驿车去登门拜访。他们说："全国的工厂主已经指定一个委员会来密切注意一项非常有害的法案在议会讨论的进展情况，你的乡邻欧文先生颇有势力，已经设法把法案提交了议会，这个法案是妄图规定我们怎样来经营我们的业务的。所以我们想要削弱他所提供的证词的影响，因为他是提倡这个法案的唯一的大工厂主。可是他的证词对议会议员和许多政府高级官员有极大影响。你可知道欧文先生的行动中有什么可疑之点，如果让那两方面的人士了解的话，可以削弱或者破坏他的影响呢？""是的，"孟席斯先生回答说，"我知道他的行动。今年（1816年）1月1日，在他所说的'性格陶冶馆'的开幕典礼上，他向他的全体职工发表了一篇讲话，并邀请郡内的许多贵族和士绅以及每一教派的牧师到场。那篇讲话带有背叛教会和国家的极其严重的性质。""这正合我们的心意。你还知道什么对他不利的事情吗？""没有啦。可是他像对我一样，也赞助本地那些不信奉国教的牧师；他还像邀请我一样，也邀请他们到他的村子里去。考虑到我是他的教区的委任牧师，他不应当那样做。另外，他还在新拉纳克腾出几所供那些不信奉国教的人聚会的房屋，在安息日开放，这样就使很多本来要到教区教堂来做礼拜和听我讲道的人不来了。""在欧文先生的机构开幕那天，你自己在场听到他的叛逆性质的讲话没有？""没有。他邀请了我，但那天教区里有些事情要处理，我不能去了。不过，孟席斯太太和我的子女都在那里。那是个很大的会，我们许多地位最高的士绅都到场了。""你估计到了多少人呢？""那间最大的教室和它两边的走廊里挤满了人，简直是水泄不通，谁也别想再挤进去；据说参加大会的有一千二百人。当时还演奏音乐，声乐和器乐；但是谁都看不见演奏者，也不知道声音是从哪里来的。""孟席斯太太在她回家以后是否立即向你谈起她所听到和看到的事情？""是的。她惯常听我的布道，并且为了事后如实地向我叙述一番，她完全能够记牢她在公众集会上听到的任何讲话的精神实质。在那次会上，她还得到一道同去的子女的帮助。"

这两位工厂主获得这个情报以后喜形于色，并追问他是否知道还有其他任何不利于我的消息。他再也不能说他了解什么了。"好吧，如果你愿意跟我们回到伦敦，把这些事实向政府申述一通，那就够充分的了。我们一定酬谢你所花的时间和辛劳，并支付你的一切费用。""我愿意跟你们去，因为他这个人是我们这一带的危险分子，在我们这里，他靠伪装的善举享有极大的势力，特别是由于他领导着那么大一个企业的广泛业务，雇用着两千多名职工。"

这一伙人如此商定以后，匆匆地赶往伦敦，立即要求内政大臣西德默思勋爵接见，说是有十分重要的事情要向他报告。两位工厂主和孟席斯先生事先都得到工厂主委员会有关他们的行动和谈话的指示，精神饱满地在指定的时间去晋见内政大臣。对于这位大臣，我有将近两年时间曾经常常到他的办公室去拜访，而且出于他自己的要求事先可以不必经过任何正式的约定的。在这些先生被正式地分别向爵爷作了介绍以后，他问他们所说的重要问题究竟是什么性质。"西德默思勋爵，我们是来指控欧文先生的。""啊！怎么回事？我很了解欧文先生。""这位是孟席斯先生，他是新拉纳克附近拉纳克这个郡的首府的教区牧师。"我这里还应当补叙一笔，当我正在去参加下院的工厂法委员会的讨论时，我在这伙人去拜访西德默思勋爵的路上碰巧遇上了他们；这时，由于我同霍兹沃思先生表面上关系还很友好，他在擦肩走过去的时候说："我今天再也不会为了一块蛋糕跟着你跑了，"同时说话的神气异常傲慢。我当时不知道他的话是什么意思，继续往委员会走去；该委员会逐日开会，听取许多称颂棉纺厂卫生状况的稀奇古怪的证词，以证明年幼儿童和青少年在厂里每天劳动十四、十五和十六小时的情况下健康是不受损害的！

现在再回过头来叙述同西德默思勋爵交谈的那一伙人。"好吧，孟席斯先生，"爵爷说，"你对欧文先生指控的是什么呢？""我不得不说一说今年1月1日在他所谓'性格陶冶馆'这一组织的开幕典礼上发生的情况。他的全体职工和邻近的士绅都被邀出席，会上他发表了一篇至今在苏格兰还没有听到过的最离奇、最大逆不道和最有煽动性的讲话。""原来是这样！"西德默思勋爵说。"那你是亲自在场，留神听了他的通篇讲话的啰?""不,大人,我没有在场;但是内人和孩子们去了,住在那一带的几位牧师和附近的士绅也在场。""你知道讲话的全部内容吗?""我根据内人和别人的报告知道,他的讲话是最大逆不道、最有煽动性的。""你要指控欧文先生的,就是这些,没有别的了吗?""是的,大人。"于是西德默思勋爵就问那两个代表(看来他充分意识到了这种行动的意图)还有什么问题要指控。"没有了,大人,我们没有别的问题要指控的了。""那么,我必须驳回你们的控告,因为这是轻率的、没有理由的。政府已经掌握了那篇讲稿达六个月之久,如果你们表达得出那样的思想内容而曾经把它写成讲稿递交上来,那就值得称赞你们了。"他客客气气地把他们送了出去。

他们先回到他们的委员会,准确地讲述了内政大臣接待他们的情况和所得的结果。委员会这番的整个活动和以前在拉纳克对孟席斯先生进行的活动,在同一天由他们委员会的一位委员向我绘声绘影地传达了消息,因为他已经非常厌恶这些人和其他一些人的行径,不愿再和他们采取一致行动。第二天我碰见了霍兹沃思先生,他显得神情沮丧,有苦难言。

在议会的两次会期期间,我每天都同下院的这个工厂法委员会一起开会,并且有一次还作为赞成原提法案的证人而受到盘问。原提法案的内容是:限制工厂工人每天操作的时间为十小时;工厂招收的工作十小时的童工年龄不得低于十二岁;在正式招收入厂之前应先对男女童工施以必要的教育,使他们具有读写的能力;对年轻女工还应开设缝纫和烹调课程,并使她们能够担负穷人家庭日常的家务杂事;工厂应保持清洁,经常粉刷。

既然我是个业务规模很大的棉纺厂主,在企业的实践中推行了这些规章制度,而我雇用的二千多名工人绝大多数是童工和青工,我的证词所产生的影响就绝不是任何普通的或正当的手段压倒得了的。因此,下院那些能够左右该委员会的工厂主议员在询问时便采取了极不正当的手段，特别是来自索尔福德的菲利普斯与李棉纺厂的乔治·菲利普斯爵士，他利用自己担任的职务，在委员们的面前抢着花很长的时间来询问我的宗教信仰以及其他各种问题，这些问题与讨论的事情毫不相干，问得极不合理，因此，在我这位棉纺业的对手或者就他们这一类人的巨额财富及其对工人的暴虐而言有许多人也可以说是棉纺霸王对我长时间的询问结束时，后来成为布鲁姆勋爵的亨利提醒他注意议事程序，同时还提出建议，认为乔治·菲利普斯爵士的全部询问与委员会讨论的问题毫无关系，应当从会议记录中删去，结果，他的建议在没有人反对的情况下获得通过。

这些有利害关系的议员故意拖宕，罗伯特·皮尔爵士在法案由下院讨论的过程中对他们步步退让，我对此颇有反感，因此，我在两次漫长的会期期间每天参加委员会的讨论之后，对于这一被阉割得面目全非、与我原提案有天壤之别的法案丧失了兴趣；此后我就难得参加委员会的讨论，也不再采取积极的行动以促使讨论取得进展了。当法案在第三四年始终在两院徘徊不决的期间，接替我的位置的是曼彻斯特的纳撒尼尔·古尔德先生，以及约克郡的理查德·奥斯勒先生，后者是约克郡技工中著名的"大王"。他们都由于真诚的努力而享有很高的威信。

这里不妨指出，从那以后这一法案在议会里几乎不断地反复进行修改，棉纺业的巨头至今不容许它体现出罗伯特·皮尔爵士最初替我提交的那个法案所包含的全部福利内容，虽然那时所列的条款如果得到通过的话，不但有利于工厂主和工人，而且是更符合于国家的总的利益的。然而，就这次事件以及在工厂主的暴虐与他们的白人奴隶的苦难之间的其他一切事件来说，其错误实际上都在于社会制度。它制造出产生霸主和奴隶的必要条件，而这两类人在一种正确合理的社会状态下是不可能存在的。

当这些事项还在讨论的时期，所谓从战争到和平的突变已经在英伦三岛的生产者中间产生了普遍的苦难。谷仓和仓前的空地上谷物充斥，货栈堆满了各式各样的产品，种种物价跌落到生产成本以下很多。农场的雇工遭到解雇，找不到重新就业的机会，工厂主的处境也像农场主一样，不得不成百上千地解雇他们的工人，并在许多情况下完全关门停业。所有工人的苦难十分深重，以致上层阶级和富裕阶级感到惊慌，唯恐这种状况继续下去，维持千千万万失业工人生活的重担就会落到他们头上。这是1816年即缔结和约后第一年的情况。

各上层阶级召开了一次大会，讨论这种不幸局面的原因和补救办法，而这种局面已使我们所有的政治经济学家束手无策，使我们最有经验的政治家惊慌失措。会议在伦敦中心区酒家举行，由约克公爵主持，参加的有当时的所有大人物和著名人士。那时，我同英格兰的一些主教，特别是同坎特伯雷大主教（萨顿）、学识渊博的圣戴维主教（伯吉斯）、仁慈而慷慨的达勒姆主教（巴林顿）以及善良而真诚的诺里奇主教（巴瑟斯特）关系友好。这次大会的主持人满心希望所有高级的官方人士都能到会，为紧急援助处于水深火热之中的劳动人民提供捐款，而就在那天早晨我已应约和诺里奇主教共进早餐。用过早餐，主教对我说："欧文先生，他们是希望我出席这次大会并贡献一份力量的，由于我今天有事情不能参加，可否请你代我向大会表示歉意并捐款十镑呢？"他边说边掏出这笔钱来。我遵照他的要求办理，并且看出许多人由于主教专门把这项任务托付给我而表示惊异。

所有与会者看来都惘然若失，不知道怎样解释在一场战争如此胜利地结束之时和一个在他们想来如此有利于我国的承平时期开始之际，竟出现这样严重的灾难。他们只能指定一个由主要的政治家、政治经济学家和有实际经验的工商业者组成的委员会，来调查研究这一难题。于是这样的委员会就被推举人选充任，由坎特伯雷大主教担任主席，接着便开始大规模的募捐以提供紧急救济。

委员会里有一些主要的政治经济学家和马尔萨斯派，他们在这时期正大吹大擂地自诩知识卓绝，所发表的主张在此后有好多年统治了大不列颠的国内政策，并已继续起了主宰作用，几乎直到今天。

不久以前，他们的真正领袖，也就是辉格党的领袖弗朗西斯·普莱斯（一位精力相当旺盛的好心肠人）在他去世的一年之前向我承认，他的一切期望都落空了，不再能够看到他的路线在国家事务中得到贯彻了。他曾始终赞成我的意见，认为有必要教育人民，但在全国范围内给予希望工作的失业者以就业机会的必要性上，他的主张与我相反。他是个真心诚意的、坚定的辉格党和现代的政治经济学家，所抱有的政治观点都是错误的，只有关于教育的观点除外，但在认识上也带有辉格党的片面性。他的见解是，穷人应当像他过去那样自力奋斗，打开出路——而他过去倒是一帆风顺的。

委员会的名单上出现了我的名字，究竟是谁提出和哪些人赞成的，我无法知道；而发现我的名字赫然列在委员会的名单上，我颇感诧异。我的朋友莫特洛克先生也在委员会的委员之列。它决定在第二天开会。

莫特洛克先生是个坚定的、慷慨的慈善家，热心于贫民和劳动阶级的事业，在当时的头面人物中很出名。我们两人约定在一起吃早饭，然后一道去参加这个想必会带来预期效果的重要委员会的第一次会议。

在早餐桌上，莫特洛克先生（伦敦牛津街250号一家专门出售中国陶瓷器的大商店的老板）问我，是否知道在这对全国来说非常令人满意和光荣的承平时期刚开始的时候为什么会在财富生产者中间出现这种新的、极不寻常的大灾难。我解释了我对这个问题的看法，但是说："毫无疑问，那些最主要的人士，特别是我在委员会名单上看到的一些杰出的政治经济学家会对这一问题作出充分得多、精辟得多的解释，因为他们全面了解从全国各地收集来的关于政府的情况。我希望像这样委任出来的委员会将给我们提供很多可贵的新资料。"

我们参加了会议，坐在一起，离主席不远。我前面已经说过，主席是坎特伯雷大主教（萨顿）。

我曾经期望，既然委员会里被任命协助大主教开展工作的是当时一般认为对社会问题最有经验的人士，我一定可以通过参加该委员会而增长很多知识。我全神贯注地倾听一个接一个的发言，因为那些发言的人都勇于承担任务，要启发委员会里其他的委员了解我国在令人兴高采烈的承平时期开始时出现的这种异乎寻常的新局面。许多从事社会活动的头面人物相继夸夸其谈，直到一些最杰出、最进步的人士充分发挥了他们的宏论为止；可是对于他们的那些讲话，我感到迷惘、惊愕、大失所望。参加会议的人不满意他们这样来解释当前异乎寻常的大灾难的原因，而我的朋友莫特洛克先生在注意听取那些正如他所说的简直与讨论的问题毫不相干的接二连三地讲话时，更是如坐针毡。他一再敦促我在会上谈谈我们进早餐时我对他讲的话。

由于我没有受过多少教育，又不习惯当众发言，我非常不喜欢甚至害怕站起来正式在这样的会议上发表演说。可是我的朋友竭力催我讲话，终于引起了主席的注意，后者在听了他向我说的话以后说道："欧文先生，我们知道你已经积累了同工人相处的丰富经验，并对这些问题发表了许多意见，关于这一点，我读过和研究过的你那本最近出版的《论人类性格的形成》就是明证。所以，我要求你不吝赐教，请就这个问题谈一谈你的看法，因为这对每一个人来说多半还是件难以理解的事情。"这时我不能不站起来了。可是早餐桌边的解释和在这种会上的正式讲话，那时在我看来是两件截然不同的事。我必须强迫自己克服我对自身能力缺乏自信的心理。

我说，据我看来，这场表面上似乎无法解释的灾难的原因是在这样长的战争期间已经发生了许多罕见的新变化，那时足足有四分之一的世纪迫切需要人力和物力的补充，以维持我们陆海军规模如此庞大的、时间如此长远的消耗。所有的物价都已涨到战时的水平并长期保持了下来，以致目前这一代人把它们看作工商业和公共事务的自然状态。人力物力的匮乏，再加上这种大量的消费，造成了人们对新的机器发明和化学发现的需求并给予极大的刺激，用以代替在提供军用物资方面所需的手工劳动，而这些直接间接的发明和发现是不胜枚举的。战争是农场主、工厂主和其他财富生产者的最大手大脚的大顾客，许多人在这时期变成了百万富翁。去年单是我们一国的战争费用就达一亿三千万镑，即比承平时期的支出多八千万镑。在签订和约的那一天，这个大顾客死亡了，随着需求的减退物价下跌了，直到为战争而生产的物品的**主要成本**无法如数收回为止。谷仓和仓前空地存粮充盈，货栈堆满货物，我们人为的社会状况达于极端，财富的这种超量过剩就成为目前灾难的唯一原因。如果你焚毁谷仓前面空地上的存粮和堆栈里的存货，经济繁荣的局面就会立刻开始展现在你的眼前，其景象仿佛如同战争尚未结束似的。那种无人愿按补偿价格购进商品的情况，迫使精明的生产者考虑他们怎样才能减少自己产品的数量和减低生产成本，直到这些过剩的存货能在市场上售完为止。为了实现这些效果，生产上的各种经济办法都一一用上了。既然战期雨后春笋般出现的机器发明和化学发现所花的代价比工人这种生产机器来得低廉，工人就大批遭到解雇，由购进的机器取而代之；另一方面，从陆海军退伍回来的人增加了失业的人数。这样就在战争继续进行时期迫切需要其劳力的各阶级中间爆发了求职难的莫大痛苦。这种机器和化学力量的滋长正在不断地削弱手工劳动的价值和减少对它的需求，今后的情况还将如此，并将招致整个社会的巨大变化。那是因为，这些新发明和新发现所产生的新的力量已经很大，正在代替工人的体力。

说到这里，著名的市行政长官和政治经济学家科尔克豪恩先生（最近出版了他的《不列颠帝国资源》一书）问我，照我看来这种新的机器和化学力量已经在多大程度上代替了手工劳动。我回答说，我手头没有资料可以用来向委员会确切说明总数；可是根据我对全国这些正在运行的新力量的观察，我知道总数一定是很可观的。科尔克豪恩先生说："那就请你给委员会说一说你推测总数有多大吧。""对于这样一个重要的问题，如果除了一般的观察以外没有一些确切的资料，我是不愿表达自己的意见的。"委员会的许多委员纷纷嚷道："讲吧，欧文先生，让我们了解了解你对这个问题的看法吧。"我说："由于我了解得很不够，我极不愿意仅仅根据笼统的观察来就一个崭新的然而对社会如此重要的问题发表不成熟的意见。"这时委员们显得很激动很兴奋，急切地要求我提供一些数据，来说明这种新的力量代替手工劳动的程度。

英伦三岛的人口在这个时期（1816年）约为**一千七百万**。政治经济学家们估计**五分之一**的人口是生产者。但由于妇女和幼童近来已被吸收进入工厂来操作机器，那就可以比较有把握地估计**四分之一**为生产者，换句话说，大不列颠和爱尔兰的财富是每年由**四百二十五万**人的手工劳动在机器和化学力量的帮助下生产出来的。既然知道了这一点，我就说："它现在一定已经超过了手工生产能力的总量。""什么！欧文先生！"科尔克豪恩先生和其他许多人惊叫说，"超过五百多万人的劳动！**五百万**！这是绝对不可能的。"我向委员们保证说，我知道它一定远远超过五百万，这就是对手工劳动缺乏需求的根源所在。我说这个时期我正在指挥着苏格兰新拉纳克的我那家企业，其中的机器力量及其运转由大约二千名年轻人和成年人经管，他们现在所完成的工作量在六十年前是需要由整个苏格兰的全部劳动人口来完成的。这种说法越来越使委员会的那些主要委员感到惊奇。大主教说："你刚才的那些说法非常有趣，也很重要。可是对于现有的灾难有什么补救办法呢？"我说："要找到补救的办法来改变社会上这种人为的新状态，可不是件容易的工作。然而对于每一种人为的弊害，都是可以找到纠正的办法的，我认为我看出了纠正这种弊害的办法。""你现在能把这种办法讲一讲吗？""不——我没有准备，没有料到突然会叫我来讲。我参加会议，只是想听听那些对公共事务经验远比我丰富的人所提出的补救方案。"大主教说："你不反对推迟到本委员会下一次会议就这个问题提出一份报告吧？""如果阁下和委员会希望这样做，我一定尽力起草好一份报告。"

大主教问各位委员，他们是否希望我起草一份报告，申述我关于补救办法的设想。他们异口同声地希望我这样做，我同意了。这次会议随即宣告休会。

这个时期我按时每天参加下院的委员会关于当时称作"罗伯特·皮尔爵士的工厂法案"的讨论；那些主要的工厂主还在继续搜集用来反对他们的工人的理论根据，除其他活动外，他们不惜耗费大笔款项去搜集全国各棉纺厂开工的纱锭锭数。在我出席上述委员会讨论农场工人和工厂工人遭受罕见的新苦难的原因和补救办法的那次会议的后一天，他们向下院工厂法委员会递交了这项对我很有用的文件。这项文件是由一些大老板递交给委员会的，其目的在于表明：他们那些作为全国工商业一个部门的棉纺业规模多么庞大和多么重要，因此议会无论如何不应插手干预，免得妨碍它的发展和繁荣。如果他们同时也指出过去几年他们依靠这一部门已经获取了巨额利润，以及他们怎样有力量按照我最初通过罗伯特·皮尔爵士递交下院的法案的要求，减轻工人们的疾苦，那么，他们的这种行动倒不失为正大光明的正确行动。然而，这项文件却起到了那些大棉纺厂主始料所不及的作用。它使我能够相当准确地估计出单单棉纺业所用的机器就代替了多少手工劳动。我发现这个数量当时超过了**八千万人**的手工劳动，并且以后根据官方文件也可以看出1816年以来棉纱业发展的规模。

这项文件我一拿到手，就进行了仔细的分析计算，并把结果带给科尔克豪恩先生过目，因为他是了解任何国内问题的真实情况的非常进步的政治经济学家。在他正在撰写精心构思的《不列颠帝国资源》这一著作时，为了做到立论公正，他曾搜罗全国有关这个问题的一切文件和记录进行审查研究。当我向他解释这些计算结果时，我看到他表露出别人难得有的那种惊喜交集的神情，因为这些计算结果证实了我在会上所作的推算。在思索了一会儿以后他说："我写最近那本著作时不易弄清楚的问题现在得到解释了。在最近这场花钱很多的，也许可以说是开支最浩繁的战争期间，我发现我国虽然借了几笔数额很大的外债，全国的实际财富却逐年增加颇多，因此我无法解释或推测产生这样一些不寻常的、显然是互相矛盾的结果的原因何在。当我正在写我那本书的时候，我本来是准备花很大力气去觅取这个资料的，因为我那时确实还可以把书写得格外生动，对公众和政府更为有益。""可是，"他接着说，"如果说**一种**制造业的**一个**部门的机器代替了**八千万**人的手工劳动，那么，从阿克赖特和瓦特发明棉纺机和蒸汽机以来英伦三岛工业的运转中所采用的**一切**新机器和化学力量又一定已经取代了多少手工劳动呢？你能估计这个总数是多少吗？"我回答说："除了我现在带给你的由那些大工厂主写成的文件而外，我并没有确切的资料可以遵循。然而，我能从这文件里明显看出，如果把毛、麻和丝纺织业的其余部门一并加进去，新的机器和化学力量将大大超过**两亿**人的手工劳动。不过，要是把全国其他一切工业部门都包括进去，那么，由于无法保证数字没有差错，目前就没有办法作出正确的估计了。那个数额一定会远远超出我们的政治家或任何阶级的想象之外。""是的，"他说，"除了按照你推算的数据即二亿这个数字来说明以外，再多所赘述是不明智的。可是，我认为你现在给我的资料很有价值，真不知道那些关心公益的人会怎样啧啧称道哩。"

科尔克豪恩先生公开指出，根据可靠的文件我们确实知道，本国范围内新的机器和化学力量代替了**二亿**多人的手工劳动。因此，这个总数此后就经常在现代所有政治经济学家的著作和公开讲话中出现，但他们谁也不知道自己的新资料是从哪里来的。

这时，我把精力转移到我约定给大主教的委员会撰写的报告上面，来探讨不包括家庭佣人在内的劳动人民各个阶级中间现有苦难的原因和救治办法。在我这样忙着的时候，政府，另外尤其是这时已经结成一党的辉格党成员和政治经济学家对于那些已经失业并宣称他们享有国家养活他们的自然权利和法权的工人总数之多感到吃惊。正是在这个时候，即失业工人陷于水深火热之中的时候，政治经济学家们阴谋反对那些找不到工作并且除了国家援助、偷窃和卖淫外别无糊口之计的人的正当自然权利和法权。他们并不考虑全国的财富远比贫民增加得多。政治经济学家根据虚妄的原理进行推断，他们不知人性为何物，更不懂得一旦社会经过正确的指导它将具有多么大的力量，因此他们冷酷无情地违反人类的自然感情，决心要在他们的辉格党追随者的帮助下，把全国的贫民统统饿死。他们的办法确实使大不列颠和爱尔兰的千百万人饥寒交迫，但既没有为此而节省国家的开支，也没有减少贫民的数目。他们诱导政府实行的计划使贫民中间最体弱、最优秀的一部分人挨饿，驱使其他的人盗窃和谋杀，并逼迫贫苦的妇女含垢受辱，出卖肉体。在采取这些办法的时期，正是未经开垦的土地十分丰富，所积累的巨额财富在稍有常识即可加以避免的无益战争中，以及在国外经营矿山、贷款和形形色色多么悬乎但似乎有希望获得高利的轻率计划的愚蠢投机中，浪费殆尽的时期。

依靠机器和化学力量的迅速壮大而很快积累起来的财富形成了资本家，他们是最无知、最有害的人口中的一部分。由那些现今变成人造新力量的悲惨奴隶的人们用勤劳双手创造的财富，积聚在被称为有产阶级的那一伙人手里，他们并不创造什么财富，而是滥用他们所攫取的东西。他们的行径由其产生的结果表明，他们是多么愚昧无知，又多么同他们所占据的地位极不相称。他们中间有许多人单独依靠自己的力量（如果他们认识自己的本性，了解其本性在以来源于日常事实的常识为基础的一种合理的社会制度中统一和结合起来时会产生多么大的能量），就能通过正确利用其资金的途径，在不减少那些资金的情况下树立一个榜样，而其他所有的人看到了这个榜样的成绩和极其美满的结果，是一定会如法炮制的。

在这个时期，我还没有意识到一项荒谬的基本原理或者毋宁说是关于一种粗糙的、不成熟的想象的看法已使全世界的人们陷于严重无知的状态，从而使他们的推理能力在各门科学远远超过虚构的、毫无根据的看法以前比无用还要糟糕得多。人类推理能力的这种利用不当已导致各国和各族人民体验到了各种各类荒谬绝伦的行为。这些行为今天仍然在很大程度上非常活跃。

如前所述，我已出乎意外地被要求向委员会递交一份报告，让它考虑英伦三岛贫民和劳动阶级中间目前遭受的莫大苦难的原因和补救办法。在琢磨报告的内容时，我是按照简单常识的最明显的原理来思考的。

战争曾经持续了那么长的时间（将近四分之一世纪），因此大不列颠人民采用了战时的社会形式，并把英格兰银行的纸币定为法币，而如果不是战争结束，这种战时状态本来会毫不间断地继续下去，全国也会像在战争年代那样年复一年地继续迅速增加财富的。战争大量消耗财富的现象骤然中止了，国内外如此大规模地对军用物资的需求一下子消失了，这就产生了当时所说的从战争到和平的急剧变化。国家事务的这种新状态（因为这在各国历史上还是破天荒第一次），使那个时期的政治家们惊慌失措、困惑不解，于是他们左顾右盼，希望从某一方面得到帮助。

这时存在着一些本来就意志坚强的活跃分子，其中包括马尔萨斯、穆勒、李嘉图、托伦斯上校、休谟和普莱斯。普莱斯更加生气勃勃，具有更多的实际知识，由于出身于工人阶级，是这一批人的灵魂。他们和其他一些人构成了当时人们所说的现代政治经济学家的新学派。这些人都抱有善良的意图，头脑聪明，目光敏锐，善于仔细思考，常常夸夸其谈地阐释一项错误的原理。说到这里，我又想起除了他们以外，还有鲍林博士和杰里米·边沁，这两位也是该新学派的杰出成员。

我和这些人都很友好，经常往来，其中杰里米·边沁是我那新拉纳克企业的股东，他的朋友和代理人鲍林博士常说这个企业是他唯一有利可图的成功的投机事业。我已经说过，所有这些人确实怀有善良的意图，而且头脑聪明，因此我几乎天天——通常是在同他们共进早餐时以及在他们当天的工作开始以前——同他们展开讨论，那时他们每一个人都十分友好地同我讨论问题。

我很想使他们相信：只有全国性的教育设施和就业机会才能造就永久善于明辨是非、聪颖、富裕和优秀的人民；只有对人民作出合乎科学的安排，使他们在许多适当地建立起来的，当时我称之为团结合作新村的生产组织里联合在一起，才能达到这些效果。可是与此相反，他们却竭力企图改变我的观点，要我相信他们那种不必为人民提供全国性的、统一的就业机会而单纯施以某种教育的主张，以及保持一种彻头彻尾的自由竞争制度的主张。我倡导的制度不妨称为万有引力的制度，而另一种则是万有斥力的制度。

这时我是个涉世已深的工商业者，通过阅历对人性了解颇多，因而充分认识到，采用任何不彻底的办法是不可能顺利地、一劳永逸地改善任何一部分人口的状况的。除非施以顺应自然规律的合理教育，给予有益的职业或就业机会，使其在健康的环境下同样锻炼身心，否则，任何一部分人口都是难以变得善良、明智和幸福的。

这些爱出风头、忙忙碌碌和总是很活跃的政治经济学家提倡个人主义的论点，主张按当时流行的关于国民教育的设想来教育贫民，充分让各个个人终其一生为他们个人的行为负责。当时那些所谓开明的和先进的社会活动家毫不含糊地支持他们的论点，并有以往一切时代的偏见作为他们的奥援。而且，他们终于能够使政府和公众归从他们的想法和做法。

我知道，他们正在怂恿各方面的人士采取的想法和做法是绝对站不住脚的和错误的。即使这些改变必然不会引导公众去遵循较高较好的原理和做法，我也决计宁愿旧的保守的制度重见于今日，因为那种治理的方法虽然比较愚蠢，却能以仁慈得多的态度对待贫民及其家属和劳动阶级——安排他们在比较卫生的环境下劳动，劳动量比现在少，所给予的生活费用也不像现在这样低。根据我对早年时代的回忆，那些出生于旧贵族门第的人在许多方面优于现代会赚钱的、嗜钱如命的贵族。

现在的政府由于灌输进了现代政治经济学家们的一切不成熟的想法，开始采取最严格的措施来制定反对贫民和劳动阶级的自然权利、袒护有财有势的人的法律。这样一些法律必然会增加贫困、犯罪、不满和苦难，最后使原理和做法不可避免地要发生变革。那种变革现今就在我们的面前，它将成为革命中的革命，必将保证人类永远事事顺遂，幸福无涯。

凭我那时已经取得的经验（最初在曼彻斯特待了十年，拥有职工五百人，这时在苏格兰的新拉纳克待了十六年以上，全村居民二千五百人，他们在社会活动上和工作上完全由我指导和提供意见），我主要是通过实践已经明确知道应当怎样训练和教育各部门的职工，并责成他们各司其事，以便使他们变得善良、明智和幸福。我已经发现，只要遵循一项关于人性的明显原理，是肯定（像顺应自然规律那样万无一失地）能够最后使人类臻于善良、明智和幸福的境地。既然这样的认识深深地印入我的脑际，我就不得不同全世界的人的偏见及其在所受教育的指引下犯的错误相对抗，决定毫不停顿地用种种方法尽力实现有关人类的这一原理上和实践上的重大变革。

凭我自己的经验和思考，我已经明确地知道人性基本上是好的，它能够接受训练和教育而在人们出生以后就被置于这样的状态，即所有的人最后（那就是说，目前荒谬邪恶的制度所表现出来的严重错误和腐败现象一旦得到克服和消除）一定会变得团结一致、善良、明智、富裕和幸福。而且我认为，为了达到这种光荣的结果，个人的性格、财产和生命的牺牲是不值得有片刻犹豫的。我下定了克服一切反对意见的决心：要么是胜利，要么是奋战力竭而死。

我在新拉纳克的实验不断地为公共所了解；我出版的关于性格之形成和新社会观的四篇著作已在国内各阶级中间广泛流传，并由我国政府送交所有的外国政府以及国内外的最高学府，送交现任的所有主教；热心劳动人民事业的人士对我的实验大力拥护；我那旨在减轻劳动人民疾苦的法案已递交下院进行讨论；出乎人们的意外，我宣布了大量人造的新的力量如何代替手工力量的情况——所有这些使我声名远扬，我在这个时期对政府、议会和人们的影响是巨大的，并且还在加深。

然而，随着我的名气和行动日益显著，一切教派中自称最虔信宗教的最顽固的分子相应地开始发出反对的呼声。从那个时期起，反对的呼声此起彼伏，日益高涨。在大主教的委员会规定召开第二次会议的前一天，我已做好在会上提出报告的准备。可是在这次会议之前，政府首脑在政治经济学家们的支持下，已经决定要实施他们那种反对贫民和劳动阶级的严厉法律，并为此由下院任命了一个"斯特奇斯·伯恩的济贫法委员会"，其中的委员都是两党最主要的议员。它被认为是议会这次会期的比其他委员会远为重要的一个委员会，共有四十名委员，在我把报告递交给大主教的委员会时他们开始举行会议。

当我坐在自己的位子上提出那份报告并解释我所建议的补救办法的纲要之后，大主教和委员们看来好像非常诧异，显得目瞪口呆，不知所措。在委员会中主要的官方人士同大主教私下交换了意见以后，后者对我说："欧文先生，这份报告提出的问题太广泛，所谈到的原理和办法太新鲜，所牵涉的全国性的改革又非同小可，所以本委员会不准备加以讨论了。它比较适宜于让目前正在开会的下院斯特奇斯·

伯恩的济贫法委员会去考虑。因此,我们建议你还是把它交给那个委员会吧。"我说:"如果阁下和本委员会希望如此,我就照办。"

后来成为大法官的布鲁姆先生是这个济贫法委员会的委员,通过他我通知该委员会说,我有这样一份报告要向它递交,并表示愿意作为证人就他们的法案提供证词。于是他们指定了我出席作证的日期。

在这个时期,我还蒙在鼓里,不知道那些上层阶级的一项策划已久的阴谋已渗透进这个委员会,以反对贫民和劳动阶级的天然权利和到那时为止的合法权利。那项阴谋将通过该委员会的讨论而开始逐步显现出来。

我在指定的那天上午出席委员会,等候第一次询问。当我走进会议室时,我发现四十名委员都已到场,按排列的座位规规矩矩地坐着。我随身带着报告和计划,准备接受询问。我把它们摞在一起,按顺序排列,等待询问的开始。委员们由于同政府关系密切并受其影响,事先已从大主教的委员会了解到我这时打算递交并在被询问时加以充分说明的那份报告的概要。我这时看出,那些主要的委员显然正在兴趣盎然地窃窃私语,他们低声的交谈使我听不清任何讲话的人所说的话。在我这样等待了一会儿以后,他们的谈话似乎已经告一段落。我个人同所有的委员都认识,并且同一些委员还保持着友好的关系;但我准备经受一次严格的、最仔细的质询,因为那些思想保守的委员都知道,我关于贫民和劳动阶级的观点实质上是和他们的观点截然不同的。

我把我所有的文件和计划摊在桌上,这种气概无疑地使委员会那些主要的成员感到咄咄逼人。在这样等待了一会儿之后,斯特奇斯·伯恩先生正式向我说:"欧文先生,可否请你退到隔壁房间里去待一会儿?委员会的委员们希望私底下商谈一下,之后再请你来回答我们的询问。"

我退进了隔壁一个房间,那里备有纸、笔和墨水,我急忙写下一些材料，因为我一向没有闲着不干事情的习惯。委员会很早就开会，那天并没有请别人来提供证词，因此我整天没有闲着，每时每刻都盼望他们来叫我，直到召集委员们到会议厅去的铃响为止。这时，现已成为勋爵的布鲁姆先生来到我跟前说："欧文，我们整天一直在讨论应当不应当请你作证，但至今还没有作出决定。辩论要推迟到明天早晨十点钟才开始，到时候你还必须听候委员会的传唤。"

我认为这是一种不可思议的行径，当时推测不出其原因何在。

早晨十点钟，我待在等候室里，像上一天那样忙着干我自己的事情——他们也没有邀请其他任何证人。整个一天像昨天那样消逝了。他们在屋子里关着房门讨论，直到把委员们召集到会议厅去的铃响为止。就是在今天，我还认为我和布鲁姆先生在彼此的一生中素有友好的往来，当时人们也了解这一点，他在铃响后跑来对我说："唉，欧文，这真是一件新鲜离奇的事情。委员会已经仔细讨论了整整两天，到刚才才结束，讨论的结果是根据微弱的多数决定，委员会不再请你作证了。"我说："这确实是离奇的和不可思议的，因为委员们都知道，我已经多么深入地研究过这些问题，我对劳动阶级已经积累了多么丰富的经验。可是这没有什么关系。我一定要想方设法使公众能够了解我对这个问题的观点。"

在一两天里，我按照该委员会消息最灵通的成员本来可能向我提出的问题在日报上发表了一篇自问自答的文章，这样，委员会中那些反对我提供证词的委员的观点就完全站不住脚了。我倒很想听听两派在那两天讨论的期间究竟争论些什么。那些辩论将成为可贵的证件，足以证实上层阶级反对下层阶级的天然权利和法权的阴谋是的确存在的。

* * *

我作为贫民和劳动阶级的朋友以及作为现有弊害的全面改革者的名望，现在已经格外为公众所熟悉了。我考虑下一步应当采取什么办法来提倡这些在许多人看来还是新鲜的观点，最后决定在伦敦中心区酒家召集一次公开集会来讨论一项使我国摆脱现有的困境、革新低级阶层的精神面貌、减低贫民增长率、并逐渐消除贫穷及其一切不良后果的计划。

可是在召开这些会议之前，有几个外国驻伦敦的大使曾经收到我那四篇关于"新社会观"的论文，要求有关方面介绍同我认识。这些大使中特别值得提到的是普鲁士大使雅科比男爵，他曾把我发表的论文呈献给当时的普鲁士国王，后者对论文大加赞赏，居然给我寄来了一封亲笔信，表示他非常满意我的关于国民教育和关于行政管理的意见，说他因此已经敕命内政大臣在普鲁士政治条件和地方条件许可的范围内采纳我的关于国民教育的建议。第二年（1817年）开始实行这一措施，一直贯彻到今天。雅科比男爵热烈拥护我的观点，并且大家知道他同我保持着友好关系，因此当时奥地利驻伦敦大使埃斯特哈齐亲王要求他介绍同我见面，以便听我亲口解释我的"新社会观"。他们一道前来访问，男爵把亲王向我作了介绍；但由于我的听觉不是太好，没有听清官衔或名字，我仅把亲王看作驻外贵族中的一个普通成员，同他进行了有趣而无拘无束的长时间交谈。

我当时在自己的房间里放着一具为贫民设计的第一个或初步的社会模型。他仔细地端详着，我则在旁边向他充分说明了这具模型在实践中打算起到的作用。他对这个问题深感兴趣，显得既坦率又随便，在临分手时又表现得那么友好。我一直不知道我那位好奇的、聪明的来客的官衔和名望，等到雅科比男爵下一次和我见面时，他才说明了他的姓名和身份。

我曾按照普通人对普通人的态度同他交谈。由于我不知道他是什么头衔，我没有用头衔称呼，当他问我打算根据我的"新社会观"陶冶什么样的性格时，我回答说，"在身心方面得到充分发展的男男女女，他们始终言行一致，通达事理。"这种回答似乎使他留下了深刻的印象，并且男爵告诉我，他曾表示对我们的初次晤谈非常高兴，深感兴趣。亲王此后一直成为我的朋友，后来有几次对我很有帮助。

我的新拉纳克实验已经取得了并正在取得重大的进展，这时它更加声名远播，引起了国内外显要人物的注意。按照我那种利用明显的示意动作和亲昵的交谈进行的新颖教育方式，我已经组成了和装备了第一所陶冶幼儿和儿童性格的机构，所规定的入学年龄为一岁或刚会迈步的时候。

开头，做父母的搞不清楚我将如何对付他们那些不过两岁大的幼小的儿童，但他们看到了所产生的效果，就急切地希望把他们一岁的幼儿送来入学，并打听不满一岁的婴儿是否也能收容。

我告诫那些父母不要把它看作一所规定每一儿童每月交费三便士或一年交费三先令的贫民学校，当然，像这样的学费他们是很愿意支付的。这个按等级分成三校的机构为每个儿童每年大约要花费两镑。可是，学校对全体居民具有避恶扬善的强大影响，他们由此而得到的品德上的提高可以充分弥补三先令和两镑之间的差额。

儿童在不受惩罚或不必担心受罚的情况下得到训练和教育，他们在学期间是我生平所见到过的最为幸福的人。

对于幼儿和年龄较小的儿童，除用明显的示意动作、实物或模型或图画施教而外，还用亲昵的谈话循循诱导。到了两岁和两岁以上，学校每天教他们舞蹈和唱歌，并鼓励他们的父母在上任何一堂功课或进行体育锻炼时来看望他们。

然而，此外还有供十二岁以下儿童就读的日校。他们满了十二岁以后，如果父母愿意的话，可以进工厂当技工和纺纱工，或在任何部门工作，因为我们拥有铸铁铸铜工、锻工、木铁车工、机器制造工以及各部门的营造工人。在各个部门，不断地有房屋需要修缮和兴建，有很多机器需要修理和更新。这个时期光是企业每年的修理费就要花八千多镑。

我还作出安排向职工提供各种必需品，用现金直接在一些主要市场大批买进种种商品，按原来进货的成本卖给职工。他们以前却不得不在小杂货店和小酒店主要用赊欠的方式用高价购买劣等和掺假的商品；他们的肉商所出售的肉类一般比带一层皮的骨头好不了多少。到我向全体职工提供衣食等等必需品的安排已经完成的时候，一些人口比较多的家庭每星期挣两镑工资，他们的家长对我说，我向他们提供必需品的新安排使他们在价格上每星期节省十先令，更不必说变质的和质量极次的商品同最优良的纯正商品之间的巨大差别了。小杂货店和小酒店很快就消失了，职工们不久就清偿了以前欠那些店铺的债务。

在一百五十英亩土地中央的村庄里的所有住家，构成了新拉纳克企业的一部分，他们像一架机器那样团结合作，逐日像时钟那样有规律地进行活动。亨利·赫思先生是英格兰银行多年来负责财务的著名高级职员，曾改组过银行的业务安排；他在初次访问我时曾仔细考察了整个企业，并随着他的考察越来越对我的企业发生兴趣，他对我说道："欧文先生，这一定是经过几代人的努力才取得的成绩。达到这样完全有条不紊的地步，究竟一共花了多少时间呢？"我告诉他，企业是完全由我设计并在我直接指导下在十六年的期间建设成这个样子的，在我着手把几个部分接合成一个整体的时候，谁也没有料到会产生我预期的这种结果。持久的井井有条的状态使他很感满意，因此在他在世的时候他每年总要到我的住处布拉克斯菲尔德来做客。从我的住处到工厂很方便，但又有一段距离，不受工厂嘈杂声音的干扰，而我的房屋则坐落在一片迷人景色的中间。

我前面已经提到我所采取的一些措施，用来发觉和防止偷窃，登记工人的品行，也提到过由此产生的有利效果。穷苦的工人容易受种种十分强烈的诱惑，他们的偷窃行为受到企业邻近一带为数不少的织布工人的怂恿。察觉有结伙盗窃的情事，对这些行为不端的人来说是不幸的；至于我，既然知道他们的不良品德的形成过程，也了解他们在这具体情况下所处的恶劣环境，自然深感苦恼。我的目的在于防止而不是惩罚罪行；通过我采取的计划，我能够察觉所有筒管每天经过四组工人的任何一组的手里之后有无损失的情况。这样就有效地**防止了盗窃**，而在逐步产生这种变化的时期，我从来没有处罚过任何一个工人，虽然许多偷纱的工人被发觉了。

四个大棉纺厂装满着陈旧的机器，安置得很乱。这些机器都更换了，全部重新安置了一番。在旧的布局上，楼梯上老是挤满着提筐携篮的搬运工，把产品从下层车间送到上层的车间里去，而在楼梯上迎面相遇的则是提着空篮空筐的人们。我因此设计了一种到那时为止还没有人用过的工具，可以不必经过楼梯把一切东西送上送下。

我对惩罚的措施很是反感，宁愿尽可能采用简单的办法而使惩罚成为多余的手段，因为它对个人来说总是不公正的。为了防止习惯于鞭挞童工和青工并且出于无知而时常滥用职权的各部门的监工和师傅采取惩罚手段，我发明了人们很快就称之为电报的一种装置，这在上文已经描述过了。这是惩罚预防器，见不到鞭打、听不到骂人的粗话。我每天巡视各个车间，工人们看见我总是去仔细瞧瞧这些电报，而在哪一个工人神色不大对劲的时候，我仅是先看看这个人，然后再看木块装置上的颜色，但绝不用责备的口吻加以呵斥。如果有谁认为他不应当得到所给他的次等的颜色，我希望他直接向我申诉。但很少发生这样的事。这时，那种简单的无声考核装置不久就开始对工人们的品德产生它的效果。起初，每天大部分是黑色和蓝色，黄色不多，白色更是少见。逐渐黑色变为蓝色，蓝色变为黄色，黄色变为白色。有好多年，绝大多数职工每天的行为始终应该而且确实在企业职工考核簿上留下了头等品行的记录。在采用了这种电报之后不久，我就能够立刻根据脸部的表情看出所显示的是什么颜色。由于有四种颜色，我在巡视各车间时一眼就分辨出四种不同的脸部表情。

在人类历史上，也许还从来没有一种如此简单的装置在如此短的时期从充满着那么多愚昧、错误和痛苦的环境中创造出了这么多的秩序、美德、善行和幸福。可悲的是，全世界的教士和各国政府还不知道，只要采用**防止**愚昧、贫困、罪恶、倾轧和痛苦的简单明了的办法，就能轻而易举地产生无限的幸福和善行；恰恰相反，他们却采取愚蠢的行为和行动，助长了贫困、罪恶、倾轧和痛苦，接着又通过了最不公正、最残酷的法律来惩处孤苦无依的人们中有损于社会的罪行，而那些罪行本来是他们愚蠢的教导和治理方法所造成的。

无论在什么时候，只要认认真真地、始终不懈地进行试验，按照正确的原理治理全世界的人民，并采用一些切实可行的办法来防止愚昧、贫困、倾轧、罪恶和不幸，人们就会发现，使各国和各族人民善良、明智和不断提高幸福水平乃是简易而又十分经济的任务。

采用小小的有色电报这一简单的方法，还使我得到另一种重要的好处。我的新合伙人大体上都是一些性情确实仁慈，希望按照他们的方式改善劳动阶级状况的人士，对于他们，我事先曾保证在把我们的合伙企业买下以后要每年对他们交托给我管理的资本支付百分之五的股息，同时表示我要继续保持我的那些旨在普遍改善国内外一切阶级的状况的计划和观点。在争取达到后一目标的过程中，由于我必须在议会开会期间屡次前往伦敦，因而有几个星期，有时甚至几个月不能待在新拉纳克，那就有必要由我作出安排，防止企业在我长期离开的期间遭受损失。为此而作出的安排是这样：我吩咐每天要向我送达准确的报表，详细列出每一部门在制造过程中所取得的成绩，通过这种办法，我只要审查一下半张纸片上的数字，几乎立即就知道我们每天生产进度的真实结果，这样做比从前没有这种报表而每天亲自去仔细观察时更容易了解情况。另外，既然关于有色电报的日报表的内容在每天傍晚登录在品德考核簿上，大家就都知道我回到厂里的时候是一定会检查这些考核簿，了解我不在的时期每一职工每天的品行如何的。

我曾把企业分成四个总的部门,费了很多心血着重训练我所任命的四位各自领导一个部门的职员,让他们了解我对他们的看法以及管理他们所直接指挥的工人的方式。在我就要离开企业并预计要在外面逗留一个长时期的时候,我总是把这四个人召集在一起,充分说明我希望每一部门在我离厂期间应当完成的任务。而我回来的时候,总发现他们都已满足了我的愿望,忠实地执行了我的指示。

对于按等级分成三校的教师,我也采取了同样的办法,并从年轻男女教师方面收到了预期的效果,虽然他们在正确理解人性这一点上缺乏经验,因而并不经常能够适当地考虑每一个儿童的不同秉性。

在这时期以前,我已获得了所有儿童的十分真挚的爱。我说所有的儿童,因为一岁以上的每一个儿童每天都被送来学校。同时,儿童的父母也对我怀有深厚的感情,他们对于自己孩子的改进的行为、令人惊奇的进步和不断提高的幸福感到欢欣鼓舞,并对我逐渐把他们置于其中的环境的巨大改善深感满意。但是,对于我自己和这时不断地前来参观企业的许多外地人来说,有很大吸引力的是新设的幼儿学校;从开办之日起我便天天密切注视着和监督着它的进步,直到我所选任的教师据我估计已经在思想上有了准备,足以担负这一异常重要的职守为止,因为我知道,如果没有正确地奠定基础,想兴建一座令人满意的建筑物的心愿是势必要落空的。

不可能寄希望于任何根据书本上讲的教学法来施教的旧教师。在以前的旧教室里,我曾试图劝使那位教师采纳我的观点;但他没有能力也不愿意试着采用他认为是怪诞不经的、"标新立异的"教学方式,并且看起来完全受了教区牧师的影响;而教区牧师本人是反对改变教育儿童的方法的,他认为试图教育和教导幼儿的措施根本是毫无意义和徒劳无益的行动。因此,虽然他是旧学校的一位耿直的好教师,我必须在不得已的情况下同他分手而在我们的居民中间物色两个人来接替他。他们的条件是热爱幼儿并对他们有无限的耐心,性情温顺,愿意毫无保留地遵从我的指示。在村民中间我能找到的在这些方面最符合我的心意的人,是一个名叫詹姆斯·布坎南的心地单纯的穷织布工,他以前受过妻子的训练,能够做到绝对服从她的意愿,并且他依靠这时很不景气的用手工织造普通平纹布的织布业给予的微薄工资,过着清贫的生活。可是,他生来就热爱儿童,他对儿童的耐心是无穷无尽的。这些连同他愿意顺从指导这一品性,是我为设立第一所合理的幼儿学校而需要的教师的品质,而这样的幼儿学校是任何国家的任何方面从来没有想到的,因为它是为实行世界上前所未有的新制度而采取的切实可行的第一个步骤;然而,尽管我对各阶级的公众作了广泛的宣传,至今还没有多少人懂得它的原理,更没有人想到要付诸实践了,虽然我们人类千秋万代的持久的无上幸福取决于各国及其人民是否能正确地实行这种纯正的原理和办法。

这样,心地单纯的善良的詹姆斯·布坎南虽然起初还不大能够读、写或拼音,却成了一所合理的幼儿学校的教师。可是那么小的幼儿也需要一名女性保育员来协助教师,而且她还要具备同样的正常特性。这样的人选是我在棉纺厂的许许多多年轻女工中寻找的,幸而找到了一位适合于担任这项任务的年轻妇女,她大约十七岁,被村民们亲昵地称作"莫莉·扬[①]",在他们两位都很陌生的这一新的岗位上她还在天赋的智力方面比她新的同事高出一筹。

我给他们的第一项指示是,他们绝不可以责打任何儿童,或者在说话或行动上对他们进行威胁,或者使用辱骂的语句;而是要经常和颜悦色地同他们谈话,做到态度亲切、语气柔和。他们应当再三叮嘱幼儿和儿童(因为这些幼儿和儿童从一岁到六岁都在他们的管教之下);无论如何要尽力使那些同他们一道游戏的伙伴感到高兴;从四

---

① 莫莉是玛丽的昵称。——译者

岁到六岁的大一些的儿童应当特别照顾年龄小一些的,应当协助老师教导他们互相友爱,造成一片欢乐的气氛。

詹姆斯·布坎南和莫莉·扬欣然接受了这些指示,在担任各自的职位期间始终坚决地加以贯彻。

我决定不让儿童们为书本所困扰,而是要教他们知道周围一般物品的用途和性质,其办法是和儿童们亲切交谈,等他们产生了好奇心,在诱导下提出了有关那些物品的问题时,才让他们了解它们的用途和性质。

在天气恶劣的日子供他们娱乐的房间宽十六英尺,长二十英尺,高十六英尺。

教育幼儿的教室大小差不多,其中布置着以动物为主的图画、地图,往往还有从花园、田野和树林中采集来的自然界的实物,对这些实物的审查和解释总是引起了幼儿们的好奇心以及他们和老师之间的热烈交谈。我常常指示那两位老师要把他们的学生看作年幼的朋友并按照对待朋友的样子对待他们,现在他们根据我的指示以这样的方式尽力教育这些年幼朋友的时候自己也增长了知识。

四岁和四岁以上的儿童显得很早就想了解大比例世界地图的用法,这些地图是有意挂在教室里面来引起他们注意的。我先教他们的老师布坎南如何使用地图,然后指点他如何把认识地图作为一项娱乐活动去教他们。这是因为,教导幼儿的一切事情都要富于乐趣。

看到这些幼儿和儿童不用书本而在吸收现实的知识方面有了进步,我深受鼓舞并感到高兴。当这最好的教学方法或陶冶性格的方法为人们所普遍了解的时候,我不相信十岁以下的儿童还会用得着书本。但是,即使不用书本,十岁儿童也会养成优良的性格,成为有理性的人。他们在理论和实践上对他们自己和社会的了解程度,远远胜过现今见多识广的成年人,以及全世界任何年龄的广大人口。

全世界的各界人士还应当了解人性及其能量和功能。人们现在不知道和不重视人性的特殊能力，因而总是使用不当，令人痛惜地以这样那样的方式把它们浪费掉，其结果是使我们整个人类一代接着一代蒙受不可弥补的损失。

一旦人们为了达到高度卓越和幸福的境界，懂得人类的优美而很了不起的器官、才能、癖性、能力和品质，并由一代人把这种知识合理地传授给下一代人时，真理将成为人们中间唯一的语言，有见识的宽宏和仁爱的纯洁精神将弥漫于整个人类。当真理和真实的知识并不掺杂着无知的错误和偏见时，当人们知道如何采取切实可行的办法把真理和真知应用于人生的日常事务时，它们是多么简单明了啊！这里，两个没有受过教育的人虽然从来没有想到要担任那样的职务，也不知道预定要达到什么目的，但由于掌握了最简单的方法作为动力，却不知不觉地完成了他们这一代最有学问、最聪明和最了不起的人感到诧异、惊愕和迷惘的业绩。詹姆斯·布坎南和莫莉·扬有一段时间每天获得指导，开始懂得了应该怎样在我事先为他们创造和安排的环境里正确对待我交给他们照管的那些幼儿和儿童，因此他们不知不觉地作出的成绩引起了文明世界的先进人士的注意。他们中间最有经验的人对那些成绩大惑不解，摸不清究竟是什么力量能把人类塑造成他们开始看到的那种类型。

过了一段短时期以后，他们变得同家庭境况相似的所有的儿童大不一样了，事实上也和社会上任何阶级的儿童有明显的差别。两岁和两岁以上的儿童已经开始学习舞蹈课程，四岁和四岁以上的儿童学习歌咏课程，他们都由一位好的教师指导。男孩和女孩都要到操场上去操练，逐渐适应军训的要求。他们被编成几个分队，有若干打鼓和吹笛子的少年走在队伍的前面，在操演时显得很老练，叫人挑不出毛病。

然而，教友会教徒是不喜欢给这些幼儿和儿童教舞蹈、音乐和军训的。这时我们的企业有三位股东是教友会教徒，他们在自己的会里都相当出名，这三位是：阿尔诺园林的约翰·沃克、布朗利的约瑟夫·福斯特和威廉·艾伦。前两位品格高尚，慷慨大方，有卓越的见解，秉性十分仁慈；而艾伦则在自己的教派中争权夺利，终日忙忙碌碌，好管闲事，很是活跃。他自称同我非常友好，但背地里却拼命破坏我在新拉纳克改造儿童和职工性格的主张和威信。可是，这些与教友会的宗旨相抵触的行动产生了特别良好的效果，以致他们在我们合伙关系开始以后的几年期间，谁也没有提出什么意见，只是再过了几年，威廉·艾伦才表示反对，说他的教友会不赞成那些行动。

这时，像我曾经预料的那样，按照对整个人类表现出宽宏仁爱精神的原理进行的舞蹈、音乐和军事训练也成为可以用来陶冶善良和愉快性格的最好、最有影响的环境。这里举一个足以表明这些成绩的例证。当约瑟夫·福斯特和威廉·艾伦有时从伦敦到新拉纳克企业来探望我的时候，我屡次发现他们在学生上课时待在舞蹈和唱歌的教室里，欣赏着他们作为教友会教徒从出生以来从未见到过的新的欢乐景象。舞蹈、音乐和军训将永远成为一种陶冶性格的合理制度中的突出环境。它们能使儿童身体健康，体态富于自然美，教导他们在潜移默化下愉快地养成服从指挥和遵守秩序的习惯，在他们的内心产生安宁和幸福感，并使他们在思想上有足够的准备，能够在获取一切知识方面有重大的进步。

以这所合理的幼儿学校为蓝图企图建立第二所这样的学校并获得相类效果的几次尝试，都并不顺利。

组建这样一所学校的第二次尝试的发起人是兰斯登侯爵、布鲁姆勋爵、银行家约翰·史密斯议员、本杰明·史密斯议员、英格兰银行负责财务的高级职员亨利·赫思先生，另外大概还有后来在印度公司任职的詹姆斯·穆勒。布鲁姆勋爵、约翰·史密斯和亨利·赫思曾经多次参观过新拉纳克，很欣赏儿童们在这些合理的环境中养成的优良品性和智慧以及他们所享受的幸福，而这些环境则是由陶冶这种新性格的机构体现出来的。由于他们为人慈善，他们当然希望能够尽量使其他所有的贫苦儿童也养成这么优良的品性并享受这么多的幸福。他们问我，如果他们能够组织一些人在伦敦设立一所这样的学校，我是否愿意让詹姆斯·布坎南去担任他们学校的教师。我回答说："非常愿意，因为我的一些学生已经能够接替他的职位而对我的学校不会有任何损害。"

根据多年来我每天在企业里对他耳提面命地进行指导的事实，我原来认为他这时能够自动地执行他那在我的指点和莫莉·扬的协助下似乎是相当容易的任务了。但我发现，他顶多只能办理他在过去一段时期内曾经做过的事情，不能再有所发展。

上面提到的那几位先生成立了一个组织来实现所拟订的计划。他们兴建了一所学校，提供了设备。詹姆斯·布坎南和他的家属前往伦敦，他被任命为教师，全权负责管理那所学校。

这时我必须指定人选来接替詹姆斯·布坎南，并给予必要的指导。不久我就物色到了一个刚训练出来的学生，他经历过我们这些学校的培养，因此作为一个有文化的人来说在学识上和习惯上比他以前的老师高出很多，可以说是青出于蓝而胜于蓝。他依仗年轻和精力充沛，再加上经过我的培训他对事业所抱有的巨大热情，在詹姆斯·布坎南离校之后的第一年很快就使学校有了改进，而詹姆斯·布坎南此后也没有再来看看这所学校。

我当时希望他把那所设在威斯敏斯特的新学校办得同他多年办熟的这所学校不相上下。可是，虽然他是个心甘情愿地承担教师职务的雇员，在他有限能力允许的范围内温厚地从事教育工作，结果却发现他既没有才智也没有那股冲劲来自发地采取行动。在那第二所学校建立起来并充分开展工作之后，我过了一段时期才能离开新拉纳克，因为我必须训练我那年轻的新教师在我出远门以后怎样经管幼儿学校。这个青年已经在我们培养性格的三级学校里受过系统的训练，他的性格已经得到精心的陶冶。他已经吸收了办学方法的真正的精神，急于想在我的教导下了解他怎样才能实现我所渴望的改进。他完全有能力担任这项工作，在十六岁的时候就成为我在世界上其他任何地方从未见到过的最优秀的幼儿班教师。

当这些事情在新拉纳克顺利进行时，我们的幼儿学校和性格陶冶馆已经声誉远播，引起了人们很大的激动；于是国内外知名人士纷至沓来，人数逐年增多，他们都想来看看他们所说的新拉纳克奇迹。

我知道光是视察一番就足以使人们对于这里产生的效果获得充分的印象，所以我把整个企业毫无保留地向所有的来宾开放，让他们尽量调查研究。我对大众说："请跑来瞧瞧，由你们自己作出判断吧。"于是他们就纷纷涌来了，每年不是成百而是成千。我看到过一下子有多达七十名的从外地来的参观者在学校里旁听儿童们上早课。在这个时期，除了"十分虔诚的"基督徒而外，所有的人都对舞蹈、音乐、军训和地理课程发生特别浓厚的兴趣。然而，就连那些"十分虔诚的"基督徒也情不自禁地对这些儿童——普通棉纺工人的孩子——的天真活泼的欢乐表示惊奇和赞赏。

由于经常受到亲切和信任的对待，根本不必担心许多教师中有哪一位会对他们严厉申斥，他们表现出了非常自然的优美风度和彬彬有礼的神态，使远方来宾感到惊奇和喜悦，以致大多数来宾认为他们新的品行简直难以理解，不知道该说些什么才好，也不知道怎样来抑制自己的惊讶和诧异。

这些儿童在舞蹈室里每次在远方来宾的包围下组成七十对同时站了起来，习惯地用舒展大方、自然柔美的姿势一连串跳了欧洲的各种舞蹈，而且他们的教师并不在旁边指点，这就使来宾常常没有意识到教室里还有一位舞蹈教师。

在他们的歌咏课上，一百五十名儿童常常齐声歌唱，他们的嗓子经过训练已经达到了和谐一致的程度。大多数来宾是喜欢苏格兰旧的流行歌曲的，当他们听到这些儿童用天真朴素、发自内心的丰富感情曼声歌唱这些歌曲时，他们万分高兴，而这些儿童所以能够有这样的成绩，是由于他们的性格已经受到正常的合理培养。

在军事操练方面，他们逐步完成了许多规定动作，正如好些陆军军官所说的那样，他们的水平可以同正规军的一些团媲美；行进时队伍的前头有六个或八个年轻的笛手，吹奏各种进行曲。女生和男生一样受这种训练，双方的人数大致相等。这里不妨指出，由于每天在一起接受教育，他们似乎在感情上和行动上彼此看作同一个家庭的兄弟姐妹；这样的生活一直继续到他们在十二岁离开我们的走读学校为止。

儿童本身和远方的来宾也同样对地理课发生兴趣。教师在儿童很小的时候就在几个班级教他们熟悉大比例的世界地图，等他们熟练地掌握了这方面的知识以后，再把所有的班级在大讲堂里合成一个大班，在一张几乎可以覆盖座位背后整个墙面的大世界地图跟前经受训练。地图上勾画出了最好的地图一般都有的分区线条，但没有标出国家、城市和市镇的名字；城市和市镇虽小，却画有明显的圆圈以指明它们的位置。为此而合并起来的几个班级通常大约有一百五十名学生，他们站成一个很大的半圆形，以便人人都能看见地图。教师备有一根轻巧的白木棒，木棒很长，连最幼小的儿童也能用它来指点地图的最高部分。开始上课时由一个儿童手执木棒，另一个儿童要求他指出某一地区、地方、岛屿、城市或市镇的地理位置。这项训练一般要连续进行多次；但当持棒的儿童指错了地方时，他必须把木棒交给提问者，而后者就必须经历同样的过程。这种方法逐渐使儿童们发生了兴趣，他们不久就知道怎样去提问最生僻的地区和地方，以便难倒那个手持木棒的同学，并取而代之。这立刻成为一百五十名儿童的生动有趣的课程，使他们在上课的时候都能全神贯注。参观的人也像学生那样兴致很高，也同样深受教育。儿童们在那么小的年龄就有这样高

荆轲刺秦王图

的造诣，以致我国一位航行过全世界的舰队司令说，很多问题他回答不出，而这些不到六岁的儿童有几个却对答如流，并把地理位置正确地指出来了。

这个教室也是他们读书的课室。它有四十英尺长，二十英尺宽，二十二英尺高。教室的一头设有来宾席。上课时通常总有六至八位的男女教师在场，他们都按照规章严格掌握学生的阅读课程。

来宾从这间教室被带到隔壁一个房间（供学习写作、记账和讲演的大房间），其中有二百或三百个儿童坐在各自的书桌后边忙着写作或算账；它像读书室一样，布置得新颖美观。这间教室有九十英尺长、四十英尺宽、二十二英尺高，室内三面有走廊，一头有讲坛，供讲演之用。

当我主持性格陶冶馆的开幕典礼时，我就是站在这个讲坛上向大约一千二百名听众发表演讲的。在我讲了差不多有一半的时候，我坐了下来，人们立刻听到了音乐伴奏的合唱声，但谁也不知道声音是从哪里来的，因此大家都很惊奇。乐师和歌手曾被安置在隔壁房间里，那里有一扇门通到这间讲演室的走廊，因此乐声柔和，正如许多听众所说的，同仙乐一样，而他们却不知道声音是从哪里发出的，是怎样传来的。

这个性格陶冶馆，以及总的说来在我直接指挥期间的新拉纳克企业，被世界上思想比较进步的人士看作现代最伟大的奇迹之一。我曾把它的各部分连结成一个整体，日复一日、年复一年地活动了四分之一世纪；它那有规则的节奏宛如结构精密的钟表，由此而产生的效果吸引了世界各国政府和教士们的注意，他们都大感不解，弄不清楚我取得成绩的原因以及用以创造和维持这些成绩的方法。

在前来参观、考察和评论这些前所未闻的活动的成千上万比较著名的人士中间，有已故的俄罗斯皇帝以及九位或十位贵族和随从，其中有他的心腹朋友和医生亚历山大·克赖顿爵士。他们在我那里住了两夜。皇帝很喜欢当时正在家里的我那两个最小的儿子。吃饭的时候他总招呼一个坐在他右边，一个坐在他左边；在参观企业以及观赏企业周围包括那时有名的克莱德瀑布在内的各处绮丽的天然景色时，他总一手拉着一个。

据说，皇帝（当时是尼古拉大公）是经他母亲即当政的女皇介绍前来参观的，因为她曾收到荷尔斯泰因·奥尔登堡公爵的一份报告，谈到我的企业所取得的成绩，所以她对此颇感兴趣。奥尔登堡公爵是皇室的近亲，他和他的兄弟不久以前曾经同我在一起待过几天，在作为我的宾客期间每天都以很大的兴趣独自去仔细考察这部复杂的但在所有观光者看来是运转自如的机器的各个部分、一个含有教育意义的棉纱业社会，以及不必耗费村中各户的精力或时间而购得按主要成本计算的优等供应品的二千五百名居民。

在大公离开我之前，他和蔼地问我打算怎样安排我那两个儿子。由于我没有体会到大公想要把他们置于他的庇护之下的意图，我只是回答说："把他们培养成棉纺厂主。"这样的答复所产生的结果是：我把他们保留了下来，经过训练使他们成为自食其力的、讲究实际的、有用的科学人才，而不是那种仰赖宫廷的恩惠、容易受到他们很可能会遭逢的得宠失宠之灾的朝臣了。

那时，马尔萨斯派大惊小怪地发出叫嚣，说什么大不列颠的人口过多了，贫民受苦和劳动阶级有那么多人就业无门的情况是人口过剩引起的。现代的政治经济学家们每天都明显地硬要公众接受这些看法。大公在向我告别以前同我进行的两小时谈话中说："既然贵国的人口太多，我愿意把你和两百万人口一起带走，给你们大家在相类的制造业中安排就业。"我对殿下提出的这种非常慷慨的建议表示感谢，但由于我当时在财资问题上不必仰人鼻息，又对多半由我一手扶植起来的新拉纳克及其职工有深厚的感情，我拒绝了他的建议。我先是没有理会他对我两个儿子的好意，继而又拒绝了他的这个极好的建议，这无疑地给他留下了我执意不肯攀龙附凤这种不愉快的印象。另外还有两次，我由于不懂宫廷礼节，一定无意中得罪了这个颇有才能的皇室中的一些成员。

在较早的时期，奥尔登堡大公夫人即以后的维尔坦堡王后访问了伦敦。她曾从荷尔斯泰因·奥尔登堡公爵那里听到了关于新拉纳克企业的详细情况，并得知我那时正在伦敦会晤我的合伙人索思盖特市阿尔诺园林的沃克先生；但由于我当时需要在伦敦处理许多公务，我住在贝德福广场49号他市内的住宅里。大公夫人得知我在伦敦后派她的侍从长来请我去拜见她，并指定第二天早晨的某个钟点作为接见的时间。我准时去了，受到了不但是殷勤的而且是亲切和坦率的接待。她请我坐在她坐的那张双人沙发上，我们的谈话毫不间断地持续了整整两个钟头。这正是同盟国和它们的军队驻在巴黎的时期。她的哥哥亚历山大皇帝同奥地利和普鲁士的君王在一起，正在那里准备签订和约，以便在欧洲建立持久的和平。一般人都认为他具有开明的见解，愿意倾听各种改良的意见。我希望向公爵夫人说明我的新社会观，她似乎很乐意地接受了；我还希望她引起她的亲属皇帝本人对于这些要求普遍改善社会的意见的兴趣。她说，皇帝很想在其地位允许的范围内在全社会普遍提倡自由发表意见，但他不能完全按照他的愿望去做。他充其量只能在俄国响应那些改进措施，正如他只能随身带几位主要的俄国贵族一样；但他在结束这场长期战争方面所取得的胜利会给他更多的权力来按照自己的意愿办事。她愿意在回国之后对他解释我的观点。接着她开始谈起荷尔斯泰因·奥尔登堡公爵曾经表示他对那次到新拉纳克参观在我家做客的一段经历深感满意，随后又直率地和我谈到家庭问题和国内的各种势力，在态度上渐渐变得很随便，仿佛把我看作地位相等的人似的。我这时不过是个棉纺厂主，还不熟悉宫廷的礼节，特别是皇室的礼节，不懂得这样的会见无例外地应由皇室的显贵提出应在什么时候结束。我无知和天真地认为谈话的时间已经太长，大公夫人一定有点不耐烦了，我便站起身来，向她告别，以结束这次会见。可惜等我觉察出自己在这方面犯了错误，已经太晚了，只见大公夫人的脸上露出了惊讶和失望交织的神情。

在现已去世的俄罗斯皇帝带了他的一些贵族前来参观之后，接着来到的是奥地利的约翰亲王和马克西米利安亲主、外国大使、许多主教和无数的教士、我国几乎所有的贵族、来自各国的各行各业的博学之士，以及寻求各种娱乐或知识的富裕游客。然而，我们的企业在任何时候都是敞开了大门，像欢迎显贵一样欢迎那些企图挑剔毛病而加以公布的猎奇者的检查和仔细考察的，同时也是欢迎那些徒步前来寻求知识以便用于实践的明智的旅客的。

这些参观访问对我来说是了解各种生活方式、习惯、偏见和认识所体现出来的人性的可贵机会；我力图从各个人那里搜集他们根据自己对我们企业的衡量而具有的认识。看到所实行的一切新措施对每一来访者产生的影响，我深感欣慰。有些影响给我留下的印象比给别人留下的更为深刻，并且由于我有时向人们提到，我至今记忆犹新。其中有些影响可能使一部分的公众发生兴趣，所以我决定在这里叙述一下。

一个相当聪明、显然怀有善意的牧师在听到了那么许多他难以置信的关于我那些学校的离奇报告之后，专程前来参观。他沉着、耐心和深感兴趣地注意他所看到的一切事物，充分考察三所学校里的一切活动，接着又走遍企业的各个部门，然后才热情洋溢地对我说："欧文先生，我在这里看到的一切已经引起我极大的兴趣。我来的时候对于你那些关子人性的看法是有怀疑的。可是今天我亲眼目睹的事实在我看来完全是一种新的人性。我觉得它非常奇妙和不可思议，不知道你是怎样取得这些成绩的。我的兄弟为人诚实正直，对此我一向丝毫没有怀疑，但如果他曾根据亲身的体会告诉我说这些成绩是确实存在的，我还不会相信呢。任何事情，要是不经过我充分的检查和考察，从目击的现象中得到证实,是不会消除我的怀疑的,也是不会给我留下我已经获得的那种愉快的印象的。"

另一次,我们自己的贵族中一个地位很高的贵夫人及其随从前来参观当时人们所说的声名远扬的新拉纳克奇迹。他们视察了舞蹈、音乐和其他一切课程以及幼儿和儿童在游戏场上的户外体育锻炼,亲眼看到了他们彼此相亲相爱的神情以及所享受的那种令人赏心悦目的天真的无限欢乐,同时又想起了他们在室内上课时熟习教学内容的情景,于是这位贵夫人噙着眼泪对我说:"欧文先生,如果我的儿女能够被训练成这种模样,我花多少钱都愿意。"事实上,那些从幼年起经过这几所学校培育出来的人是我所见到过的最有吸引力、最优秀和最幸福的人。他们的一举一动都显得温文尔雅,进退自如;他们在回答远道来访者的询问时又是那么彬彬有礼,天真纯朴。他们无所畏惧,对自己的老师充满着信任和敬爱的感情,每时每刻都流露出无限幸福的神态,所有这些给予棉纺工人的子女一种以他们的年龄而论比其他人远为优越的性格。然而,如果儿童出生前后的环境变得更适宜于陶冶性格和指导社会的活动,那么,**普遍**养成的性格一定还会高出很多。

我自己的七个儿女都已长大成人,从小就没有受过什么处罚,当年的他们和目前还活着的这几个儿女给我的幸福绝不是任何做父母的人曾经体会到的。但是,他们还缺乏我那时能够给予我称之为联合儿童大家庭的这批棉纺工人子女享受的种种特殊利益。

我那善良的妻子,由于知道我在这个大家庭中倾注了多少时间,又看出他们和我自己之间彼此怀有多么深厚的感情,往往开玩笑说:"哎,你爱那些孩子胜过爱你自己的孩子呢!"任何像我这样花很多时间同他们待在一起的人都不得不把他们视为掌上明珠。虽然有些儿童从他们的天性来说自然比别的儿童更加讨人喜欢,但我总是叮嘱他们的教师,绝不要对任何儿童有什么偏爱,因为这样做就会使其他的儿童受到委屈。我自己觉得，要让所有的教师认识这一点并一丝不苟地贯彻始终，绝不是一件很容易的事；但过了一段时间之后，他们都能很好地遵从我的指示。

如果社会采取通情达理的措施和安排合理的环境来为所有的儿童从其出生之日起就培养善良高超的性格，谁也免不了要对他们钟爱备至；这是普天之下能使人们像爱自己一样爱其邻人的唯一方式，并且只有在组成亲密无间的共和国联盟和各民族联盟的情况下才能办到。

我记忆犹新的另一件事是现已去世的斯托厄尔勋爵及其女儿，后来的西德默思夫人的来访。他们有一天在下午较晚的时候到来，看守通往企业工作部分的大门的门房在我正忙于监督一些操作的时候向我通报，说"斯图尔特勋爵"和他的女儿希望参观我们的企业。由于不知道斯图尔特勋爵是谁，我说："请他们进来，把他们领到这里来吧。"他们来了，我开始把那些机器指点给他们看，当我正在作这样的介绍的时候，一个仆人从那离这些多种形式的操作中心约四分之一英里的布拉克斯菲尔德跑来，报告晚餐已经齐备，于是我说："大人，可否请你同我吃一顿便饭，然后我们再来参观工厂的其余部分以及成年职工在夜校的活动？"勋爵转过身子对他的女儿说："你看怎么样？我们要不要接受欧文先生的邀请？""当然要接受，"她这样回答。

饭后，我们边喝葡萄酒，边把话锋转到政治和国家的状况。这时我说，我国拥有为谋求其本身的持久繁荣和全体居民的幸福所需的巨大财力物力，就这方面而论，目前竟然没有一个能够励精图治的杰出的政治家，真是大可遗憾。"什么！"勋爵说，"你认为没有一位能够担负起这项任务的杰出政治家吗？"他说的时候特别强调一位这个字眼。"是的，大人，我认为没有哪一位能够胜任这项任务。"这番谈话在夫人小姐们不在旁边的情况下热烈地进行了一段时间。

我们随后回到工厂去，参观成年职工在一天工作结束以后在夜校学习和娱乐的情形。有些正在上阅读课，有些正在上习作课，其他一些文化程度比较高的人正在自己看书,作为消遣。有些人在跳舞,有些人在上音乐课,所有的人都按照他们的爱好忙碌着。这一切使勋爵和他的女儿很感兴趣,当这些参观告一段落时,他们返回自己下榻的旧拉纳克的那家旅馆。

当勋爵和我共进晚餐时,他的仆人和我那些仆人一起在食堂里吃饭;在送走我的客人回到家里时我才出乎意外地得知,来访的不是斯图尔特勋爵而是斯托厄尔勋爵,即不久以前的威康·斯科特爵士。第二天一早,我到旧拉纳克去拜访昨晚的客人,请他们来参观幼儿学校和其他白天上课的走读学校,因为那些学校实际上是整个企业最有趣的部分;同时我还向勋爵表示歉意,因为我把他称作斯图尔特勋爵了。他说,他们的时间不允许他们回到新拉纳克去参观幼儿学校和其他学校了,虽然这些学校他们闻名已久;他们事先的约会迫使他们在用过早饭以后必须立即动身。勋爵还打趣说:"我们这些内阁阁员很像拦路行劫的强盗;因为我们常常改名换姓,人家不认识我们或者把这个误认为那个,是不足为奇的。"

然而,要一一列举前来参观我们企业的那些因其门第、才华或财富而著名的人士,是举不胜举的;在我继续经营这家企业的期间,来访的人数不断增加,我必须举一些与具体事件有关的人士。

为宫廷搜集有用知识的俄国人哈麦尔博士多次来拜访我,他的访问总是受到欢迎并在许多问题上是对我有裨益的。

现在的戈德斯来德男爵当时是个已婚的年轻人,他听到我在教育儿童,特别是幼儿方面取得的成就,要求到我这里来待一段时间,了解我的教育原理和方法,以便他在子女出生和成长过程中用来教育他们。他勤奋地致力于这项工作,结果所取得的成就并没有辜负他的勤奋。他待了一个时期以后回去了,把他领会到的实际知识告诉了不愧为良妻贤母的戈德斯米德夫人;后来他们几乎完全按照新拉纳克的体制,在不违背笃信犹太教教义的范围内一共培养和教育了八个子女。

我经常到这家做客，好多次一住就是几个星期；但任何一次我都没有听到那里的儿女之间或父母和儿女之间有什么不愉快的话语，这种状况经历了将近半个世纪。

在前来访问的许多外国大使中，有**善良的**尤斯特男爵，他多年担任现已去世的萨克森国王驻我国和其他国家的大使。当时他即将在我国任职期满，宣告退休，因为他告诉我他终于获得了他国王的批准。尤斯特男爵是个非常有趣的人物，一位真正善良和十分谦逊的慈善家。他常来拜访我，有时还在我那里过夜，兴高采烈地调查研究我的意图和把它们应用于新拉纳克职工的情况。他对亲眼看到的一切衷心地表示满意，并说他绝不会忘记他所耳闻目睹的事情。这是我那些来访者常常向我表达的措辞，因此我把它当作他们暂时的观感而加以接受，并且在回想到它的时候只是把它看作前来参观的各方人士一时之间自然感情的流露。可是在男爵同我告别之后不久，他回到了德累斯顿，结果使我大为诧异的是，我收到了国王送来的一枚刻有陛下头像的金质大勋章，它由首相尤斯特男爵派人送达，附有政府的问候信；对此，我经常觉得我的答谢是很不充分的。我深谋远虑地致力于全世界人民的解放事业，特别是要解放那些备受虐待、处境恶劣的劳动阶级。我留心提防过多地得到宫廷的恩宠，因为它可能妨碍我将来事业的进展。所以，我到多年以后才把皇室的这件礼物公之于众；这是因为，如果我当时立即宣扬出去，那就会使我难以逐步获得我力图在将来为了他们的利益而给予指导和教导的那些人的信任。

我的公开活动这时已经吸引了我国皇室的一些成员的注意。约克公爵派人来请我去拜访他。但我无法发现这位殿下所抱的目的，因为我们的交往是一般性的，并且我对它不感兴趣。皇室的肯特公爵和苏塞克斯公爵这两位殿下当我住在贝德福广场的时期有时前来看我；有一次他们特地来参观我所发明的立方形木块，这些立方块让人可以看出我是按照科尔克豪恩先生在其《不列颠帝国资源》一书中区分的社会各阶级的比例数量制成的。两位公爵这次带了他们贵族中间的一些朋友来参观这些立方块，因为它们虽然简单，公众却把它们看作有用的珍品。我把这些立方块按体积大小顺序叠在桌上，对在场的皇室成员和贵族作了解释。代表工人阶级的立方块被放在最低的地方，其他立方块逐渐上升，直到我把代表皇室以及上院的主教与大主教议员和贵族议员及其家族的最后一个立方块放在顶上为止；这个立方块同底下所有的立方块相比，特别是同代表工人阶级和贫民阶级的立方块相比，显得多么微不足道。这时苏塞克斯公爵感情冲动地推推他兄长的胳膊肘说："爱德华，你看见了吗？"这整个一伙人顿时显得很慌乱，感到他们的阶级就人数来说同其他一切阶级相比确实非常软弱。

从那个时期起，我多次同两位公爵的这位或那位，并且更经常的是同他们两位一起在肯辛顿宫欢聚。在叙述以后的社会活动时，我还要谈到这两位心胸宽大的公爵。我现在必须再接着叙述其他一些与幼儿学校有关的事件。

前面说过，詹姆斯·布坎南到伦敦去组织和管理那里的第一所幼儿学校，这所学校是模仿已经吸引并正在吸引国内外很多人注意的新拉纳克幼儿学校的格局设立起来的。他走了以后，我必须在企业里比通常花费更多的时间，来教导我那幼儿学校的年轻新教师，使他能够熟悉我希望他采取的先进措施，因为我发现他具有工作所需要的正确精神和厚实的优良才干。他很快就采纳了我的观点，因此学校和儿童在短时期内大有改进，超过了詹姆斯·布坎南离职时的状况。

然而，尽管可怜的布坎南头脑简单、意志薄弱，我却曾花费很多时间和精力给予指导，并不断地企图激发他的干劲来充分理解所托付给他的任务的重要意义，因此我完全希望他会在新的岗位上按照他在实践中早已熟悉的第一所幼儿学校的原型组织和建立他的新学校。但当我首次参观第二所幼儿学校时，我大吃一惊，毛骨悚然（这所坐落在威斯敏斯特的学校受到一些名流和慈善家的赞助，他们却根本不懂得应当采取哪些必要的措施，因此无法给予可怜的布坎南以他所需要的帮助和支持，而我当时明显地看出，如果没有这样的帮助和支持，他是难以有所作为或作出任何成绩的）。在走进学校的时候，我首先碰到的是我在新拉纳克学校从未见过面的布坎南太太，她正在挥舞着鞭子恐吓那些儿童！在教室的另一部分我见到了布坎南，他显然毫无权力或势力，像儿童们一样要听他妻子的指挥。在我突然出现时，他们想藏掉鞭子，但儿童们的脸色同新拉纳克我那些儿童的坦率和欢乐的表情有天壤之别，他们立刻把他们的处境告诉我，并诉说他们所必须服从的无知的管理方法是多么厉害。那间教室同新拉纳克幼儿学校的教室大致相仿，但管理学校的精神和方式完全是不合理的旧学校的那一套，所不同的不过是儿童的年龄比旧学校吸收的儿童小一些罢了。

在布坎南太太和她的丈夫用这种十分错误的方法管理这所学校的时期（虽然据说他们以新拉纳克为榜样，但并无任何相似之处），后来以威廉·威尔德斯皮恩闻名的一位先生常常来拜访詹姆斯·布坎南和他的妻子，并参观他们实施教育的情况。

教友会从公开发行的报刊上知道了很多有关新拉纳克幼儿学校的消息，并从他们受人尊敬的、著名的教友约翰·沃克、约瑟夫·福斯特和威廉·艾伦那里得到了证实，就想在他们的直接赞助下建立这样的一所学校；他们在斯皮塔尔菲尔兹兴建了校舍，指定威廉·威尔德斯皮恩担任教师。我听说他们开办了这第三所学校，就前往参观，在同威尔德斯皮恩谈话的过程中得知他曾多次到过威斯敏斯特学校。我告诉他，那是一所质量很低的学校，不值得仿效；由于我发现他有学习知识的迫切意愿，比我那第一位教师可教得多，又有适宜于担任教学工作的聪明才干，我便概括地和详细地指点他怎样去处理那些儿童，要他用热情和坚定不移的仁爱精神而不是用惩罚去管理他们。他似乎很感激我对他的这种关怀，要求我尽可能经常到他那里去给予指导,传授我的经验。我真的那样办了,并且在指点的过程中很高兴地发现我的教导并没有遭到忽视,我所介绍的方法已经由他忠实地加以贯彻了。就外表上的和实质上的方式而论,他成了善于掌握这种教学体制的精神和实践的信徒。但是,作为争取建立合理的社会制度而向陶冶合理性格迈出的第一步,他为智力所限,对这种体制还无法领会。我不想过分提高他的认识程度,免得他在当时支持者的资助下干出他不宜干的事情。

当威尔德斯皮恩在其不完备的学识允许的范围内已经能够熟练地管理幼儿时,他发表了一本著作来说明他所取得的成就并推荐这一教学体制以引起公众的注意。在第一版中(因为他后来又再版几次),他承认我曾花了很多心血和精力去教导他熟悉这一体制的精神和办法,对我表示深切的感谢。到那时为止,威尔德斯皮恩是诚实和真挚的;要不是所谓虔奉宗教的人和自称过分正直的人加以干预,他本来很可能还会继续如此;因为只要我去探望他,我总看不出有什么相反的形迹。我在这里要指出,嗣后的一些事件表明,他抵抗不住宗教信徒或那些自己宣称笃信宗教的人的诱惑。

我已经把那所设在新拉纳克的幼儿学校谈得很多,因为那是为了陶冶人类的富有理性的性格而在实践中迈出的第一个合理步骤,同时也由于以后的许多重要措施是它引起的。这些措施下文将按时间的顺序一一加以叙述。我已经说明的这些措施不过是初步的,同嗣后采取的措施相比,并不重要;但它们使人更容易理解以后发生的事件。

* * *

我现在必须谈一谈我依靠自己的财力物力在1817年开展的社会活动,这种活动激起了文明世界的注意,使各国政府感到惊恐,使各种各类的宗教派别大为震惊,并使所有的阶级产生了激动情绪,而这种激动情绪除了发生革命的场合可以见到而外,在其他任何场合是难得见到的。这是一个仅仅受过普通教育的棉纺厂主公开宣告要建立一种新奇的社会制度的行动。这是历史记载上空前未有的行动，它对整个社会的重要影响一直酝酿到了今天并将继续酝酿，毫不后退地不断前进，直到它们改革人的思想，也就是使它获得"新生"，在精神、原理和实践上使全世界的社会发生彻底的变化，使各国都出现新的环境，直到不让现有社会环境的一块石头压在另一块石头上为止。由于发生这种变化，"旧的事物将一扫而空，所有事物的面貌将焕然一新"。

第一次向全世界公开宣布为人类建立合理的、唯一正确的社会制度这种做法，占有了文明世界心潮澎湃的关注，特别是在 1817 年的夏秋两季，并在很大程度上一直持续到 1824 年我离开本国前往美国的时候为止。我到美国去，是为了在那新的肥沃土坡里播种这种社会制度的种子，那里有着宜于发展精神和物质的新环境，是人类未来自由的摇篮，而那种自由不但是**旧世界各国**的人民，而且是当时美国的人民所不知道的。**自由**这个词儿沿用至今，但任何地方的人都并不了解它的意义。这是因为，真正的自由只能存在于这样的社会，即它以人们对人性的正确理解为基础，其上层建筑同那基础的各个部分或全部相一致。这将构成合理的社会制度，在这种社会制度里，人性将在实际上能够享受最大的个人自由。正因为它将必然使每一个人都很善良、明智和幸福，这样的人才会赋有充分的个人自由。

这是预示世界上将出现新的生活状态的宣告，我这宣告如果得到正确理解并合理地见诸实践，必将真正把全人类联合成为一个出色的、进步的大家庭，必将使所有的人在知识和才智方面有迅速的发展，并不断地享受人类所能获得的世间最高的幸福。

同我在伦敦中心区酒家召开的头几次公开集会有关的活动，在当时所有那些发表综合消息的晨报和晚报上都有详细的、确切的记载。在这项工作上，《泰晤士报》的兴趣最浓。直到我在一次集会上冒着丧失人们通常所珍视的一切，甚至生命本身的风险，断然地和严肃地用最激烈的语句痛斥了所有那些谬种流传的宗教为止,《泰晤士报》对我和我所介绍的方案都是赞扬备至的。它往往在同一版上辟出几栏篇幅,阐释我向公众推荐的制度,关于这一点,读者不妨参考一下从1817年7月30日至9月10日的该报若干版面。

最初引起公众注意这些异乎寻常的活动的,是我递交给以坎特伯雷大主教(萨顿)为主席的工业和劳动贫民救济委员会的报告。该委员会认为这份报告从全国来看问题太大太重要,不便由他们考虑,要求我把它递交给下院济贫法委员会,而当时济贫法委员会则正按照预先作出的决定召开会议,企图剥夺贫民的正当的、直到那时为止始终是合法的权利,即在他们丧失工作能力或无法找到工作时获得充分救济的权利。我在报告中指出:政府应该本着博爱的精神向受苦的贫民提供救济,而不是像目前许多济贫院所做的那样,用残酷的手段给予他们一点少得可怜的施舍。

下院济贫法委员会对我怀有敌意,这也许可以根据下列的事实推断出来,即该委员会所有的委员都知道我至少像任何提供证词的证人一样实际了解劳动阶级以及他们中间的贫苦情况,并且当时被认为是这个问题的权威。但是,我上面已经提到,该委员会关着房门讨论了整整两天,以便决定是否应当请我作证;到了第二天的讨论结束时,在我被邀请出席该委员会准备作证时,他们却以微弱的多数决定不让我作证了。其中的原因是很明显的。多数委员(他们受了马尔萨斯关于人口过剩的谬论的影响,决定要使贫民无立锥之地,而不是为他们寻找可以挣得不算太低的糊口工资的就业机会)知道,如果由我来介绍我自己的救治贫穷和犯罪的方案,即"国家应当为那些无法靠自己的力量获得教育或就业机会的人提供合理的教育和再生产的工作,并且应该把他们真正当人看待,而不是把他们看作被社会遗弃的人",那么,我的证词就绝不会仅仅是挫败他们的险恶意图了。

同这要求建立管理社会事务的新制度的宣告相关联的活动,在公众的内心引起极大的兴趣，因此，除了伦敦每一种晨报和晚报详细地刊登我的活动而外，我一般还购买**三万**份添印的报纸，给国内每一个教区的牧师分送一份，给上下两院的每一位议员分送一份，给每一城市和市镇的地方行政官和银行家各分送一份，并给各阶级的主要人物每人分送一份。

然而，这些还不够满足一般民众想了解那种与我召开的公开集会有关的活动的迫切心情，同时他们还急于想了解我所宣布的以崭新的精神、原理和实践来治理人类的新制度。为了应付一般民众的这种罕见的激动情绪，我印制了编成一、二、三号的三大张资料，其中包含《泰晤士报》以及伦敦其他晨报和晚报上发表过的关于这些公开活动的详细报道。这些资料我一共印了四万份，人们争先恐后地索取，三天就要光了。这时我不得不停止这种花钱很多的做法，因为我发现，召开几次大会并为说明我设想的伟大最终目标而对这几次会议作了必要的额外宣传已在两个月中耗费我四千镑——那时报纸每份售价七便士和八便士。

为了铺平道路，用治理人类和改造人类性格的正确的好制度来代替我早已看出是错误和不良的现制度，我分明知道：对于一种在以往一切时代煞费经营而在现今这一代人的思想上和习惯上根深蒂固的制度，进行一场小小的或隐蔽的斗争是没有用处的；只有公开地实行正面的攻击，不畏艰险，高举至今为各方人士所排斥的真理，同这世界上受种种势力、即名副其实的"黑暗势力"支持的谬误作斗争，才有希望取得最后的胜利，因为各国人民过去一向，甚至眼前还在思想上受重雾浓霾的蒙蔽。

我清楚地知道，无论是谁，只要他采取鲁莽轻率的行动去公开谴责这种压抑人们思想的乌云密布的制度，他就定然会遭受那股黑暗势力用形形色色隐蔽的阴险手段进行的反击。可是，我已下定决心要从事这场斗争，不管它可能产生什么后果。

我现在必须详细地谈谈那三种印刷的资料。第一号和第二号包含着为公众参加第一次公开集会而准备的文件。这些文件在1817年7月30日以及8月9日和10日分批刊印,并宣布大会定于1817年8月14日召开。这些解释性的介绍由伦敦各报馆广为发行,引起了普遍的激动;在14日开会的时刻到来以前,伦敦中心区酒家经常举行大规模公开集会的那个大房间挤得水泄不通,宽阔的楼梯上人头簇簇,晚来的人已无法插足,另外还有几百人等在外面,希望能让他们进去。在开会期间,有好几千人赶来后又只得折回,因为他们没有机会进入会场。大会引起了很大的兴趣,在安静热烈的气氛中进行得井然有序。在我发表演说时,听众凝神谛听,鸦雀无声。可是在大会快要结束时,所谓平民阶级的狂暴的、最无知的分子企图挑起骚动,确实制造了一场混乱。然而,那些深明事理、抱着调查研究的目的注意大会议程的听众立刻提议休会,从而结束了纷乱。

第二天,公众很惊异地看到伦敦每一家晨报和晚报都报道了大会的情况并准确地刊载了我的讲演。这一次我买了三万多份那天的报纸寄发出去,包皮纸的角上印有我的名字。每一种报纸还由某一位议员负责免费发送;替我免费发送的,有下院最有影响的议员拉塞尔斯勋爵,他在我采取初步措施向议会提出救济制造厂、纺织厂等所雇童工和其他工人的法案时曾为我出了很多力气,后来他成了黑尔伍德伯爵。

这次我寄发的加印报纸比往常多,我发表的讲演都是事先写好讲稿的,所以送往邮局的数量很大,以致邮电大臣不得不向财政大臣递交一份正式的备忘录,说欧文先生送来的加印报纸太多,我国的所有邮车必须把正规的时间推迟二十分钟才能从伦敦出发。据说,邮件的阻塞以及当时每一种晨报和晚报(我记得有十六种)详细地刊载我的讲演这件事使政府大为惊恐,但我绝非有意造成这种局面,因为政府向来在各种场合都对我十分友好。威斯敏斯特教长有一段时期担任过利物浦勋爵的私人秘书，我后来从他那里获悉，勋爵和他的许多阁员已经改变原有的观点，相信我所倡导的新社会观了。

伦敦的所有报纸和许多地方报纸对我的措施称颂备至，有助于它们在一切阶级中间广为流传，使我明显地成为当时最孚众望的人物，这就更加深了政府的惊恐。听到这个消息以后，我在召开第二次会议（已展延到 8 月 21 日，以便让各界人士有足够时间采取反对这次会议的措施）的两天前要求利物浦勋爵安排一次接见。这次接见立即被指定第二天十二点钟在勋爵的私宅进行。还没有等我按铃，大门就打开了，我马上被领进私人秘书，即后来担任首相的才干出众的皮尔先生的房间。这位未来的第二代罗伯特·皮尔爵士在我进屋时站起身来，毕恭毕敬地说："利物浦勋爵立刻就接见您。"在我坐了两三分钟的时候，他一直站着，这时利物浦勋爵匆匆地从隔壁私人房间里走来，请我进他的屋子。

我在这里提到这些细节，是为了证明我名噪一时的声望给予政府的印象之深；这在同各阶级的群众的关系上也是至关重要的。

利物浦勋爵给了我一张椅子，他心情激动，犹豫地说："欧文先生，你的愿望是什么呢？"根据他的口气和脸部表情来判断，仿佛是说："你的愿望是可以得到满足的。"我现在还认为，如果我那时要求的话，政府是会给我任何地位、职位或几乎任何东西的，因为明摆着的是，他们觉得我有左右他们的决策的力量。一个接一个的周围环境，纵然它们始终不在我的支配之下，所发挥的影响却是如此巨大；对于这些不可思议的新的事件和活动，我同政府和人民一样感到惊异。然而，这种声望对我产生的作用却并不是使我想到任何个人的利益或有什么市侩气的考虑。第一次大会之后我曾再三推敲，应当怎样力求最后实现那个不可磨灭地铭刻在我心中的、我决心不惜冒任何风险要达到的伟大目标，那就是，要改变这种使所有的人蒙受苦难的、虚伪的、邪恶的和十分残酷的社会制度，代之以真实的、公正的、仁慈的和善良的社会制度，这种社会制度将使所有的人终于在知识和智慧方面不断取得进步，生活上的幸福和合理的物质享受将日益增长。

我知道，对于我预料人类最终必然要经受的变革，全世界所有的居民在精神、原理和实践上是没有思想准备的。我曾冷静地考虑过我应当克服哪些困难，以便使全人类具有新的思想和新的习惯。我曾发现，阻挠人们取得一切持久的重大进展和进步的障碍是世界各国的宗教，除非这个难关能够得到克服，否则人类定然还会永远受困于最严重最幼稚的愚昧、即一种对人类的一切明辨事理的官能起破坏作用的愚昧。

我知道所有的人怀有支持其各自宗教的根深蒂固的偏见，千千万万人宁死也不准备放弃。可是我也知道，在他们被迫加以放弃，而另行信奉一种以关于伟大的宇宙创造力的不同思想为基础的内容充实、切合实际的宗教以前，谁也无法使他们跻登于通情达理的幸福境界。

在第一次大会以后，一些宗教界报纸纷纷要求我宣布我的宗教观，并希望了解我信奉什么宗教。考虑到所有这些情况，我暗自忖度我在下次大会上究竟应当采取何种方针，并且在我会见首相之前已经作出了决定。因此我在回答首相的问题时说，我只希望他阁下和内阁成员能容许我在第二天大会上建议组织的调查委员会的名单中列有他们的名字，同时还要请上下两院同等数目的反对党主要议员列名，如果我提出的决议案在大会上得到通过的话。

在我说这番话的时候，我看到了在任何人的脸上从来没有显露过的重重焦虑顿时冰释的表情；勋爵马上用十分信任的语气回答说："欧文先生，只要你不把我们看作代表政府，你完全可以随便选用你认为对你的观点有所助益的我们中间任何人的名字。"我向陪我走进私人秘书室的勋爵表示谢意，这时皮尔先生又立起来站着，直到我离别利物浦勋爵为止，而勋爵在我告别时所表现的神态同开始接见时相比简直是判若两人了。

可是，在引起首都和全国极大兴趣的第二次大会上，我决定采取什么方针呢？我打算发表的意见异常重要，不能让记者在公开集会上写出不准确的报道；而且晨报和晚报的所有主管人员都已向我索取我第二天打算发表的演讲内容。为了不致让他们认为我有何偏爱，我对他们说，如果他们在我的演说讲到大约一半时前来找我，他们每人可以得到一份讲稿的全文。所以，我叫人抄了十六份讲稿，并叮嘱抄写人在每份讲稿后面留下空白的地位以便我嗣后填补，再交给在会上索取讲稿的有关人士，而这种补充材料是我在赴会之前的早晨填写的。我不让人家了解我的意图，因为我知道谁也没有领会我的动机、观点和行为的思想准备，否则，每个人囿于原有的思想感情，是会竭力劝我采取不同的活动方式的。

我知道，我在会上的讲话第二天将在伦敦的每一种晨报和晚报上披露，当时公众对我所提出的问题颇感兴趣，我的讲话将在整个文明世界广泛流传。我也知道，如果世界上现有的一切虚妄的宗教不遭受致命的打击，人类是没有希望摆脱愚昧、倾轧和苦难的束缚的。同时我感到，我处于当时的那种地位，是唯一存在于世间的稍稍有机会完成这种任务的个人。因此，我决定毅然采取这一行动，虽然我明知我要想取得成就，在当时是要冒生命危险的。我决定在我讲演的某一部分谴责和驳斥世界上的一切宗教。

当我前往参加这个永远应当载入史册的大会时，除我自己以外谁也没有想到我打算要采取什么行动，以及在上面提及的那部分讲演中要发表什么意见。在那天大会召开之前的早晨，伦敦公众的情绪高昂到了极点。曾经听我透露过我的观点而当时表示赞同的朋友前来参加大会的人数越来越多，这些人大多数是宗教界和政界的上层阶级以及中产阶级上层部分的宅心慈善的人士，他们真诚地希望改善贫民和各劳动阶级的状况，只要不通过暴力革命而能够和平地、有条不紊地完成这项任务就行。

这个时期我同两岛的任何部分，甚至伦敦的技工和各劳动阶级一直没有公开的交往。他们这时并不了解我的一切主张和未来的意图。从最初熟悉和雇用他们的时候起，我在自己不断发展的一切时期都是他们真正的朋友。与此同时，他们那些对我有很多误解的民主主义的领袖却教导他们，说什么我是他们的敌人，是一切当权者的朋友，又说我企图在团结一致、合作互助的新村中把他们变成奴隶。

另一方面，我的对手们一直在殚精竭虑地集结他们的力量，这次带领他们那一伙人参加大会的，是一些颇有名望的演说家，这些人所持的反对立场受到现代政治经济学当时流行的学派中一些主要积极分子的支持。

虽然大会是在中午召开的，会场仍旧拥挤不堪，另外又有成百上千的人无法进入，深感失望。在下午五时有人提议让他们进来以前，许多人始终在门外等着，甚至一直到七时闭会，听众依旧人头簇簇，因为在有些人退走时，其他在外面等着的群众就立刻占据了他们的位置。

由于知道自己要采取什么行动，我单身前往，免得别人受到牵连。在我那天上午来到会场时，我是文明世界远比其他任何人更享盛誉的人，并对不列颠内阁和政府的大部分主要成员有很大的影响。我前往会场时已经下定决心，要用一句话来破坏那种声望，但我要凭借它的遭受破坏来挥起斧子，连根砍除一切虚妄的宗教，为全世界的人民开辟一个以符合于人类的自然法则，或者换句话说符合于一切事实和常理或理性的宽宏精神占统治地位的新纪元。

我开始发表讲演，在拥护我所倡导的事业的朋友们热烈的掌声和欢呼声中一直讲下去，最后讲到了我用以痛斥现今在世界各地布道的所有那些宗教的部分。这时我在语气上也使听众对某种特别的行动有些思想准备，用坚决的口吻说："到目前为止，向人们提出的问题中没有比上面的问题①更重要的了！谁**能**答复上面的问题呢？一个人要不是下了必死的决心，随时愿意为真理而牺牲，为了把世界从长年的分裂、错误、罪恶和痛苦的桎梏中解放出来而牺牲，谁又**敢于**回答上面的问题呢？请看这位牺牲者吧！在今天，在这个时候，甚至就在眼前，这些桎梏应该突然粉碎，只要世界存在一天，它们就不再复原。这种须冒危难的事业将给我造成什么后果，对我个人来说就像明天下雨还是天晴一样无所谓。不论后果怎么样，我现在都将为你们和全世界完成我的责任。纵使这是我今生最后的一次行动，我也将感到十分满足，并且认识到我是为了一个伟大的目标而生存的。因此，朋友们，我要告诉你们，以往你们甚至连真正的幸福是什么也是一直受到阻挠而无法知道的；原因只是错误——天大的错误……"讲到这里，听众为了想了解下文说些什么，兴奋到了极点；接着是一片屏息的寂静，听不到一点声音。我稍稍停顿了一下，后来朋友告诉我，这更在很大程度上增加了我神态的感染力和威严，对此我自己却是根本没有意识到的。以那样的心理状态，我说完了第三号文件上写明的那个句子②，然后又停顿了几秒钟，观察一下我这出乎意外的、前所未闻的宣告和对现有一切宗教的谴责所产生的效果，而这种宣告和谴责是中午在伦敦的一次有各阶级参加的人数最多的室内公开集会上发表的。

我自己的估计是，这种为了反对一切教派的根深蒂固的偏见而发表的大胆斥责将招来顽固分子和迷信分子对我的报复，我可能在会上被撕成碎片。但随后出现的事态使我大为惊讶。接着，在短时间鸦雀无声，所有的人默默地内心激荡的局面下，显然谁都不知道该怎么办或者怎样表达自己的意见。大家似乎猛吃一惊，不知所措。我的朋友

---

① "上面的问题"是："我们世世代代的同胞为什么会有千百万人成了愚昧、迷信、堕落思想和卑污生活的牺牲品呢？"参阅《欧文选集》，第一卷，第267页。——译者

② 全句的后半句是："原因只是在以往向人们宣讲的每一种宗教的基本概念中，都存在着错误——天大的错误。"在原文中，"错误"（——天大的错误）为后半句，即定语从句的先行词，因此，上文欧文的未说完的句子按原文将先行词先译出来。参阅《欧文选集》第一卷，第267页。——译者

们很感诧异,对我的鲁莽行动大为震惊,并担心其后果。那些抱定决心要到会上来反对我的人,像他们后来对我说的那样,仿佛触了雷电,不得不改变自己的主张。这样,会场里所有的听众在心理上似乎极端混乱,谁也不敢贸然发表自己的意见。要不是我故意停顿一下,等待听众表态,我可能会在我所引起的惊愕的沉默气氛中继续发表我的讲演。可是,在我没有接着讲下去的时候,也就是在我显然等待听众表达某种感想的时候,大约有六七个牧师在仔细听取了我的讲话而沉默了好一会儿以后,认为他们的职业使他们有责任用低低的嘘嘘声来诱导听众表示不满。然而,结果使我颇为惊奇的是,这些嘘嘘声遭到了除上述几个牧师而外全体听众由衷的鼓掌声的驳斥,这是在此以前或以后我从未见到过的群众最令人感动的热情的流露。

我于是对身旁的几个朋友说:"我们已经获得了胜利。公开说明的真理是无往而不利的。"

接着我又开始发言,把演说讲完,又博得了声震屋宇的欢呼。随后就是那些想要挫败我所提决议案的人发动的长时间的辩论;但是可以明显地看出,绝大多数从开头就参加这次大会的群众都希望决议案能够得到通过,即赞成指定一个委员会来研究我那些救济贫民的计划。

我的对手看到这种情况,就派人出去带进一些人来填补陆续退场的群众,而那些政治经济学家则在他们领袖的现场指挥下决定抢着发言,企图拖延开会的时间,以便把七点下班的工人们带进会场,让他们在不明了我这几个钟头的活动和言论的情况下举手表态。到这个时候,听众中间的正派人士已经筋疲力竭了,或者已经离开会场去吃晚饭了。我已经达到了目的,根本不在乎会上最后作出什么决议了,因为我知道,我已有很长一段时期破坏了我在那些只懂得盲目迷信而不会**独立思考**的人们中间的声望,而这些人是有一大批的。在进行表决时,发生了极大的混乱,因为那些反对给予贫民和劳动阶级以持久的、真正的救济的人已使群情骚动。甚至在大会结束时，大多数人还是坚决赞成我的主张的；可是，为了平安无事地休会，我决定宣布决议案遭到了否决，然后结束了大会。

从那天到今天，我一直认为那一天对公众来说是我生平最为重要的日子。那天，偏执、迷信和一切虚妄的宗教受到了致命的打击。这是因为，从那天到今天，它们已经逐渐丧失了势力和力量，在全世界所有进步人士的心中自然而然地烟消云散，并且它们不久就不会再使人类像现在这样荒谬、邪恶和四分五裂了，也不会再使他们像以往那样对上帝或自然界、他们自己以及智慧与幸福之路毫无认识了。

我的活动产生了效果。仿佛像奇迹一样，真理已经从世界各国虚妄宗教的向来毫不放松的掌握中溜走了。它被报刊飞快地送到各国人民的手中，其声势之浩大最终必将摧毁一切的谬误、偏执、迷信、倾轧、愚昧、罪恶和苦难，保证知识、团结、智慧和幸福不断取得进展而永不倒退。

即使有的话也没有几个人能够稍稍了解这些活动将对全世界公众的思想所产生的影响。它们的影响立刻就开始显露出来，从那天到今天已经不断地有所滋长并将继续扩大，最后全世界的旧制度必将从地球上消失，真理、博爱和智慧必将千秋万世支配人类的心灵。

在我以后到外国去的一切旅行过程中，这些公开集会已经为我创造了条件，使我能够受到我所接触的最高尚、最进步的人士的亲切而恭敬的接待。在牙买加、圣多明戈、墨西哥、美国和欧洲大陆，它们是永远有效的护照，可以把我介绍给以才干和地位闻名的最杰出的人士，到处为我创造热情接待的条件，而这种情况是我以前没有料想到的，因为我在从前经历的训练和教育下，总认为这些人士非常了不起，所以当时没有意识到那些公开集会对他们所产生的影响。只是在我从身份和地位最高、思想最为深邃的人们那里长期体验到了这种接待之后，我才充分意识到了它们所产生的永恒的影响。这些连续不断的效果往往使我更加相信,当丝毫不掺杂着谬误的真理被人以大无畏的精神当众公开宣布时,它的力量是不可抗拒的。可是在国内,正应了一句老话:"一个预言家在他自己的国家里得不到尊敬。"

完全是从这个重要的一天起,宗教信徒和党棍一窝蜂地行动起来,力图用他们惯常施展的一切手段来抵制一个区区的棉纺厂主的这些大胆活动。说实在的,大约在这个时期我被认为是并且往往被描绘成棉纺业的巨头。但这又有什么了不起呢?我是区区的棉纺厂主、一个生意人,他干的事情是企图低价买进,高价卖出,并按照商人的想法千方百计"合理地"利用我同行的无知和弱点。我国一切教派的秘密的和公开的阴谋诡计这时开始活跃起来并有增无已,直到这几伙人自认为已经竭尽全力破坏了我的名誉和影响为止。可是现在他们感到惊讶的是,他们已往的一切言行对于社会上善于思考的优秀人士却没有什么持久的效果。

我的政治对手在反对我的意见方面也不甘落后。但他们的活动是公开的和坦率的,根本没有表现出什么刻薄的或不愉快的敌对态度。然而他们人数众多,势力雄厚,因为其中包括所有这样一些人,他们认为那种要使人类在各个国家组成的大家庭中团结一致的想法是行不通的,宁愿实行个体制而不管集体制是否切实可行。

可是,我的朋友们对于我那种直接同所有国家的广大人民在思想上和习惯上影响最深的印象相抵触的、他们所说的大胆鲁莽行动,也感到诧异,他们许多人甚至感到惊恐;其中有些人从此怕同我来往,因为宗教的偏见正在起来反对我。

这里举例来说明我在最后一次大会上宣告反对全世界一切宗教的言论给英国公众留下的印象。我的朋友亨利·布鲁姆、即后来以大法官闻名的布鲁姆勋爵,在大会的后一天在伦敦街上遇见我时走到我跟前说:"欧文,你怎么能在昨天的公开集会上说那样的话呢!如果我们(意思是指下院中当时所谓的自由党)发表了一半这样的言论,我们就得活活被烧死，而你倒在这里不慌不忙地散着步，好像什么事情也没有发生似的！"

的确，那时其他任何人都不可能冒着丧失声望、财产和生命的危险，敢于公开抨击多数人所珍视的一切；当我前往参加大会时，我不能断定我是否会活着回来。正是我的经历保全了我，并且也全靠我对自己相信的事业所抱有的热忱，我才有力量披荆斩棘，渡过难以对付的危机，战胜人类的偏见。然而，只有在这个时期我才深深地感到，带领我贯彻这些措施并取得成就的力量绝不是我自己产生的，任何一点功劳都不应当算在我的名下。

在冷静地回顾这三次讲演时，我现在依靠时间给我的经验显然可以看出，对于那种引导和支配我的一切公开活动的善良优越精神的了解远远超过了当时的时代；可是我也看出，全世界各种可恶的荒谬宗教已使所有的人处于昏昏然的神经错乱状态，人类生活在地球上的经历已用偏见束缚了他们的理解和思考能力，因此，为了把社会从昏沉状态中唤醒过来并克服偏见的重重束缚，我当时的那些活动是必要的。这个时期（1817年）我的公开活动被认为超越了那一时期几百年，有人甚至说是几千年。它们至少是比那一时期先进了五十年，因为只是到了目前，由于我不断地教育群众，这些对人类来说无比重要的真理才开始为全世界任何地方的思想最进步的人士所了解。我们人类中有欠考虑的那部分人（超过百分之九十九），关于管理人们的事务并形成其性格的可恶的个体制度与引人入胜的联合制度之间就人类进步和幸福而言相差十万八千里的情况，至今还知道得多么少啊！这是人世间天堂和地狱的差别。个体制度已经非常顺当地产生了地狱；而如果我们在实践中不折不扣地、十分纯正地采用联合制度，它就会十全十美地产生天堂，并使天堂普遍地统治世界，万古长青。但是，人们还必须及时体验地狱的种种痛苦，永远把它们载入史册，以便在对照之下可以增加和提高继之而来的持久的天堂幸福。这样被记录下来以后，地狱或者说人类过去时期的痛苦将被永志不忘，使所有在人间天堂生活的人享有最高的实际欢乐。这是灾祸注定要产生的好事；因为如果没有这个地狱，人们就不可能了解天堂。这样，最大的好事就会从最大的灾祸中脱颖而出；创世的最高力量将对全人类证明是无可非议的。在我早期的著作中已经发表的我最初经过认真推敲所得的印象是，世间经历的灾祸可以作为提高天堂幸福的一种陪衬或对比。

我在这些永远值得缅怀的大会上公开倡导的许多可供实践的新思想，经过广泛流传之后对外国人产生了深刻的影响，他们纷纷前来拜访我并参观这时已经名扬四海的新拉纳克学校和企业。在最初一批的中间有那个时期在巴黎很出名的朱利昂·德·帕里，后来每逢我访问巴黎时他都殷勤接待，并由于他初次走进我们的村子时发生的一件小事而使我难以忘怀。那一次，我正在工厂里向一些远道来的著名人士说明工厂的体制并指点实际的运转情况，他来到工厂门口打听我是否在厂里；当我们正在从工厂的一个部分走往另一部分时，他来到我跟前问我可以在哪里找到我的父亲，因为他在传达室听说他在工厂或学校里。我现在猜想，那时我在他的心目中一定显得比实际的岁数年轻，因为当我诙谐地告诉他，我和我的父亲是同一个人时，他似乎一时摸不着头脑，不知是怎么回事。可是他说："难道你真是在伦敦召开那些了不起的公开集会的欧文先生吗？"我向他保证，那并不是别人；过了一会儿他才从惊讶中恢复过来，重新显出了镇定自若的神态。

*　　*　　*

此后不久，日内瓦著名的学者皮克特教授前来参观，他是同辈中最有学问、最温厚的先生，瑞士，特别是日内瓦的公众将永远怀念他的许多优良品质。他在巴黎也是相当出名的，因为他在那里多年担任过重要的公职。他来邀我到巴黎、瑞士和欧洲大陆其他一些国家去游览，保证我在法国、瑞士和德国能够得到当时许多社会名流的亲切热情的接待。他说他的要好朋友法国著名的博物学家、巴黎法兰西学院秘书居维叶①将前来伦敦同我们碰头，然后我们跟他回到巴黎。皮克特教授在我那里待了几天，我对他非常满意，另一方面，正如他自己所说的，他的这次访问看来使他感到很高兴。他对学校和整个企业深感兴趣，特别是对学校，因为他除担任过法国的护民官十年外，还担任过法国教育部的专员四年。

我们一道动身到伦敦；在那里，我在实行访问大陆的计划之前会同我那些忠实的追随者处理了很多事情，以便我离开之后他们可以照样宣传我的"新社会观"。

我曾告诉他，我根本不懂法语，或者也可以说不懂英语之外的其他任何语言。他说这没有什么关系。他决定在我旅行的期间和我形影不离，并充当我的翻译。凡是大陆上所有著名的头面人物，他个人都认识。

然而，我还是拿了法国和其他外国大使以及一些主要人士的介绍信；肯特公爵听说我要到巴黎去，告诉我他愿意写封介绍信给我带交他的朋友奥尔良公爵（后来的路易·菲利普国王），如果我希望去见他和同他交谈的话，而这封介绍信我是高兴地接受了。那时，事前约好的居维叶先生偕同居维叶夫人和她的女儿到了伦敦。这位夫人以前结过婚，在他嫁给居维叶先生的时候是个带领着这个女儿的孀妇。

在这个时期，这位非常著名的学者已内定将出任国务大臣，他来英国是想亲自了解一下我们的法律和治国的方式。他似乎立刻就满足了，因为他并没有在英国逗留很长的时间。法国政府派遣一艘快速帆船来接他和他的随行人员回国。居维叶先生、他的夫人和女儿，连同皮克特教授和我自己，组成了全部人马，在加来登陆后乘坐同一辆马车旅行到巴黎，到了巴黎我们住下来耽搁了几个星期。

---

① 若尔日·居维叶（1769—1832），法国博物学家。——译者

我立即经过介绍，周旋于法国以及其他国家当时在巴黎的地位最高、学识渊博的男女政界人士之间。

我首先拜访了奥尔良公爵，因为肯特公爵的信为我作了热情的介绍。公爵接待我的时候不是把我看作陌生的来客而是看作朋友，开口先表示对肯特和斯特拉塞恩公爵的崇高敬意与友谊，然后亲密地详谈到他同波旁家族当时掌握王权的另一支相比所处的微妙地位，这是他在那个时期向我吐露的贴心话。

在这个时期，法国各派的政治状况是特殊的。波旁家族依靠欧洲外来的力量执掌王权，但法国是拥护拿破仑的，两派之间似乎已经订立了休战协定，因为在我访问的时候两派的主要人物彼此和睦相处。然而公爵说："执掌王权的家族妒忌我。他们害怕我的开明原则。我受到监视，从而觉得我必须在公事私事的行动方面有所警惕。所以我过着悠闲的生活，不去积极参加当代的任何运动。可是，我仔细观察所发生的一切事情，总有一天我是会有充分的自由根据我对时代要求的看法行事的。"他这时是个考虑周到、谨慎小心的人物，多少有点战战兢兢。他说我的观点太出名了，不允许他公开表态加以支持；我在法国的一切活动很快就会传出去的。我的朋友和旅伴皮克特教授当时没有同我在一起，因为公爵英语讲得很好，非常流利，我们的会见是十分秘密的。晤谈继续了一个多小时，但当我停留在巴黎的期间，我此后没有同他进行任何个人的接触。

翌日，教授建议我们去拜访首相，这次由教授向他作了介绍，我递交了法国驻伦敦大使的函件。我们受到亲切的接待，进行了一次长时间的、逐渐坦率和友好的会谈。首相早已听到几批亲眼目睹新拉纳克的设施并大肆赞扬的人们的许多报告，因此对我那些有效的措施表示非常钦佩。他说，他作为一个政治家，对我近来在伦敦的公开活动深感兴趣，不过他接着说，他相信那些活动太深奥、太先进，不是马上能够采纳的。可是他说，它们很正确，经过反复斗争以后终将普遍为人们所接受并成为全世界推行的办法。虽然会谈进行了很长时间，首相似乎还不愿就此结束。当我们告别时，他陪我们穿过三间一套的、同他自己的私人接待室毗连的屋子。由于我还不太熟悉宫廷和廷臣的习惯和礼节，我没有在意，认为这是常事；可是在离开官邸时，教授说："我以前可没有见过这样的事情。我在法国住了十四年，曾经多次同首相接触，也常常和许多显要碰头。在分手时，大臣们总是只走到他们自己的房门口就道别了。当他们认为有必要显得比通常更殷勤一些时，他们就穿过第一个房间，然后握手告别。如果他们想要对客人表示很大的尊敬，他们就穿过两个房间，然后正式道别。我以前从来没有见过首相像他这次对我们这样陪伴客人穿过三个房间表示尊敬和依依惜别的。"缺乏经验的棉纺厂主就这样被介绍认识了显贵世界的所谓雍容的风度。

接着，我由居维叶和皮克特这两位朋友的介绍，会见了举世闻名的天文学家拉普拉斯[①]，然后又结识了当时正在巴黎进行科学研究的亚历山大·冯·洪博尔特[②]。我们四个人——拉普拉斯、居维叶、皮克特和我自己——嗣后多次在拉普拉斯或居维叶的家里聚会，随便畅谈各国人民所关心的公共事务。拉普拉斯和居维叶在各自的科学领域内居于领导地位。皮克特教授执欧洲学术界的牛耳。我当时被这些先生看作对人性和社会科学具有实际知识的进步人士。开头我就很惊讶地发现，皮克特，尤其是拉普拉斯和居维叶对于与人性和社会科学有关的一切问题竟无知到幼稚的程度。他们竭力同我交往，就这些显然是他们没有研究过的问题向我提出种种疑问，因为他们长期孜孜不倦地探讨他们各自的科学，从来没有涉及我所熟悉的关于这些问题的研究范围。另一方面，我也根本不懂他们所十分熟悉的、已经深入开展而使学术界额手称庆的研究项目。他们在这个时期以前好像一直生活

[①] 比埃尔·西蒙·德·拉普拉斯（1749—1827），法国数学家和天文学家。——译者
[②] 亚历山大·冯·洪博尔特（1769—1859），德国科学家、探险家和作家。——译者

在他们自己的天地里似的，因为他们一旦离开了自己开辟的天地就似乎对普通的日常世界缺乏了解。这时盛传居维叶教授从伦敦回国后已立即被任命为一名国务大臣，但由于某种原因，他只担任了一天。如果这个消息并非虚传，那也许是因为从政治国的生活，特别在那个时期同他自己的研究工作和联想格格不入。亚历山大·洪博尔特先生不常在我们这个小圈子里露面；但每次相遇，引起我的兴趣和好感的，是他那种安详谦逊的纯朴态度以及毫无炫耀之色自愿展示其宝贵知识的胸襟，而这些知识是他经过废寝忘食的刻苦钻研才取得的。他在我看来始终是个十分忠实可靠的人，没有许多人身上所表现出来的那些缺点。从那以后，我每次遇见他都格外加深了对他性格的印象。

皮克特教授似乎深受各方人士的尊敬，同他友好往来的，有观点比较开明的领袖，特别是那些光荣地经历了革命而曾经幸存下来的人们，还有当时自由派政治家中普遍受到尊崇的人们。

这些人士中有一些在我的记忆里特别来得鲜明。一位是布瓦西·当格拉斯伯爵，他在我被介绍和他相识时热情接待了我，用毛茸茸的下巴亲了我的两颊，这种对我来说是从未遇到过的表示敬意的举动使我大为惊异，因为他是给予我这种敬意的第一个人。我发现他热烈地拥护我的观点，在公开宣布他的理论和坚决支持适度的自由方面显得直爽、坦率和真诚。

另一位是在革命的各个时期十分著名的卡米尔·儒尔丹。他看来（我同意皮克特教授关于他的情况的说明，因为他们已经相识多年了）曾是从事那项争取自由的艰巨斗争中的杰出领袖之一，而与他竞争的各派力量是不懂得什么叫自由的，并且在他们掌权的时候也是不重视公民的自由权利的。在这可怕的斗争的整个过程中，看不出人们对人性、博爱或明智的言行有什么了解。当时到处苦难深重，斗争的结果收效甚微。

我深印脑际的第三位是拉罗什富科公爵，他出于爱国热忱在乡间的庄园里开设了一座当时在法国被认为规模很大的棉纺厂。他希望我去参观一下，把我带到乡间。我考察了这家由公爵承担风险并出资经营的企业。通过这次调查研究，我发现我在苏格兰新拉纳克工厂纺绩的棉纱和这家工厂生产的棉纱支数相同或细纺的程度相等，但质量要好得多，每磅还便宜四便士。以当时新拉纳克的年产量每磅按一便士计算是八千镑，再乘以四，就比公爵生产的同样数量每年要多收入三万二千镑。由此显然可以看出，公爵需要对英格兰（不列颠）的棉纱征收重税才能使他自己以及与他处境相似的所有棉纺厂主继续经营下去。但同样显而易见的是，法国人民必须把这笔税款付给他们的棉纺厂主，才能使他们继续经营他们的工厂。

我有幸被邀请参观我那不断往来的朋友居维叶在那里担任秘书的著名的法兰西学院。

这样，教授和我自己尽兴地周旋于当时巴黎最卓越的学者中间达六星期之久；我不失时机地探求这些优秀人物的最精辟的思想，并在这里第一次发现我由于只懂祖国语言而得来的一项好处。

才华横溢、学识渊博的皮克特教授始终同我做伴并充当我的翻译。由于长期正式住在法国，他和法国所有第一流的人物都很相熟，并且，虽然他不落窠臼，倾向革新，却因其崇高的品德和造诣而深受人们的尊敬，以致拿破仑才单独允许他每月可以不经检查免税进口一箱英国的出版物。有了这样一个朋友、向导和翻译，我们总是访问那些以某种突出的品质享有盛誉的人士，因此我们的谈话总是离不开调查研究一些值得教授花费精力和时间来阐释的知识。由于这种或那种原因，我在这个时期依靠教授的设法和其他帮助，俨然成了巴黎社交场合的名人。我自己知道早年所受的教育有很多缺点，没有从别人那里得到什么指导，对上流社会的思想、习惯和生活方式没有什么真正的了解，在当时和此后的很长时期没有意识到我那些关于陶冶性格的出版物、我在新拉纳克多年实行的颇有成效的措施以及后来在伦敦召开的公开集会和活动已经产生了深刻而广泛的影响，因此我仍然不知道如何来解释各方人士向我表示的异乎寻常的重视和敬意。但事实就是如此。

我们在巴黎这些有利的环境里使我留下深刻印象的六星期的逗留，大大丰富了我同上流社会学术界交往的切身体会，此后，教授和我自己再加上启程前来会合的我的两个姨子动身前往教授在日内瓦的故乡和老家。我们的旅程每天都有新的乐趣。在这过程中，发生了两件增加我的阅历并使我留下难忘印象的事情，虽然它们并非什么大事。

在越过汝拉山脉的时候，气候温暖宜人，我们用很多时间漫步道上，享受清新的空气，眺望前边和四周的壮丽景色，而马车则隔一段距离慢慢地跟在我们的后面。教授和我自己缓步前进，亲密地讨论着一些有趣的问题；我的姨子在前面稍远的地方走着。她们穿了当时英国式样的服装，在她们走过一所普通的房屋时，房屋门口站着三四个身穿当地款式的衣服的年轻妇女。我们落后很多，穿的衣服又同通常经过那条道路的旅客没有什么两样，那些当地人认为我们不是和刚才走过去的两位小姐一伙的，便开始取笑异乡人的奇怪的服装和外貌来了。教授听她们说："你们瞧见过这样难看的服装没有？人们怎么想得出穿这种玩意儿！"我现在回想起来，我两个姨子以为那天有一段时间要骑骡子旅行，就穿戴上女骑装和帽子。我们继续走过去，不一会儿赶上了走在前面的一伙，我的姨子讲的第一件事是："你们看见那种打扮得奇形怪状的人了吗？怎么有人会这样损毁自个儿的形象呢？"我的姨子那时是初次到外国的年轻旅客，以前没有到过瑞士，尚未着到她们认为是更加种类繁多的奇异装束。"不错，"我回答说，"我们看见了，还听见她们大惊小怪地谈论刚刚走过去的外表可笑的小姐，取笑你们自己打扮的怪样子呢。"这是她们以后永远忘不了的一次教训。

在发生这件事情之后不久，当我们已经走得浑身很热时，我们必须越过一条冰凉清澈的溪流，对此，教授掏出一块手帕，把它放进溪里，当它浸透水时把它的一角塞进嘴巴，然后把整个手帕覆盖在他那漂亮的秃顶头上。我惊叫道："教授！你在干什么？你准要感冒啦！"他绽开笑容说："这些事情我很有经验。虽然浑身燥热的时候喝进冰冷的水是危险的，但用在体外和头上，像你现在看到的这样，却能醒脑提神，祛除疲劳，因为它带走了多余的热量，使人感到舒服。"我发现冷水确实对他起到了这样的作用；因为每次经过一条溪流，他都重施故伎，看来的确大大减轻了当天其余一段旅程中燥热产生的影响。

我们进入瑞士境内以前第一次看见了勃朗峰，它给我们一行中从未见过的人留下了难以磨灭的深刻印象。空气十分有利，便于我们在绝对优越的条件下饱餐它那嵯峨壮丽的景色，只见峰上涂抹的层层颜色简直像彩虹一样。教授曾经来回多次经过这个眺望点，但从来没有比这更好的机会看到它的绮丽全貌。就这样，我们怀着暗自庆幸的先入之见，进了到处呈现出美不胜收的无限风光的瑞士，并且在我们逗留的期间丝毫没有失望之感。

到达日内瓦时，我们发现教授早已作了妥善安排，一切都尽量为了我们的舒适着想。他的女儿普雷沃斯特夫人同他住在一起。她颇有才华，并且楚楚动人，使人自然认为，教授心爱的女儿是在他直接教诲下按照他的意愿培育起来的。我说心爱，是因为我们高兴地看到，在他们互相交换的眼色和话语中显然充满着爱的感情。

我通过介绍，逐渐同日内瓦市内和周围的所有名流相识。教授的哥哥是日内瓦著名的政治家，他代表瑞士出席1818年在埃克斯拉夏佩勒召开的欧洲国家首脑会议进行谈判，获得了被认为是重要的利益和特权。在这次访问期间，我还被介绍认识了拿破仑一世著名的反对者德·斯塔尔夫人①的妹妹纳卡尔夫人。纳卡尔夫人是法国著名大臣纳卡尔先生的遗孀,被认为在许多方面比她更出名的姐姐还要高出一筹。她同教授一家很友好,常常同我们聚在一起;我们也经常去拜访她,因为同她交往总是有趣的,并且是获益匪浅的。

教授曾在日内瓦广泛宣传我的"新社会观",它们便成为纳卡尔夫人和教授女儿喜欢谈论的话题,她们不厌其烦地详细探究我那理论的一切细节,并谈到它的美好的效果,即通过实践最后使整个地球变成太平盛世,使人类作为单独一个无比优越的进步的大家庭而真诚地团结一致,融洽无间。

这时,前往圣赫勒拿岛去访问过拿破仑的著名船长霍尔来到了日内瓦,满脑子都是关于他同一位那么伟大的人物交谈二十分钟这一对他来说非常重要的事件。他对那次访问作了极其详细的叙述并产生了极其引人注目的效果,以致我们每次在不同的场合碰见他时他都要占用大约两小时的时间来描述一切细节,而且每次讲起来差不多都按同样的顺序并往往用同样的措辞,结果使上述的两位夫人在听过一次以后特别感到生气。船长的心思一味钻进枝枝节节的琐事,显然是他把那件自认为了不起的大事看得太重要了。另一方面,这些夫人的心思却专注于探究那些可以在实践中用来永远造福人类的原理。

在这些场合,我不禁体会到,一个专门注意细节的人是多么不了解经过平素的修养已经习惯于提纲挈领的人的思想啊。前者不了解后者心中的联想,而后者又往往低估前者所注重的细节的实用价值。在这两种特性互不掺杂的许多情况下,一方完全习惯于细节,另一方完全习惯于概括,双方彼此都无法了解。既然如此,霍尔船长就对一些不耐烦的听众认为异常重要的问题不感兴趣了。

我带领我的姨子游览了几个州的最著名的自然美景,这些风景区

---

① 斯塔尔—荷尔斯泰恩男爵夫人(1766—1817),法国作家和一个受人称道的沙龙的女主人。——译者

到处是绚丽的山光水色，前人已有大量的描绘，为每一个读者和大陆旅客所熟悉。在这次旅行中，我们在离日内瓦湖大约一半路程的一家旅馆里歇脚，不期遇到了深受我尊敬的老朋友德比的约瑟夫·斯特拉特先生和他的两个女儿。在旧友重逢之后，我们一致同意把我们在那里耽搁的时间比原计划延长一天。我曾约好第二天上午去拜访斯塔尔小姐，即那位著名女作家的后来嫁给某公爵的女儿，因此我们约定在我三点钟回来时共进午餐。我让姨子和我们的朋友自己随便去欣赏美丽的环境，同时我一早就赶往著名的德·斯塔尔夫人的别墅所在地科帕克。德·斯塔尔夫人不久前逝世，留下她的独生女儿哀悼这一巨大的损失。

在我到达时，我发现在其他的来客中有西斯蒙第[①]先生，便立刻同他进行了彼此都感兴趣的谈话。时间不知不觉地很快消逝，最后我才想起我曾约好斯特拉特一家和我的姨子在三点钟同他们一起吃饭，而从那里回到旅馆，要走八英里的路程。当我掏出表来时，我发现已经是五点钟了，等到赶回旅馆，已经打过六点。可是我的朋友和蔼地原谅我在当时所处的环境下造成的疏忽。几个星期以后，我在法兰克福又遇见了这位朋友，我们也是住在同一个旅馆里。我现在还记得，有一天斯特拉特先生和我自己饭后坐在那儿忽然想起，由于那是一家高级旅馆，我们也许可以得到一瓶德国产的醇厚的陈白葡萄酒，其酿造所用的葡萄产于梅特涅亲王[②]的庄园。我们把老板叫来，问他这件事情能否办到。他说："我只能弄到六瓶特酿的上等葡萄酒，这批酒要分给许多顾客——我乐意给你们一瓶（我相信我们已经博得了他的欢心），不过价钱贵些。""你要什么价钱我们都依你，另外还得多多感谢你呢。"那瓶酒拿来了，当然，根据斯特拉特先生和我自己的评

[①] 让·夏尔·莱奥纳尔·西蒙德·德·西斯蒙第（1773－1842），瑞士历史学家和经济学家。——译者

[②] 梅特涅亲王（1773－1859），奥地利政治家和外交家。——译者

价，那是我们喝过的最芬芳可口的葡萄酒。它的代价是十法郎。

我的姨子在瑞士游览了她们希望游览的名胜以后，离开我前往意大利。这时，我先走访了我的合伙人、米德尔塞克斯郡阿尔诺园林的约翰·沃克先生，然后去同教授会合在一起。沃克先生已和他的家属移居卢塞恩湖的湖滨有一段时间；在我同他们待在一起的那几天里，我和他的两个儿子爬上了里热尔山山顶，及时到达那里观赏了日出的壮丽景象。那天早晨的气候极有利于这项活动，一轮红日冉冉升起，逐渐烘托出远处迷人的重峦叠翠和湖上的美景，其中包括几乎各州的若干部分。

关于刚才提到的约翰·沃克先生，我将有机会在这回忆录的后面部分加以叙述。

当我回到在日内瓦的皮克特教授那里去的时候，我们首先参观了瑞士为贫民开设的三所在当时颇负盛名的学校。第一所是奥贝兰神父主持的天主教学校，由这位善良的神父用真正天主教的精神进行指导，在做法上尽量避免带有宗派的色彩，虽然他始终是他自己那个教派的成员。这是一所规模很大的学校，各班都收满了比较贫苦的一类儿童，按照旧的施教方式用慈善为怀的原则加以管理；但显然可以看出，这个好人是一心扑在工作上的，他曾长期辛勤努力，把学校办成我们到该校所在地弗里堡去拜访他时所见到的样子。这个杰出的人士经皮克特教授介绍了解到他曾经去参观和考察过的我那学校和企业时，急不可待地想知道我是怎样取得这种使人惊奇的成绩的，并且渴望学习经验，以便取得同样的成绩。他的学校招收了当时已到通常上学年龄的男学生。我告诉他：我所实行的计划很简单，是在精确地仔细研究了人性之后规定下来的；这项研究所依据的不是书本（因为这些书本一般说来比没有还要糟糕），而是人类过去的全部历史所证明的受错误基本原则培养的幼儿、儿童、青少年和成人。要为人类陶冶最优良的性格，就应当从儿童出生起开始加以训练和教育；为了养成良好的性格，就必须从一岁的儿童开始进行系统的训练和教育。可是，在那个时期以前，很多事情是做对了或做错了的。从那个年龄起，对任何儿童的培育都不应当孤立地进行。应该把每个儿童放进幼儿学校一至三岁的第一部分，人数为三十至五十名；即使班上有五十名学生，一位经过适当挑选的女教师也是容易管理的。另一方面，照目前的状况，年轻夫妇完全不懂得人性，他们在照管一个、两个或三个一至三岁的儿童时把他们根本宠坏了。在这第一部分，只要注意每种习惯的养成，注意他们的态度、意向和彼此对待的举动，是可以轻而易举地为陶冶合理的优良性格奠定基础的；在这方面，我只让他们遵守一种规矩或完成一种课业，那就是，从他们入学之日起就力图使他们彼此相处得很愉快。一个监护人员，如果能够持之以恒地热爱儿童，在开始担任这项工作前又受过适当的训练，则实行上述办法迅速收到的成效肯定是惊人的。既然要给这些儿童以良好的训练和教育，他们的教师就绝不应当让他们听到愤怒的斥责或看到脸上有任何生气的、怒目而视的表情。语调和神态应当是和善的、富有慈爱的感情的，而且一视同仁，毫无偏颇。在天气和他们体力允许的条件下，应当尽量让他们在户外的新鲜空气中玩乐。当他们在游戏场上玩倦了时，教师应当把他们带进教室，给他们观看并解释一些他们所能够理解的有用的东西，使他们感到有趣。一位年轻活泼受过良好训练的教师将很容易找到和提供某种他们会乐于看到的、希望获得解释的东西。一觉睡醒后，他们就应当积极从事这种娱乐或者游戏；三十或五十名幼儿，有了自由活动的条件，总是会饱尝集体生活的乐趣，而不必借助于任何毫无用处的儿童玩具的。在我们新拉纳克的安排合理的幼儿学校里，有二十多年未曾见过一件纯粹的儿童玩具了。然而，如果有哪个幼儿觉得困乏，很想睡觉，那就应当悄悄地让他睡去。

在管理得合情合理的幼儿学校里是永远不需要采用惩罚手段的，应当把这看作在他们的食物中下毒一样绝对加以避免。

第二部分是从三岁到六岁，应当继续以同样的态度对待他们，除非就是应当经常带领他们到乡下去散步，拿给他们仔细观察并给予解释的东西应照顾到儿童们以前了解的程度和年龄程度而更能引起兴趣，使他们增长更多的知识。

幼儿学校里的书本比无用还糟。可是儿童经过这样训练和教育之后年届六岁，就会已经奠定养成良好的习惯、礼貌、性情和待人接物的态度的坚实基础，并且就这样的程度来说，也将具有始终如一的、头脑清醒的理智，虽然不同的个人在这方面的许多细节上互有差异，但按照他们各自的身体组织而言，都是健全的和并非矫揉造作的。

不应当给任何儿童打优缺点的分数，不应当对任何儿童有什么偏心，但应视每一儿童的任何种类身心上的自然缺点或不足之处的程度如何，加强对他的注意。"从你的学校来看，"我接着说，"你像其他学校的教师一样，是招收六岁以上的儿童的。但是，性格在很大程度上不到通常学龄之前就被养成或遭到损害了。"

善良的神父认为我说的话颇有道理，格外想吸取我那陶冶性格的经验，而当教授绘声绘影地叙述了他访问我的期间常常在新拉纳克亲眼看到的情景时，神父的那种迫切的心情尤其炽烈。因此我继续说明，从一岁起经过这样对待、训练和教育的六岁幼儿同通常由教师按照书本对待、训练和教育的十岁、十二岁甚或更大一些的少年相比，在思想、态度和举止上将均占优势。我向他建议，如果在他的环境下办得到的话，不妨在他现有的学校之外再办一所这样的幼儿学校。然而他说："我没有财力物力；为了维持这所学校，我千辛万苦才募集了一笔基金，你不知道这样做已经费了我多少不眠之夜。"当我和他告别时我说："在我所看到的你必须遵循的体制下，你正在作出巨大努力来取得仅仅是有限的、局部的效果。"

天主教这位勤奋的穷神父在许多不利的条件下努力工作，他所表现出来的诚恳仁慈的态度使我颇感兴趣。

他说他搞不清楚我在新拉纳克的学校里怎么能够完全避免惩罚的。我告诉他，诀窍在于幼儿李校一岁至三岁的第一部分，儿童们在那里产生了对教师的深厚感情；当他们有了这种感情以后，总愿意自动地尽量发挥他们固有的能力。如果你从幼儿一岁起就开始培养他们的性格，使他们这些年龄相仿的儿童彼此团结一致，那你就会很容易收到这种效果。当公众懂得人性的时候，早期培养性格的这些好处必将充分得到重视，每一个年方一岁的幼儿都将被送进在合理管理下的供膳宿的幼儿学校。

这个善良的人热切地向我打听什么地方有这种供膳宿的幼儿学校，因为我已告诉他，我那几所学校都是走读的，因此就培养可以培养的最优良的性格来说是有缺陷的；可是我又说，社会还很落后，不能容许最优良的性格被培养出来。我告诉他，只有从精神、原理和实践上彻底变革社会的面貌，才能办到这一点。他说："你认为有可能实现这样的变革吗？"我回答说，我坚定不移地相信，这个目标是能够实现的；我知道怎样和平地和方便地实行这种变革的一切步骤，使全世界每一阶级和阶层的每一个人都能接受；只要生命和健康容许我这样做，我就要永不止步地努力推进这种变革。"可是，"他说，"你是会遭到一切宗教和政府以及它们所统治的人民的反对的，而那些人民在教育的影响下抱有的支持现有习惯做法的偏见将成为你前进道路上不可逾越的障碍。""各方面的人士也都对我这么说，"我回答说，"可是，我对人性的了解使我知道信念是并不以个人的意愿为转移的，它取决于能够对他的思想产生的最强有力的影响。我希望逐渐对思想最进步的人士产生新的影响，然后由他们对一般的公众慢慢地施加类似的影响。"

"你不顾前进途中必然会遇到的障碍而决心采取这样的行动方针，一定是对你所倡导的原理的正确性怀有坚强的信心了。然而，尽管我祝愿你如愿以偿地取得彻底的胜利，我却不敢抱很大的希望，认为有可能克服那些必然会遭遇到的来自各国一切教派和党派的偏见和明显的私心。"

这样，我们就结束了对我所知道的第一所瑞士贫民学校的访问。

我们下一趟的访问是到伊弗东去看看珀斯塔洛齐所取得的进展。这另一个善良的人正在利用他自己的知识和资财尽量造福于他接纳的一批贫苦儿童。他说，他正在竭尽自己的一切来培养他那些学生的感情、思想和双手。他的理论是好的，但他的财力和经验非常有限，所遵循的原理还是属于旧体系的那一套。他的语言混杂着各地的方言，连皮克特教授也不能全懂。他在不得不对付的不利条件下做了很多工作，从这里可以明显地看出他心地善良，仁慈为怀。然而，他的学校比普通学校或一般社会上供贫苦儿童就读的旧式常规学校还是前进了一步，而就我们来说，对于这样前进的一步也是感到高兴的，因为普通学校教育贫苦儿童的基础课不注意他们的性情和习惯，不教他们可以靠此糊口的有用职业，因此没有什么真正的用处。我们怀着对那真诚而朴实的老人的钦佩心情离开了他。他越出常规的一步已经吸引了并正在吸引着许多以前仅知常规教育的人的注意。

皮克特教授这时说，他要带我到珀斯塔洛齐从前的一个伙伴那里去，此人的才智和学识比前者高超得多，他也开设一所贫民学校，另外还设立一所招收比较富裕和上层阶级的学生，甚至显贵子弟的学校。因此我们就到了霍夫维尔，由皮克特先生引导与德·弗朗堡先生相见。经过一番介绍以后，他让我们参观了整个机构并坦率地说明了一切情况，于是我们很快就了解了彼此的观点，使我立刻感到非常自在，同他很厮熟了。教授和我在那里留住下来，享受了德·弗朗堡先生三天的盛情款待，因为教授和德·弗朗堡先生以前就是情谊甚笃的老朋友。我发现德·弗朗堡先生出类拔萃，具有罕见的管理才能，对于现有社会制度下养成的人性颇多了解，但也充分注意到它的许多错误和缺点。我们详细地视察了由韦迪先生直接负责的对贫民实施教育和传授劳动技术的他那所管理得很好的学校，以及供上层阶级子弟就读的两所学校，附带还参观了学校四周他的庄园里业已采用的改良的耕作方法。我们发现这一切都井然有序，学校比我在英国或大陆曾经见到过的任何学校要先进两三步。在这三天的其余的时间里，我们共同讨论了可以采取什么行动使社会摆脱现有的虚妄和错误。

教授和德·弗朗堡先生的思想都比当时的思潮进步得多，都很希望在他们环境的许可下尽快地继续贯彻自己的计划。他们互相信任。教授已经真诚地服膺我的见解，在我们逗留的第三天之前，德·弗朗堡先生也变成了"新社会观"的信徒。因此我们仔细考虑了在多大程度上能使霍夫维尔的机构发挥作用，帮助我们为我所设想的变革铺平道路。德·弗朗堡先生有一些学生来自俄国以及来自德国各地的上层阶级。他那众所共知的倾向于开明（更不必说民主）原则的强烈情绪，已使邻近的专制暴君国家产生了怀疑，怕他把这些进步的开明观点灌输进他那些学生的思想和习惯的做法可能走得太远。所以，他的学校已被置于德、普、俄三国委派的三名专员的监督之下，他们每一季度或半年对学校进行考核。有一次这样的考核在我们逗留那里的时候举行，但没有占用很多时间，因为教授和德·弗朗堡先生知道那些专员是对他们友好的。但是，明智的人士对于学校的一切措施也是确实没有理由可以反对的。

教授按照他了解的情况，给德·弗朗堡先生说明了在新拉纳克的新颖幼儿学校所产生的非凡效果。在我们谈论这个问题时，我竭力劝他在他的机构里创办一所幼儿学校，因为这时他那里还没有招收过十岁以下的儿童。他以前从未听说哪里有什么合理施教的幼儿学校，但经教授和我自己解释之后，他非常赞成我那所学校所采用的原理和做法。他似乎很想在他的机构里开设一所这样的学校，如果他能作出必要的安排，让负责人员把它们同现今实行并取得进展的安排协调地结合起来的话。我后来得知，他如果在现有的处境下添设这样一个必要的托儿所，并兴建两所附有游戏场的合适的幼儿学校，那就会打乱他家庭的和其他的安排，给他带来很多不便，而且还需要他额外筹措一大笔不易到手的资金来为此而添购适当的设备。因此，他正确地作出判断，除非他能妥善地处置原有的体制，否则还是以不着手实行新的计划为妙。在这个时期，他是利用有限的资金和尽量依靠自己的双手来获得优异的成绩的。

我两个最大的儿子罗伯特·戴尔和威廉，这时一个是十六岁，一个是十四岁。他们依靠经过精心挑选的保姆和家庭教师已经获得尽可能好的私人训练和教育，他们身心方面的品德和习惯业已根据合理的原则培养成熟，因此，我并不害怕让他们远离家园去学会几种外语，继续求学，并且通过实际接触更好地熟悉旧世界人们的生活方式，因为旧世界与他们过去单独在其中接受培训和教育的半新世界在许多方面是截然不同的。

既然根据经验知道各方面的人，特别是年轻人所处环境的重要性，我就到处寻找我可以把两个儿子送去完成他们的训练和教育的最好的地方。我已经看出，再没有比德·弗朗堡先生这所学校现有的和计划中的安排或环境更好的了，在同教授商量之后，他同意我去要求德·弗朗堡先生接受我的两个儿子。那时在他的学生中还从来不曾有过英国男孩，他说他将特别高兴接受我的儿子，因为他们以前已经在新拉纳克受过训练和教育。条件是高的，但从那为维持学生正常的学习生活所必需的优良的校舍和设备来看，也不算太高。我同意把儿子送来，由德·弗朗堡先生特别加以照管和指导。这次访问使我对于双方在一切问题上推心置腹地进行友好坦率的思想交流，尤其是彼此信任的情况，感到十分满意，所以我至今回想起来还特别高兴。

当教授和我同我的合伙人约翰·沃克先生碰头时，大家商定让我按原计划访问法兰克福，并在欧洲国家首脑会议即将在埃克斯拉夏佩勒召开期间前往该市。皮克特教授已有几个月一直陪着我旅行和充当我的翻译，这时便由沃克先生代替教授在德国给我提供帮助，正如教授在法国和瑞士所做的那样，因为他很关切地希望我到法兰克福和埃克斯拉夏佩勒去宣传我的观点。同时我们决定，我在回国的旅程中将再到教授那里同他盘桓几天。像他这样一个朋友，既对我体贴入微，又给我莫大助益，还抱有我的那些特殊观点，在自己的思想上同它们水乳交融，因此我们无论到什么地方，他总预料到我有哪些愿望，现在我要同他分手，确实是依依不舍的。至于说到我的朋友和合伙人约翰·沃克先生，我这时有幸同他会面，真想象不到还有谁能够那么心甘情愿地、和蔼可亲地和卓有成效地接替教授来伴我继续旅行了。我以前曾经在他米德尔塞克斯郡索思盖特的阿尔诺园林的住所度过许多愉快的日子，在那里，发生过一件使我永志难忘的事，这里，先作一些有关的说明，然后把这件事叙述出来，可能今后对许多人都是有教益的。

沃克先生出生于一个双亲都加入教友会的豪富家庭，在十二岁以前一直受到父母的精心培育。就在他十二岁那年，一位虽非教友会教徒但同这个家庭十分友好的富于艺术和科学天才的先生从他称之为年轻朋友的约翰身上看出了颇有培养前途的优良品质，便竭力劝说约翰的父母允许他把他们的儿子带到他即将前往的城市罗马。他说他打算待在罗马研究艺术和科学，并且说，他由于发觉年轻的约翰对艺术和科学具有发自内心的强烈爱好，愿意给他罗马所能提供的一切便利条件来提高他的学业，如果他们同意让他把他带走的话。约翰的父母表示赞成，于是这个门徒就跟了他的私人导师好几年。在这期间，他所钻研的各门艺术和科学都进步很快，因为他既然有了卓越的天赋才华，就把继续不断的研究看作一件乐事，而逐步获得的进展对他来说就成为取之不竭的幸福的源泉。他在罗马待了多久，后来他为了深造而随同他那颇有造诣的、见多识广的朋友到各地旅行又花了多少时间，我现在记不起来了，但时期肯定不短。他告诉我，在他逗留期间，教堂大弥撒的壮丽非凡的场面和安排使他这个初见世面的青年心情无比激荡，给他留下了极其深刻的印象，以致有一次几乎想要皈依天主教，但只是由于他朋友的劝告才没有公开宣布自己已经改变了信仰。他说，此后每逢他极度兴奋，处于迷乱状态的时候，这件事总重新浮现在他的脑际，他认为当时他能够避免受错觉的欺骗，是一件莫大的幸事。然而，他在这位颇有造诣的、见多识广的导师的指导下取得了惊人的成就，以致他回到英国后很快就被推选为皇家学会的会员；不过，他谦虚成性，近乎腼腆，只有在他非常好客的家里同他一起生活过的知心朋友才稍稍知道他各种巨大的成就。他的运气是非常好的，他娶了一位各方面都使他感到很合适的小姐，从他们每天的活动中常常可以看出他们相敬相爱，伉俪情深。当沃克先生和其他几个人成为我在新拉纳克企业中的合伙人而我开始认识他们这对夫妇时，他的乡间别墅我记得是从纽曼勋爵手里买来的阿尔诺园林，他的伦敦宅邸在贝德福广场49号，当我的社会活动需要我留在伦敦时他总让我占用这个住宅，他一家人不在伦敦时我偶然也到阿尔诺园林去拜访他们。

　　他这时家庭人口很多，子女都受过高等教育，出落得一表人才。他有几辆漂亮的马车和好几匹毛色油润的骏马，在乡间别墅和城市住宅都有卷帙浩繁的经过精选的藏书，每间屋子里都陈列着稀珍的博物标本，而在阿尔诺园林，从国外移植的各种气候地带的草木则更是种类繁多，争芳斗艳，令人目不暇接，这是当时国内的任何私人园林都无法比拟的。他的别墅周围一百五十英亩的土地主要辟为娱乐场地。

　　由于知道了所有这些细节，并了解到他拥有充裕的财产可以在各行各业资力雄厚而经营得法的工商企业中安置他所有的子女（他告诉我，他决定让全部子女都有职业），因此，有一次我到阿尔诺园林去拜访他的时候心里就有一个疑问，想弄清楚我所认为普遍的一件事实是否有何例外。自古至今世世代代都依靠错误的基础塑造性格，全世界形形色色的社会过去一向是并且今天仍然是建筑在错误的基础之上的。我对这一点经过反复思考有了认识以后，不得不认为：这样形成的性格和这样构成的社会，是不能产生任何一个不受挫折和苦难的幸福的男人或女人的。可是就沃克先生来说，我却不能发现任何私人的不幸根源，因此我很想了解一下关于这个事实的情况。

有一天，我单独同他在离房屋稍远一些的栎树林里散步，很有趣地（因为他的一切谈话都是非常有趣和颇有教益的）谈到社会的自相矛盾和它所造成的种种苦难，这时我说："我由来已久的印象是，一向建筑在错误基础上的社会产生不出一个真正幸福的男人或女人，除非是偶然出于不自觉的无知，当我们天性中的一切动物欲念得到满足时才有那样的可能。可是，由于我对你、你的环境和你的历史已经了解得很多，我已经发现这样一个人，他很明智，但在他私人和个人的关系中不仅没有产生不幸的根源，而且还确实毫不间断地享有合情合理的乐趣。"

接着我向他提出了关于上述看法是否正确的问题，以便在我念念不忘的这样一个主题，即在原理、精神和做法上彻底改革现有的制度以革新社会这个主题方面增加知识。

他说："我明了你的动机。"然后他又用发自内心的十分坦率的口气和富于感情的神态补充说："我并不幸福。"我对他列举了他那许多优越的家庭环境、大量财产和地位，以及很多可供文化享受的资料，因此我发现不出他还有什么不满足的地方，而且他全家在这个时候都精神饱满，身体健康。他接口说："这一切都是真实的；至于说到这些环境，我也没有什么不满足的地方，可是我毕竟并不幸福。"

"如果不冒犯私人的或家庭的感情，我可否问一下其中的原因？"他回答说："对于像你这样熟悉人性的人，我愿意回答你的问题。我的父母很有钱，他们只有我自己和一个妹妹需要赡养，因此我的财产很充裕，纵然我在探求各种知识方面花了不少钱，也不受什么影响，并且后来还可供我全家过着最舒适的生活。正如你常常亲眼看到的那样,我们之间推心置腹的融洽情感是完美无缺的。既然我已经非常满意地、高质量地获得了所有这些东西,财产所能提供的东西就应有尽有了,但是,我每天觉得有必要从事某种正规的工作,天天需要作出积极的努力,似乎是身不由己地要投入体力的和智力的活动。"

我说:"我能够很容易地理解你所感到的不足之处,并满意地体会到了一条自然规律,那就是,除非我们每天锻炼体力和智力,达到清心寡欲的程度,否则也是一生得不到幸福的。"

"根据我对这个问题的切身体会,"他说,"我尽力为我所有的儿子寻求职业,希望他们在以后的生活中不致由于每天无事可做而感到苦恼。"

自告奋勇担任我在德国的旅伴和翻译的,就是这样的人。

我们立刻动身前往法兰克福,在那里我们一直逗留到欧洲首脑会议在埃克斯拉夏佩勒召开时为止,然后打算到该市去向首脑会议递交两份关于社会的现状和对未来展望的备忘录。

我在法兰克福写了两份准备递交的备忘录,把它们印成文件,以便在首脑会议之前供私人散发之用,它们在同一本小册子里印有英、法、德三种文字。

德国的议会这时正在法兰克福开会,有二十二个不同政府的代表参加会议。我的信札介绍我同该市所有著名的学者和政界人士见面,当时市里住满了外国的来客,等待许多宫廷的君主和他们大使一级的随从到来。但是,我也持有我的朋友、已故著名的内森·罗思柴尔德[①]写给法兰克福已故著名银行家伯特曼先生的一封专函,后者是俄国亚历山大皇帝的朋友和东道主,我很感激他在我逗留该市的期间给予的许多照顾。

---

① 内森·罗思柴尔德(1777—1836),出生德国的英国银行家。——译者

首脑会议的秘书已经到达，等候皇帝、国王等等的莅临。他就是著名的政治活动家冈茨先生，精通欧洲主要专制君主的一切政策，深受他们的信任，因此已被他们任命来担任这项重要的职责。

据我后来发现，伯特曼先生和德国议会议员希望听听欧洲首脑会议秘书、这位著名政治活动家的言论，因为他赞成维护社会的旧制度，反对我倡导建立新制度的主张，而大家已经知道，我到法兰克福来就是为了宣传这种主张的。

伯特曼先生安排了一次丰盛的晚餐或宴会来招待议会议员，同时也邀请那位秘书和我出席，以便在我们中间引起一场讨论。当然，秘书是参与秘密，知道这种安排的，但我却毫不怀疑。晚宴在各种质量和附带饮食方面尽善尽美，均臻上乘，是我生平品尝过的最精致可口的饭菜。我自己毕生的习惯是很有节制，简朴而符合摄生之道的，因此不免就把这种生活方式看作许多疾病和过早谢世的根源。如果了解一下那次和我共进晚餐的人究竟有几个至今仍然健在，那倒是颇有教益的。

晚餐过后，谈话立即导致秘书和我自己进行一场正式的讨论，其他人都凝神地听着，他们显然对此颇感兴趣。

当讨论从一个问题进行到另一个问题时，我强调指出，由于科学的发展，各国现有的充裕资财或根据建设社会的联合原则而不是目前的分裂原则可以很容易地集聚的资财，足够使社会在任何时期都充满财富，绰绰有余地给所有的人供应他们一生所需的生活用品。听到那位博学的秘书的答话，我不禁大吃一惊！"不错，"他说，显然是在为各国政府辩护，"这一点我们了解得很清楚；可是我们并不希望广大群众富裕起来，不受我们的约束。如果他们富了，我们怎么能够治理他们呢？"

这短短的几句话一下子打开了我的眼界，看出要在为人民谋福利的合理的教育和就业体制下维持欧洲现有的社会制度是行不通的。在那样的情况下，人民将立刻变得聪明、富裕和强大，不会再像他们现今在形形色色的实际治理下那样，受到如此不合理的对待、训练、教育、就业分配、治理和社会地位的安排了。现在应当断然地让全世界的人民普遍知道，如果他们一旦在所享受的待遇、训练、教育、就业机会和社会地位方面能够符合常识的最明显的命令，各种罪恶就会销声匿迹，人类的苦难就会不复存在，财富和智慧就会普遍地为人们所占有，人类就会到处成为热爱和平的、在其一切动物天性上优越得多的动物，并且在其智能、道德、精神和与此相统一的实际性情上格外显得优越。

在秘书的这番表白之后，我觉得再继续讨论是没有多大意义了，因为我已经发现我面前摆着一项长期的艰巨任务，须要去说服各国政府和受他们统治的人民，使他们相信正是由于严重的愚昧，他们才互相斗争，直接违反双方的真正的利益和真正的幸福。我这时预料我必须加以克服的各国的各个阶级的偏见在性质上是多么可怕，并且看出，为了完成这个任务，除了无限的耐心和坚忍不拔的精神而外，还要具备据说是蛇所拥有的智慧、鸽子的善意和狮子的勇气。

我已破釜沉舟，下定决心要在一条直路上奋勇前进，既不转向右方也不转向左方，直到实现我一生伟大的目标为止，要不然就是在进行这项努力时不幸与之俱亡。在我写好我打算递交首脑会议的那两份备忘录以后，由于我同法兰克福这个多事之秋的许多外交人员相当友好，俄国大使有一天前来拜访。他原籍德国，性格坦率和善，因而在他不同外交家们进行外交争论时总是和蔼可亲的。我手头有着准备付印的备忘录的手稿，就读给他听，希望他对内容发表意见，让我从中得到教益。当他听我念到"在这些活动中我没有受到财富、特权或荣誉等等考虑的影响，因为这些东西在我看来已经是幼儿手中的玩具了"的时候，他突然一愣，表现出异常激动和惊讶的神情。我说："我看你是认为你所听到的语句对那些君主来说是太刺耳了。""哎呀，不是！"他回答说，"我听了真高兴，因为这是使那一类的家伙留下任何有益印象的唯一方法。"他英语讲得很流利，但我不知道他用"家伙"这个字眼来指皇帝、国王等等时是否懂得我们英语的含义。

另一个好心的人当时同俄国大使馆有联系，正在等候亚历山大皇帝的到来。这就是著名的德·克吕德内夫人的儿子德·克吕德内男爵，他是个招魂术士，住在瑞士，亚历山大皇帝常常召他通过神灵的作用商量他在世间的种种活动的问题。

这个年轻人对我感情很好，给了我很多他所知道的或能够为我搜集的关于当前事件的有用消息，使我了解许多大人物的到来，他们正在从德国各地涌来法兰克福向他的君主——俄皇——表示敬意。

他告诉我，图尔和塔克西亲王已经抵达我所下榻的旅馆，他是俄皇的亲戚，双方将立即互相拜访。亲王前去向俄皇问候，回来后不久就由俄皇到旅馆回拜。亲王在通往他那套房间的过道的公共入口处迎接俄皇，我亲眼看到他们会晤的情景，看来他们是很友好和亲切的。俄皇留下来同亲王晤谈了大约二十分钟。

与此同时，我曾拿了两份备忘录的副本，打算在俄皇回访亲王后离去时递交给他。我把文件送到他的手里，但他穿着紧身的衣服，没有口袋，无法放进这一大沓的东西。这种情况显然使他很烦恼，我觉得他怒气冲冲地说："我不能收受——我没有地方放。你是谁？""罗伯特·欧文，"我这样回答。"晚上到伯特曼先生家里来找我吧，"说了这句话他就从我面前走过去了。

我不喜欢他对我讲话的那种态度，没有去赴约；对于这件事我感到后悔，因为他在本质上是和蔼可亲的，以专制国家的环境所能允许的范围来说也是很仁慈的。那时如果我去拜访他，我也许可以影响他去从事某种公共福利事业，因为据我后来了解，我在欧洲统治者中间的影响比我自己意识到的要大得多。可是我确实珍视人类的平等权利，按捺不住对任何人所表现出来的我认为是不必要的傲慢态度的强烈反感。

我以前写过一封信给俄国皇帝,他的秘书卡波·迪斯特里阿伯爵奉命通知我,说俄国皇帝在法兰克福短期停留期间事情很多,但如果可能的话他愿意接见我一次。我同卡波·迪斯特里阿伯爵有过几次颇饶兴趣的会晤,发现他很有才能,极想调查了解最进步的开明原理,渴望看到我已向他充分解释的我的观点能够普遍地得到推行。

我在这里不妨提一笔,在我同专制国家的大臣们的一切交往中,我毫不例外地发现他们原则上都倾向于赞成在实践中采用新的社会制度,并让我得到他们力所能及的照顾和帮助。

我的法兰克福之行是个重要的事件。它使我更清楚地看出了现有社会制度的种种错误,以及各国政府和被统治的人民彼此所受的束缚,而他们双方却不知道他们的思想和行动能够赖以获得自由的方法。我对各国政府和受各种方式治理的人民的同情因而大为滋长,我要用理智而不是用武力来解除双方的束缚以及用简单的真理来解放各国的决心比以前更加坚定了。

然而,前进的每一步都要求深入地洞察不同国家内一切阶级各自的具体环境对它们的思想所产生的影响。

我发现,我必须反对一切有关方面的被培养出来的偏见和明显的私利,以及荒谬的环境所造成的习惯,而这种荒谬的环境在各国都是社会从开始建立起直至目前所依赖的错误基础产生的。因此,我的使命是要提出人们所应当知道的真理,而提出这些真理时采用的方式则务必尽可能避免引起人们的愤怒情绪,并力求使公众留下难以磨灭的印象,以便逐渐破坏一种在原理上极端错误的、在精神上令人厌恶的以及在做法上有害的制度长期以来在各国和各族人民中间规定的一切措施。我在这个时期从法兰克福写给我妻子的几封信,可以说明我是以多么迫切的心情来追求我那时时刻刻不能忘怀的目标的。

当君主们开始举行会议的时候,我立即赶往埃克斯拉夏佩勒,在那里完成了准备递交给欧洲各国和美国政府的两份备忘录。接着我求助于同威灵顿公爵一起担任英国政府出席会议的代表卡斯尔雷勋爵。卡斯尔雷勋爵十分友好地答应在最有利的情况下把这些文件交给大会。他这样做了。在我回到巴黎后，政府的一位大臣私下对我说，那两个文件在开会期间递交了大会，被认为是最重要的文件。

在我从卡斯尔雷勋爵那里得到保证，知道他愿意负责在最有利的时候将备忘录交出以引起到会大国代表的注意后，我立即离开埃克斯拉夏佩勒，回到瑞士的皮克特先生那里。

我在上文本来应当指出，我的好朋友沃克先生由于当时发生的情况有必要返回他的家庭，在法兰克福和我分手了。

在回到日内瓦时，我得知那个时期瑞士国家博物学学会将在洛桑举行会议，而我的朋友和多日的旅伴皮克特教授就是该会的会长。他说各州最杰出的学者都将出席，另外还有许多外国的著名人士，因此他建议我陪他前往。由于我旅行的一个目的是会见不同性格的有识之士，并和他们进行亲切的交谈，我欣然同意了。

八、九十个会员在星期天聚齐，会议在星期一上午开始，星期六晚上结束。一日三餐我们都在一起，吃饭时讨论各种问题的晤谈看来充满着友好家庭酒会的那种欢聚一堂的气氛，虽然会员们的宗教信念和政治见解往往是互有抵触的。

这些人士从开始汇集到分手所普遍表现出来的精神确实使我感到高兴。在这些抱着宽容和亲切的态度前来开会以促进有益知识的学者中间，我在整个一星期内没有听到一句生气的话或看到任何一种不友好的表情。在这样一批专家中间，每人都曾长期忙于贡献和接受宝贵的科学发现，我在此以前和以后从来没有看到过那么浓厚而持久的融洽气氛，或者像那样丝毫不见浅薄的自私心理的流露。

在这个星期之初，我被邀请向大会解释我的观点。我的观点似乎在会员中间引起了热烈的轰动和浓厚的兴趣，在我逗留洛桑的期间成了谈论得很多的话题。他们一致同意我当选为该会的名誉会员，这无疑是出于皮克特教授的好意。由于他提倡科学，一贯以身作则，用和善慷慨的态度对待全体会员，他几乎普遍受到会员们的尊敬。

我变成了会上的名人之一。亚历山大皇帝的著名朋友和私人教师也在这些名人之列，并且非常惹人注意。他的姓名我现在已经想不起来了。

在英格兰和苏格兰，这时有许多事情需要我去照料，我不得不匆匆返回故土。我在日内瓦又同教授和他那引人注目的女儿一起待了几天，并访问了他的少数几个知己朋友，然后恋恋不舍地离别了这个曾经给我那么许多帮助和对我无比关心和友爱的好人。

抵达巴黎时，我又受到我留在那里的朋友和各界人士的接待，据其中的一位大臣说，我的两个备忘录已递交给首脑会议，有两份已经立即送交法国政府，出席首脑会议的成员认为我的备忘录是开会期间收到的最重要的文件。这些备忘录所谈的问题是参加会议的成员从来没有听到过的，给他们打开了一片可供研究和思考的广阔园地。它们也预先昭示了目前正在部分地实现的事情，并将最后使它们的预言充分得到应验。

我几年以后发现，这两个备忘录已经给到会的君王以及由那些未曾出席的君王或首脑派遣的代表留下了极其深刻的印象。随着社会的进步，这些备忘录谈到的问题定将为各国的政府和人民所重视。

这次到欧洲大陆的访问，大大提高了上一年关于我在伦敦中心区酒家的活动的报道所曾引起的广泛兴趣，直到今天它仍然多少影响着各国的政府和人民。公开宣布的普遍适用的重要真理，既然并不神秘，毫不掺杂人类的错误或畏惧，又并非为了私人的利益而是为了公众的福利广为传播，总是会水到渠成，收到良好的效果的，当这些真理以宽宏和博爱的精神广为传播时，情况将更其如此。

在抵达英格兰以后，我立即忙忙碌碌地进行许多令人兴奋的活动。

我所采取的措施，已经在主张继续维护由来已久的旧偏见和长期受保护的既得利益的各方面人士中间引起了恐惧，而大家知道，那些偏见和既得利益是没有坚实的基础的，是违反社会的普遍利益的。

新拉纳克已经遐迩闻名，深得人心，它的声望与日俱增。我所创建的"新合理幼儿学校"及其前所未闻的成效已名扬海外，引起了很大的兴趣；同样颇负盛名的，是我所采取的其他一些措施，其目的在于通过议会立法制止这些弊病，以救助我国各个工厂用如此愚蠢的手段所雇用的、用过分繁重的劳动使他们深受压迫的童工和其他工人。

所有这些措施来自这样的一个人，他曾以完全公开的方式在中午时刻谴责了世界上人们现今所教导的一切宗教，斥之为阻挠持久的重大改进的严重障碍、一切罪恶的根源以及人类生活中许多最不幸的灾患的祸根，因此他根本不能见容于宗教界，以致他们倾其全力来制止他的进程并企图在可能的情况下置之于死地而后快，因为他胆敢这样单枪匹马地公然反对千百年间由社会上根深蒂固的偏见所支持的、人类创造的最强大的力量。

个人碰到这种处境，他的事业在所有的人看来是断然没有什么希望的。可是，从他初次大胆的行动开始，出乎他的意料之外，他不仅避开了个人的危险，而且由于大胆行动本身的出现，已经从大英帝国首都室内所举行的一次参加人数最多、最激动人心的公开集会上，赢得了也许是前所未闻的最真诚的雷鸣般的掌声。

可这是怎么回事呢？——因为掌声是包括朋友和敌人在内的各方面的人士发出的。这并非由于到会的群众统统赞同如此大胆地反对世界上的一切宗教、当然也反对世界上一切合法当局的行动。但到会的人都意识到，在进入会场时，我绝对是最受普遍欢迎的人物，全场的听众正如我那许多原则上的对手后来向我承认的那样，都仿佛遭到了电击，被我那种为了造福人类、为真理作出重大自我牺牲的精神一下子惊得目瞪口呆了。

到那时为止，争相和我结交的是那些以才干、品德和地位而名噪一时的人物，我对当权者的影响被认为比任何个人都大，因为在这个时期上下两院的主要议员都同我很熟，其中大多数人对我颇有好感。那次的听众意识到，我用几分钟的工夫就已经把多年发展起来的这种无与伦比的盛名丧失净尽了。

到那时为止，伦敦所有的每日晨报和晚报都异口同声地对我热烈赞扬，拥护我那些救济贫民、改善我国工厂中雇用的童工和其他工人的状况的观点。这种非凡的自我牺牲精神给大会听众留下了极其深刻的印象，其结果是，甚至在我发表这种大胆的谴责之后隔了很长一段时间，还有大多数听众赞成我所提出的决议案，即要求指定一个由双方主要人物组成的委员会，来充分调查研究我所倡导的新观点。但是，门外那伙暴徒的头目已经来到会场，决定要阻挠决议案的通过；在发现大多数人对他们反感强烈时，他们交头接耳地商定用发言来拖延时间。大会从上午十一点开始，场内已经挤得水泄不通，许多人甚至一早就前来占据座位。这次十分激动人心的大会一直开到下午四点，当听众正要提出动议时，这些彻头彻尾的反对者大吵大嚷，阻挠人们向大会提出成立委员会的决议，因此，为了维持安静和秩序，我允许他们继续发言，直到将近七点为止。会上许多最正派的人离开了，因为他们厌恶这种荒谬的举动。这些暴徒已经派人去把他们手下的人带进会场，占据那些已被一个接一个的发言搞得筋疲力尽的人的座位，而那些发言实际上是同会上讨论的问题没有关系的。

可是，我当日的任务已经完成。我感到满意，并不在乎或者说倒是希望那项尚未按正规程序提出的决议案得不到通过。为了平息喧闹，我劝我的朋友们让我宣布决议案遭到了否决，免得再延长开会的时间。

这时一场大决斗已经过去了，我需要仔细考虑将来采取什么措施。

第二天，像我事先安排的那样，所有的每日晨报和晚报都逐字逐句正确地披露了我对大会发表的讲话。可是，《泰晤士报》这天第一次另外刊载了一篇反对我的观点的文章，我有理由相信作者是英格兰教会的一个牧师。

由于所有的报纸都这样发表了消息，我的主要目的已经达到，于是我那天便买了三万多份添印的报纸，分送给全国的头面人物。我对世界上盘根错节的种种迷信发动公开抨击的经过就是如此，这种抨击是以前从未发生过的，并且除了在我去参加大会时所处的那样特殊的环境下，也绝不是任何人所能做到的。

我必须与之作斗争的黑暗势力披着呈现出世界上各种各样迷信色彩的宗教外衣，对于它的雄厚的力量，我是深有体会的。我充分意识到各个国家赞成维持现状、非常厌恶变革的既得利益以及风俗习惯的不计其数的具体表现。除了这一切以外，我还给我的许多朋友留下这样的印象，即我已经永远破坏了我对公众的影响。按照他们的看法，我是穿着负有最高和最可贵的声誉的外衣走进会场的，而在离开会场时我已把外衣整个脱掉，此后就要成为无人理睬的孑然一身，在我有生之年不会再有丝毫的声誉可以供我利用了。

然而，这些说法对我并没有什么影响。我以前早就下了决心，不仅不惜牺牲名望，而且不惜牺牲自由、财产和生命；因此，我认为自己是对偏见、迷信以及充满着欺骗、愚昧、贫困、倾轧和罪恶的旧制度的种种势力进行斗争的巨大胜利者。我不仅由于掌握了真理而自感力量强大，而且意识到，只要耐心地、百折不挠地和始终如一地坚持我所采取的行动方针，最后的胜利是肯定有把握的。

一件令人惊奇的事实是，在多年期间我注定要同各方面的偏见或迷信进行无数次的斗争的情况下，我从来不曾觉得有丝毫的疑虑，而是绝对相信：我会随着时间的推移克服一切障碍；地球上的全体居民迟早将异口同声地承认这种为全人类的不断进步和持久幸福而阐明的极端重要的真理，即"人的性格是在他出生以前和从他出生以后由外力为他形成的"，一旦人们了解这个真理和它的全部意义，社会就有可能很容易地和愉快地为每一个人从出生之日起，甚至在某种重要的程度上是在他出生以前就形成一种值得高度赞扬和十分可贵的善良性格，其结果是每一代人出生以前的胚芽或天然机体都将比前一代人有所增进。

既然我的内心深处牢固地留有这种印象，任何障碍、任何暂时的欠缺、任何报刊或宗教界的辱骂都丝毫阻拦不住我继续前进。由于我知道所有的人的性格是由外力为他们形成的，他们的辱骂和暴行只是引起了我对他们的同情，这种同情要看他们愚昧程度的深浅以及他们由此遭受的忧患的大小而各有不同。

可是我一回到英国，立刻就发现我必须做好充分的准备，以对付我那针对世界上的各种宗教而提出的毫不妥协的公开谴责所必然激起的反对。这种反对连续进行了三十多年，我无论走到哪里它总跟踪而来，利用根深蒂固的势力和偏见的一切不正当手段来阻挠我从实际出发为了造福受苦的、备遭虐待的贫民而作的每一种尝试。

然而，我的经历是我克服困难的中流砥柱，使我在每次受到公开攻击时都能够成为胜利者。如果缺乏这些经历，恐怕没有什么力量能够如此长期地支撑任何一个人去抵挡一切教派的在许多场合确实是异常虔诚的顽固教徒的攻击了，而他们这些可怜虫平素接受荒谬的培训，还满以为采取这样的行动是对他们信以为真的上帝表示莫大的尊崇呢！

但我的经历是无可辩驳的。在超过四分之一世纪的期间里，我在英格兰管理了五百名职工，另外在苏格兰管理了两千五百名职工，利用仁慈和明智的新的管理方式，已经收到了前所未有的效果，而职工中间达二十年之久的幸福处境是世界上其他任何地方的工人以前从未体验过的。

在兰开斯特多年待在英格兰的期间，我一直是他的首屈一指的、最受信任的赞助人。我曾给他一千镑，帮助他在英格兰、爱尔兰和苏格兰奠定了开创贫民教育的基础。

我曾自动拿出一笔同样数额的款项给贝尔博士的委员会对他进行帮助，其条件是他们所开设的学校应当招收各种各类的儿童，正像兰开斯特和他的委员会所做的那样，而如果他们仍旧只招收英格兰教会的儿童，把其他的儿童拒之门外，我就要减掉一半的捐款。前面已经提到，这项提议在委员会的全体会议上讨论了两天，最后以微弱的多数决定继续把所有不信奉国教的人排斥在外，只接受五百镑的捐献。可是在十二个月之后我满意地得悉，我所提倡的办法被他们采纳了。

我曾设法请人把一项法案带进议会，企图尽量减轻像我国工业体系这种恶毒地设计出来的暴虐体系中工人的疾苦，并在新拉纳克我所经管的工厂里展示了我最初请罗伯特·皮尔爵士递交下院的法案中介绍的那种办法，而皮尔爵士却让那法案被删改得面目全非，没有多少或者根本没有什么实际用处了。

此外我还放弃一切有关名利的考虑，决心要完成一项深深地铭刻在脑际的、深信不疑的任务，因为在我看来，完成这项任务要比保全生命重要得多。

这些经历构成了我的坚不可摧的护身甲胄，以致教会或政府的任何方面的人士都不敢贸然对我公开攻击或指责我的动机。

然而，"无宗教信仰者"这个字眼是我所有的反对者用来对我进行攻击的口号，并且，由于他们把我能够想象出来的一切计划都加上十恶不赦和罪不容诛的罪名，那些受欺骗的虔诚教徒和顽固分子在反对我所倡导的制度的进展方面有好几年倒是在某种程度上取得了成功，而这种制度即使到今天我也始终没有停止倡导过，因为我分明知道，它的原理、精神和做法是十分正确和有益的，最后绝不是一切黑暗和故弄玄虚的势力所能压倒的。我认为，依靠我的耐心和不屈不挠的精神，真理和善行必将战胜虚妄和恶行，我的这种信念绝对没有片刻动摇过。全世界的人民自古以来直到今天都处于旧制度的异常错误的统治之下，而我所创导的新制度却能迅速改变目前这种形成性格和治理全世界人民的恶劣方式，为我们人类谋求持久的幸福，因此我不妨问一下，那股愿意公正地和公开地试图维护旧制度的原理、精神和普遍的做法并企图驳斥新制度的神圣真理、精神和做法的势力现今究竟在哪里呢？

我要求同全世界的先进人士进行辩论，请他们在1857年5月14日我召开的大会上同我共聚一堂来反驳我关于旧制度所曾发表的言论，或者否定人类加以认识之后就有可能享受并永远确立光荣的新生活这样一些明显的事实。

* * *

尽管教会的走卒、虔信宗教的教徒、各方面无知的顽固分子、特别是残忍的马尔萨斯派政治经济学家千方百计进行反对，我却一直受到各阶级中间最优秀、最进步和最有主见的人士的坚决支持。

这些人士中最可宝贵的，是现已去世的肯特公爵殿下，他一生最后四年的真正的品德至今尚未为公众所了解。他写给我的大约三十封的信札将表明这个颇有才智的人是如何善良和富于魄力，如果他活到承袭王位的时候，他本来是会运用他的一切影响，使真理在整个不列颠帝国从原理、精神和实施上确立起来，并通过这种治国方式的卓有成效的变革，促使其他各国的政府起而效法的。

1815年，我首次把那可以一劳永逸地使人类养成十分优良的新性格的《新社会观》呈交给了殿下。他立即怀着真正希望发现可供有效地实际应用的真理这种迫切的心情研究了这个问题。他每天亲眼看到和强烈地感到一般所说的伟大是多么虚假、无用和时时刻刻令人烦恼，并且渴望极端真实的纯朴性格会取得和维护它的正当统治地位，以克服人们种种想当然的、浅薄无知的主张，而这些主张曾使他们深受其害，破坏了他们对各种思想和行动的相互关系的正确判断能力，并使他们经过邪恶的错误制度的培养之后不断地指善为恶和指恶为善，从而使人类不可能团结一致，而人类的大团结则是达到幸福境界的唯一途径。

从1815年至已故殿下令人悼念不置的溘然长逝这段时期里，我往往住在贝德福广场49号我的朋友和合伙人约翰·沃克先生的伦敦宅邸。

肯特公爵和苏塞克斯公爵这两位殿下当时手足情深，志趣相同，偶然联袂惠临，同我研讨我建议为贫民和劳动阶级设置的前所未有的新环境的模型，这种环境可以培训他们摒弃不良的习惯，使他们的子女养成优良的品质。他们也曾前来参观用立方体木块表示的社会各阶级比例大小的模型并得出他们自己的结论，而这种模型是我有意制作出来让人们看到统治阶级和被统治阶级人数多寡的显著差别的。

在这些来访中，两位公爵殿下有几次还带来一些地位较高的贵族。有一次，肯特公爵注意到其中的一位贵族意味深长地指指代表统治势力（皇族和上院）的很小的立方木块和代表他们所统治的各个阶级的大木块之间比例悬殊的差别，并向公爵瞧了一眼，仿佛是说，这岂不是带有毁灭性的危险现象吗？公爵领会他的意思，说："我看出你以为我没有研究过这个问题，不会预见到它的最后结果。可我知道它的结果是我们人类将享受远比现在要公正得多的平等，这种平等给所有的人提供的安全和幸福，将比现有的制度给任何人提供的多得多；正由于这个缘故，我才满心赞成确立新的制度并给予热情的支持的。"

殿下始终言行如一，直至他与世长辞，进入灵界为止。

世界上许多所谓有独立见解的（持怀疑论的）人士想必要反对

"灵界"这个短语。可是，证诸我的感觉，我不得不知道，幽灵占据着他们称之为天堂的空间，他们凭先天的特性同这里人世间的朋友息息相通，但不像活着的时候那样有形影可见。我曾有过难以用言语表达的满足和幸福，迎来殿下的幽灵的访问，他完全用他从前和我交谈时的那种神态和措辞同我沟通思想，谈起他以前家庭中间的亲属关系和利害关系，告诉我有关灵界以及过去的事件和人物的见闻，而这些可贵的重要见闻是完全出乎我的意料之外的。

许多人不能相信他们所无法了解的任何新鲜事物，上面这番话也许是会使他们感到新奇的。

当年曾经组织了一个委员会来提倡我的"新社会观"，由公爵担任主席。为了同样的目的，多次举行了颇有意义的公开集会。殿下主持了这些集会，他是人们在这样的大会上所曾见到过的最出色的主席；这是因为，虽然听众的意见分歧很大，他作为主席，却善于以无懈可击的态度和方式引导听众进行讨论，使各方面的人士都对他的公正无私的精神感到满意。他过早地突然谢世，导致我此后在同旧制度作斗争时不得不采用一种截然不同的方式。但毫无疑问，像全世界的所有其他的行动一样，有必要尽量按照自然的正当程序协助造成未来的事件。

殿下曾亲自和我约定，要在春天偕同公爵夫人和年幼的公主（我们现在这位深受爱戴的女王）来到布拉克斯菲尔德我当时的住所同我安静地欢度三个月，可是过了不久他就不幸逝世了。我的住所坐落在克莱德河畔，四周景色秀丽，令人悠然神驰，并且它同当时在安排和效果上别具一格的新拉纳克相距不远，来去十分方便，而新拉纳克则在我煞费苦心的经营下已在职工中间产生了现今充满着愚昧、欺骗和罪恶的制度所能容许的那种品德高尚和和睦快乐的浓厚气氛。

我们曾经提出，要在这次预定的访问期间考虑我们能够用什么方法来和平地逐渐改变现有的制度，以便尽可能使这种变革对任何人都没有损害，而是对大家都有好处。公爵为人非常正直，当他强烈地感到他已真正走上正确的原理和有利的实践的道路时，态度很坚决，他的判断和预见大大超过了那个时期欧洲贵族们的智力水平。他给我的那些信札表明他的性情是多么善良，他是多么渴望改善受苦阶级的状况。同时他清楚地知道，各个阶级都在不同程度遭受折磨，并且他提出的每一种意见证明他确实了解社会的现状，也了解到有种种困难需要加以克服，然后公众才会在思想上作好充分的准备，容易接受他预料必然会在原理、精神和做法上得到贯彻的那种彻底的变革，最后使社会能够享受经久不衰的、内容充实的、真正的利益。

同殿下推心置腹地谈论这些问题是莫大的荣幸，因为他对各阶级在训练和教育下养成的缺点所抱有的宽厚态度是他性格中一个显著的特征，而他的性格则具备着一位用和平方式获得成功的伟大改革家所拥有的一切必不可少的素质。

在他研究了《新社会观》以及我用以说明从人们出生之日起，甚至在出生之前就怎样用新办法来陶冶他们的性格和治理他们的原理和精神的其他著作以后，特别是当他已经就这些问题同我作过深谈并在充分理解之后似乎念念不能忘怀的时候，他热切地希望从最可靠的来源听到这些"新观点"是如何在实践中发挥作用的。他已经从那些到新拉纳克来参观的人们那里了解到很多有利于我的观点的情况，但他还想从他能够信任的富有经验而判断公正的人士方面获得更加充分的详细描述。因此，他首先派出他的朋友和私人名誉大夫亨利·格雷·麦克纳布博士，要求他前来参观我的企业，叮嘱他务必要多待几天，直到充分掌握他所看到的情况为止，然后据以向他提出报告。

博士来了，并且写出了他的报告。

公爵的朋友德塞克斯将军当时在苏格兰。殿下很重视将军关于世事的阅历和知识，也看重他的判断能力和正直，所以公爵希望听取这位将军的意见，拿它同他的私人名誉大夫的意见作一番比较。将军紧跟着大夫之后前来访问，仔细考察了好多天，并且也亲自向公爵作了汇报。公爵的最后一封信上说他希望和我在伦敦见面，我随即到肯辛顿去拜访他，那时他告诉我：麦克纳布博士对于我在实践中取得的一切成绩感到高兴和满意，他热心支持我的事业并愿竭尽全力加以提倡，同时还打算把他观察到的情况写成一篇报道，印刷出版——他的确这样做了。公爵又说，德塞克斯将军也同样赞赏那种使他感到惊奇的、由许多部分组成但又合为一体而逐日异常和谐地运行的体制方面的安排，以及似乎成为这一和谐整体的一个重要部分的三所学校中儿童的和每一部门中工人的思想和行为。两人的一致看法是，他们从未见过任何地方的全体居民感情那么融洽，幸福那么圆满，或者像他们所补充说明的那样，确实在这些方面从未见过任何与之近似的状况。

"因此，"公爵接着说，"就我个人而言，我现今对于你所倡导的在人力能及的范围内用新的办法陶冶人类性格和治理人类的那种新制度的原理、精神和做法深感满意，并且我承认自己在原理、精神和做法上已经完全信奉你的哲学了。""可是，"殿下又说，"我们必须审慎从事，还要具有远见。英国人基本上是个讲究实际的民族，实践对他们影响很大。我要按照我早就希望实现的计划，带领我的家属到新拉纳克去拜访你，并且决定在那里待很长的时间，使各界人士相信我有足够的空闲时日和一切机会来考查和观察你那体系的各部分的详细运转情况。我还要使他们相信，在我回来以后我在我们召开的公开集会上发表的讲话以及我在上院对议员们发表的言论，是以经过仔细调查和充分考察得来的知识为依据的。这将比目前可以采取的任何其他方式更能防止人们吹毛求疵和空喊反对的现象。"

我真诚地赞同殿下的意见，事情就这样决定下来了。我们分了手——我根本没有料想到这是我在他尘世的生活中最后一次同他见面。

他作为我那委员会的主席，在1819年12月1日最后一次主持会议。那天在委员会向公众发表的讲话中，许多委员介绍了公爵的真正的性格，因为他们曾经屡次亲眼看到他是多么忠于这种根据他的预料必将最终改变人类状况的事业，即努力想把社会在养成人们的性格、生产和分配财富以及企图产生团结、善行、知识、智慧、仁爱、宽厚和幸福等方面前后矛盾的荒谬行径，变为在所有这些事项方面都将始终一致的合理措施。

我在这里必须适当地介绍一下殿下的坚定不移的正直品性和强烈的正义感，并稍稍叙述一下皇室的一支在殿下逝世以后由于种种原因、其中有些是不可思议的原因而遭受贫困颠沛的情况。他们这一支的衰落已经引起皇室滋长了显然是坚决的或有时是顽固的态度，这种顽固态度使我国丧失了现在称为合众国的大片殖民地，注定要改变各国的状况，从而使它们感到无所适从，不知应当继续实行奴隶制度，还是采纳一种新的生活方式，而后者是肯定会盛行起来的。

所谈到的皇室这一支大家知道指的是塞里斯夫人，即后来的坎伯兰的奥利夫公主，以及奥利夫公主的独生女儿现在的拉维尼娅·塞里斯夫人。

根据保存得很完整的现有文件来看，皇室的这一支毫无疑问享有乔治三世陛下的兄弟坎伯兰公爵的直接后裔的合法权利，并有权继承他的地位和财产。肯特公爵殿下在介绍塞里斯夫人同我认识时说明她是他的堂妹，依法享有坎伯兰的奥利夫公主的地位。他非常关切她和她的独生女儿拉维尼娅的事业。

公爵在缺乏经验的年轻时代像当时所有的年轻亲王一样，入不敷出，这时由于负债累累而颇感拮据。"新社会观"打开了他那十分真诚的心扉，使他认识到人在世界上可以开拓一个享受优良生活的新领域。他开始热烈希望为自己采取一种新的生活方式，以便最有效地贡献力量，促进社会从他认为充满着谬误的制度转变为他的新信仰迫使他相信是正确的制度。阅读和研究我那最初四篇关于新社会观和性格的形成的论文，也对当时的首相利物浦勋爵、他内阁的一些阁员以及其他许多显要人物产生了类似的影响。

由于殿下的头脑里形成了这种新的思想，他决定在他的境况所允许的范围内尽量公正地对待他的债主，限定自己只花费较小一部分的收入，把大部分的收入用来逐步偿还他以前欠下的债务，最后总算连本带利地偿付清讫，只剩下少数几笔，那是我答应他的要求借给他那经济发生困难的堂妹的，而如果我当初从他手里拿到一张正式的借据，他本来也是会偿还给我的。然而，在他逝世之前的11月份，当他自动提出，甚至硬要我接受他的一纸六个月的期票时，我断然拒绝这样做，因为我充分信任他的保证，根本没有料到，凭他那么坚强的健康体质，他竟会遇到不能继续生存下去的危险。

我发现他在那个年代写给我的一封信中要求我根据他的担保向塞里斯夫人贷款三百镑，同时还发现塞里斯夫人写给我的一封信，信中关于我应殿下的要求并通过他给她五百镑借款的事表示谢意。另外还有一笔一百镑的款项；在其他几封信中，还提到一些借款，但没有特别注明借款的数额。

在这个时期，我钱挣得很快，并不怎么看重，除非是觉得需要用钱来促进我那魂牵梦萦的伟大运动。由于我知道公爵的经济不宽，在我感到手头拮据以前，我那时根本不想索回那些借款。从他写给我的几封信里可以看出，他使我了解到了他的财务和家庭关系。

这些事情现在已成陈迹；追忆那么多年的一连串的往事，我暗自思忖：殿下转变了思想，相信真理和人类的正当权利，他意志坚决，如果他有掌权的机会，这种坚定的意志本来是会激励他为了全体人民的永久利益，力图改变贵族统治的政治制度，以适应他那逐步革新社会的观点的，可是为什么他的生命突然停止了呢？为什么世界上丧失了像他这样的头等的君主呢？

现在据我看来，答案在于拥有庞大权势和财富的贵族的政治缺乏一般社会上足够进步的力量的推动，当时本来就不准备支持他的愿望,权力无比强大的教会和政府势力本来会反对他的主张,从而引起斗争和纷扰,而种种问题也会表明,纵然殿下当了国王,他的那种不成熟的改革尝试所造成的局面远不会像今天的文明世界,特别是大英帝国这样先进,因为在女王陛下的比较和平的统治下,科学知识和真正的自由逐渐有所增长,这些在她登极以来已经有了了不起的进步。

虽然不学无术的人所知有限,因而自以为是地反对他们原先学业以外的一切新的知识,可能不准备相信超越世俗的存在,但是我凭感觉的最可靠的证明足以知道,幽灵是确实存在的,他们用自己的新身份所容许的最好方式同他们留在尘世活着的朋友沟通消息。根据我不时同殿下的幽灵进行的十分令人满意的思想和感情的交流,我有理由相信,从他离世以后,他是一直慈祥地当心爱护着他的女儿和她的家属,关怀英国人民的利益的。并且我也相信,他对比利时人的国王的一切事务和行动一直怀着兄弟般的热情关注。

最高学府、科学界人士以及全世界的哲学家和政治家没有料到会出现这种新的知识层出不穷的先进时期,许多人对这个时期还没有什么思想准备,他们看到上面的这段叙述势必会感到惊异。

教会、政府和学术界的保守的饱学之士竭力抓牢即将消亡的旧的事物不放,在思想上不能容纳他们以前所不知道的和没有料想到的以新事实为根据的新真理。

以世俗的方式同我们那些业已逝世的、现今看不见(除非特定的人在特定的场合才能看见)的亲朋沟通思想和感情这一想法,在今天的所谓有识之士看来是十分荒谬而不能接受的,就像当年饱学之士认为伽利略的说法十分荒谬而不能接受一样,那时伽利略声称地球不是扁平的,而是每日和每年以巨大速度运动的球体。

不仅如此,当有人看到他们的内心无法否定的凿凿可据的事实并感到不得不信服时,他们也没有足够的勇气来公开宣布他们像这样被迫了解的真相(这足以证明一种基本的错误已经迫使这个旧制度下甚至具有先进知识的人们如何处于不合理的状态)。

我的心理特征却绝非如此。任何被宣称为真实的事物，不经过我的仔细考察，我在思想上是绝不会接受的。当我通过对事实的实际调查研究，凭我官能的证明而相信一项经过理解以后可以造福于全人类的重要的真理时，我总是绝不受舆论的影响，毫不迟疑地广为宣传，并付诸实践。

因此我现在宣告，凡是判断正确并抱有发现真理的真诚愿望的人，都能公正地充分调查研究有关这些新的重要现象的问题。他们可以从公众至今尚未了解和料想到的某种新目标着手，而不必事先就相信这些现象确实来自我们去世的亲朋等等而并无其他任何来源。我还要宣告，这样进行的思想和感情交流在许多情况下对社会的最高的持久利益来说是异常重要的，而对于那些从他们心爱的亲朋那里接受这些现象的人来说也是令人感到十分满意和愉快的。

我同过去许多杰出人物的幽灵进行思想和感情交流，就具有这种性质，他们显然怀着强烈的愿望，想要改善全世界各国人民的状况。

在这些中间，我必须特别提到已故肯特公爵殿下（他很早就告诉我，在他已经进入的超越世俗的领域里，没有任何头衔）幽灵的那种显然是非常焦急的情绪，竭力想要在漫长的未来造福于整个人类，而不仅是造福于一个阶级、一个宗派、一个党派或任何特定的国家。在这感情的流露中，他似乎与我的朋友和热情追随者杰斐逊总统[①]以及他的密友、著名的本杰明·富兰克林[②]的精神有很多共同之处。这三个人的幽灵时常一起前来向我传达十分有趣的宝贵消息，偶然也来告诉我与这些杰出的幽灵生前关系密切的人士的情况。他们谁也没有在任何场合表示过微不足道的意见。

[①] 托马斯·杰斐逊（1743—1826），美国第三任总统，《独立宣言》的起草人。——译者
[②] 本杰明·富兰克林（1706—1790），美国政治家、科学家和作家。——译者

在一次重要的降灵会上，这三个幽灵伴同钱宁①、查默斯②、雪莱③、拜伦④以及若干老预言家的幽灵一起前来；这次，我的八位已故亲戚的幽灵也到场了。他们每一个通过独特的、不同的表达方式，用他们在世时异常显著的特征同我沟通思想和感情。

这些先进幽灵在不同的场合和不同的时间异口同声地分别申述了从无形的灵界传来的这些离奇信息的目的，即改造全世界，并使人世间的全部居民团结得像一个家庭或一个人那样。

肯特公爵的幽灵始终一贯地对我表示了他在世时惯常流露的那种亲切、信任和慈爱的感情。

我毫不怀疑这些杰出幽灵屡次表达的言论所包含的真理，相信这些现象定然会越来越显得频繁，最后一切持怀疑态度的人必将相信它们的真实性，全世界的人们也一定会在品性、行为和精神方面得到改造和提高。

* * *

可是我现在必须回过头来叙述我的世俗的历史了。

我曾发表过一封写给坎特伯雷大主教大人的关于各教会和学校联合问题的信，这封信印刷出来并广泛流传，对公众的思想产生了相当大的影响，并且使议会两院的许多议员在精神上有了准备，开始认为不应当再拒不考虑和采取某种办法来把国民教育问题纳入他们的立法活动了。

在当今引起公众对这绝对重要的问题加以密切注意的混乱、嘈杂和荒谬的争议中，把这封信重新公布出来将是大有裨益的。

我在1817年使公众极度兴奋的那几次公开集会，我写给君主们在埃克斯拉夏佩勒召开的首脑会议的备忘录，我写给工厂主们的那封

---

① 威廉·埃勒里·钱宁（1780—1842），美国唯一神教派领袖和社会评论家。——译者
② 托马斯·查默斯（1780—1847），苏格兰神学家和作家。——译者
③ 珀西·比希·雪莱（1792—1822），英格兰诗人。——译者
④ 乔治·戈登·拜伦（1788—1824），英格兰诗人。——译者

公开信，以及这次写给坎特伯雷大主教的附有救济儿童法案的信札（这一法案当时还只是在下院初步讨论中），已经引起许多人产生了强烈的希望，但愿一个地区的全体居民能进行一次实验，或者议会至少能够充分调查研究我所创导和建议的那些原理和计划。然而，当时权力很大的教会和大部分旧贵族已经勾结起来，用他们的一切直接和间接的手段来阻挠任何公众或议会的调查；并且教会还尽可能采取措施来阻止我的著作的流传。

我那阐释新社会观和人类性格的形成的头四篇论文，已经出过五版精印的大开本；所有第一流的和最有身份的出版商都希望把他们的姓名附列在书本上面；时至今日，仍有刊出那些姓名的不多几册书籍保留在朋友们的手里和收藏在公共图书馆或私人藏书楼中。

可是，那时两岛的所有书商都受到想必是教会的支持者们的警告，说如果他们出售欧文先生的著作，就不准他们经销他们的著作。从那时起，我的著作在大不列颠或爱尔兰的任何所谓像样的书店里都买不到了。由于这个缘故，那些受人尊敬的、颇有地位的出版商便不敢印制我的任何著作，甚至不敢印制他们曾经劲头十足竭力想把自己的姓名刊印在上面的我那些著作；而那些著作却经受过我们政府的严峻考验，曾经由它分送给文明世界的许多最高学府和学识十分渊博的人士的，他们并未发现书里有什么错误；而且也就是那些著作连同我其他的活动曾使当时的首相利物浦勋爵和利物浦夫人改变了信仰，利物浦夫人因此还要求允许她参加首相同我的会见并饶有兴趣地参与我们的谈话，这是因为她才智过人，秉性善良，非常和蔼可亲。

在横笛大楼的这些会见中，有一次她说："欧文先生，我们的办公处最近请了一个年轻人，他看来很有出息。他姓皮尔，是罗伯特·皮尔爵士的长子。"当时是1815年，皮尔先生刚在不久以前受聘担任利物浦勋爵的私人秘书。正是这位皮尔先生，当我第二次拜会利物浦勋爵，走进私人秘书室等待向勋爵阁下报告我的来到时，他立刻站了起来，一直伫立到利物浦勋爵亲自出迎，把我请进他自己的房间为止。也就是这位皮尔先生，他后来成为著名的罗伯特·皮尔爵士，英国政府的首相。

可是还不仅这些。虽然所有那些所谓最有地位的出版商和书商由于事关他们重大的世俗利益，不得不拒绝出版或销售我的著作，内政大臣西德默思勋爵却要求我给他若干册，以便分送英国的每一位主教；这些书我派人送了去，他把它们分给了主教。接着，阿尔马大主教了解到了西德沃思勋爵的上述行动以后，也向我索取好多册（当时著名的埃奇沃思小姐的父亲、作家埃奇沃思先生在座），以便分发给爱尔兰的所有主教，我答应了他的要求；这些书促使爱尔兰的那些主教在我嗣后访问爱尔兰时几乎不约而同地给了我最亲切和殷勤的接待。

这些著作也曾被译成多种外语，并在美国出过许多版，在那里，它们也曾为我事先准备了全国规模的热情接待。这是因为，正如我以前已经叙述过的那样，在1816年，当约翰·昆西·亚当斯担任美国驻伦敦大使时，由于我的这些著作当时在社会上较高阶层中流传颇广并获得普遍称颂，他向我探询，我是否愿意把它们介绍到美国去，因为如果我愿意的话，他不久就要回国，要是我答应让他带几册去给总统和他的内阁成员，以及合众国每一州的州长，他保证如数送到。这个要求使我很高兴；后来等我到了美国，我发现他已经严格地遵守了他的诺言。于是，这些遭到书商、当然还有出版商拒绝的著作使我在远渡重洋第一次访问美国时成了显赫一时的名人。它们让美国所有的总统，从约翰·亚当斯[①]以下，包括杰斐逊、麦迪逊[②]、门罗[③]、约

[①] 约翰·亚当斯（1735—1826），美国第二任总统。——译者
[②] 詹姆斯·麦迪逊（1751—1836），美国第四任总统。——译者
[③] 詹姆斯·门罗（1758—1831），美国第五任总统。——译者

翰·昆西·亚当斯、杰克逊将军①和范布伦先生②，都对我有所了解并视为知己，而我从他们那里也吸取了他们的最有益的思想和宝贵经验的真实成果。在我初次抵美以前，华盛顿总统已经去世了，但他的近亲、美国最高法院法官华盛顿先生亲切地欢迎和热情地接待了我。这些有趣事件的详细情况将写进以后几卷的自传里，如果我在有生之年还来得及动笔撰写的话。

欧洲每一位君主以及被放逐在厄尔巴岛上的拿破仑一世都欣然地收到了这些装帧精美的著作。拿破仑在岛上有时间看这些书籍，并且他确实阅读过了，因为英国陆军少将尼尔·坎贝尔爵士后来告诉我，贝尔蒂埃③（皇帝的朋友和宠臣）应拿破仑之请，曾向他打听，问他是否了解作者的情况，而当时他是并不了解的。据说，由于我在这些著作里批评了拿破仑的错误的好战行动，它们曾经在一定程度上改变了他的看法，使他说出这样的话：万一欧洲的其他大国容许他安静地保留法国的帝位，他愿意像以前致力于战争那样为和平而努力奋斗。

尽管世界上一些位居前列的有识之士十分推崇这些著作，但由于教会和其他教派的影响，我此后就不得不把出版的任务委托给收费低廉、无所畏惧、思想开明和激进的出版商；对于我此后撰写的或者预定要写成的一切著作也只能照此办理，因为有一段时间我曾自行筹办出版事宜，以对抗所有那些可怜的、错误的黑暗势力。那些黑暗势力依靠真理的光芒给他们带来的知识，自身也许可以迅速成为很大的受益者，但他们还不敢让人们看到真理的光芒。他们的行径未免太卑劣，经受不住这种光芒的照射。

然而，只要他们开始了解到自己的性格是怎样被人错误地塑造而成的，真正的博爱精神就会逐渐滋长起来，这种情况不久将使各方面

---

① 安德鲁·杰克逊（1767—1845），美国第七任总统。——译者
② 马丁·范布伦（1782—1862），美国第八任总统。——译者
③ 贝尔蒂埃为贝比朗之误，参阅《欧文选集》，第三卷，第196页。——译者

的人士在思想和感情上对他们刮目相看，那时人们就一定会达到真正的精神自由的境界，真理定然会在人类历史上第一次摆脱愚昧和迷信的肆虐；到那个时候，知识、友谊、宽厚、仁爱和智慧必将像浩渺的水面覆盖海洋一样，覆盖整个大地。

所有的人都可以蛮有把握地说：这个光荣的时期已经近在眼前了，新的精神现象注定要成为这项运动中的伟大动力，以前的社会建设者们拒绝用来砌造大厦的石块将成为墙角的主要基石。

尽管英格兰教会和其他一切教派常常在马尔萨斯派现代政治经济学家的协助下暗中合谋阻挠和反对，我所创导的原理和公开的实践却已展现在国内外各方面人士的眼前，并由我毫不偏离方向地继续加以推行，因此，这些原理和实践在各个阶级的正直的有识之士中间每天都产生了越来越大的影响。

由于那些愿意工作并且有工作能力的人求业无门，贫民日益增多，里子市的济贫法捍卫者们感到难以供养。他们已经把注意力转向我曾通过各种出版物到处公开传播的计划，于是就邀请我访问里子，给他们更充分地详细解释我所介绍的那些切实可行的方案。因此，我带去了计划中的使劳动阶级得以在其中安居乐业的新环境的模型，如果合理地加以仿效，是可以永远扫除地球上的贫困现象的。

在我抵达里子时，由市长（乔治·班克斯先生）主持，召开了一次公开集会。会场上拥挤不堪。我不但通过言语，而且通过所有教学方式中最好的方式即看得见的模型来解释我的观点。大会在掌声中充溢着热烈的气氛，听众一致表示热情的赞许，像不存偏见的有识之士一定经常会做到的那样，而这种态度后来也由济贫法的拥护者们不久就开始采取的切实可行的措施表明出来。

他们决定指派在实际知识、判断能力和诚实品德方面都靠得住的三名代表到新拉纳克去参观一下，针对那里盛名远扬的企业的具体设施提出报告。《里子信使报》业主即现今《里子信使报》主编 M. T.

本斯爵士（我以后还要谈到）的父亲爱德华·本斯先生，资力雄厚的工厂主和市议会十分活跃的重要成员约翰·卡伍德先生，以及后来颇孚众望的著名的理查德·奥斯勒的父亲、很受尊敬的公民罗伯特·奥斯勒先生，是所指派的代表。

这些先生来了，他们充分地仔细察看了学校、棉纺厂、机器制造厂、铜铁铸工车间以及村内为劳动人民的健康、舒适和幸福而提供衣食、娱乐场地等等的独特的安排。劳动人民约二千五百人，占村民的绝大多数，是始终固定地住在村子里的，而整个村庄都是公司的产业。三位先生回去后写的报告被印刷出来并广泛流传，这是对许多正面提出反对意见的人的详尽答复，因为学校、工厂和整个企业的优良状况不受宗教干预的影响，而只受对人类、对其自然需求以及对满足那些需求的顺理成章的简易办法的研究所应用的正确判断的支配；所应用的这些补救办法则是一切宗教的不合理的考虑也是会容许的。

所有这些先生虽然在宗教观点上与我不同，但当他们在世时每逢我后来访问里子，却总是对我非常友爱，殷勤接待。当我同他们在一起时，他们最大的乐趣似乎就是和我谈起新拉纳克的学校、人们和企业，认为那是他们所曾见到过的最先进的管理方式和一批最优秀、最幸福的居民。他们想象不出这样的成绩是怎么取得的。

我往往很感兴趣地接待那些前来参观并考察学校和企业的真诚的宗教界人士。他们亲眼看到了通过如此复杂但又像钟表那样有条不紊地和协调一致地通力合作而产生的、他们称之为了不起的成果，不禁流露出惊奇和兴高采烈的神情；之后，他们总是说："啊！欧文先生，如果你在所有这些美妙的措施里加进我们的宗教观点，你的事业就会变成十全十美，再好也没有了。"

这时我往往以这样的方式向他们提出一些问题："你们赞同你们在企业的各个部门——学校、工厂、村内商店——已经实际看到的设施以及人们的精神面貌和举止行动吗？""是的，我在其他任何地方看到的情况，"（或者是表达类似意思的话语）"都无论如何比不上那整个企业的安排所呈现出来的那种有条不紊和井井有条的气氛，也无法与儿童们明显的感情融洽和情绪欢乐的景象或职工们显而易见的自满和幸福相比拟。"

"可是，"我接着说，"你们都热切地希望我采纳你们的宗教观点吗？"

"不错，现在所需要的就是这么一件事。"

我于是就问这些善意的宗教界人士，不论他们是国教教徒、天主教徒、不信奉国教的教徒还是教友会教徒（也不论他们以前可能受过什么样的宗教信条的教诲），他们是否见过任何抱有他们同样宗教主张的人做出如此颇多实效的成绩。"不，他们没有，"他们每一个人毫无例外地这样回答。那些怀有良好意愿和宅心仁慈的来访人士希望我改变见解，信奉他们自己特有的宗教观点，从而免于沦入万劫不复的地狱。他们人数不少，在我离开新拉纳克的企业之前他们是一直这样做的。

我对所有这些好意的朋友的最后答复是："如果你们能够向我证明那些和你们抱有同样宗教信仰的人采取了类似的办法并取得了类似的成绩，那么我就一定比以前更充分地来调查研究你们具体的宗教观点。可是，我已经十分自觉地考察了我有确凿资料可以了解其内容的一切宗教信条，其中也包括你们的信条，还没有发现哪一项信条能够称得上是实现了你们如此高度赞扬的这种做法的。在你们所受的教导的影响下，你们十分自然地希望我的事业中带有你们的信念和宗教偏见。我的经验使我了解到，你们的宗教观点和我的这种做法是极不相容的。它们像油和水一样，断然无法使其浑然一体。你们的思想从你们幼年时期起就深受这样的训练和教育，以致真心诚意地宁愿坚持你们那种不见诸行动的信念，而不愿采纳我这种不包含你们的信念的做法。我所以了解到这一点，是由于我已透彻理解各派宗教思想的核心内容，深知其种种观点的局限性。"

我宁可坚持不包含这些教派信条的巧妙有效的做法，而不肯接受任何鄙弃这种能带来利益和幸福的做法的宗教信条。

纯洁的爱和宽宏精神是人类中间得以享受真正的利益和幸福的唯一基础，世界上的一切宗教根据历来的教导是直接同这种精神背道而驰的；基于这一深切的体会，我把全部计划都作出这样的规定：对于我们的人类，不论其属于何种肤色、国籍、阶级、宗派、性别和党派，也不论其天然机体或素质如何，要逐渐用那种充满着爱和宽宏精神的能收到实效的宗教，代替这些与那种精神相反的、充斥着不合理的可憎信条的宗教，从而达到全体人类以及一切生物的伟大目标——幸福。

全世界的各种宗教历来和现在都是一切虚伪、倾轧与罪恶的真正根源，也是人类种种苦难的真正根源，对于这一点，凡是能够观察、思考并根据这样的观察和思考推断出正确的或合理的结论的人现在都看得很清楚。

现今大家必须正视这个问题，<u>丝毫</u>也不能偏离直接通往真知、善行和幸福的大道；这是因为，在虚伪、倾轧、罪恶以及这些弊害必然使人类蒙受的一切苦难的这种长期存在的根源被排除以前，企图采取或侈谈什么给予人类以智慧、财富、利益和幸福的措施，乃是绝对徒劳无益的。

目前在什么地方，在哪一些人的中间，我们会找到真理的语言以及体现出团结、友爱和宽宏精神的办法呢？然而所有这些宗教都俨然**自称**是教导真理、团结、友爱和宽宏精神的。

据所有那些在错误的训练和教育下已经变得头脑荒谬（且不说精神错乱）的人看来，我正在撰写的论著是一种陌生的语言，其中任何一句话或任何一项概念都是他们无法了解的。而且，谁没有从出生起就在错误训练和教育的影响下，在人类周围不良环境的熏染下，身心都像这样地受到损害呢？

许多人已经热烈地想望真理、团结、善良、仁慈、宽容、自由、平等和博爱。**所有**这些都是为取得合理性、智慧、财富、德性和幸福所必不可少的组成部分。在中国、日本、印度、波斯这样一些世界上古老的国家，或者在俄国、土耳其、奥地利、法国、普鲁士这样一些比较近代的国家，或者在欧洲的其他任何王国和公国，或者在教皇的辖区、大不列颠和美国，我们会找到这些**自然的美德**和它们的**成果**吗？

人类中间的我的朋友们，请倾听至今从未向你们充分阐释过的真理的第一次声音吧，这种普遍的真理定然会使一切民族获得解放，使人从其产生之日起破天荒第一次成为有理性的、善良的、明智的和幸福的生物，对每一个同类都抱有仁爱和宽厚的感情，并且通过人对自己的了解（只有这种了解才能产生出博大兼容的仁爱和宽厚的感情）大家将团结成一个人那样，人人将从而互相存有最崇高的意愿，学到所有的人的智慧精髓。从此以后，人类将永远在智慧、仁爱和幸福方面不断取得进步。敞开你们的耳朵和心扉，仔细倾听，接受人至今向其同类所宣告的最重要的真理吧。

世界上的一切宗教都是以它们对人性的一切基本规律的绝对无知，以及对永久不变地经常发生的事实的绝对无知为基础的。

因此它们便产生了对真理即**人性的至善**的仇恨。因此现代的两个最先进的国家目前便处于虚伪、欺骗和暴力的支配之下，大不列颠的人民就遭受物质的和精神的（即宗教的）奴役，以致到了所谓人类生活的开明时期的今天，从最高到最低的当权人物和知识界人士都胆战心惊，不敢在同胞面前公开地和充分地申述真理。难怪所有的人都这样地备受威胁，变得这样严重地丧失理性，因为我们发现，所有的宗教都是以这样一些错误的看法为基础的，即它们认为：人自行养成他的身心方面的特性，他能够随心所欲地相信或怀疑，他能够按照别人的命令或违反自己的正常感情而表示爱憎。

这些十分错误的论点,是一切倾轧和罪恶以及目前的愚昧和贫困及其所有不幸后果的唯一根源。

既然看到和了解这一点,并且知道世界上的各种宗教由于早期的训练已经根深蒂固地成为可怕的怪物,而它们在联合起来以后已成为吞噬人类的全部理性和幸福的真正恶魔,我的读者,你们对于我利用这些篇幅所论述的内容稍加思考以后,就定然不会感到纳闷,知道我为何要鄙夷一切世俗的考虑,甚至轻视个人生命的安危,正如我1817年8月在伦敦举行的盛大的公开集会上所做的那样,以大无畏的精神敢于公开谴责世界上的一切宗教,因为它们包含着太多的错误,不容许有什么幸福,哪怕是天堂的幸福,如果它们有哪一教派被允许进入天堂去分裂它的居民,制造罪恶并破坏仁慈和博爱的话。

这些宗教已经在人类中间制造了苦难,这种苦难它们现在制造,并且在世界各国的当局和无知推断的舆论支持下还一定会继续制造。我既然充分意识到这一点,即使我能活一万次生命,每次会经受一趟痛苦的死亡,也誓必心甘情愿地用这样的方式——作出牺牲,以消灭这个世世代代摧残我那些大约十亿之众备受苦难的男女同胞的理性和幸福的食人恶魔。

这种认识和这种感情将不仅说明1817年那次痛斥的原因,而且说明四十年来我对这个彻头彻尾愚昧和邪恶的怪物进行坚定不移的斗争的缘由。从我向全世界发表惊人的证言以抨击世界上的一切宗教的那个时候起,到我写这些篇章的时期为止,再隔六个月就将恰好满**四十年**,因此我可以说"我已经和这一代人共同忧虑了那么多年",而这一代人是始终经历了茫茫无边的愚昧和重重的迷信的。

在这个时期,像我当初完全预料到的那样,我已遭到人们的谩骂,他们谴责我是无宗教信仰者,反对我企图使人类的心理状态摆脱奴役、摆脱一切贫困或对贫困的恐惧等种种尝试。

然而，当我仔细想想我对至今被人们当作真理和德性来施教的内容进行的所谓难以宽恕的抨击分量何等巨大时，我惊异地发现，我遭受的灾难寥寥无几，而所享受到的外在的和内心的幸福又是多么浩瀚无边。

永恒地创造、消灭和再创造整个宇宙间的一切形态的神明，绝不是人类的才能至今所能了解的，对于它究竟以什么形态或方式存在着，我可以说是毫无所知，然而我不得不相信，这个神明指挥着宇宙范围内的一切事物，以产生宇宙的永恒自然环境所能容许的尽可能美好的、最重大的成果。而且，这个最高的造物主、神明、能源或者你所给予的其他任何名称，在我看来已经用一种奇妙的方式指导了我的一切措施而没有一丝一毫的功劳应当归我所有，其结果就使我能够经受住这一长期的斗争，不仅身心没有损伤，而且就我根据自己对目前处于十分不利的环境下的人性所了解的程度来判断，我持续地享受的经久不变的幸福要比我所认识的任何人享有的幸福都来得大。

其产生的根源，也许在于我不得不对人性抱有信念以及了解到所有的人在所受教育的影响下被塑造的性格是一向被强加于他们的。

由于有了这种认识，我不禁怜悯和同情那些与社会的愚昧使它们养成的缺点成比例的所谓最恶劣的性格，也怜悯和同情我那些最激烈的对手，因为我知道，他们认为起来反对他们根据所受的教导称之为无宗教信仰者的行径是在尽自己的责任，然而这样的一个无宗教信仰者却是甘愿为了全体人类的幸福不惜在任何时候牺牲他的生命的。

在很大程度上促进我的生活乐趣的，是所有那些和我相处在一起的人以及交往繁多的追随者的毋庸置疑的友爱和经久不衰的真挚感情，从他们那里我不断地得到令人非常愉快的关怀，这种关怀在许多情况下达到我受之有愧的忠诚的地步。我曾屡次提醒他们，要谨防**名人**对于能够独立思考和对一切问题进行自由推断的人所施加的有害影响。

我感到很难使许多人相信：过去各个时代曾经给予一些人的权威是对人类极端有害的；即使到了今天，他们智力上的弱点对人们的思维能力和独立思考能力也危害甚大。**真理**不需要有人出来给予证实；它实际上是自行证明了的。然而，虚妄和错误经常需要一些人的权威来使它们在社会中长期存在下去，并使它们在那些从来不独立思考的人们中间很容易地流传开来。要不是有些人的权威产生了恶劣的影响，这种个人利益与个人利益相对立以及国家利益与国家利益相对立的有害的、无知的、不正当的、放肆的、残酷的和酿成苦难的制度，就绝不会千百年来这样长期地保持不变。普天之下个人与个人之间、国家与国家之间和部族与部族之间团结融洽，体现出信义、教化、公正、节约、仁慈和产生幸福的制度的不可估量的巨大优越性本来早就可以被发现和付诸实施，人世间的千年至福的景象如今本来是可以气势磅礴，永不衰替的。

孔子、婆罗贺摩、贾干纳、摩西①、耶稣、穆罕默德、佩恩②、J.史密斯③、安·李④等的名字，已经产生了怎么样的分裂、仇恨、灾难和身心方面的可怕的痛苦啊！如果这些人当初有谁能够料想到，他们的名字竟然会造成他们受欺骗的可怜信徒和追随者所体验到的那种倾轧、仇恨和苦难，那么，这些善良的或好心的人就定然会悲叹不已，悔不该毕其一生在人与人之间灌输这样的不共戴天的仇恨，在那些只能从思想上的普遍一致和实际合作获得幸福的人们之间造成这么多的错误和虚伪的感情，而思想上的普遍一致和实际合作却是世界上任何宗教按照目前所受的教导进行的实践绝对无法产生的。

请你们听着！**一切**宗教的信徒，特别是现今执掌每一种宗教的权力的权威人士！让我将要发表的言论深深地印入你们的脑际，并且请

---

① 摩西，传说中的希伯来人的领袖，据说犹太教的教义和法典大都出自其手。——译者
② 威廉·佩恩（1644—1718），英国公谊会教派的领袖。——译者
③ 约瑟夫·史密斯（1805—1844），美国摩门教的创始人。——译者
④ 安·李（1736—1784），英国神秘主义者，1776年在美国创立基督教的震教派。——译者

你们仔细地思考我要说的每一句话吧。

你们的一切宗教的统治时期就要宣告结束了。我希望这对你们自己来说将是一种和平的、愉快的结束，而对全世界的各国来说也将是一种令人欢欣鼓舞的结束。如果不是这样，那将是由于你们从出生时起就受了错误的训练和教育，因而始终顽强地坚持错误，反对普遍的、异常明显的事实以及根据那些事实得出的正确道理，反对明智判断的再清楚不过的命令。

"什么！"现在你们大家都会情不自禁地惊呼，"你要剥夺我们长期热爱的宗教，使我们丧失我们有希望赖以升入天堂的靠山吗？如果没有这个靠山，你将使人类在思想上缺乏向善的依据，造成一片充满着错误和苦难的荒原！"

不！我的朋友们，我不是要剥夺你们信仰宗教的权利，而只是想使你们的宗教消除错误，因为只有纯正的宗教才能造成和持久地确保德性、智慧（它包括知识及其在人类一切事务方面的正确应用）以及人类经历各种变动世世代代永不衰替的幸福。

你们这时会问道："这种**纯正**的宗教又是什么呢？"

纯正的宗教是你们一切宗教的精髓，它没有人类在其逐渐成长的过程中推理能力尚未成熟时由于生来缺乏经验，已经在你们大家异常天真地相信并称之为**纯正**的每一种宗教的戈戈真理外面包上的那层废物。这种精髓就是每天在声调、神态和行为方面对人实际应用的普遍的真诚友爱和宽宏精神，以及热爱那种不断地组成、分解和再组成宇宙间自然环境的动力和力量的精神，它被叫作上帝或被冠以某种意义相似的名称，但这样使用的名称或说法对于秉性天然有所不同的人以及所受训练和教育互有差异的人却产生不同的印象。

现在，由于人类还不能正确理解这种据我们看来仍属不可思议的、在整个宇宙始终发挥作用的力量或上帝，他们除了在人与人之间的日常接触中不断地表现出友爱精神和对一切生物表示怜悯而外（只要这样做不危害他们自己的生活和合理的生存），并没有其他任何适当的方法来表示他们对上帝的热爱。

这种每天对全体人类在声调、神态和行为上表现出来的以及对一切有感觉的生命显示怜悯的、体现着友爱和宽宏精神的纯正宗教，将在养成人类的性格方面、在通过社会的一切分支机构建设社会方面以及在管理人类的一切事务方面缔造一种**崭新的制度**。这项通过我作为人类的代理人将要给予全世界的重大变革，同过去不幸的制度对照而言，不妨称为"欧文式"的社会制度。过去历代的权威人士已经在人类不同的部分之间造成了这样不共戴天的仇恨和苦难，而目前"欧文式"这个称谓似乎并不比他们的任何一位的名字具有更多的意义；在将来，应当采取一切手段在世界上人类未来的全部历史过程中防止上述那种十分可悲的做法。

这种新的生活状态可以称之为"太平盛世"，或"人生的合理状态"，或"由于身心能力获得合理发展而出现的人的自然状态"，或"为了所有的人的幸福而实行的人类大团结"，或"人类的兄弟般的关系"，或其他任何含义更丰富的名称。但是要避免冠以个人的名字，正如你避开一条毒蛇或一条饥饿的大蟒蛇一样。

* * *

现在我要回过头来叙述我的生活了。新拉纳克的企业已经在积极的公众中间引起了强烈的兴奋，结了许多朋友和仇敌——这也许是顺理成章的事。

它的朋友们看到了有可能避免遭受倾轧、罪孽和苦难的远景。它的反对者们看到了他们如此异常珍视的宗派主义、既得利益和私人财产在将来有毁于一旦的危险。这些是两股互相对立的强大的力量。

我不久就觉察到，进步的好人正在逐渐集结到一边，无知的、怀有偏见的好人带着愚蠢的自私目的集结到另一边。前一种人赞成我的"新社会观"，后一种人赞成"一切事物维持现状"。

我在查阅我那些往来的通信时发现，我那《论工业体系》①以及我为了纠正工业体系已经产生的某些严重弊病和防止在其当时状况下估计还将产生更大弊病而提出的方案业已在所有内阁成员中间为我争取到了有利的印象，特别是获得了利物浦勋爵、西德默思勋爵、卡斯尔雷勋爵、坎宁先生、王后、摄政王、约克公爵、坎伯兰公爵、肯特公爵、苏塞克斯公爵、剑桥公爵、格洛斯特公爵、利奥波德亲王、夏洛特公主和肯特公爵夫人的青睐。事实上，皇家的所有成员以及当时地位最高的贵族和男女名人中间有很多人对我颇有好感，这在我的通信录发表时就可以看得很清楚。

前面已经谈到，我那几篇关于"新社会观和性格的形成"的论文当时已经以精装本的形式出了五版，被译成法文和德文，引起了欧洲主要国家和美国政府的注意。它们大多数非常欢迎我的著作，没有哪一个表示反对。

赞成我的观点的，还有威尔伯福斯先生、桑顿先生和查尔斯·格兰特先生。格兰特先生是东印度公司理事会主席和格莱内尔格勋爵的父亲。格莱内尔格勋爵和他那位后来在印度担任官职的、以能言善辩的议员著称的兄弟都支持我的主张，并或多或少给予赞助和鼓励。另外还有富于辩才的前议员、现在著名的历史学家的父亲扎卡里·麦考利先生，但他由于抱有宗派观念，对我支持得不那么积极。

在热烈地关心支持我的方案的其他不计其数的人中间，有劳德代尔勋爵（以后我还要再提到他）、黑斯廷斯侯爵，特别是侯爵夫人，在她是伦敦伯爵夫人的时期和同侯爵结婚以后一直对我很关切。另外还有哈罗贝伯爵和他的兄弟赖德先生、议员约翰·史密斯先生、银行家老霍尔先生、英格兰银行负责财务的主要高级职员亨利·赫思、以他的姓氏命名的著名商号的创办人内森·罗思柴尔德先生和真正善良

---

① 疑即《论工业体系的影响》，见《欧文选集》，第一卷，第135—147页。——译者

贤淑的罗思柴尔德太太（这两位以后还要谈到）、现已获得爵位的艾萨克·莱昂·戈德斯米德先生及其夫人和家属（后文也还要谈到）、已故牙买加总督查尔斯·格雷爵士（我以后将谈到他的一段轶事）。

此外还可作为特别亲密的朋友提到的，有托林顿子爵和子爵夫人、威廉·德·克雷斯皮尼爵士、多次出任我国驻外大使的当时成绩最为卓著的罗伯特·利斯顿先生（后获得爵位，下文叙述我的经历时还要谈到他有一次翩然光临的有趣事迹）。

在具有丰富的实用知识而对我的观点和实际措施发生浓厚兴趣的人们中间，有德比市的威廉·斯特拉特先生即后来有名的贝尔珀勋爵的父亲和他的兄弟约瑟夫，他们两个人在各方面表现出来的才干和忠厚仁慈的性情是很少有人比得上的。

作为朋友而不是追随者来说，可以提到富裕的理查德·阿克赖特、塞缪尔·奥尔德诺先生、斯托克波特的塞缪尔·马斯兰德和彼得·马斯兰德、辛普森先生、曼彻斯特的麦康内尔先生和肯尼迪先生、还有里子的戈特先生、班克斯先生、古德曼先生、卡伍德先生、本斯先生等等，他们当时都是棉纺业的同行。

在同情我的观点的男女文人中间，有我长期认为并至今仍然认为是唯一神教派的出类拔萃的人物弗莱彻太太（我以后还要提到）、埃奇沃思小姐、波特小姐、威廉·戈德温、威廉·罗斯科、有过反蓄奴经历的托马斯·克拉克森，以及当时的许多见解开明的作家，其中除了约翰·明特·摩根以外，他们的名字现在我都记不起来了。

有些人对我很友好但反对我的关于政治经济学或政治学的某些观点，他们是：马尔萨斯先生阁下、我那新拉纳克企业的合伙人杰里米·边沁的朋友在印度公司任职的詹姆斯·穆勒（以后还要提到）、议员大卫·李嘉图先生、议员约瑟夫·休谟先生、弗朗西斯·普莱斯先生、某某少校、议员托马斯·阿特伍德先生等等。

在那些和我私交深厚但反对我的"新社会观"的主要激进派改革

者中间，有议员弗朗西斯·伯德特爵士、卡特赖特少校、议员亨利·亨特、议员威廉·科贝特、议员费格斯·奥康纳、约翰·弗罗斯特先生、欧内斯特·琼斯先生和其他许多人。

我关于性格形成过程的认识使我能够知道他们的性格是怎样形成的，因此也使我能够和他们抱有不同的见解，但仍能正确对待他们的好意，虽然我总认为他们提出那些办法是由于他们对人性和社会缺乏全面的了解，是由于他们认为，暴力和压力能够带来持久的好处，而人们的思想仍旧可以不变。

事实上，我的"新社会观"及其应用于实践（尽管在新拉纳克还不够完善）已经引起偏执和持怀疑态度的人的呆滞心理产生波澜，想要调查研究一种新的知识宝库，如果他们彻底探索这种知识宝库的一切来龙去脉，必将导致原理、精神和实践方面的全盘改观。可是，当我把思想和行动上的这些根本变革在四十年以前第一次向惊异万分的各界人士公开地和充分地宣布时，他们对于这样的变革是没有思想准备的。在这四十年的期间，必须经常影响文明世界的公众心理，使他们对这种变革有所准备。归根到底，世界上的任何力量都是阻挡不住或无法长期推迟它的实现的。

我所以满怀信心地作这样的论断，是因为我完全了解到：现有以谬误为基础的社会制度在原理、精神和实践上始终十分有害于从最高到最低、从最有学问到最无知的每一阶层和阶级的每一个人；所建议的以真理为基础的新社会制度便于陶冶性格、创造财富、改造社会和管理人们的一切事务，它将万无一失地保证人类持久的福利、善行以及财富、知识、智慧、团结和幸福的不断增长。

当我有机会向国内外最优秀、最进步的人士充分说明这个新制度时，他们看出上述那些效果，立刻就醉心于它的真理和不可估量的价值了。可是他们在许多场合说道："我们不清楚怎样才能把它应用到实践中去。"或者说："它达到最高的真善美标准，不是目前各国愚昧的、狡诈的和自私的人民所能采纳的。"或者说："你所创导的制度在原理上是正确的，但不管多么合乎需要，在眼前的社会状况下是行不通的。"或者与此类似的某种推断。另一方面，讲究实际的更为先进的人士却真诚地希望看到这项试验能够付诸实施。

然而，在人类历史上采取这种先进社会类型的时期并没有到来。

为了清除现有那种形成性格和管理世界各国人民的十分有害的伪制度的种种错误在人们心中牢固地树立起来的无聊偏见，不仅需要进行我对世界上一切迷信所作的那种坚决的公开挞伐，而且需要继续不断地在原理、精神和实践上抨击整个制度的那些错误，就像那次对这种落后的、造成苦难的制度实行永志难忘的抨击以来在四十年的漫长期间一直进行的那样。

现在看来，只有全世界进步人士都已充分克服了这些偏见，才能容许正确的新社会制度得到提倡并在公众的心目中产生一种便于实践的有利效果。

我翻阅一些信件后发现，我曾同第一代罗伯特·皮尔爵士参加过一次公开集会，以尽可能阻止他那作为金银货币委员会主席的儿子企图恢复现金支付的方案。

罗伯特爵士是个相当实事求是的人，当然了解到这个方案极不公道，一旦实行，势必使中下层阶级蒙受巨大的灾难。他既然看出必然会有这样的结果，便非常焦虑地跑来找我，要求我一道去参加集会，以便竭力在公众中间掀起一股反对这个方案的强烈情绪，足以防止他那当时缺乏经验的儿子和赞成该方案的人们即将使国家遭受的祸害。

那些所谓从实际出发的人什么时候才会懂得，要不是发生以黄金和白银为货币、以财富为私有财产的错误，就不会出现贫困的现象，也不必担心出现这种现象呢？在那种情况下，大家都可以在任何时候健康地、安逸地和愉快地充分利用和享受最可贵的财富，而不必担心会遇到争夺或竞争了；同时还可借助于我有生之年会逐渐发展起来的异常朴素但很美丽的环境来实现上述那种局面。

在这次集会上，老罗伯特·皮尔爵士为了指明这项方案如何违反正义，说道："它一旦在社会上实行起来，定将使我的财产和其他所有资本家的财产增加一倍；另一方面，它将按同样的比例损害实际操作的生产者和债务人的利益，并且由于它逐渐开展恢复现金支付的活动，它将使国债增加一倍，换句话说，将使必须用来支付国债利息的实际财富的数额增加一倍。"

我很少见过一个人像罗伯特·皮尔爵士在这次公开场合那样心情如此激动，因为他预料到他所宠爱的儿子会使我国最孤弱的一部分人民遭受多么大的不幸。他噙着眼泪用颤抖的声音对会上的听众说，这是他和他的儿子罗伯特第一次发生了意见分歧。小罗伯特后来成了著名的首相，如果他还活着，他很可能会消除他在缺乏经验的年轻时期由于同保守派沆瀣一气而做下的所有错事。

特别是从 1815 至 1820 年，当我频繁地到上格罗夫纳街的住宅拜访老罗伯特的时候，我偶然碰到他的儿子，那时他年纪较轻，已在内阁担任阁员，虽然没有实际的知识，却满脑子装着从牛津大学求得的学问和有害的偏见。在那个时候，父与子的实际知识之间的差别是很明显的。然而，随着经验的增长，小罗伯特的天赋使他逐步克服了牛津大学在形成他的性格方面所产生的许多不利因素，特别显著的是他曾养成了自认为高人一等的牛津自费生的习性——不管是自费生还是公费生，由于一方面傲慢和另一方面谦逊，另外还由于灌输给所有那些在牛津和剑桥就读的学生的学问按照我们的说法是不正确的或无用的，双方都受害不浅。

在 1817、1818 和 1819 年，多次举行了公开集会以比较直接地宣传我所建议的别具一格的方案以及我所倡导的原理上的新见解。

在 1818 和 1819 年举行的集会上，肯特公爵殿下常常在他兄弟苏塞克斯公爵的协助下担任大会主席，虽然苏塞克斯公爵是个明显的辉格党政治活动家。肯特公爵却胸襟开阔,抱有独立见地,不受党派政治思想的束缚。在他逝世以后,他的兄弟十足成了辉格党的支持者,对该党非常忠诚,竭力想要帮助他认为是他那个时候最讲究实际的、最开明的政党。

由肯特公爵主持的这样一次集会上,所作出的决定是指派一个委员会来推行我为了救济贫民和**防止**贫困与愚昧而公开主张在全国范围内提供有效的就业机会、实行优良的国民教育或陶冶健全品德的观点。

在首都、两岛全境和国外引起的兴趣有一个时期在各阶级、特别是受苦阶级中间是很强烈的。这个问题在议会的两院被讨论过,并且利物浦勋爵和他的一些阁员很希望议会能够对此问题充分地作一番调查研究。然而,这样一种对整个帝国的各方面人士来说确实十分重要的方案却在没有料想到的情况下遭受了挫折。

劳德代尔勋爵当时即使不是上院最活跃和最有影响的议员,也至少是这样的议员之一。我很受他的器重,经常成为他的座上客,并且他的确希望我和他畅谈,听取我对我的观点所作的解释,因此他命令他的仆役,每次我去拜访时都要向他通报,纵然像屡次遇到的那种情况,他已上床休息,也要延请我来到他的卧室。我们的谈话有时持续了很长时间,他一面躺着,一面对我发表意见和听取我的意见。这种无拘无束的亲密关系继续了一段时间,终于有一天他向我问起,我打算怎样作出安排,给所有的贫民和劳动阶级提供教育和有效的、经常性的就业机会。

我早就花了相当大的费用为这些计划中的安排雕刻了我料想它们被全国普遍采用后将呈现出来的一幅美丽图景,那时由于贫民和劳动阶级的状况有了很大改善以及这些新的环境将使一切阶级的状况发生更大的改进,是会出现那种美好的景象的。

我告诉这位爵爷,下次去拜访时我要带给他这样的一幅版画,并向他解释整个的问题。几天以后在我们再次见面时，我确实这样做了。

任何不抱成见的有识之士都不免为这项替劳动阶级设想的朴实的、颇有条理的计划所感动，这项计划的目的是要在那时和目前培训劳动阶级的子女以便使他们过一种较高级的、优越得多的、新的尘世生活，并使这些儿童同一切阶级的儿童发生有益的交往。

为了培训、教育和有效地雇用贫民和劳动阶级而设计的这些新环境的互相配合的情景，就这样地使爵爷深受感动。他默不作声地审视了一会儿，然后蓦地大声说道："噢，我全懂了！为贫民和劳动阶级设想的任何计划没有比这更完备的了。可是**我们**将来的情况会是怎样呢？"意思是指他们那些贵族。

劳德代尔勋爵思维敏捷，观察入微，因此他完全能够看出，这项计划将怎样彻底消灭贫困，逐渐教育劳动阶级并提高他们的认识，最后使他们不再受上层阶级和贵族的统治。然而，他没有坚强的意愿和宽宏的气度去继续研究计划的必然后果，否则他就会发现，这项计划定将以最和平和渐进的方式，在从恶劣的错误制度转变到高超的正确制度的十分自然的过程中，无限地改善每一个阶级的持久的状况，保证人类在未来的漫长岁月永远具有智慧和德性，享受充盈的幸福。

如果劳德代尔勋爵在调查研究中进而探索计划的顺乎自然的最后结果，他就会看出，只有在按照人性或按照人的天然素质和规律而造成的环境内，从人们出生时起就合理地培养他们的性格，使他们终身从事有益的工作或职业，才能实现这种从恶到善的转变。

关于我的新观点的问题，由许多人向上下两院递交了申请书。赞成这项提案而在申请书上签名的有：拉纳克郡两党的贵族和士绅；该郡若干教务管辖区的牧师，其中有些人是意见完全一致的；爱丁堡大学和格拉斯哥大学的成员；该郡各方面的有影响的人士，他们都很熟悉我的活动和实验。

在两院，有人提议应当考虑这项申请，当时把两院分为支持内阁派和反对派的两个大党都各有一位有势力的主要议员赞成这一动议，于是就发生了一场有趣的辩论，关于这件事情的叙述可参阅《英国议会议事录》和那一天伦敦的一些主要报纸。

在下院讨论这个问题时，代表诺里奇市的当时颇受爱戴的议员威廉·史密斯先生拿起申请书说："议长先生，我一直在仔细考虑这个申请书，它是我曾经递交给本院的最了不起的申请书。在申请书上签名的，有贵族、教会、士绅、商人和工厂主中的头面人物，事实上他们都是政界和宗教界中各阶级和教派的人士，因此，我虽然以前并不知道它的具体内容如何，却对于什么力量能促使这些性质不同的各方面人士纷纷在此申请书上签名这一点**感到**迷惑不解。"

在上院，利物浦勋爵及其内阁的主要成员显然是赞成对这问题充分进行调查研究的，会上讨论的气氛也带有那样的特征；这时，劳德代尔勋爵站起来，用异常引人注目的神态和语调说："诸位爵爷，我认识欧文先生，并且已经仔细考虑过他的救济劳动阶级的计划，正像他已经公之于世的那样。我现在要告诉诸位，如果你们赞助欧文先生和他的新观点，欧洲的任何政府都是抗拒不了那些观点的。"

上院一位最有影响的议员发表的这项声明决定了政府必须在两院采取的方针，这一点使内阁成员很感遗憾，因为他们真心实意地希望我曾公之于众的那些原理和计划能在他们政府的赞助下得到适当的检验。

由于劳德代尔勋爵发表了这番讲话，两院支持政府的议员和反对派都作了对我倍加赞扬的发言，不愿在表决中直接反对我提出的要求对我所建议的方案进行充分调查研究的申请；但是，这项动议在两院中却被一项要求继续进行议事日程的动议所否决了。

劳德代尔勋爵的这番讲话决定了那个时期在贵族中间、当然还有一切受他们影响的人士对这个问题的态度，后者直接或间接地包括了所有被认为是上流社会的或者有相当身份的人士。

到这个时期为止,我和所有的大臣都有了接触,并同其中最有影响的人保持友好关系。我那几篇关于新社会观的论文已经很受人们欢迎,并接连五次发行了精装本。我那由第一代罗伯特·皮尔爵士介绍给下院的解救工厂中童工和其他工人的议案已经在很大程度上有助于提高我的声望。虽然由于我公开谴责了世界上所有那些按目前的方式教导的宗教,这种声望在许多人的心目中大为逊色,尤其是在那些满脑子装着宗派教条、思想狭隘的带有偏见的人的心目中,更其如此,然而在国内外的明智人士那里,我的宣告已经产生了预期的效果,其程度的深远大大超出了我的意料之外。

就是从这个时期起,所有数得上的大书商都不得不拒绝销售我的著作,同时在信奉每一种教义的思想褊狭的人中间以及各方面眼光狭小的人中间开始掀起了一股暗中进行破坏的、猛烈的逆流,因为我的观点是在原理上和实践上同他们针锋相对的。

然而,这些阐明原理的观点所包含的真与美,它们在实践中可望收获的那么多的好处,再加上我以前在曼彻斯特、后来二十年在新拉纳克认真地实行的经历,以及我由于当众宣布世界上的一切宗教谬误太多以致它们无法使人善良、明智和幸福而作出的自我牺牲——所有这些在比较进步和能够独立思考的人士的评价中为我保留了崇高的地位,并使各种身份的造诣不凡和秉性善良的妇女对我产生了关怀和赞许的热情。

我为了使贫民和劳动阶级获得教育和持久的就业机会而设计的新环境的模型,仍然有许多显贵和名人前来参观,他们有男有女,有本国人也有外国人。这一年(1819年),我被一向受人尊敬的、在霍卡姆以农艺享有盛誉的科克先生邀请,伴同我们彼此的朋友、当时颇受推崇的美国驻伦敦大使理查德·拉什阁下,去参观他那一年一度的著名的剪羊毛表演。我们一起前往,受到科克先生十分殷勤的接待。在我们几天的逗留期间，虽然他的房子里挤满了来访的显贵和倜傥不羁的饱学之士，我们还是获得了他的特别明显的关注。

科克先生很喜欢结交优秀的美国人。这次在他家里接待的有五十位宾客，另外还邀请了全国各地大约七百名关心改良农业的最主要的人士，他们由四周的邻居、特别是因有农业技能而身份较高的佃户供应住宿。

和我们一道住在他家里的，有苏塞克斯公爵、当时的塔维斯托克勋爵即现在的贝德福公爵、布雷德福勋爵、弗朗西斯·伯德特爵士、下院议员约瑟夫·休谟和其他许多下院议员、外国人以及陌生人，后者的姓名我已经忘记了。

接连几天，户内有那么许多客人聚集在一起，户外又有重要的农业操作在进行，然而一切都安排得井然有序，忙而不乱，而且非常协调。科克先生对每一个人都殷勤接待，稳重沉着地向他的客人指导和解释自己的农业经验及其顺利进展的情况，因此赢得了每一个乐于莅场参观这最后一次引人入胜的特殊表演以及同国内外开明人士欢聚一堂的人的好感和钦佩。

科克先生是个非凡人物。他在原则上坚决赞成共和政体，不屑卑躬屈节于权势。这次在我们访问期间，他对拉什先生和我自己特别殷勤，似乎很愿意同我们推心置腹。他告诉我们，当他获得霍卡姆庄园的时候，每英亩的租金是三先令。他认为这个代价太低，要求每亩增加租金二先令。佃户说，像这样贫瘠的土地他们可出不起每亩五先令的地租，并且在这个时期诺福克郡还输入了大量小麦。科克先生对他们说，如果他们出不起每亩五先令的地租，他就要把庄地收归自己掌握，尽量使它增收增产。接着他告诉我们：目前他全部庄地的地租是按每亩二十五先令计算的，租地农场主如数交纳地租，同时他们都已经富裕起来；庄园提供的收入已经从他开始占有这宗产业时的低数额，上升到一年超过五万镑；通过他的帮助和示范，诺福克郡输出了大量小麦；这足以证明，一个人只要目标明确，态度认真，他的能力得到正确的指引，就会取得多么大的成就。

虽然我在自己的活动方面习惯于在很大规模上保持良好的秩序和作出有条不紊的安排，但是，这次当我亲眼看到科克先生每天有那么多新的措施需要他亲自照料而仍然搞得秩序井然，不禁大为惊异。科克先生接连几天在他的住宅内十分镇静和沉着地照顾五十位宾客，其中有些是颇孚盛名的人士，在白天还要照顾几百名住在宅外的来客，但也予以种种应有的款待，毫不怠慢，对此我也向他表示了我的惊奇。我问他，他把这样一些种类繁多、范围很广的工作经管得如此出色，究竟有什么秘诀。

他说："我五点起床，直接前往我的管理员布莱基先生的办公室，在那里我们从容地安排好当天的工作；接着我们提前共进早餐，这时佣人把邮差送来的信件和报纸交到我的手里；我仔细阅读给我自己的来信，注意哪些信件需要立即作复；我把寄给我家客人的信加以分类，你知道，客人是准时在九点进早餐的，我在他们进餐时把信拿去交到每一个本人的手里，正如你自己亲眼目睹的那样。"他确实是这样做的，在他绕着餐桌走的时候，他对每个客人都说上句把亲切而适当的寒暄话，在特权阶层和没有爵位的人之间显然是一视同仁。

科克先生接着说："在我照顾你们进早餐时，当天户外的工作正在积极进行。这是早餐以后整个上午我们首先注意的事项，当我们照料这一切时（每天上午都很忙碌，下午和晚上也是如此），下午和晚上的工作正在准备之中；到目前为止，你没有看到忙乱的现象吧？在这些公开活动结束时，我希望你同样看不到忙乱，这是因为，每天的工作我已经统统考虑到了，并且在这庄园的力量所允许的范围内，其进展如何，我凭经验也已经预料到了。"

我们证实了这种情况，虽然在第三天即举行盛大的公开表演的最后一天，大家更加惊讶地看到，他是怎样自始至终处理好那天头绪纷繁、非常吃重的工作的。这天上午，吃过早饭以后的第一件事是参观草坪上由庄园农民表演的麻纺操作方法。使人发生兴趣的是看到有那么多面露笑容的健康人手积极地忙着从事这种家庭工业的各道工序，他们的衣着和外表都很洁净，动作熟练，态度和蔼，彬彬有礼地回答人们向他们提出的许多问题而毫无奴颜婢膝的自卑神态，充分表现了科克先生根据鲜明的共和原则所教导出来的独立精神和自尊心理。

当我们正在进行这种参观的时候，马车和马匹已经准备就绪，打算载运大家去看看他对自己的几片主要农场所采取的种种改良办法和所作的新的实验。苏塞克斯公爵和两位比较年老的知名人士同他一起乘坐一辆用四匹马拖拉的四轮四座马车。大约有七百位先生和著名的农业专家骑着马随行。科克先生已经给拉什先生和我自己提供了坐骑，并要求我们整天同他形影不离。他这次的办法是率领大家用高速度驰往农场，以便按照计划在那里展示并说明他最近已经实行的新的改良措施或正在进行的实验。当大家已经花费一点时间仔细观察了业已完成的或正在进行的操作的时候，科克先生让大家在他的四周围成一个圆圈，然后用洪亮清晰的声调，向坐在马车里的和骑在马背上的人们解释所完成的工序及其效果，在以后接连参观的几个农场，他也是很出色地这样做的，结果使在场的人都深感满意。

在这样考察了几个彼此有一段距离的农场的工作以后，我们被要求离开车马，走进一个规模最大的农场的一所漂亮的房屋。在这所房屋里，我们发现主人已经为大家准备了豪华的午餐，美肴杂陈，色香俱佳，品尝以后更使许多人赞不绝口，看起来大家对这顿午餐都很欣赏。

在这样从一个农场奔波到了另一个农场之后，我们必须以高速度返回住所，以便换上夜礼服去参加下午三点就举行的晚宴。这是参观那些非同寻常的表演的重大的欢庆日子。

所有的来宾都被邀请在这招待得十分周到的广厦里就餐。据说当天有七百位英国人和若干外国人坐在彼此紧挨着的餐桌边上开怀畅饮，大家的谈话和举动都能互相听到和看到。在客人中间，有很多人曾从全国各地带来用于农业的种种优秀的发明创造进行竞赛，这时由科克先生慷慨地向每一个应当受赏的发明者或改进者颁发奖品，参加竞赛的人无一向隅。

当时大家也都知道，除了大量的淡酒和烈酒而外，宴会上还喝了一大桶葡萄酒。

宴罢后的第一件事是开始进行一项对任何人来说都是艰巨的工作，只有主人除外，因为他的体质、天资和镇定自若的风度使他对那些需要作出重大努力的事情感到轻松愉快。

他周围有一些惯常在公开场合发表讲话的贵宾，因此他似乎决定要趁此机会发挥他们各自的才能以起到积极的作用。他开头先作一番解释性的说明，谈到他打算为之祝福的那个人的比较突出的、值得高度赞扬的品质，也就是开始提起苏塞克斯公爵殿下，由于这位公爵公开表明的进步观点和深得人心的行动，他似乎对他特别倾倒。正如预料的那样，这番话引起了一篇答辞。

在科克先生以开场白的方式作了这些表示敬意的发言时，他显得从容自若，非常乐意个别邀请他要使人特别注意的每一位贵宾讲话，其中包括在场的贵族、弗朗西斯·伯德特爵士、休谟先生等等，他们的讲话后来在当时的一些报纸上披露了。

拉什先生和我自己也受到这样的礼遇。不出科克先生的意料，拉什先生发表了一篇在当时来说最为生动和精彩的讲话之一，受到大家的欢迎。至于我自己，我从来不会在宴会以后发表一篇必需谈到个人优良品质的讲话，因为我曾屡次公开表示我的信念，认为我们的性格是在我们出生以前和出生之日起由外力为我们养成的，并无个人的功过可言，因此我始终如一地坚持我那些有关这个问题的著名观点，无法在宴会之后发表任何使自己满意从而也使别人满意的讲话。所以，在有可能避免的时候，我总避免作这样的发言。

在举杯敬祝健康和发表讲话的节目结束以后，科克先生就必须把有资格获奖的人招呼到一起，向他们颁发奖品了。他逐一喊出他们的姓名，在发奖时对每一个人都说了一两句得体的应酬话。得奖的人很多，有些就生活在他的庄园里。

科克先生然后请大家去参观那些已经得奖的新发明。由于这些机器的种类和数量很多，参观时需要发明的人详加解释，所以前后花费了科克先生不少时间和精力，凡是有人向他征询意见，他莫不应声而至。

会上展出了我所设计的团结合作新村的模型画，这种新村是为贫民设计的，目的在于使他们都有工作可做，不再遭受困厄，或者说，给予他们初步的新环境，以便从最低层开始，培训所有的人适宜于过人世间合理的或千年至福的生活。这幅画是仓促地画在油画布上的粗线条草图，装上画轴，专程从伦敦送来给我的。

当我正在向大家解释这幅画的时候，阿尔比马尔公爵问我那是按什么比例画出来的，但是画轴送来时，没有附来比例的尺度，因为它根据模型放大，只求各部分相称而已。这个提问可把我难住了，因为我根本无法了解画和模型的比例如何。公爵也是一位贵宾，他是科克先生的近邻，第二年成了科克先生的岳父。

我提到这件事，是为了证明，当提出任何新颖的、特别是与人们所偏爱的旧观念相对立的见解时，必须十分留意，以对付每一种可能遇到的反对意见，甚至是最微不足道的反对意见。

在参观了那些新发明以后，大家回到屋子里去喝茶；茶刚喝罢，我们便被请去观看实际的剪羊毛过程，首先是察看绵羊的品种和状态，然后是围观剪羊毛的工序；所挑选出来的绵羊受到被指定负责检查的评判员的高度重视和赞扬，剪羊毛的工作做得很熟练。

在这整个过程中，科克先生相当活跃，准备回答人们向他提出的许许多多问题，不论这些问题是想增加知识，还是出于好奇，他都不慌不忙地乐意倾听任何向他请教的人的谈话，同时也绝不忽略任何遇有机会总想了解情况的经验丰富的人士的示意。

等这部分的事情办完，暮色已经很浓了，我们被唤进家里去吃晚饭。这顿晚餐在十一点开始，大家没有正式按照身份或地位就座，而是杂乱地坐下的。我刚巧坐在科克先生右首的旁边。根据他的要求，我曾整天不离他的左右，亲眼看到他处理五花八门的任务和应付一切不断地出现在他面前的事情，而这时又看到他在身心的这种不停的活动之后，还镇静自若，神色泰然，并且毫无倦容，我不禁对他说："在看到你今天经历的全部事情之后，我真想不到你会显得好像那不过是日常的活动似的。"

他回答道："我确实不累，现在还可以把这一天的工作从头开始，重做一遍呢。"

他当时六十九岁，体质比大多数四十岁的人还强壮一些。他养成一切良好的习惯，估计他每天的锻炼有助于产生并保持这样的体质。

这是今年公开举行剪羊毛活动的最后一天，但此后不久发生的事件使这种在霍卡姆的活动成为最后一次了。

住在宅外的来客这时散归四方，然而科克先生挽留家里的宾客再多住两天，以便休息和消遣一下，还要在安静的气氛中去参观和考察他那经营得很出色的庄园和庞大的私人企业。

前面说过，肯特公爵殿下早已约定，要带领公爵夫人和她的婴儿前来布拉克斯菲尔德同我在一起盘桓三个月，以便充分掌握我在新拉纳克为了从幼年时期起就开始用新的方法培养年轻人的性格、改造成年人的性格并用新的方法管理全体居民而采取的切实可行的措施。在这次聚会时，苏塞克斯公爵和科克先生商定，也将在春天抱着同样的目的来到我那里作客。

由于这些约会，我另外贮存了一定数量的美酒，并作了便于用来招待我所期待的贵宾的其他一些安排。

在爱德华亲王还活着的时期，他和苏塞克斯公爵之间始终存在着亲密的兄弟情谊。在一切公开场合，这一位露面，那一位通常也总到场，他们还往往一起以个人名义接见各方面的人士，讨论种种问题。

这些拟议中的来访注定没有实现。爱德华亲王突然过早地离开了人世，科克先生又意想不到地结了婚，这两件事使我没有能够享受同当时那样地位的几位第一流的、最杰出的人士欢聚的乐趣，同时也使我不能立即得到这样的好处，即如果他们看到合理的新社会制度纵然在拥护旧制度的种种偏见的反对下仍能在其初步实践中由一个棉纺企业克服许多不利因素而产生如此有益的成效，他们是会推行这种合理的新社会制度的。全体居民中出现的愉快心情以及该企业为儿童们培养的新性格，不会不给那些人士留下强烈的印象；他们利用自己不受别人支配的地位，定然会把公众的注意力吸引到这样新鲜的重要事实上面来，并提供方便，使我们得以在整个文明世界普遍传播知识，让所有的人都知道那些能够收到这种神奇效果的原理和实践的。尤其有利的是，当时执政的利物浦勋爵的内阁十分赞赏我的观点，虽然他还没有足够的力量向教会以及公众中间最固执、最愚昧的一部分人作斗争。

不，那种在精神、原理和实践上会在全世界推广并确立绵延千年的至善和至福生活的制度是不能靠显要人物的恩赐而推广和确立起来的。这些人不会去助长虚妄或谬误，也不会去巩固任何以虚妄或谬误为基础的制度。然而，由于真理能够经受考验和最后抵抗一切反对它的力量，它就不需要一些人的恩赐或任何装模作样的帮助。真理要想永世流传，就必须依靠它自己的基础巍然存在。如果它需要一些人的帮助，它就不成其为最终将控制人心、指导未来漫长时期世界各国人民的不变的永恒真理了。

这是世界各国如今所探求的并且经过探求它们肯定会发现的真

理。这个真理一旦被人们充分了解和始终如一地应用于实践，就会使所有的人变得善良、明智和幸福。这一**伟大的真理**是："无论是具有神性还是具有人性的人的性格，是由外力在他不知不觉中**为**他形成的，并且现在完全可以为所有的人从出生之日起就形成的。"

这个真理不需要任何名人给予支持。一切事实都表明这一点。人类的全部历史也确认和证实了这一点。它将克服千百年来所形成的同它对立的根深蒂固的偏见。正是那种灿烂辉煌的真理将使各国人民得到解放，并将保证我们人类在未来享有幸福。

改造人的性格和重建全世界社会秩序的新社会制度，不能靠显贵的恩赐来确立，也不能靠任何名人来形成。它那颠扑不破的原理和不可估量的实践价值所体现出来的真理**必将**克服一切偏见和各种各类的反对意见，使它在全世界确立起来并维持下去。事实上，这绝不是恩赐所能做到的。可是，我对那些热烈支持我的观点的人非常尊敬，并且在那个时期我曾希望得到他们的大力帮助，以促使我那为全人类谋求持久进步和幸福的伟大目标能够早日实现，而我这时突然失去了他们的亲密交谊，当然感到很失望。

我已经说过，在当众表演的第三天之后，科克先生的宾客都想休息一下，不再参加严肃认真的活动，而只是作一些消遣。

苏塞克斯公爵在这个时期是英格兰共济会的首脑，有人建议他举行一次会员大会，并把那些还不是会员的人接受入会。有一批人前来找我，要求把我的名字列入该会名单。我说，我认为那时共济会的目的主要是为了娱乐，而我向来总是避免参加任何娱乐团体的。到那时为止，我就曾拒绝过在别人的影响下去充当一名会员，这次也要求他们给予谅解。那一伙人说，由于这是个没有害处的团体，其目的是想在会员中间造成一种良好的友谊与博爱气氛，所以，如果我肯同意被邀请入会，他们将非常高兴。我说，要是在做法上没有什么荒谬可笑之处，我是不愿意违反他们的愿望的。肯特公爵来拜访我的时候，苏塞克斯公爵常常跟他一起来，而我到肯辛顿宫晋谒肯特公爵时，也常常遇见苏塞克斯公爵，所以他很熟悉我的观点和目的。当前来找我的那些人告诉他，他们已经获得我的同意，把我的名字加进新会员的名册时，他说："不，尽管事情很好，然而他要是亲眼看到我们的仪式，是多半会使我们大家显得像蠢人一样的。他那些目标的性质异常宏大，严肃认真，不容他抽出时间来参加我们的微不足道的娱乐。"这样，我总算避免被他们拉去了解共济会仪式的内情。

我的责任这时要求我前往首都，去注意当时在上院讨论的工厂法案，密切注视威廉·德·克雷斯皮尼爵士在下院要求考虑我所提出的问题的建议，并照料我曾召集的公开集会。这个公开集会预定在共济会开的旅馆举行，由肯特公爵殿下担任主席，我也要到会去当众解释我打算为无法自谋职业的贫民和劳动阶级提供的新环境的模型。

这些工作以及利用通信对各部门主管人员发出指示以监督新拉纳克企业的措施，每天从早到晚占据了我的时间。几次公开集会的情况在当时的报刊上都有记载，议会两院关于我请求议会对我的"新社会观"进行调查研究的呼吁见议会议事录；另外，我为了救援英格兰和苏格兰两岛各地棉纺厂和其他工厂就年龄与劳动时间来说十分有害于健康的方式雇用的童工和其他工人而提出的工厂法案在两院遭到破坏，其过程在议会议事录中也可见到。

除此而外，我还必须出席公开集会为了提倡我的目标而任命的委员会，即由肯特公爵殿下担任主席的那个委员会。肯特公爵是该委员会所有委员中出席会议最准时的委员。委员会名单很长，其中包括最著名的开明贵族和士绅，主要是议会两院的议员，还有居住在伦敦的最重要的外国使节。

* * *

可是，除了这些各种各样的工作以外，我还在下述情况下受别人的劝说挺身而出，充当在下院代表拉纳克、塞尔扣克、皮布尔斯和林利思戈这四个苏格兰自治市的议员候选人。

在上一次的普选期间，我对那些自治市的选民发表了一篇讲话，而发表这篇讲话的目的只是为了提供一个范例，因为我认为所有竞选下议员的候选人都应当发表这样的演说，如果他们想要造福于自己的选民和国家的话。

可是，我并不认为我有任何成功的机会，不想到那些自治区去进行竞选游说活动，也不想真正成为候选人，所以我已置之度外，而是继续出席上下两院讨论工厂法的委员会，因为它遭到强烈反对，这种反对来自全国除阿克赖特先生、斯特拉特家和菲尔登家以外几乎所有的棉纺厂主和工厂主，其所用的手段往往极不老实。

我没有访问任何一个自治区，也没有写信或派人同它们联系，因为想要真正当候选人的念头从未出现在我的脑海。

结果使我大为惊奇的是，当我几星期后回家的时候，我得悉在伦敦的日报刊登我的公告之后，那些自治区有两个星期一直等着我去开展竞选活动，如果我在那个时期束装赋归，我本来是会不花什么代价就当选的。这个消息出乎我的意料之外，我没有及时了解这一点，感到很遗憾。

前面提到，我曾在伦敦忙于处理各种事务，但就在这个时候，我得知曾在上次当选的议员约翰·布坎南·里德尔爵士逝世，刚才叙述的那种情况促使我立即发表一项通告，而如果当时我马上着手进行，本来是可以稳操胜券的。然而我接连不断地每天忙着应付许许多多重要的约会，因此我不得不忽略了某些比较迫切的公事或者像在那些自治区进行竞选活动这样显然符合私人利益的事情，虽然我想成为下院议员的意图只是要设法采取重大的社会手段来促进一切阶级的持久利益，特别是失业阶层和文盲阶层的持久利益。也正就是在这个时期，我从手头获得的文件了解到，我必须去照料里子的那一批人，因为他们派遣几位代表到新拉纳克来考察并报告他们调查的结果——这一问题我以前已经提到过，在里子市长（乔治·班克斯先生）、本斯先生、卡伍德先生和罗伯特·奥斯勒先生的来信里，以及上述最后三位先生组成的代表团（他们都是为人正直而负有很高声誉的人）发表的报告中，有更加详细的说明。

我动身离开里子回家，但我在途中必须作许多颇饶兴趣的访问。邮车这时已是常用的交通工具，我通常乘邮车往来旅行于苏格兰和伦敦之间。大约在这时期，有一次在作这样的旅行时，我从伦敦乘车去北方；当我抵达纽瓦克时，邮车换马，我是坐在车厢里的唯一旅客。就在换马的时候，邮车左右的两个门同时打开了，一边进来一位先生，他们开始凑在一块交谈起来。其中一位正坐在我的对面，他的脸部表情立刻引起我的注意，使我觉得自己有了个聪颖而风趣的旅伴。两位生客坐在一起，在他们立即开始交谈，讨论当时一般的话题时，我断定他们是结伴旅行的朋友。他们的谈话继续了一会儿，其中的一位向坐在我对面的、我认为是聪颖的同伴讲了句什么，促使他回答说："嗨，那是欧文主义！还有谁会想出这种荒唐的念头来呢？"这话使我耸耳细听起来。我听到他们讨论这个问题，并且马上发现，那个聪颖的反对者根本不了解他听了以后称之为欧文主义的，究竟是什么概念。

我于是对他说："请问，你们正在谈论的这个欧文主义是什么呀？"我那聪颖的旅伴很快就作了回答，申述了那些认为反对我的观点是符合他们自身利益的人或者智力浅薄无法理解我那些观点的人向公众通常散布的谬论。作为一个陌生人，我静听他根据他所接受的思想对这问题作了充分的解释，而那些思想确实是荒谬绝伦的；它们足以引起他开头就对欧文主义发出了惊叹。

等他讲完，我说："这个问题我很可能是搞错了，因为我对它的想法和你刚才所讲的截然不同。""那么，"他说，"可否请你解释一下你的想法呢？"我说："非常愿意。"于是我就深入地充分阐明了它的原理和实践，这几点我们热烈地和津津有味地讨论了差不多三个小时，最后他说："我可以肯定你是斯彭斯（当时一位关于均分土地的倡导者），否则就是欧文。"

我于是把我的姓名告诉了他，当我们继续进行我们的旅程时，我们仍旧热烈交谈，兴趣越来越浓厚，在我们抵达黑沃思以前，他说："我是出席巡回审判庭之后回家的律师，打算去看我的兄弟和他的家属，他们住的地方离纽卡斯尔只有几英里，你务必到他们那里来。我保证会给你热忱的欢迎和一次愉快的聚会。"我对他表示谢意，说我在从苏格兰到伦敦的不论哪一趟旅程中，一定尽力争取接受他那友好的建议。

我当时认为这种邀请是旅途中一时的冲动，人们有时候这样做了，不久就感到后悔，但他在我们抵达纽卡斯尔以前继续迫切地提出他的要求。在纽卡斯尔，他在他通常住的旅馆门前下车，邮车继续驰往旅客们惯常在那里进晚餐的另一家旅馆。

当我们正在吃晚餐时，我那新结识的朋友踱了进来，他似乎非常恳切地希望我待在那里过夜，第二天早晨同他一起到他兄弟那儿去，因此我答应了他的请求。此人当时是查尔斯·格雷先生，后来获得了爵位，当过一任牙买加总督。他像殖民地一般的总督那样，完全胜任这项使命，只有某种不愉快的情况才会妨碍他取得成就。第二天早晨我随同他去作客，事实充分地证明一切都像他所保证的那样，于是我在那里逗留了两三天。

嗣后我从纽卡斯尔前往卡莱尔时，我必须去拜访一下布鲁姆勋爵（当时以亨利·布鲁姆闻名），因为他曾热心研究我的观点，屡次力图促使议会对我那些观点进行调查研究。

一提到布鲁姆勋爵，我就不免想起后来有一次从伦敦到苏格兰的旅行途中遇到的有趣事件。那次我单独乘坐邮车；当它停在麦克尔斯菲尔德更换马匹时（那天天气晴朗，相当暖和），一位身穿晚礼服的先生登上车夫的座位,在他从我旁边走过去跨上马车时看了我一眼。他对车夫说了句什么,立刻又离车下地,钻进车厢。与此同时,马车四周正在聚拢一伙人来,产生一片骚动。那位先生刚坐定,就开口说:"大人,我很快又遇见您,感到很荣幸。"听到他给我这一新的称呼,我多少有点惊讶,于是回答说:"大概你搞错了。你把我当作谁了?""布鲁姆勋爵。""你确实搞错了,我没有权利接受这样的称呼。""噢,"他说,"您大人是想在不暴露真实姓名的情况下出外旅行的吧?""你真的弄错了,"我回答道。"这是不可能的,"他说,"因为仅仅在三个星期以前我还同您大人一起吃过饭呢。"我无法使这位过分自信的先生承认自己的错误。

他已叮嘱车夫,在他回到他的身边以前不要驱动马车,而在这时期,聚在马车周围的人越来越多,都争先恐后地想见识一下我这布鲁姆勋爵。由于没有一个人出来消除这种误会,他们都很高兴并且感到满足,仿佛他们已经见到了真正的勋爵本人似的。当马车启动时,我受到了惊喜交集的人群的热烈欢呼,因为他们自认为已经见到了一位勋爵,而那位勋爵还是大名鼎鼎的布鲁姆勋爵呢。

那个时候的人民就是这样。他们现在变得稍稍聪明些了。

当我在伦敦忙于关注议会委员会和其他公共事务时,我收到了从新拉纳克送来的消息,说我们的四个大棉纺厂中的一个不慎失火,已经被烧毁,这次事故使它雇用的所有的职工陷于失业。我必须立即作出给予他们工作的安排,不让他们被迫到别处去寻找职业而离开这个企业,否则的话,根据他们迄今所亲身体验到的幸福来说,那在他们看来就势必会成为最大的灾难。我为此发出必要的指示,并且当我能够暂时摆脱我所从事的公务时,我立即动身回家,去检查我的指示是否已经不折不扣地得到执行,不让任何一个人由于这次事故而离开企业,因为在这次事故发生时,受雇于企业的那个部门的职工内心感到了极大的痛苦,对自己的前途忧心忡忡。

这场火灾发生在 1819 年 11 月底，我在同我那位久经考验的朋友和最杰出的信徒肯特公爵最后一次会晤后离开了伦敦，在我回家以后不久就传来了他逝世的消息。

我当时根本没有料到，在悼念他逝世三十多年之后，他那善良、仁慈和颇有卓见的幽灵居然首先就利用沟通思想感情的手段所提供的机会，向我抒发胸臆，告诉我一些非常有趣而对我来说颇有必要加以了解的见闻。他在我面前表现出来的性格正是我过去所十分熟悉的，依然充满着专心致志地不断造福于别人的通常那种亲切和体谅的心情，并且显出同样那种以真诚和仁爱待人的高尚品质，而那种品质当他生活在尘世的时候是异常突出的。

他同我不断地进行的全部神交一直是引人入胜的；他自己确定会晤的时间，在他指定的某天、某小时和某分钟同我见面，向来分秒不爽（在我掌握着我所能够依靠的这种手段的期间，这些约会是次数很多的）。

身受愚昧教育因而对这些新现象抱有强烈偏见的人不能相信实有其事，我对他们深感怜悯。他们不知道自己丧失了什么样的欢乐和知识。我生平某些最感满足和满意的时刻，是已故的亲友将其原有的世俗形式留在其坟墓中之后同我直接沟通思想感情的时刻。这些志趣相投的幽灵现今正在积极地进行活动，使全世界的人民在思想上有所准备，能够按照其生活于世间的明显方式，接受人类历史上一切变革中最伟大的变革。他们讥笑这一代人中间受过错误教育的可怜虫企图阻挠他们的神圣事业取得进展的微不足道的努力。

人类经历过去的一切时代，已经生来就抱有不断地追求幸福的愿望。这种愿望今天像以往一样强烈；如愿以偿的时期很快就要到来，而其令人餍足的程度绝不是顽固不化的人所能想象到的。

我匆匆地暂时离开我在伦敦密切注意的公务，大约在 12 月中旬回到家里，花了一段时间来完成由于工厂失火而必须作出的新安排，以便所有那些在这不测事件的突然袭击下赋闲的职工能够得到为社会创造财富的有益工作。这件事占据了我几星期的工夫，而我已经宣布自己要参加竞选的自治市的选举规定将在此不久以后举行，因此，在给了那些同我竞选的候选人最初很长一段时间进行游说活动的一切好处之后，我必须走访那几个自治市，了解一下那里还给我留下什么样的机会。

我发现，在我逗留伦敦的期间，我那有一切理由可以信赖的旧拉纳克的四位选举人由于不断赴宴，总是喝得醉醺醺的，并且通过当时大多数候选人所熟知的其他手段，已经被收买到我对手的一边。这一完全意料不到的情况使我看出，原来拥有的四票多数势必成为对我不利的因素，拉纳克变成了竞选激烈的自治市。

当我在好友海军将领罗伯特·奥特韦爵士的竭诚帮助下在其他几个自治市进行竞选活动时，我们发现塞尔扣克自治市和皮布尔斯自治市已经明显地倾向于我那友好的对手蒙蒂思先生，而林利思戈自治市则已保证支持我。我从而看出，由于拉纳克的四位选举人中途变节，我将遭受失败；但我在很大程度上是个颇孚众望的候选人，民众对选举的结果是很感失望的。然而，这毕竟是个值得庆幸的结果，因为我对议会两院的两个委员会以及两院一般议员进行的活动使我不仅仅是产生了怀疑，而是确实认为，如果我一旦当选，我作为议员所花的时间将大部分是糟蹋掉的。我还可以补充说明，在我充当候选人时，已故首相罗伯特·皮尔爵士曾写信给我，表示政府对我的支持，希望我一定当选。

我有二十多年的时期一直是旧拉纳克的经常采取积极态度的近邻，之后在此期间，该镇居民对我的感情可以从他们在选举之前邀请我出席一次大规模的宴会上看出来。另外还可参阅除林利思戈市市长而外该自治市的文职官员和市议会的来信。同时还应当记住，我规定的条件是：不能为我花一个先令去贿赂任何一个自治市的选举人。

由于答应投票选我的四个选举人接受了别人的贿赂而没有遵守他们的诺言，我竞选失败了。这次选举结束后，我在春夏秋三季接待了大批前来参观企业的客人，其中有许多是国内外很受尊敬的人士；他们目睹他们从未料到会在世界上看见的这种奇迹，毫不例外地表现出了惊异和喜悦的神情——为数众多的劳动人民，不分男女老幼，都感到幸福和十分满足，而为他们儿童陶冶的性格要比历来同等年龄的儿童所养成的性格优良得多，因为这是不施任何惩罚，按照宽厚和仁慈的原则陶冶而成的。

儿童们彼此相爱，他们热爱和尊敬自己的教师，这些依恋的心情牢牢地扎根在他们的思想和感情的深处。在他们接受教育的整个期间，他们是任何企图陶冶人类高尚性格的体制至今还没有造就出来的最天真无邪和最幸福的儿童。

从他们入学的第一天起对他们传授的箴言或行动原则（即"他们应当经常尽力使彼此都快乐"），是最小的幼儿都容易理解的，并且通过以前那些接受这种教育的儿童的榜样，很容易促使他们坚定不移地实行所确定的行动原则。这种能够以不可估量的利益造福于全人类的原理和实践相结合的教学方法，很可能会在此早期给一切幼儿留下极其深刻的印象，以致他们将养成一种习惯，在人生的日常事务中永志不忘并经常加以应用。

各国当代的先进人物关于这种对新拉纳克全体居民的儿童采用的这一实验，无论怎样赞颂也不算过分，因为它立即开拓一条途径，使所有的人从其出生之日起就可以具有他们直接的先辈为他们精心培育的非凡性格，以致所有的人只会养成良好的习惯，具备各人天性中高超的素质和人类现有的知识所能承认的那种优良性格。每一个人现今在其训练、教育、就业、安置和管理中统一起来的这些要素（因为所有这些都参与每一个人的性格的形成），必将在社会和人类的状况方面产生巨大的变化，这种变化只有从地狱上升到天堂的变化才能体现出来。

如果现时代的各国当局改变视线，开始注意这个问题，他们就会发现他们已经获得了关于一种道德手段的知识，而利用这样的手段，他们就能轻而易举地消除人类中间的愚昧、贫困、倾轧、恶习、罪恶、邪念和苦难。要是把人类从其出生之日起便置于优越的精神和物质环境之中，人类就不会再经历祸害和疾苦，它们纵然在历史上还会留下记载，但只是为了加强说明为人类提供的这种新生活的可贵罢了。

为了完美无缺地培养每一个人的性格而作出的安排，势必包括如何很好地形成和引导社会的一整套安排，因为社会的任何部分莫不参与每一个人的性格的形成。

我把它作为培养劳动阶级儿童的性格的新措施而推荐给公众的办法，可以申述如下：

第一——不责骂或处罚儿童。

第二——每一受聘的教师对所有的儿童毫不例外地在口气、神色、话语和行动上始终表示出亲切的感情，以便在施教者和受教者之间产生真挚的爱和充分的信任。

第三——用观察种种现象及其性质的方法实施教学，由施教者和受教者双方以无拘无束的交谈方式作出解释，后者可以经常提出他们自己的问题，以求得理解或额外的知识。

第四——必须经常用和蔼可亲和合情合理的态度回答这些问题；当问题的内容越出教师的学识范围时（这是往往会遇到的事），教师应当立刻充分承认他对该项问题缺乏了解，免得把年轻人的思想引入歧途。

第五——室内上课没有固定的时间；但教师要注意发现学生的脑力或他们自己的脑力由于室内的教学而开始疲倦，这时，在天气晴朗时就应当把功课改为室外的体育锻炼，或在天气恶劣时改为室内的体育活动，或练习音乐。

第六——除音乐外，教师还要让这些劳动人民的子女学习军训并进行军事操练，教他们养成遵守秩序、服从指挥和严格要求自己的习惯，改进他们的仪表和健康状况，并且使他们利用最好的时机和最优良的方式预作准备，在必要时能以最少的牺牲和辛劳捍卫他们的国家。

教师还指导他们学习舞蹈，并且要求跳得很纯熟，以便增进他们的仪表、风度和健康状况。我根据经验认为，对男女两性适当地给予军训、舞蹈和音乐的教育和指导，是培养一种善良、合理而愉快的性格的有力手段；它们应当是为了陶冶性格而合理地建立起来和管理起来的每一所学校中实施教育和训练的内容的一部分。它们成为环境的一个必不可少的部分，能够在幼儿和青少年逐渐成长时给予他们有益的和优良的影响。

第七——然而，这些锻炼只能持续到受教者不再觉得它们有益和不再能够很好地享受其乐趣为止。在刚看到他们有厌倦的迹象时，就应当叫他们回到室内学习智力方面的功课，对此，他们的体育锻炼已经使他们在精神上有所准备，而如果指导得法，他们总是会重新产生兴趣，去学习那些功课的。当教师合情合理地对待他们时，儿童们总是会心满意足地接受体力或智力方面的训练和教导的。

第八——把儿童们带到户外，让他们熟悉花园、果园、田地和树林中的产品以及家禽、家畜和一般的博物学，是教育劳动阶级儿童的一个重要部分；我当年在新拉纳克就是按照这种方式培养儿童的。

第九——训练劳动阶级的儿童，使他们在思想和行动上做到合乎理性并获得以后终生受用不尽的有重大价值的知识，在当时是一种崭新的办法。

第十——把劳动阶级的儿童置于比其他任何阶级的儿童所处的环境更为优越的环境之中，即把他们白天安置在首屈一指的最完美的学校，使劳动阶级的儿童养成那种闻所未闻的或从未见诸事实的优良性格，就像我在新拉纳克出色地完成的那样，是一项崭新的办法。

然而，还必须过一段时间，对财富创造者们的儿童采取的这些切实可行的新措施才会为人们充分地重视起来，或者说，它们在推动社会的进步和促进社会的持久福利方面的重大意义才会为人们所理解。

* * *

但是，我现在该回过头去接上前面的叙述了。

1819年，工商界发生了另一次经济恐慌，这是已故罗伯特·皮尔爵士作为主席领导的下院金银货币委员会的行动所产生的作用引起的。

这些人对于他们通过立法手续涉及的那一部分，就像婴儿一样无知，他们根本不知道由于他们的无知将要给整个不列颠帝国千千万万同胞带来多么深重的不应有的苦难。

这是他们引起的第二次经济恐慌；继之而来的是1825年还要比这严重得多的一次，并且每隔若干年还将出现另几次经济恐慌，直到这种人为的、荒谬的金银币制被取消，人的力量在科学的帮助下被解放出来，能够不受政治家和议员的愚蠢行为的束缚而创造财富时为止。

人为地产生的1819年的苦难十分严重，以致成千上万的工人陷于失业和挨饿的境地，而当工人阶级失业的时候，财力薄弱的小商人也随之宣告破产。

这时，许多年在二十至三十岁的积极肯干的青年跑来向我求业，如果得到允准，他们甚至愿意接受每星期四五先令的低廉工资。但是，我们企业的职工向来完全由固定的居民充任，他们在丝毫不减工资的情况下一直被我雇用了二十五年。

在整个王国的其他地区中，拉纳克郡苦于剩余劳动力太多，人们已经注意到，新拉纳克的这些居民中既无苦恼也没有怨言，这种情况已经持续了二十年，为此，他们邀请我向拉纳克郡的一次大规模的集会发表意见，谈谈当时这种被认为是威胁着王国的繁荣与和平的灾难究竟是什么原因造成的，并指出一项有效的对策。

在应从该郡的这一要求后，我递交了一篇解释灾难根源的报告，其中还包括一段说明，指出只要对社会进行改造和作出合理的安排，就可顺利地采用一项一劳永逸的办法，以补救缺乏就业机会的状况。在这篇报告中，我第一次解释了那种为了陶冶性格和指导人性以造福于我们全人类而创建合理的社会制度的科学原理。

正是根据这篇报告，傅立叶才开始懂得怎样组织一个人数有限的社会来建立一个**讲究实效的**公社的；可是，他由于不了解社会所依靠的真正基础是什么，以致把旧的概念和新的概念混杂在一起，而这两类概念是绝不能够和谐地永远共存的。

在三十年的期间，我在实际生活各个部门的事务中进行的广泛锻炼，再加上我为了克服在用科学方法整顿社会的道路上所遇到的许多障碍以**制止**谬误给人类造成的无数祸害而进行的大量研究，促使我获得了关于社会的这种科学发展的知识。

这篇报告就这样呈献给了拉纳克郡的公开集会，也就是呈献给了担任大会主席的该郡行政长官、已故的汉密尔顿公爵，并由该郡六名主要的成员分段作了传达。这是第一次公之于世的新理论，它即使只列出一个大纲，但也说明了关于社会的实用科学的范围：为全人类陶冶一种优良而高超的性格；为全人类创造绰绰有余的优等财富；使所有的人作为一个进步的优秀大家庭的成员而团结起来；为人类形成优良的物质和精神条件或者那种能够激发和高质量地培养人类的一切卓越才能的环境；促使我们天性中的一切动物嗜好健康地和有益地服从于较高级的器官、品质和能力，以便使整个人类身心健康、善良、明智、坚韧不拔、明辨事理和幸福。

然而，当这篇报告在1820年初次公之于世时，人们在思想上毫无准备，不能接受或理解这一整套的科学原理和实践，也不能感情融洽地进行合作，为大众谋得健康、财富、团结、智慧、德性和幸福。

甚至目前，经过三十七年不断传播反对根深蒂固的旧错误和旧习惯的知识之后，社会上的人们还不准备相信有可能为全人类获得那么多的团结、智慧、德性和幸福。到今天为止，人们在所受的训导和所处的环境的影响下，始终只是以顽固的态度保持个人的无知和习惯，还并不清楚地理解普遍的真理，也不懂得从我们人类联合一致的思想和行动中能产生多么巨大的新的力量，而人类一旦受智慧和正确的实用知识的指导，并对所有的人在所受教育的熏陶下很不自然地发生分歧这一点抱有纯洁的仁爱和宽宏精神，是能够获得那种新的力量的。

这种精神和这种知识普遍盛行的光荣时期即将到来，它现今正在大踏步地同我们接近。

让这些崇高的考虑打开所有的人的胸襟，扩大他们的思想境界，来接受和了解这些伟大的真理吧；他们会多么容易地看出，地球上的全体居民一旦走上正确的途径，就可以在身心方面达到高超的地步，并且得以在训练和环境的推动下，运用他们合理的才能，在一两代人的准备阶段之后，逐渐成为与现有的任何种族相比优越得多的明事达理的人种。

正是在这一年，新拉纳克的各种事物每天都在迅速发展，职工非常满意，他们的孩子是人类中最优秀和最幸福的。就在这个时候，我的一位合伙人威廉·艾伦从欧洲大陆归来，他在那里曾同俄国的亚历山大皇帝和其他一些王国首脑有过私人接触，这就使他的思想发生了变化，用到错误的路线方面去了。他的见解离不开教友会教派偏见的范围，并且局限于对兰开斯特有缺点的教育体制的肤浅认识。我曾大力帮助那种教育体制达到当时的规模，但兰开斯特委员会的狭隘见解和宗教偏见不让它进一步提高，特别是威廉·艾伦，他认为这迈出的一小步就是完美无缺的教育体制了。

在他回来以后，他想贬低我的全部活动，因为我曾在那样的公开场合谴责过世界上的一切迷信和虚妄宗教；于是他开始在我那些合伙人的为一般人所接受的宗教和我自己对于见诸实践的真正宗教的比较详细地阐明的见解之间散播了不和的种子。

他建议放弃我的教学方式（到这个时期为止，在为新拉纳克的一切儿童培养优良而愉快的性格方面是卓有成效的，并在很大程度上有助于改变新拉纳克的面貌，使儿童们的父母对他们的生活条件和地位深感满意），而代之以他那褊狭的教友会想法以及他所谓可以由宗教产生的莫大好处，其办法是取消我那开明的自然教学方式，用他那种没有音乐、舞蹈或军训课程的教友会教派微不足道的、偏执的教育思想来代替，而音乐、舞蹈和军训在培养善良和高超的合理性格方面是极端重要的。

有一段时间，我不大注意他那些不成熟的、带有偏见的想法，按照我历来采用的方针继续干了两三年；但是，在发现他俨然以负有神圣使命自居并虚伪地表示同情开设音乐、舞蹈和军训课程之后，我逐渐看出分道扬镳的日子不会太远，而在几年以内这样的结局果然发生了。

在这过渡时期，我照旧继续竭尽全力来促进我生平的伟大目标，即在不分肤色、国籍、阶级或信念的前提下改善人类的状况，因为我知道，除非想方设法谋求以后世世代代的幸福，单单一部分人是绝不会永久享受福利的。

在这一年1820年的初期，正如我上文谈到的那样，由于肯特公爵殿下猝然过早地逝世，我丧失了他对我的帮助。

然而，从拉纳克和林利思戈两个自治市的地方行政官和居民那里，我得到了大量表示敬意的关注，足以弥补我在此两地以及与其毗连的塞尔扣克自治市和皮布尔斯自治市竞选遭受挫折的损失。这次选举我以四票之差落选——那四个选举人本来是已经答应选我的，但后来被我的对手收买了过去，而我则断然拒绝贿赂任何一个选举人。

在这次竞选活动中，海军将领罗伯特·奥特韦爵士常常和我待在一起，他非常关心我的成败。

如果我竞选获胜并在下院占有一席，我还不知道我是否能借此达到最后的目的；因为那时的社会仍然没有充分的准备，无法接受我至今为止一向策划的这样巨大的变革。尽管如此，许多赞同我的观点的朋友还是作了多种努力来使人们注意和实行我的观点，在宣传这一问题上取得了重大进展。然而，我那诚挚、忠实和最可贵的朋友和赞助人突然离开尘世，这种损失也是重大的。对于我所从事的事业来说，其他任何方面的人士都无法代替亲王爱德华殿下，这一变故有一段时间妨碍了我的"新社会观"正在取得的迅速进展，而这种进展则是在克服我由于公开斥责世界上的一切迷信、即其拥护者都各自诡称为"真宗教"的迷信而引起的巨大障碍的情况下取得的。

但这种沮丧的心情只是出现了一个短暂的时期。公爵殿下逝世几个月后拉纳克郡要求我提出的正式报告和赖以采取的公开措施，重新唤起了公众对这问题的重视。这篇报告由拉纳克成立一个委员会加以研究并就其内容作出汇报，而当它在国内外发表并广泛流传之后，这个问题又变成了人们喜欢热烈讨论的题目，1820至1823年间在英格兰、苏格兰、爱尔兰、欧洲大陆和美国尤其轰动一时，激起了人们浓厚的兴趣。到了今天，那种兴趣的浓厚程度虽然不如当年，却一直在各方面影响着世界各国民众的思想，终于在今日的一切善于思考、有判断能力的人们的头脑中彻底摧毁了他们对于整个社会历来据以兴建起来的脆弱基础的信仰或信任，也使他们不再相信，在像目前这样被那些在人与人、国与国之间制造普遍敌对情绪的无知的迷信观念搞得四分五裂的任何一部分人类中间，这种脆弱基础会有可能产生始终如一的或合理的性格、团结、繁荣和幸福。

为了证明这个时期公众以极大的兴趣赞成我的"新社会观"，请参阅拉纳克郡向议会两院提出申请要求他们十分认真地考虑这一问题的活动记录。在申请书上签名的，有两大政党主要的贵族、士绅、地产的完全保有者、爱丁堡大学和格拉斯哥大学、一些以全体名义出面的长老会和大部分的教士，他们都早就熟悉我们在新拉纳克由于坚持实施我所公开倡导的原理而取得的有益的丰硕成果。这些由那么多人签名的申请书是空前未有的。

在苏格兰这个文化程度最高、最为富裕和声望最隆的拉纳克郡全境，教会和政界的所有互争雄长的派系有那么多人纷纷在申请书上签了名，也许没有其他任何活动比这更能有力地证明公众是多么赞同这些与流行的偏见相对立的新原理及其实践了。

正当这些申请书被递交议会并显然获得利物浦勋爵的政府的赞许时，劳德戴尔勋爵为了防止它们可能被议会采纳，发表了他那篇进行反驳的著名演说，以阻挠申请书由下院转往上院。

他看出利物浦勋爵倾向于赞许申请书，于是，当他从自己的座位上站起来时，他用明显的强调语气说："诸位爵爷，我很了解欧文先生，也知道他的计划，并且已经研究了一段时间。我可以向诸位保证，如果你们赞助欧文先生和他的计划，欧洲的任何政府都是抗拒不了那些计划的。"

这就决定了申请书在两院的命运，因为上述的问题在两院都被提了出来。虽然迄今为止我曾向两院的多次会议接连提出要求，请他们考虑这个问题，并且虽然这是历来人们能够向他们提出的最重要的问题，但是时至今日，他们事实上一直彬彬有礼地拒绝这样做。

然而，无论在国内或国外，公众的态度却截然不同。我们国内的贵族以及学识渊博、思虑周密的男女学者，还有身居高位的外国显贵，来到新拉纳克的越来越多，他们抱着格外热烈的愿望想要调查研究我们据以管理企业的原理和做法。我致拉纳克郡的报告连同《论人类性格的形成》已译成法文和德文，法兰西学院由公议决定向我表示感谢；另外，那篇报告和拉纳克郡递交的与之有关的申请书在整个欧洲引起了极大的轰动。从那些有关的文件中可以看出，这类私人和公众的活动表明，人类的天性是多么热烈地在追求着原理方面的真理和实践方面的公正，因此，我在这个时期恐怕比其他任何人都更加感到满意。

引起所有这种兴趣的报告，也许是充分概述社会全貌、其中包括为我们人类的幸福所必需的实际生活各部分的第一种出版物。它首次向全世界昭示了一门社会科学的大纲，对组织这种新联合体的每一部分的理由都作了解释；正是在这篇报告广为流传之后，富于想象力的傅立叶才想出要组织一个讲究实效的公社社会的念头，但他把新旧的原理和办法混杂在一起，这样截然不同的两种性质的东西是很难互相配合，长期并存的。

我递交给拉纳克郡的这份正式报告之所以普遍引起人们极大的兴趣，是由于我从社会的基础入手，并且不考虑当前流行的任何偏见，用浅显的、直截了当的语句说明了构成一系列为人类生存所必需的条件的若干部分，以建立一门完整的社会科学，来达到并维持永久的繁荣、团结和幸福。

然而，现在只有当代的先进人士才开始了解人类生活的如此崭新的状态，甚至还有人（但至今为数不多）进一步能够深入探讨并比较两种形成人类的性格和管理人类的截然不同的制度；而两种制度所依据的，是互相对立的原理和实践，它们在精神上和人生事务的整个安排上是截然相反的。

至今究竟有多少人已经受过训练和教育，能够鼓起勇气，从事这样一种调查研究呢？究竟有多少人已经摆脱思想束缚，能够不抱偏袒虚妄的、有害的旧制度这种成见，或对管理人类的正确而优良的新制度持公正态度，来着手这样的调查研究呢？

然而，旧的制度必然导致人间地狱，而新的制度则必然导致经久不衰的人间乐园，导致人生实际上的、真正的太平盛世。

旧制度已经造成并且维护了个人自私自利的心理，这在精神、原理和做法上是同合理性格的形成以及世界上不分肤色、国籍、信仰和阶级的一切人等的健康、德行和幸福相背悖的。

值得注意的是，没有人曾经企图非难这篇报告的陈述和由此作出的论证；而且现在谁还会试图做那种吃力不讨好的事情呢？谁也不会贸然作那样的尝试，因为人们立刻可以发现：那篇报告是以一些不言而喻的真理为依据的，并附有从那些真理推断出来的道理很明显的结论；那些真理将经历万世而永远保持它们的光辉。通过翻阅文件，我发现我的报告曾引起一些人成立了"英外慈善会"，其创建的目的在于推动人们了解我所提倡的原理和实践。根据参加该会担任干事的各方面人士的名单，我们可以看出这些观点已经传播得多么广泛和可惊，同时从我保存的信札来看，人们希望开始组织一个示范公社的意愿又是多么强烈。

我受到社会上四面八方那些进步人士的包围，要求在我国着手进行这项实验，因此，虽然我认为公众在思想上还只是部分地对此有所准备，我终于同意试着发起一次签名认捐运动以实行这个计划，但根本没有指望所需的资金会全部征集到，因为我要求的用在这方面的款项为七十五万镑。结果使我感到意外的是只征集到五万镑，为此我有一段时间表明态度，款项不到二十五万之数绝不开始实验。然而，我那许多更加热情的朋友已经深信实验会取得成功，除非我让他们着手进行并给予必要的帮助，他们是不会满意的。这些朋友当中有很多是真诚的好人，非常热心于事业，愿意作出个人的和金钱上的重大牺牲来达到他们预期的目的，因此我同意加以考虑，看看当时在苏格兰能否作一次可以带来任何适当的成功机会的实验。达尔齐尔的小 J. A. 汉密尔顿先生是对新社会观的原理和实践抱有最大热忱的赞赏者之一，他已经屡次看出它们对新拉纳克的儿童和成年居民所产生的优良效果，采取他力所能及的一切办法来劝说我在离新拉纳克几英里的他的马瑟韦尔地产上开始建立第一个示范公社。这个计划受到同样热心于此项事业的其他许多积极分子的支持，因此大家决定在他的地产上建立一个公社，而他提出的移交地产的条件则是十分优惠的。

从我同有关人士互通的信件中可以看出，初步的措施占据了1822、1823年以及1824年一部分的大量时间。

在这些准备工作正在进行的时候，有人竭力要求我访问爱尔兰。爱尔兰在那个时期由于各派宗教之间的仇恨和冲突产生的无知争论以及保守党与所谓自由党即当时通常称为托利党与辉格党和激进派之间的政治斗争，正处于野蛮状态的边缘。那里社会上颇有影响的人士提出的使人怦然心动的建议和强烈要求，终于促使我去访问这个以其居民生活状况的显著悬殊以及由这样一些钩心斗角的力量组成的政府起实际作用而形成鲜明对照的岛屿。当然，这种集荒谬之大成的现象是不可能产生任何较好的实际效果的。它是在宗教混乱和政治混乱的条件下企图建筑的一座真正的通天塔①。各党各派和各利益集团相互斗争，把该岛变成了人间地狱，而只要稍稍有一点真理和明智的判断，是本来可以使它成为人间天堂的。

但是，至于说到我在爱尔兰的一切活动以及与活动有关的所发表的文件，叙述起来就未免篇幅过长，非本卷所能容纳，因此我决定在这里结束我一生经历的第一部分——要求读者仔细阅读附录②的各个部分，其中你们可以发现直到我访问姐妹岛屿时期为止的我的主要出版物。

---

① 据《圣经》"创世记"载，洪水后人类的新始祖挪亚的后裔企图在希拿城建造一座通往上帝之门的高塔，因彼此语言杂乱而未果。——译者

② 原书——《罗伯特·欧文生平自述和著作书信选集》第一卷——的"附录"收入欧文自选的1821年以前写作或发表的著作和函件。这些著作和函件小部分附于上述第一卷正文（"生平自述"即中译本所载"自传"）之后；大部分另编一册，名为《罗伯特·欧文生平自述和著作书信选集第一卷附录增补》，于1858年出版。欧文自选的这些著作和函件主要的都已译成中文，收入《欧文选集》第一卷。——中译本编者

以上记录是我在不同的、有时是相隔较远的时期写成的，在那以后，我又想起了本卷中一些值得注意的事件。

其中之一是弗朗西斯·普莱斯在整理他的书房，拣出他认为无用和没有价值的印刷文件并准备把它们清扫出去时，偶然从中发现一百五十年以前①约翰·贝勒斯写的一本小册子。由于普莱斯先生那时对我的"新社会观"颇感兴趣，他立即把这小册子带来给我，说："我有了一项重大的发现——一百五十年以前②居然有一本著作提倡了你的社会观。"

这是当时被认为硕果仅存的一本书，我求他慨然惠赠，并且告诉他：我要印刷一千册以广流传；同时还要公开称颂作者最初提出这种想法的创举，虽然我自己的想法是实际通过观察种种事实、对它们反复进行思考并试验它们对于人生的日常事务究竟有多大用处之后而产生的。

我请人把一千册的书印了出来，把它们广泛地散发出去，另外随书附上印好的文件，说明我在1817年举行的盛大的公开集会，讲到在其中的一次集会上我是怎样像上文所说的那样谴责了世界各国被迫接受的种种迷信（当时称为宗教）的。

至于说到我在准备和召开那些大会以及散发叙述大会情况的文件方面的费用，我发现我在那一年的7月和8月就为此支出了四千多镑。

既然发现了经过正确理解的教育在形成每一个人的性格上能够发挥威力无比的影响，我便在1818年5月写了一封题为"论教会和学校的联合"的致我的朋友坎特伯雷大主教的公开信。

我在这里还可以提到最近（今年即1857年6月）由英格兰教会召开的"教育会议"，旨在反对并企图抵消在此以前召开的"当代先

---

①② 应为一百二十年以前。参阅《欧文选集》，第一卷，第212页。——译者

进人士代表大会"的影响,而我却曾要求这个代表大会考虑一下"怎样采取切实可行的、最好的和平方式,来废弃目前这种制造罪恶的、有害的错误制度,代之以用来治理世界各国人民的、消灭罪恶的或者说优良正确的社会制度,使其成为管理全人类的永恒不变的制度"。

在那次"教育会议"召开时,当时所有思想先进的人士通过我以前的公开活动已经了解到:我曾利用我在本国召开的公开集会和发表的公开讲演,教育了各劳动阶级达十余年之久;通过我那些数量很多的论述与形成优良性格有关的问题的出版物,我已经十分积极地参与并突出地带头使公众在思想上有所准备,以便接受一种从出生之日起对人类进行培训的制度上的彻底改变。在过去六十年间为主要的慈善家所特别熟悉的是,我曾花二十五年以上的时间把为我们人类陶冶善良的优异性格的新原理非常成功地在苏格兰的新拉纳克付诸实施,对两三千名职工的一切儿童实行了这样的教育——而在新拉纳克,我的企业和活动在那个时期是不分本国人和外国人,对公众一律随便开放的,每年有几千人前来参观访问。在这里,各国和各种身份的参观者惊奇地看到,好几百名从一岁至十二岁的分成若干级别的儿童白天在新创的培养性格的学校接受教育,晚上还有青年男女和年龄不等的成年人在那里受训,他们在这种新的培训体制下不必担心惩罚,然而他们享受的幸福之多,并在实用知识方面取得的进展之大,是任何时代或国家的以前任何时期所未见的。

这些精神、原理、实施和环境使世界上所有的人耳目为之一新;我所发明并顺利地实际采用的幼儿学校,是为了走向开创一种组织和管理人类的合理制度,把人类引入尘世生活真正太平繁荣的境地而至今迈出的踏踏实实的第一步。

虽然今年召开这次特殊的教育会议的各方面有关人士必定早已了解上述的所有这些情况,可是他们并未要求我去帮忙,在三天的全部活动中也没有一次提到我的名字,最后我才企图在末了一天到会上去发表讲话——我决定在那场合向与会人士宣传并解释人与人的思想交流中至今尚未有过的最重要的发现。

但是，显然为了别有用心的意图，会上的那些人士立即决定不让我有发言的机会。

在他们正在作出极不光彩的努力来阻止我当众发表讲话的时候，我不禁怜悯他们的恶感和错误，因为我知道自己有办法使宇内各地都听到我的声音。

可是，由于看到他们惊慌失措，唯恐我要当众发言，我便满足于向里子的爱德华·本斯先生提出一个问题，而他的不假思索的坦率回答是：他生平从未见过像我新拉纳克的企业那样美不胜收的奇观。这是他先前看到的景象，后来威廉·艾伦作为我的一个合伙人，以其思想狭窄的固执的教派观点，无疑地出于好意而加以干预，他企图尽可能用他自己的目光浅短的见解，来代替那些超出教派或党派范围的观点，而那些观点在其他所有的人看来是比他们曾经见到过的或曾经设想能实际见到的任何观点都优越得多。

在这令人难忘的时节，有些在场的教会领袖确实知道，我那坚定不移的决心过去一向是要提出并将继续提出无可辩驳的理由，说明为什么这种管理人类的恶劣制度应当尽快地通过和平手段由普遍适用的、正确的优良制度所代替，其目的在于**杜绝种种罪恶**，确立人类经历千秋万代而永远受用不浅的一切丰富的福利设施。

然而，如果他们能够充分理解这一光芒万丈的伟大的变革的内容和重要意义，他们就不会害怕这一变革，而是会无限喜悦地表示欢迎，站在准备加以实施的最前列。

要是他们当时并没有被畏惧所压倒，出席这次会议的大批富有才干和学识、拥有地位和权力的人士本来是肯定会给予一个得不到支持的老人以有效的答复的！

可是不！他们的畏惧倒反证明，"毫不神秘，也不掺杂错误或对人类怀有害怕心理"而表达出来的真理必将占据优势；即使当时，在本斯先生已经回答了我的问题之后，真理在许多人的心目中确实占了上风。

我也曾忘记提到《略谈震教派的起源及其活动》一文，这篇文章是我在 1817 年连同其他几本小册子一起发表的。关于这些奇特的人们在北美合众国成功地进行的实践的叙述表明：哪怕过一种相当简陋的村社生活，他们也能轻而易举地为所有的成员创造财富；在较短的时期之后，所有的成员不必付出金钱和计算代价，都得到了丰富的生活必需品，并且不再有匮乏之虞，因为他们根据经验知道，他们能够而且一定会按照季节得到为健康和舒适所必需的一切物质供应。这些人士已经多年证明，他们在道德和行为方面要比生活在个人竞争制度下的人数相类的任何一批居民正确得多。

这些以财产公有制而不是私有制为基础的震教派的村社，已经表现出是为千年盛世预作准备而实际采取的向前迈进的**第二个步骤**。

第一个步骤是为所有的人培养一种优良的身心品质；**第二个步骤**是为所有的人创造丰裕的财富；而**第三个步骤**将是把社会置于它的正确的原理之上，把所有的人都纳入这样一些经过精心安排的环境以便很好地培养性格和创造财富，从而首先把前两个步骤统一起来，随后满怀热诚地使全世界所有的人在兴趣和感情上融洽无间，团结一致。只要通过绮丽多彩的新的环境组合而进行实践，上述这一点是可以很容易地做到的。

附录一　人地名中外文对照表

A

阿尔比马尔（Albemarle）
阿尔马（Armagh）
阿尔诺（Arno）
阿亨（Aachen）
阿克赖特，理查德（Arkwright, Richard）
阿兰顿（Allanton）
阿马代尔（Armadale）
阿奇（Arch）
阿瑟森（Atheson）
阿特金森，约翰（Atkinson, John）
阿特伍德，托马斯（Attwood, Thomas）
埃尔郡（Ayrshire）
埃格林顿（Eglington）
埃克塞特（Exeter）
埃克斯拉夏佩勒（Aix-la-Chapelle）
埃奇沃思（Edgeworth）
埃斯特哈齐（Esterhazy）
爱丁堡（Edinburgh）
爱尔维修（Helvetius）
艾伦，威廉（Allen, William）
安卡斯特（Ancaster）
安科茨（Ancoats）
奥贝兰（Oberlin）
奥尔德诺，塞缪尔（Oldknow, Samuel）
奥尔登堡（Oldenburgh）
奥尔良（Orleans）
奥赫蒂法德尔（Auchtyfardle）
奥康纳，费格斯（O'Connor, Feargus）
奥利埃（Olier）
奥利夫（Olive）
奥斯勒，理查德（Oastler, Richard）
奥斯勒，罗伯特（Oastler, Robert）
奥斯廷，塞缪尔（Austin, Samuel）
奥斯韦斯特里（Oswestry）
奥特韦，罗伯特（Otway, Robert）

B

巴顿，约翰（Barton, John）
巴伐利亚（Bavaria）
巴林顿（Barrington）
巴洛奇迈尔（Ballochmyle）
巴瑟斯特（Bathurst）
巴兹利（Bardsley）
拜伦，乔治·戈登（Byron, George Gordon）
班克斯，乔治（Banks, George）
班克托普（Bank Top）
鲍尔弗（Balfour）
鲍林（Bowring）
贝德福（Bedford）
贝，安德鲁（Bell, Andrew）
贝尔蒂埃（Berthier）
贝尔法斯特（Belfast）
贝尔珀（Belper）
贝克斯利（Bexley）

贝勒斯，约翰（Bellers，John）
贝利，罗斯（Bailey，Ross）
贝特朗（Bertram）
本斯，爱德华（Baines，Edward）
彼得博罗（Peterborough）
彼得卢（Peterloo）
边沁，杰里米（Bentham，Jeremy）
波尔特里（Poultry）
波旁（Bourbon）
波特（Porter）
波特兰（Portland）
伯德特，弗朗西斯（Burdett，Frances）
伯恩，斯特奇斯（Bourne，Sturges）
伯吉斯（Burgess）
伯利（Birley）
伯利公园（Burleigh Park）
伯明翰（Birmingham）
伯纳德，托马斯（Bernard，Thomas）
伯特曼（Bethman）
勃朗，路易（Blanc，Louis）
博罗代尔（Borrodale）
博宁顿（Bonnington）
博伊德（Boyd）
布坎南，阿奇博尔德（Buchanan，Archibald）
布坎南，詹姆斯（Buchanan，James）
布拉克斯菲尔德（Braxfield）
布莱基（Blackie）
布莱克本（Blackburn）
布朗（Brown）
布朗利（Bromley）
布雷德福（Bradford）
布鲁姆，亨利（Brougham，Henry）
布罗顿（Browton）
布尼安，约翰（Bunyan，John）
布须曼（Bosgemen）

C

查理二世（Charles II）

查默斯，托马斯（Chalmers，Thomas）
柴郡（Cheshire）

D

达尔齐尔（Dalziel）
达勒姆（Durham）
戴尔小姐（Dale，Miss〔名安妮·卡罗琳——Anne Caroline，其妹名依次为：简——Jane，玛丽——Mary，玛格丽特——Margaret，朱莉娅——Julia〕）
戴尔，戴维（Dale，David）
戴尔，詹姆斯（Dale，James）
戴斯（Dyce）
戴维斯（Davis）
丹尼斯汤（Dennistown）
当格拉斯，布瓦西（D'Anglas，Boissy）
道格拉斯，威廉（Douglas，William）
德比（Derby）
德雷克（Drake）
德累斯顿（Dresden）
德林克沃特（Drinkwater）
德纳姆，詹姆斯·斯图尔特（Denham，James Stewart）
德赛克斯（Desaix）
得克萨斯（Texas）
迪安斯汤（Deanstown）
迪福，丹尼尔（Defoe，Daniel）
迪斯特里阿，卡波（D'Istria，Capo）
蒂尔斯利（Tilsley）
都柏林（Dublin）
多恩，詹姆斯（Donne，James）
多尔顿，约翰（Dalton，John）
多尔彻斯特（Dorchester）
多林顿，爱德华（Dollington，Edward）

E

厄尔巴（Elba）

F

法拉，威廉（Falla, William）
法兰克福（Frankfort）
范布伦，马丁（Van Buren, Martin）
范西塔特，尼古拉斯（Vansittart, Nicholas）
菲茨杰拉德，爱德华（Fitzgerald, Edward）
菲茨杰拉德，玛丽（Fitzgerald, Mary）
菲茨罗伊（Fitzroy）
菲尔登（Fielden）
菲利普斯，乔治（Philips, George）
费里尔（Ferriar）
芬利，柯克曼（Finlay, Kirkman）
芬斯伯里（Finsbury）
福克斯，约瑟夫（Fox, Joseph）
福斯特，约瑟夫（Foster, Joseph）
弗莱彻（Fletcher）
弗赖伊，伊丽莎白（Fry, Elizabeth）
弗朗堡，德（Fellenberg, de）
弗雷德里克斯—奥尔德（Fredericks-oord）
弗里堡（Friburgh）
弗里吉亚（Phrygia）
弗林特（Flint）
弗罗斯特，约翰（Frost, John）
富尔顿，罗伯特（Fulton, Robert）
富兰克林，本杰明（Franklin, Benjamin）
傅立叶（Fourrier）

G

盖茨黑德（Gateshead）
冈茨（Gentz）
哥白尼（Copernicus）
戈德斯米德，艾萨克·莱昂（Goldsmid, Isaac Lyon）
戈德温，威廉（Godwin, William）
戈登（Gordon）
戈迪俄斯（Gordius）
戈特（Gott）
格拉斯哥（Glasgow）
格莱内尔格（Glenelg）
格兰特，查尔斯（Grant, Charles）
格兰维尔（Granville）
格雷，查尔斯（Grey, Charles）
格林海斯（Greenheys）
格罗夫纳（Grosvenor）
格洛斯特（Gloucester）
古德曼（Goodman）
古德温（Goodwin）
古尔德，纳撒尼尔（Gould, Nathaniel）

H

哈查德（Hatchard）
哈格里夫斯，詹姆斯（Hargreaves, James）
哈利法克斯（Halifax）
哈罗贝（Harrowby）
哈麦尔（Hammel）
哈珀菲尔德（Harperfield）
哈维，加布里埃尔（Harvey, Gabriel）
海伍德，萨金特（Heywood, Sergeant）
汉弗莱斯（Humphreys）
汉密尔顿，罗伯特（Hamilton, Robert）
汉普郡（Hampshire）
荷尔斯泰因·奥尔登堡（Holstein Oldenburgh）
赫普廷斯托尔（Heptinstall）
赫思，亨利（Hase, Henry）
赫谢尔（Herschell）
黑尔（Hare）
黑尔伍德（Harewood）
黑斯廷斯（Hastings）
黑沃思（Heworth）
黑兹利特，威廉（Hazlitt, William）
亨特（Hunter）
亨特，亨利（Hunt, Henry）
洪博尔特，亚历山大·冯（Humboldt, Alexander von）
惠特布雷德（Whitbread）

霍恩比（Hornby）
霍尔（Hall）
霍尔（Hoare，Senior〔老霍尔〕）
霍尔巴赫（Holbach）
霍尔本（Holborn）
霍夫维尔（Hofwyl）
霍卡姆（Holkham）
霍姆（Holme）
霍尼曼，威廉（Honyman，William）
霍兹沃思（Houldsworth）

J

吉布斯，迈克尔（Gibbs，Michael）
吉尔伯特，威廉（Gilbert，William）
加利福尼亚（California）
伽利略（Galileo）
贾丁（Jardine）
剑桥（Cambridge）
杰斐逊，托马斯（Jefferson，Thomas）
杰克逊，安德鲁（Jackson，Andrew）
居维叶，若尔日（Cuvier，Georges）

K

卡德尔（Cadell and Davies〔卡德尔与戴维斯〕）
卡莱尔（Carlisle）
卡斯尔雷（Castlereagh）
卡特（Carter）
卡特赖特，埃德蒙（Cartwright，Edmund）
卡特林（Catrine）
卡伍德，约翰（Cawood，John）
凯利，威廉（Kelley，William）
恺撒（Caesar）
坎贝尔，盖依（Campbell，Guy）
坎贝尔，科林（Campbell，Colin）
坎贝尔，尼尔（Campbell，Neil）
坎贝尔，亚历山大（Campbell，Alexander）
坎伯兰（Cumberland）

坎宁（Canning）
坎特伯雷（Canterbury）
康希尔（Cornhill）
科阿韦拉（Coahuila）
科贝特，威廉（Cobbett，William）
科布顿，理查德（Cobden，Richard）
科尔克豪恩（Colquhoun）
科尔里奇（Coleridge）
科尔特纳斯（Coltness）
科克（Coke〔人名〕）
科克（Cork〔地名〕）
科帕克（Copec）
科苏特，拉约什（Kossuth，Lajos）
柯温（Curwen）
柯曾（Curzon）
克尔巴昌（Kilbarchan）
克拉克（Clarke）
克拉克森，托马斯（Clarkson，Thomas）
克莱德（Clyde）
克莱德斯戴尔（Clydesdale）
克赖顿，亚历山大（Crighton，Alexander）
克赖顿，詹姆斯（Crichton，James）
克朗普顿，塞缪尔（Crompton，Samuel）
克雷格，詹姆斯（Craig，James）
克雷斯皮尼，威廉·德（Crespigny，William de）
克里（Kerry）
克吕德内，德（Krudener，de）
克伦福德（Cromford）
肯尼迪（Kennedy）
肯特（Kent）
肯辛顿（Kensington）
库克，詹姆斯（Cook，James）

L

拉德诺郡（Radnorshire）
拉弗瓦西埃，昂图安·洛朗（Lavoisier，Antoine Laurent）

拉罗什富科，德（La Rochefoucauld，de）
拉马丁（Lamartine）
拉纳克（Lanark）
拉普拉斯，比埃尔·西蒙·德（Laplace, Pierre Simon de）
拉塞尔斯（Lascelles）
拉什，理查德（Rush, Richard）
腊普（Rapp）
莱恩（Lane）
莱喀古士（Lycurgus）
赖德（Rider）
兰贝思（Lambeth）
兰开斯特，约瑟夫（Lancaster, Joseph）
兰开夏（Lancashire）
兰斯登（Lansdowne）
朗曼（Longman）
朗斯代尔（Lonsdale）
劳德代尔（Lauderdale）
劳瑟，奥古斯塔（Lowther, Augusta）
劳瑟，威廉（Lowther, William）
勒德盖特（Ludgate）
雷蒙，罗伊（Ramoun, Roy）
雷诺兹（Raynolds）
李，安（Lee, Ann）
李，乔治（Lee, George）
李嘉图，大卫（Ricardo, David）
理查森，塞缪尔（Richardson, Samuel）
里德尔，约翰·布坎南（Riddle, John Buchanan）
里热尔（Rigel）
里子（Leeds）
利奥波德（Leopold）
利默里克（Limerick）
利斯顿，罗伯特（Liston, Robert）
利物浦（Liverpool）
莉莉娅丝（Lilias）
林肯郡（Lincolnshire）
林利思戈（Linlithgow）
林赛尔（Lindsell）

隆巴德（Lombard）
卢比孔（Rubicon）
卢塞恩（Lucerne）
路易·菲利普（Louis Philippe）
伦宁，托马斯（Lenning, Thomas）
伦斯特（Leinster）
罗（Rowe）
罗科罗福特（Rowcroft）
罗林（Rollin）
罗斯，查尔斯（Ross, Charles）
罗斯班克（Rosebank）
罗斯郡（Ross-shire）
罗斯科，威廉（Roscoe, William）
罗思柴尔德，内森（Rothschild, Nathan）
罗伊，雷蒙（Roy, Ramoun）
洛根（Logan）
洛克哈特，诺曼（Lockhart, Norman）
洛桑（Lausanne）

M

马德拉斯（Madras）
马尔萨斯，托马斯·罗伯特（Malthus, Thomas Robert）
马尔什，赫伯特（Marsh, Herbert）
马克西米利安（Maximilian）
马瑟韦尔（Motherwell）
马斯兰，彼得（Marsland, Peter）
马斯兰，塞缪尔（Marsland, Samuel）
马歇尔（Marshall）
马志尼，朱泽培（Mazzini, Giuseppe）
麦迪逊，詹姆斯（Madison, James）
麦格福格，詹姆斯（M'Guffog, James）
麦格雷戈，亚历山大（Macgregor, Alexander）
麦格雷戈，约翰（Macgregor, John）
麦金托什，查尔斯（Macintosh, Charles）
麦金托什，乔治（Macintosh, George）
麦金托什，詹姆斯（Macintosh, James）
麦康内尔（McConnell）

麦考利，扎卡里（Macaulay, Zachary）
麦克尔斯菲尔德（Macclesfield）
麦克卢尔，威廉（Maclure, William）
麦克纳布，亨利·格雷（Macnab, Henry Gray）
麦克尼文（McNiven）
麦奎因（Macqueen）
迈恩（Mylne）
曼彻斯特（Manchester）
梅尔维尔（Melville）
梅特涅（Metternich）
门罗，詹姆斯（Monroe, James）
蒙蒂思（Monteith）
蒙哥马利郡（Montgomeryshire）
蒙克里夫，斯科特（Moncrief, Scott）
孟席斯（Menzies）
弥尔顿，约翰（Milton, John）
米德尔塞克斯（Middlesex）
米切尔（Mitchell）
明查尔（Minchall）
摩尔逊（Moulson）
摩根，约翰·明特（Morgan, John Minter）
莫尔斯（Morse）
莫斯曼，休（Mosman, Hugh）
莫特洛克（Mortlock）
默里（Murray）
穆尔（Moore）
穆勒，约翰·斯图亚特（Mill, John Stuart）
穆勒，詹姆斯（Mill, James）
慕尼黑（Munich）

N

拿破仑（Napoléon Bonaparte〔拿破仑·波拿巴〕）
纳卡尔（Neckar）
尼古拉（Nicholas）
牛顿—道格拉斯（Newton-Douglas）
牛津（Oxford）

纽伯里（Newbery）
纽盖特（Newgate）
纽卡斯尔（Newcastle）
纽曼（Newman）
纽汤（Newtown）
纽瓦克（Newark）
纽沃尔（Newal）
诺埃尔（Noel）
诺福克（Norfolk）
诺里奇（Norwich）
诺思威奇（Northwich）

O

欧几里得（Euclid）
欧文，罗伯特·戴尔（Owen, Robert Dale〔其弟妹名依次为：威廉·戴尔——William Dale，安妮·卡罗琳——Anne Caroline，简·戴尔——Jane Dale，戴维·戴尔——David Dale，理查德——Richard，玛丽——Mary〕）
欧文，威廉（Owen, William〔其弟妹名依次为：安妮——Anne，约翰——John，罗伯特——Robert，理查德——Richard〕）

P

帕尔默，威廉（Palmer, William）
帕里，朱利昂·德（Paris, Julian de）
庞培（Pompey）
佩恩，威廉（Penn, William）
佩纳思（Penarth）
佩斯利（Paisley）
佩特诺斯特（Paternoster）
皮布尔斯（Peebles）
皮尔，罗伯特（Peel, Robert）
皮卡迪利（Piccadilly）
皮克特（Picter）
皮特（Pitt）
毗湿奴（Vishnu）

珀思郡（Perthshire）
珀斯塔洛齐（Pestalozzi）
珀西瓦尔（Percival）
普莱斯，弗朗西斯（Place，Francis）
普赖斯，约翰·鲍威尔（Price，John Powell）
普雷斯顿（Preston）
普雷沃斯特（Prevost）

Q

钱宁，威廉·埃勒里（Channing，William Ellery）
乔尔顿（Chorlton）
乔利（Jolly）
乔治三世（George III）
切尔西（Chelsea）
琼斯，欧内斯特（Jones，Ernest）

R

儒尔丹，卡米尔（Jourdain，Camille）
汝拉（Jura）

S

萨顿（Sutton）
萨克森（Saxony）
萨瑟兰（Sutherland）
萨特菲尔德，约翰（Satterfield，John）
桑顿（Thornton）
骚塞（Southey）
塞尔扣克（Selkirk）
塞里斯，拉维尼娅（Serries，Lavinia）
塞尼加（Seneca）
塞文（Severn）
圣安（St. Ann）
圣戴维（St. David）
圣多明戈（St. Domingo）
圣赫勒拿（St. Helena）
圣贾尔斯（St. Giles）
圣马丁（St. Martin）

圣米尔德雷德（St. Mildred）
施鲁斯伯里（Shrewsbury）
史密斯，本杰明（Smith，Benjamin）
史密斯，威廉（Smith，William）
史密斯，约翰（Smith，John）
史密斯，约瑟夫（Smith，Joseph）
司各脱，沃尔特（Scott，Walter）
斯卡思（Scarth）
斯科特，威廉（Scott，William）
斯隆，戴维（Sloane，David）
斯彭斯（Spence）
斯皮乐，罗伯特（Spear，Robert）
斯皮尔斯，亚历山大（Speirs，Alexander）
斯皮塔尔菲尔兹（Spitalfields）
斯塔尔—荷尔斯泰恩，德（Staël-Holstein, de）
斯坦福德（Stamford）
斯坦利，约翰（Stanley，John）
斯特恩，劳伦斯（Sterne，Laurence）
斯特拉塞恩（Strathern）
斯特拉特，威廉（Strutt，William）
斯特拉特，约瑟夫（Strutt，Joseph）
斯图尔特，亨利（Steuart，Henry）
斯图尔特，詹姆斯·霍尔丹（Stewart，James Haldane）
斯托厄尔（Stowell）
斯托克波特（Stockport）
苏塞克斯（Sussex）
索尔福德（Salford）
索思盖特（Southgate）
索思沃克（southwark）

T

塔克西（Taxis）
塔维斯托克（Tavistock）
泰勒，理查德（Taylor，Richard）
坦尼森，艾尔弗雷德（Tennyson，Alfred）
坦普尔（Temple）
汤廷（Tontine）

特里克斯通（Trickstone）
特罗洛普（Trollope）
特纳，威廉（Turner，William）
图尔（Tour）
图克，威廉（Tooke，William）
图索，玛丽（Tussaud，Marie）
托林顿（Torrington）
托伦斯（Torrens）

W

瓦特，詹姆斯（Watt，James）
威尔伯福斯，威廉（Wilberforce，William）
威尔德斯皮恩，塞缪尔（Wilderspin，Samuel）
威尔德斯皮恩，威廉（Wilderspin，William）
威尔克斯（Wilkes）
威廉斯，理查德（Williams，Richard）
威灵顿（Wellington）
威斯敏斯特（Westminster）
威斯特摩兰（Westmoreland）
韦德（Wade）
韦迪（Verdi）
韦尔比洛夫德（Wellbeloved）
韦尔什普尔（Welshpool）
维多利亚（Victoria）
维尔坦堡（Wirtemburg）
维诺尔（Vaynor）
卫斯理，约翰（Wesley，John）
温波尔（Wimpole）
温斯坦利（Winstanley）
沃德洛，拉尔夫（Wardlaw，Ralph）
沃克，约翰（Walker，John）
伍德（Wood）
伍德拉夫（Woodruff）

X

西德默斯（Sidmouth）
西斯蒙第，让·夏尔·莱奥纳尔·西蒙德·德
　　（Sismondi，Jean Charles Léonard Simonde de）
夏洛特（Charlotte）
夏普塔尔（Chaptal）
新拉纳克（New Lanark）
辛普森（Simpson）
休谟，约瑟夫（Hume，Joseph）
雪莱，珀西·比希（Shelley，Percy Bysshe）

Y

雅科比（Jacobi）
亚当斯，约翰（Adams，John）
亚当斯，约翰·昆西（Adams，John Quincey）
亚历山大（Alexander）
亚伦（Aaron）
扬，爱德华（Young，Edward）
扬，莫莉（Young，Molly）
伊弗东（Yverdon）
伊丽莎白（Elizabeth）
伊索（Aesop）
因弗内斯（Inverness）
印第安纳（Indiana）
尤斯特（Just）
约翰逊，詹姆斯（Johnson，James）
约克（York）

Z

珍妮（Jenny）
直布罗陀（Gibraltar）
祖拉（Zula）

附录二[*]　罗伯特·欧文

〔苏联〕维·彼·沃尔金

一

18世纪末和19世纪初，是英国社会劳动阶层历史上的最艰苦时期之一。农民群众失去土地，小生产者由于产业革命而沦为无产阶级，这便在英国造成了就当时来说是很大的一批失去个人生产资料而靠出卖自己劳动力为生的人。虽然资本主义大工业正在蓬勃发展，但是从农业和家庭手工业中腾出来的劳动力，仍然超过资本主义大工业对它的需求。新的工业技术设备使广泛使用女工和童工成为可能，因而更加削弱了工人反抗资本主义剥削的力量。另一方面，刚从自己的机房或田地来到工厂的工人，还缺乏后来使他们能够反抗企业主和争得劳动条件相对改善的那种组织性。英国当时没有在产业革命所创造的新条件下保护雇佣工人利益的法律。英国的立法不承认结社的权利，认为罢工是违法的"阴谋"。对雇佣劳动的毫无限制的剥削，在18世纪和19世纪之交，达到了前所未闻的地步。

1793年，英国同经过资产阶级革命的法国展开持续多年的战争。在二十年的时间里，英国领导着欧洲大陆保护封建制度的专制国家的

---

[*] 附录二、附录三、附录四的内容，选自《欧文选集》（第二卷），柯象峰、何光来、秦果显译，商务印书馆"汉译世界学术名著丛书"平装版。此次出版《欧文自传》，为读者多角度了解欧文，特收入其中。

联盟。在进行这一具有反动历史作用的战争的同时，英国的内政也极为反动。战争时期颁布的镇压性法律，力图压制社会下层群众对于他们的悲惨经济状况的一切不满表现。但是，无论法庭或者死刑，都不能消除由农民失去土地和产业革命所引起的国内矛盾。战争不仅没有缓和这种矛盾，反而加深了英国内部的困难，引起赋税加重和食品价格上涨。群众的积愤沸腾起来，在工人阶级中间表现得最为强烈。英国著名诗人骚塞在英国与拿破仑战争最激烈的时候，就指出有爆发革命的危险。保守派分子骚塞对于农民并不特别畏惧，因为他认为农民不够积极，而要发动他们起义，必须有特殊的条件。工人的情况就不同了。在骚塞看来，工人一向爱"捣乱"。工人毫不尊重上层阶级。工人的政治觉悟大大高于农民。骚塞认为，如果工场手工业制度继续发展，而工人数目又不断增加，革命就势不可免。

惩罚和恐怖并不能把无产阶级和无产阶级化群众的自发性抗议运动完全镇压下去。在战争期间（1793—1815年），资本主义企业的工人曾多次罢工，纺织工业和矿山工业的罢工声势最为浩大。1811—1812年，反对使用新机器的运动达到了最高潮。1812年，政府向议会提出一项法案，规定对破坏机器者处以死刑。在上院讨论这项法案时，拜伦出来为工人辩护。但是，他的论据当然动摇不了政府的多数派的立场。法案被通过了，于是1813年，有十八名工人因为破坏机器而被处死刑。

1815年，战争结束了，渴望已久的和平来到了。然而，和平并没有改善劳动群众的状况。继战争的年代而来的，是工农业萧条的年代。对军事物资的需求急剧减少；出口的增加也弥补不了上述需求的减少，因为所有的参战国都已经民穷财尽。失业多，工资低，赋税重——这一切激起了1815—1820年间的革命情绪的新高涨，使社会斗争和政治斗争急剧地尖锐起来。1816年，英国再次爆发反对使用机器的运动。第二年，即1817年，又发生了许多次不同性质的自发性运动，其中既有粮食风潮，又有捣毁庄园和游行示威事件，甚至有人试图举行起义。1819年，运动达到了最高峰。

1819年夏，伦敦和其他大工业中心纷纷举行人数众多的群众大会。1819年8月，兰开夏郡的工人在曼彻斯特举行了声势浩大的群众大会。政府怵于运动的规模，便决定使用恐怖手段加以镇压。8月16日，政府军队无端地攻击在曼彻斯特附近圣彼得广场集会的手无寸铁的工人。十一人被打死，数百人受伤——就是这次无端攻击和平示威群众的结果。圣彼得广场的血腥屠杀，在历史上称为"彼得卢之战"（因为调来攻击工人的军队，曾在滑铁卢与拿破仑的部队作过战），它成了政府加紧镇压一切反对行动的导火线。英国政府通过议会，实施了一些禁止军事操练和携带射击火器、限制集会权利和出版自由的法律。

从某种意义上来说，1819年的运动是英国工人阶级历史上的一个转折点。这一年的示威运动，表明工人阶级已经作为一支独立的力量登上了政治舞台。这时的英国无产阶级还没有完全认清自身的阶级利益，还没有提出社会主义的要求。但是他们已经明白，他们亲身受到的痛苦和贫困，都同现存制度的基础本身相联系。除了提出经济性质的口号以外，他们还提出了一些成为宪章派纲领的先声的政治口号，比如提出了实施普选权、每年举行选举和无记名投票等口号。

*　　　*　　　*

英国最伟大的空想主义者罗伯特·欧文的观点，就是在这种社会政治环境中形成的。

欧文在1771年生于一个小资产阶级家庭，从十岁起就开始独立谋生，在一家小商店当学徒。在产业革命的条件下，他很快崭露头角，表现出巨大的组织才能，不到二十岁就当上了一家纺织厂的经理。1800年，欧文在新拉纳克（苏格兰境内）管理一家大工厂。在新拉纳克的活动，使欧文声名远播。欧文后来说，在产业革命时期发家的新兴资本家，是英国社会中最丧尽天良和最不学无术的人。同这些人相比，欧文就十分突出地表现出是一位慈善的工厂主。用他自己的话来说，他的任务是"寻求改善贫民和劳动阶级的生活并使雇主获得利益的方法"①。

为了达到这个空想的目的，他采取了一系列措施来消除工人的劳动条件和生活条件方面最难以容忍的缺点：他改善了工人的消费品供应工作；创办了模范小学、托儿所、幼儿园和伤病储金会；把每天的工作时间缩短为十小时四十五分钟，这在当时的英国来说，是很了不起的事情。欧文的模范工业企业的盛名广泛流传开来。不仅在英国，而且在欧洲大陆，人们都开始谈论新拉纳克的"实验"的成绩了。

欧文采取的慈善措施虽然十分广泛，但是取得的成就并没有使他自己感到满意。尽管欧文所进行的各种实验丝毫没有使新拉纳克工厂的收入少于同类其他工厂，可是欧文的创举却没有得到其他企业主的响应，甚至没有得到他的合伙人的同情。1815年，欧文提出"人道的工厂立法"的思想，并由此展开了更为广泛的活动。欧文的方案甚至在它一开始提出来的时候就是非常温和的。他要求禁止雇用未满十二岁的童工，规定十二至十八岁的工人每天最多工作十二小时，包括一小时半的休息在内。一直过了四年，即到1819年，在企业主长期反对之后，才由议会通过了一项内容已大大经过阉割了的童工法。

1817年，欧文热烈地参加关于失业及其消除措施问题的讨论。他在关于这个问题的报告中，反对各种各样的治标办法，而提出一个"治本的"空想计划：在不摧毁现存制度的基础的情况下，通过成立劳动新村或劳动公社来根除失业现象。欧文确信，这种消除失业现象的办法不仅有利于失业者，而且对政府和统治阶级也有好处。据欧文的计算，为了建立这种新村，对每个失业者需要花费八十英镑。欧文

---

① 《新社会观问答》（以下简称《问答》），见《欧文选集》，第一卷，第198页。

写道，在现行的制度下，社会为每个贫民所花的钱比这个数目大得多，而且对贫民本人和社会都没有带来任何好处。但在新村里，贫民能够养活自己，抚育他们的子女，以后甚至可以归还社会为建立新村所投入的资金。

在1817年的报告里，欧文宣传劳动公社是消灭失业的手段的思想。但是，这个思想在他的意识中不知不觉地发展成为一项根据新的原则改造整个社会的计划。在他看来，公社制度是完全符合人的本性的制度。在继这个报告之后写给伦敦各报的信里，他已经从这个论点作出实际的结论。他把公社说成是一种"新社会体系"。他承认，大批成立起来的公社对于现存制度是危险的。但是，社会如果认清自己的真正利益，就一定会促使新设施代替有害的旧设施。用欧文的话来说，计划将保证"**全人类**的幸福"[①]。由此可见，早在1817年，欧文的著作就已经提出他的理想社会体系的主要论点。1820年，这个体系具备了完整的形式。

欧文的宣传得到了激进知识分子和熟练工人中相当多的一部分人的拥护。但是，这还不是他宣布"新体系"所指望达到的目的。一个具有实践才能的人，需要的是实际的成就。为了用范例证明自己的思想切实可行，欧文决心建立示范性的公社。1824年，他抱着这个目的前往美国，在那里同他的信徒们建立了"新和谐"("New Harmony")共产主义移民区。欧文的很大一部分财产都在这次实验中花掉了。如同在资本主义世界内部建立共产主义基层组织的其他尝试一样，这次尝试也完全失败了。四年之后，即1829年，欧文回到英国。

从欧文开始宣传"新社会体系"以来的十二年间，英国发生了巨大的变化。英国的工业经历了一个高涨时期。产业资本的比重增加

[①] 《问答》，参看《欧文选集》，第一卷，第206—212页。

了。地主和商人寡头统治的旧制度开始出现裂缝。这在国内政治生活方面表现为向自由主义转变。这个时期给工人阶级带来的东西，是废除了禁止结社的法律，政府的恐怖活动有所收敛。工会可以合法存在了。就在这一时期，工人合作运动产生了，它在一定程度上与欧文的宣传有关，但在后来得到了独立的发展。

欧文遭到一系列的严重挫折回到祖国的时候，已经是将近六十岁的老人了。可是，他绝不愿放下武器。经过短期了解新的情况以后，他又以年轻人般的热情开始宣传活动。这一次，他从工人运动的各种新形式中去寻找实现自己目的的支柱。他积极参加从产生时起就受到他的思想的一定影响的教育组织和合作组织的工作，并从1832年起出版《危机》杂志，专门宣传合作社和交换市场的思想。按照他的计划，合作社和交换市场将会使劳动人民摆脱商人的中间剥削。1833—1834年，他提倡把所有的工人组织联合成为一个统一的全国性联盟。他不只进行口头和书面宣传，还亲自参加创立交换市场和"全国生产部门大联盟"的活动，并且在这些组织中为实现自己的理想而奋斗。

欧文重视合作社和交换市场，首先是把它们当作实现他的社会理想的可行途径。因此，当感到实际的运动不符合他的计划时，他就在1834年以后离开运动，又去直接宣传普遍的和平改造社会的思想。从1834到1858年，即从他六十三岁到八十七岁期间，欧文办过多种杂志，出版了几部书和很多小册子，到处作报告和发表演说，利用一切机会宣传他的"新道德世界"的优点，抨击当代现实的罪恶和紊乱。在他生平最后的岁月中，欧文的运动具有纯粹的宗派主义性质。

只是死亡才使欧文停止了宣传。他在病重体衰，已经不能独自登上讲台的时候，还试图作最后一次讲演，但是这次讲演由于气力不足而没有讲完。

二

欧文的社会学说的主要论点，可以说在1820年以前就已经完全形成。1832—1834年他参加工人运动，给他的关于实现社会改造的方法的认识带来了某些新的特征，但并没有影响他对于人类社会的看法，即没有影响他对于人类社会中占统治地位的罪恶的起因的看法，以及关于应当由新社会体系代替现存制度的看法。以后二十几年，欧文只是把他思想中早已形成的体系加以更精确和通俗的说明而已，有时略加变动，有时补充一些新的论据。

虽然阶级斗争在他的周围展开，虽然他曾多年接近工人组织，可是他在社会理论方面一直到死还是一个唯理论者，始终是18世纪启蒙运动者的忠实信徒。早在他的第一部名著《论人类性格的形成》（1813年）中，欧文就肯定社会所遭受的苦难，是由"我们祖先的谬误"[1]、统治者和被统治者的无知所造成的。在欧文看来，谬误和无知是一切罪恶的根源，而理性和知识则是幸福的源泉。归根到底，他把人的一切道德上的缺陷，都归结为愚昧无知[2]。在他著书立说的全部活动期间，欧文始终坚信这一"简单的真理"。根据这个观点，欧文认为过去时代的全部历史都是人类无理性的历史。因此，无怪乎说"比起人类历史开始有记载的远古时代，现在任何一个人丝毫也没有更接近幸福"[3]。按照欧文的意见，人类没有能够实现自己的幸福，是因为他们的理智被种种严重的谬见束缚住了。

欧文认为，人从童年开始就被来自教派、阶级、党派和国家的四层谬见重重包围。人们透过这四层谬见所看到的一切事物，都不是原来的真面目。这些谬见错综地结合起来，便使人们产生观点上的差

---

[1] 《新社会观》的序言：《献给英国公众》。参看《欧文选集》，第一卷，第5页。
[2] 《问答》，参看《欧文选集》，第一卷，第195—197页。
[3] 《略论古今社会所造成的一些谬见和弊害》（以下简称《谬见和弊害》），参看《欧文选集》，第一卷，第226页。

异，互相敌视。为害最大的，莫过于来自教派的偏见①。有时欧文说得更加尖刻：人类的全部灾难的根源，就是一切宗教的基本观念中包含的各种谬见。宗教迷信是在人类理智发展的初期，由于无知而产生的。在宗教谬见的基础上产生了僧侣阶级，后来这个阶级本身又制造和散布谬见。僧侣阶级教人为恶，然后硬说人性本恶。僧侣阶级自己也对他们散布的那些胡言乱语深信不疑，并说这是"神的"真理。欧文得出结论说：必须消灭僧侣阶级这个"黑暗王国"，必须销毁使这个王国神圣化的神学著作②。

理性的社会制度应当建立在自然法的基础上。在欧文看来，支配现存制度的不是自然法（或神法），而是有害的人为的法律。现存的一切设施都在证明人类没有理智。欧文说，在人为法律的世界里，暴力和欺骗统治着一切。人为法律维护不义的事物，使压迫者执掌大权。这种法律的基本目的，是使人民永远处于无知和贫困之中。这种罪恶制度之所以长期存在，原因在于人的谬见已经根深蒂固，而人们的觉悟只能逐渐地提高。人正在从愚昧无知的野人慢慢发展为有理性的人。从这一观点来看，过去的情况是不可避免的。过去时代的圣贤和学者宣扬真理，何以没有成功，这是不难理解的，因为人类当时还没有成熟到能够了解真理的地步。人不应过早地突破无知的外壳③。

为了人们的幸福，就应当把他们的思想从错误的观念中解放出来，或如欧文所说，应当使思想"新生"。人们思想觉醒的时代就要来到了。任何有理性的观察者都一定清楚地看到：伟大的变革正在酝酿成熟，人类就要向前迈出一大步。不论愚昧无知的势力怎样力图阻碍真理，最后势必在经验面前让步。通过经验得来的知识将驱散无知

---

① 《略论古今社会所造成的一些谬见和弊害》（以下简称《谬见和弊害》），参看《欧文选集》，第一卷，第 226 页。
② 《新道德世界书》，参看《欧文选集》，第二卷，第 7—10 页。
③ 《人类思想和实践中的革命》，参看《欧文选集》，第二卷，第 71—72、131—145 页；《新道德世界书》，参看《欧文选集》，第二卷，第 16—17 页；《谬见和弊害》，参看《欧文选集》，第一卷，第 227 页；等等。

的黑暗，把人从理智上处于沉迷状态中解放出来；研究自然法将会破除迷信，保证人类的理性获得自由。对宗教的敬意将逐渐消失，合乎真理的知识将日益推广。欧文确信，我们正在走向理性的时代，人类精神复兴的日子就要来到。理性的力量将粉碎目前占有统治地位的虚伪，确立自然法或神法，以取代不公正的人为法律①。

欧文认为，在人们的一切谬见当中，关于人的性格的错误学说对社会组织的影响最大。欧文说，按照普遍流行的观念，人的性格是人自己造成的，所以人要对自己的思想、愿望和习惯负责。由于人的性格不同，有的人受到奖励，有的人受到惩罚。人之成为好人或坏人，取决于他的自由意志。由于宗教宣传这种错误见解，便在人们中间产生了憎恨和复仇的心理，许多社会罪恶也由此产生。其实，人从来不能造成自己的性格，而且将来也永远做不到这一点。人的性格是由生活条件即环境形成的。人的本性原来是善良的。人具备成为善人的一切素质。恶的性格是由恶的生活条件造成的。为了使人的善良品质得到发展，就要有尽可能完全适应人性的新条件。

欧文的人性学说，也跟他的社会发展学说一样，追随 18 世纪法国唯物主义者的理论。我们可以看到，欧文不能摆脱爱尔维修、霍尔巴赫和法国唯物主义哲学其他代表人物的社会理论所特有的那种矛盾。欧文宣称无知和谬见是一切社会罪恶的根源。但是另一方面，他又从性格形成的学说出发，断言谬见也和一般性格一样，是由人的生活条件造成的②。为了改变社会制度，就要把人类的理性从谬见中解放出来；而为了使人类的理性从谬见中解放出来，就要改变环境的条件，即改变社会制度。欧文站在他所信仰的 18 世纪哲学的立场上，当然不能找到摆脱这种矛盾的真正出路，而且他也没有去寻找这种出

---

① 《谬见和弊害》，参看《欧文选集》，第一卷，第 225 页；《致拉纳克郡报告》，参看《欧文选集》，第一卷，第 364 页；《新道德世界书》，参看《欧文选集》，第二卷，第 3—8 页。

② 《致拉纳克郡报告》，参看《欧文选集》，第一卷，第 347—348 页。

路。他有时十分坚定地、几乎是固执地在一次讲演中多次反复说明关于环境形成性格的思想，但也同样固执地宣传：在人们懂得他所宣布的"简单的真理"以后，社会改造是不可避免的。

欧文坚信人都向往幸福。社会环境促使人们牺牲他人的幸福来谋取自己的幸福。于是，人们为了谋取幸福而进行斗争。在现有的条件下，这个斗争起着破坏作用，因为个人的幸福和其他一切人的幸福之间存在着不可分割的联系。因此，必须把人们的教育和生活组织好，使他们意识到：每个人的个人幸福只有随着他人的幸福和整个社会的幸福的增长才能得到增长。"对于人类大家庭最美好的东西，对于它的每个成员也是最美好的。"尽管这个论点跟上述的关于环境的见解相反，但是欧文却宣称它是一个真理，认为这个真理同几何学的定理一样，是可以用同样合理的方法证明的。

欧文就是根据这些论点建立他的关于社会的"科学"的。如同圣西门和傅立叶一样，他也相信这门科学有远大的前途，将会成为"科学的科学"，在人类历史上开辟一个新的纪元[①]。十分明显，这决不是关于社会发展规律的科学，而是关于"自然的"、适应人性的社会制度的"科学"。欧文说，对于人性所持的错误观点，是道德堕落和产生违反自然的社会制度的原因。过去在任何时代和任何国家，社会都是一片混乱。社会从来没有成为科学的研究对象。人们甚至从来也没有打算整顿社会，使它井然有序。在欧文看来，建立在真正认识人的本性的基础上的关于社会的"科学"，应当以整顿人的关系中的混乱状况为使命。这种科学就是关于**真正的生产规律的科学**，关于**最好的分配方式**、**最好的教育制度**和**最好的管理制度**的科学。

我们在欧文的著作中，没有见到他企图用自己的理论观点来概述历史发展的进程。对于这个问题，他只有一些粗略的叙述，没有构成

[①] 《致拉纳克郡报告》，参看《欧文选集》，第一卷，第335—338页。

体系，同他的社会学说的基本原则也缺乏联系。他把原始社会的状态说成是过游牧部落的生活。当时，人们能够过上动物般的生活，就多少感到幸福了；继之而来的是狩猎牧畜阶段，而当牧场开始不够养活日益增多的人口时，人类又从这个阶段过渡到农业阶段。人们由于不敢肯定自己是否能够长久占有土地，所以都不愿意种地，于是达成一种默契，承认在耕种上付出过劳力的人有权占有土地。在欧文看来，私有制就是这样产生的。在评价初期的这种私有制的意义时，欧文有些动摇不定。有时他宣称土地私有制是暴力和不义的产物①。有时他又倾向于承认私有制在一定时期内是有益处的②。不管怎样，私有制后来发展成了人为的权利，而人的自然权利则作了它的牺牲品。

欧文对于历史问题一般很少感兴趣。他对于社会"混乱"局面的分析，是从英国在产业革命以后形成的各种关系开始的。这个分析，就其广度和深度来说，都远远不如傅立叶的那种多方面而辛辣的批判。欧文的某些论点，证明他的经济观点有些肤浅。尽管这样，他的学说的这一部分还是很有价值的。

在1817年的报告中，欧文指出产业革命是折磨当时英国社会的种种罪恶的直接原因。在1817—1821年间的著作中，他又一再重复并发挥了这个论点。欧文断言现存贫困现象的原因，是新机器的采用使人的劳动的价值下降。新机器大大提高了英国的生产能力。欧文说，现在一个拥有二千五百名工人的企业所生产的东西，相当于苏格兰现在全体居民用五十年前通行的生产方式所生产的东西③。

欧文说，在采用机器以前，英国的大多数居民都以农为业。在工场手工业中，手工劳动占据优势。农业劳动和工场手工业劳动，报酬不低。生活必需品的价格同工资相适应。欧文多多少少美化了不久以

---

① 《人类思想和实践中的革命》，参看《欧文选集》，第二卷，第112页。
② 《新道德世界书》，参看《欧文选集》，第二卷，第13页。
③ 《致工业和劳动贫民救济协会委员会报告书》（以下简称《致委员会报告》），参看《欧文选集》，第一卷，第181页。

前的过去，断言这个时期可以说是居民福利较高的时期。赤贫现象是微不足道的。从事生产的，几乎全是成年男工。假定约有四分之一的居民从事生产劳动，而全体居民人数为一千五百万人，则从事生产者应为三百七十五万人。欧文又假定，"技术设备生产力"约为手工劳动力的三倍，即等于一千一百二十五万个人力。因此，生产力的总和等于三百七十五万加一千一百二十五万，等于一千五百万个人力，即与居民总数形成一与一之比。

技术发明的采用引起了空前未有的变革。新的技术扩展到一个又一个生产部门。技术发明使私人财富增加，而财富增加又刺激了新发明的出现。随着机器的采用，劳动时间延长了；生产部门开始使用女工和童工。然而最惊人的，是新技术设备所引起的生产力的增长。到1817年，人口仅仅增加到一千八百万人，而从事劳动的人数，则增加到六七百万人（等于人口总数的三分之一，而以前为四分之一），"技术设备生产力"增加到相当于两亿多个人力的程度。于是，人口总数与生产力之比，现在为一比十二，而劳动人口与生产力之比，现在为一比三十。全国创造财富的能力增加了十一倍。欧文说，英国可以用自己的生产满足本国的全部合理需求，可以使自己的产品遍布世界市场。欧文认为，生产力的这样巨大发展本身，乃是一件大好事。欧文绝不反对机器。"社会希望以花费最少的人力劳动获得最多的有益产品。"然而他又深信，在现存的社会制度下，正是这个过程导致贫困现象大大加深。技术发明使财富积聚在少数人手中，使大多数居民沦为奴隶[①]。

生产力增长带来的好处，并未被社会上大多数人普遍享有。机器本来是财富的源泉，反而成了贫困的根源。机器同工人竞争。由于机器的劳动代价低廉，机器便把工人从生产中排挤出去，并降低在业工

[①] 《致拉纳克郡报告》，参看《欧文选集》，第一卷，第319—320页。

人的"劳动价值"。工人无力抵抗机器的竞争。很大一部分工人,在生产上成为多余的人。按照欧文的意见,在同法国的战争结束后,采用机器的这一切后果特别清楚地表现出来。由于战争结束,对产品的需求减少了,失业和赤贫现象大为加剧,工资不断下降。工资总额的减少,又引起居民购买力的下降。数量迅速增加的商品,却找不到消费者。销售困难有增无已,甚至世界市场也吸收不了这么多的商品。供给超过需求,商品充斥市场,生产不断萎缩,失业人数增加。"世界上充满了财富……但到处却是苦难深重!"①

欧文写道,迄今为止采取的一切消除贫困和失业的措施都毫无效果,只要社会继续维持现有的生产制度,情况必然日益恶化。摆脱当前的危机,可能有三条出路:或者拒绝使用机器;或者让"多余的"工人死绝;或者建立一种组织,使穷人和失业者得到有收益的职业,同时使机器协助他们劳动,而不是取代他们劳动②。如果听任事态照旧发展下去,结果必然会使千百万人饿死。容许这样,就是违背情理的残暴行为。那么说,也许应该限制机器生产吧?欧文认为这条出路是行不通的。第一,因为要同其他国家竞争,所以不能这样做;第二,这等于重新回到野蛮时代去。因此,只有第三条出路可走,让机器为劳动者服务,而不叫它夺去劳动者的面包。欧文说,社会应该这样安排:使全体居民都能分享到生产力依靠科学的发展所取得的利益③。

人类的目的是谋取幸福,可是就实现这个人们向往的目的的制度来说,再也没有比世界各国现行的制度更坏的了④。在现行制度中占统治地位的个人主义和竞争,是违背人性的。在"神法"面前,人不

---

① 《谬见和弊害》,参看《欧文选集》,第一卷,第 223 页。
② 《致委员会报告》,参看《欧文选集》,第一卷,第 181—182 页。
③ 《致拉纳克郡报告》,参看《欧文选集》,第一卷,第 308 页。
④ 《谬见和弊害》,参看《欧文选集》,第一卷,第 223—225 页。

是单独的个体，而是大集体的一员①。自私自利的原则已经过时了。社会陷入无政府状态，根据自私自利的原则拯救不了社会，因为这个原则是一切灾难和恶欲的根源。只要还有人离开他人独自生活，社会罪恶就会加深②。在欧文看来，人类的一切设施都在证明社会制度缺乏理智。其中占据首位的要算私有制。私有制是敌对、欺骗、舞弊、卖淫、贫困、犯罪和不幸的根源。私有制是不公平和不合理的。欧文确信，私有制对于上中下各阶级都是有害的③。只要私有制存在，人类就不能得到幸福。

欧文说，在现存的个人主义制度下，人们之间的一切关系都是不正常的。在这种制度中盛行的追逐享乐的竞争和虚伪的宗教，也使男女之间的自然关系变得不正常。在欧文看来，目前的家庭形式是使人们服从国家和教会的非理性法律和教规的手段之一。现代的家庭生活充满着欺骗、伪善和暴力。婚姻不是基于情投意合，而是出于彼此欺骗，然而，这样的婚姻却不顾人性的意旨，硬要求双方白头偕老。尽管以必须教育子女为借口，但也丝毫不能为这种违反自然的关系推卸责任，因为在这种家庭里，子女不可能得到良好的教育。欧文在总结他对分裂社会的灾难所作的批判性研究的结果时，有时提到"三位一体的祸害"。在他看来，这"三位一体的祸害"就是宗教、私有制和现行婚姻制度。

关于商品流通制度的分析，在欧文对于现存社会关系的批判中占有十分显著的特殊地位。欧文对于这个问题的论点，尽管在理论上还很幼稚，但是仍然值得重视，因为这些论点是他的一项实际措施——组织交换市场——的基础。

欧文坚决认为，绝不能说目前生产的财富还不够。从这个论点出

---

① 《人类思想和实践中的革命》，参看《欧文选集》，第二卷，第118页。
② 《讲演词二》，参看《欧文选集》，第一卷，第270页。
③ 《新道德世界书》，参看《欧文选集》，第二卷，第11页。

发，他有时作出如下的结论：当代的重大问题不在生产方面，而在分配方面。这个不正确的论断，虽然与他对社会祸害的本质所持的上述观点相矛盾，但却引起他去研究当时资产阶级改革家大感兴趣的"价值尺度"问题。欧文说，目前生产的足够数量的财货不能自由畅销，原因就在于交换的组织不完善，在于现有的"价值尺度"不完善。

欧文推断说，人们很早以来就互相交换经济财富了。交换的第一阶段是以物易物。在进行这种直接交换时，劳动是衡量物品价值的尺度。一定数量的劳动换来同等数量的劳动。随着需要和交往的发展，这种交换方式就变得不方便了，而为商业所取代。商业的原则是以最少的劳动所取得的财富，来换取尽可能多的东西。为了进行商业活动，就要求有人为的价值尺度——货币。在一定的发展阶段，这种制度是有益的。它曾促进人们的发明才能和进取精神。但是另一方面，货币制度也助长了人们的愚昧无知的自私心和个人主义。人们互相敌视，追逐财富，产生许多不义行为——这就是货币制度的自然结果。人们学会了很好地进行生产，却是忘记了合理地进行消费。人为的交换工具使人们有可能伪造财富的真实价值。货币可使坏人骗走人们手中那些用辛勤的劳动创造的财货，使社会上的最坏分子发财致富。欧文说，创造财富的人自然应当享有他创造的财富。换句话说，工人有权享有自己劳动的全部产品。企业主利用人为的价值尺度，不向工人付足他们的全部劳动价值。因此，在欧文看来，采用人为的价值尺度，才使剥削成为可能。另一方面，这种人为的价值尺度还是一种极大的祸害的根源：它用一些价值较小的金属限制人们去创造财富。欧文得出结论说，人为的价值尺度阻碍进步，现在已是抛弃这种尺度的时候了[①]。

要做到合理地分配财富，使劳动者也能享有财富，就必须用自然

[①] 《致拉纳克郡报告》，参看《欧文选集》，第一卷，第 324—328 页；《新道德世界书》，参看《欧文选集》，第二卷，第 27—29 页；《人类思想和实践中的革命》，参看《欧文选集》，第二卷，第 100—102 页。

的价值尺度取代人为的价值尺度。只有人类劳动才能作为自然的价值尺度，因为它才是一切财富的源泉。每种商品的价值，都应当取决于制造它所必需的人类平均劳动时数。劳动本身的价值即工资，也应当用这种单位来确定。采用自然的价值尺度，可保证生产和消费的协调。市场上需求的大小，基本上取决于工人劳动所得的报酬。报酬不足，就会使市场缩小。在采用自然的价值尺度时，由劳动者的消费总额决定的商品需求量，可以同供应量保持平衡。随着生产力的增长，工人的报酬和福利也将提高。工人将从自己的劳动产品中取得"公平而固定的份额"，并从人为的劳动报酬制度的奴役下解放出来[①]。由此可见，欧文正如我们所看到的，并不主张彻底行使工人享有他们的"全部"劳动产品的权利。他让工人从产品中得到"公平的"份额，这就使企业主可以获得一定的利润。

欧文屡次谈到，自然的价值尺度是根除资本主义制度的祸害的手段。他认为采用这种价值尺度，可以同时容许私有制和资本主义存在。如果欧文只限于用这种计划来改造流通制度，那么我们可以认为，他的理论只不过是广泛流行的那种力图不经过根本改变生产关系而企求铲除不平等祸害的小资产阶级空想方案的一个变种。其实，正如我们所知道的，欧文早在 1817 年批判社会制度时，就已经大大越出这个界限。1820 年，他在提出"自然的价值尺度"理论的同一著作中，更发挥了共产主义公社的思想。欧文学说的这两个部分的相互关系，他自己也往往阐述得不够明确。但是在大多数情况下，在他的著作中流通制度的改革总是服从共产主义改造计划的，把它作为共产主义改造计划的一个组成部分，作为走向彻底改变社会制度的基础的一个途径[②]。

---

① 《致拉纳克郡报告》，参看《欧文选集》，第一卷，第 309—314、324 页。
② 《危机》杂志，第 1 卷，第 13 期，第 50 页，第 15—16 期，第 59 页。

三

欧文认为，旧制度是建立在谬见的基础之上的，充满着虚伪和无知、贫困和压迫、暴行和犯罪，他提出一种新制度来取代它，这种新制度是建立在真理和科学的基础之上的合理制度，以保证人人享受物质生活和精神生活的幸福为目的。在这种制度下，虚伪没有立足之地；在这种制度下，将不知贫困和非人道行为为何物；在这种制度下，既不会有奴隶和农奴，又不会有剥削关系。新制度的原则是共同劳动、共同占有、权利平等和义务平等[①]。在新制度下，个人利益将同公共利益一致，脑力劳动和体力劳动之间不会再隔着一条鸿沟[②]。新制度将根除笼罩着社会的混乱和无政府状态，破天荒第一次组织有计划的经济活动。欧文说："至今，人们只会在战争中联合行动，以保卫自己的生命和消灭他人的生命；而现在，为了维持生命的和平目的而共同进行生产，也同样是必要的。"

按照欧文的描绘，理想社会的基层组织是规模不大的劳动公社。欧文把这种公社叫作"社会分子"。同傅立叶一样，他也十分重视规定公社的人数和规模。在他看来，这是政治经济学的最困难和最重要的任务之一。社员以多少为适宜，欧文自己也动摇不定。他在不同的著作中，提出过不同的数字：从五百人到一千五百人，从三百人到两千人，等等。这个数目中应当包括各种不同年龄的人，欧文按照年龄分配给他们各种社会职务。每个社员应当有半英亩到一英亩半土地。欧文希望这个标准以后能够降低。

同大多数的空想主义者一样，欧文非常详细地描述了公社的外貌，以及公用建筑、住宅和厂房的布局。主要建筑群放在公社境内的中央，成一个正方形，其中的各种房屋又把这个正方形分成若干个小

[①] 《新和谐公社组织法》，参看《欧文选集》，第二卷，第185页。
[②] 《致拉纳克郡报告》，参看《欧文选集》，第一卷，第338—340页。

长方形。公共厨房、食堂、学校、阅览厅和会议厅，都设在中央地区这些建筑物内。正方形的四边是住宅、三岁以上儿童的宿舍、医院和招待所。正方形建筑群的周围辟有花园，花园的外围是工场、养畜场、啤酒厂、面包房、田地和牧场，花园中栽有排列成行的果树。

欧文说，在现在的个人主义制度下，财富积累在少数人手中，成为剥削大多数人的手段。而在公社中，就没有而且也不可能有这种积累。公社中的积累，只是储存产品以防歉收，或者用来同邻近公社交换。公社的经济活动的目的不是积累，而是满足社员的需要。在现在的社会里，劳动者被截然分成两类，一类只从事农业劳动，另一类只从事工业劳动。这种划分使产业工人离开生活资料的产地，减少同大自然接触的机会，所以在经济方面和精神方面都是有害的。在欧文的理想公社里，也同在傅立叶的法郎吉里一样，这种区分将要消失。在他设计的公社里，工业劳动和农业劳动互相结合，并且在一定程度上偏重后者。公社里没有脑力劳动和体力劳动之间的矛盾，因而也将消灭城乡之间的矛盾，而把城市生活和乡村生活中的优点结合在一起。

欧文对于公社的劳动组织的情景的描画，不像傅立叶叙述法郎吉那样的详尽。欧文说，既然全体社员的权利和义务一律平等，所以他们都要从事一定的公益劳动。"任何人都没有权利要求别人为自己做那种自己不愿为别人做的事情。"因此，公社里不可能有通常所说的那种阶级划分。但是，公社里有年龄的划分。欧文把年龄的划分叫做"阶级"，每个"阶级"的职责各不相同。欧文在写《新道德世界书》的时候，对这种按年龄划分职责的观点已经十分明确了。

第一"阶级"由公社中的五至七岁念小学的儿童组成；第二"阶级"的成员是七至十岁的儿童，他们已经获得一些有益的实际知识，并且参加家务劳动和园艺工作；第三"阶级"由十至十五岁的少年组成；第四"阶级"由十五至二十岁的青少年组成。每个人从十二岁起，除了学习科学知识以外，还要学习一种手艺；从事生产劳动的基本队伍是第五"阶级",由二十至二十五岁的青年组成。第六"阶级"(二十五至三十岁的人)的主要职责,是保护和分配公社的财物。这一组成员,每天只作两小时的直接生产劳动。但是,他们要负责监督和改进一切社会机构,从事科学研究和艺术工作;第七"阶级"(三十至四十岁的人)负责管理公社的内部事务,组织和领导各部门的生产;第八"阶级"由四十至六十岁的人组成,主持公社的对外往来工作,比如接见社外代表,交换产品,成立新的公社,等等。六十岁以上的老人"阶级",是公社组织法的捍卫者①。

欧文虽然反对现存制度下的技术进步所带来的不良社会后果,但是他总是附带声明,社会不应当拒绝采用可以减轻人类劳动的发明。社会应当关心提高劳动生产率,共产主义制度则能保证机器在公社中不再是劳动的竞争者,而成为劳动的仆人。因此,在新社会制度下,人们将比现在更为广泛地使用机器。欧文确信,公社采用一切科学技术成就,就能在普通的劳动条件下生产出数量超过需要的一切必需品,即创造出无数的财富。应当指出,欧文认为农业生产的进步与其期待技术革新,不如指望精耕细作,依靠在土地单位面积上投入大量的人类劳动。在这方面,他甚至不惜采取技术上倒退的措施,主张不使用犁耕地,而改用铁锹翻地,即实行畦作制。按照他的意见,这是使任何数量的劳动者都能得到有益而固定的工作的可靠手段。他认为土地耕作方法上的这种改革,比克朗普顿和阿克莱的发明更富有效果。这就能用同样面积的土地养活比现在多好几倍的人口。

有一种十分流行的偏见,认为只有个人所有制才能充分刺激人们进行紧张的劳动。欧文坚决反驳了这种偏见,肯定公共利益比个人利益更能促进人们劳动。公社的管理机构,根据公民的能力和公共利益

---

① 《新道德世界书》,参看《欧文选集》,第二卷,第35—46页。

分配公民工作，按照他们的需要分配公社的劳动产品，并举办公共食堂①。公社有"无数的财富"，所以这不会有任何困难。任何人都有求必应，人人都能从公共仓库中领取他所需要的一切。另一方面，谁也不愿意超过需要多拿一点。积累财富将是不明智的事，就像在水量超过需要的地方贮水一样。

由于土壤、气候和其他条件的不同，每个公社的生产将与其他公社的生产有所不同。因此，每个公社的某些产品在数量上可能超过自己的需要。拿这一部分多余的产品去同其他公社交换，以取得本公社不生产的产品。所交换的产品的价值尺度应当是劳动，而交换工具则应当是代表一定数量劳动的货币符号。货币符号的担保品，是公社的库存产品。在新公社制度的基层组织跟旧制度同时并存的情况下，公社要向旧社会出售一部分产品，以便获得纳税所需的款项②。

欧文十分重视教育工作，这是和他的关于人的性格形成的学说契合的。教育是决定性格的环境的重要组成部分。在未来的公社中，教育要同生产密切联系，因为生产本身就是教育的要素。每个儿童除了受普通教育以外，还要学习能够承担起社会交给他的义务的技能。欧文认为，这绝不是说要把儿童培养成只能从事狭窄的固定职业的工作者。教育的目的，是培养能够独立地和合理地思考并积极地从事社会活动的人才。一个人应当受到全面的教育，以便能够从事全面的实践活动。儿童应当从幼年起就受集体的道德教育。但是欧文认为，学校教育不宜开始过早，同时它应当尽可能采用直观教学法。大部分知识不应当在学校里从书本上得来，而是通过直接观察和研究自然界与生产过程得来的。儿童年龄越大，就越要积极参加生产。

欧文坚决反对当时的各种宗教及其荒诞的迷信，反对它们的危害

---

① 《在伦敦中心区酒家的讲演词》，参看《欧文选集》，第一卷，第 264—265 页；《致拉纳克郡报告》，参看《欧文选集》，第一卷，第 354—355 页；《新道德世界书》，参看《欧文选集》，第二卷，第 27—29 页。

② 《致拉纳克郡报告》，参看《欧文选集》，第一卷，第 359—360 页。

社会福利的教义，反对不学无术和品德恶劣的僧侣，但是他又认为在未来社会中，必须保存某种新式的宗教。未来的宗教是清除了各种偏见的合乎理性的宗教。欧文说，这些偏见必须连根铲除，人类应该重新得到思想的完全自由和人类的自然权利。公社里不应当有任何宗教上的偏执或派系纠纷，否则就不可能有和谐和快乐[1]。欧文的理性宗教的教义，实质上只不过是承认有一个人类理性所不能了解的万能的创造本原存在。但是，欧文并不认为一切人都必须遵守这个教义，因为在他看来，信仰的无限自由是使社会改造成功的条件之一。宗教应当宣传热爱他人，即使他不是信教的。欧文宣称，宗教的真正而主要的内容不在于词句、公式和仪式，而在于积极的爱的实践，在于主动地协助他人获得幸福。人在观察无穷的世界及其规律时产生一种无以言状的惊喜的感觉，这便是真正的敬奉神灵。显而易见，欧文所需要的宗教，是把宗教作为他所宣传的新社会和新道德世界的最高标准[2]。

在欧文的理想公社里，管理机构是非常简单的。我们说过，各种职责（包括管理职责）由不同年龄的各组人分担。在《致拉纳克郡报告》（1820年）和《新道德世界书》（三十年代末和四十年代初）中，欧文都是主张这样做的。欧文指出，按照年龄原则选拔领导者有着无可置疑的优点，即在这种制度下，不会产生"选举与竞选运动的弊端"[3]。在欧文设计的公社里，如果不把各种按年龄划分的组的大会算作权力机关，那事实上就谈不到有什么专设的权力机关了。但是必须指出，在实践中，欧文却不得不放弃按年龄区分的原则，仍采用选举原则。根据"新和谐"公社组织法，公社的执行权属于社员大会**选出**的理事会，而各种专业的领导权则属于由各该专业部门的工作者**选**

---

[1] 《在伦敦中心区酒家的讲演词》，参看《欧文选集》，第一卷，第268—269页。
[2] 《人类思想和实践中的革命》，参看《欧文选集》，第二卷，第161—163页。在评述欧文的思想遗产时，不能过于计较他晚年对于降神术的迷恋，因为这是他年迈衰老的征兆。
[3] 《致拉纳克郡报告》，参看《欧文选集》，第一卷，第355页。

出来的人员①。

至于中央政权，欧文认为在建立公社时期，当新教育制度和新社会条件对社员尚未显出效果时，应该为它保留一定的权力。但是将来在新制度巩固以后，用欧文的话来说，公社就不会给中央政权添很多的麻烦了。公社的内部管理机构，将轻而易举地执行自己的任务，而无须外来的帮助。为了实现这个目的，不需要法庭，不需要监狱，不需要刑罚；只有在人们不了解人的本性的地方，即在以个人竞争的愚昧制度为基础的社会里，才需要这些暴力工具。以关于人的性格的科学为基础的新制度，无须使用暴力就能获得现在无法得到的成果。新制度可使现在需要用暴力手段来制裁的罪恶不能滋长。中央政权的重要职责之一是进行战争。但是，随着理性和科学的王国的建立，中央政权的这个最后职责也将消失。人们一旦认清战争的危害和战争行为的狂妄，就会设法防止战争。欧文的最终理想是各自治公社的自由联盟。

在新道德世界中，将产生和培养出新的人，即在身体、道德、智能方面全新的人。社会成员具有共同的利益和目的，彼此之间没有产生矛盾的根源，体力劳动和脑力劳动相结合，实行以关于人的性格的科学为基础的正确教育——这一切将为人的本性和才能的充分而全面的发展创造条件。欧文说，现代的人同他所能发展到的高度比较起来，只不过是一小块残缺不全的碎片而已。我们在现代社会中看到的，一方面是完全从事使人愚蠢的体力劳动的人，另一方面是欧文认为只能危害社会的人，即神学家、医生和法学家，等等②。在新社会中，在适应人的本性的新生活条件下，人将恢复自己的完整性。那时，不会再有只跟着犁走、翻一翻干草或在制造某些小物件时完成一些活计的这种活机器了。那时候的人，将不是从事有害健康的劳动、

---

① 《新和谐公社组织法》，参看《欧文选集》，第二卷，第188—189页。
② 《新道德世界书》，参看《欧文选集》，第二卷，第23页。

麻木不仁地看望着周围事物而不去了解也不加以研究的人，"代之而起的，是一个朝气蓬勃、实用知识丰富的劳动阶级。他们的习惯、知识、态度和性情，都将使他们之中最低劣的人也远胜于古往今来的社会环境所造成的任何阶级中的最优秀的人物"①。欧文说，同现代人的体力比较起来，将来人所具有的体力将是巨人般的体力。普遍的富裕将根除人们的自私自利的习惯。教育将使人们学会合乎理性地感觉、思考和行动。欧文确信，对人的本性的规律有科学认识的社会，与以前的一切社会不同，它将是一个和谐的社会。

四

欧文深信，他所宣布的伟大变革的时机业已成熟。变革是势所必然，问题只在于变革将怎样进行。欧文早在1817年就已经感觉到，不仅在真理的认识方面，而且在劳动群众的情绪中，都在酝酿着"伟大的变动"。他断言，劳动群众的困苦生活条件有引起以暴力推翻现存制度的危险②。在他看来，社会正走向混乱状态③。后来，他在谈到两个彼此对抗的力量时，对这个问题发表了更为明确的意见。他说，这两个彼此对抗的力量，一方为政府和贵族，另一方为人民。政府和贵族由于密切勾结，还能掌握政权。同时人民也已经相当强大，足以团结起来，抗拒贵族的意志改造社会。欧文知道，双方都想把自己的利益看成是与对方不可调和的。这种矛盾的进一步尖锐化，就要引起革命。但是这条革命的道路，并不是欧文的道路。他害怕现存的制度被"外行而粗鲁的"人的双手所破坏④。他认为自己的任务是防止革命，争取用和平方法解除社会危机。

从欧文的唯理论观点来看，这种用和平方法向新社会制度过渡的

---

① 《致拉纳克郡报告》，参看《欧文选集》，第一卷，第352页。
② 《问答》，参看《欧文选集》，第一卷，第211页。
③ 《在伦敦中心区酒家的讲演词》，参看《欧文选集》，第一卷，第261页。
④ 《谬见和弊害》，参看《欧文选集》，第一卷，第228页。

可能性，是不容置疑的。欧文认为，问题的实质在于使正确的原则获得胜利。而在欧文看来，任何党派里面都有能够领会这些正确原则的明智的、深谋远虑的人士。真理是人人都能接受的。人们为他们所**错误理解**的利益分离开来。实际上，富人和穷人、统治者和被统治者是有着共同的利益的。统治机构对一切阶级的幸福都起破坏作用。甚至在欧文的活动同工人运动有着密切联系的时期，他也坚决表示反对阶级斗争的原则。在19世纪30年代末和40年代初，欧文为了实现自己的主张，建立过一个包括各民族和**各阶级**的协作社。

从欧文对待阶级斗争的态度，自然引申出他对待国家的态度。不错，各国政府迄今所执行的，都是错误而有害的政策；但是欧文认为，这是错误教育所形成的错误观点的结果。既然一切有理性的人都能理解真理，既然社会改造符合一切阶级的合理利益，那么，有什么理由认为不可能使政府站到改革方面来呢？应当开导那些没有理性的统治者。因此，欧文始终不渝地一再试图说服各国政府实行他的社会改造计划，结果都是劳而无功。1817年，他向英国议会提出自己的改革方案；1818年，又向欧美各国政府和神圣同盟参加国的阿亨会议呼吁。三十年以后，即在1849年，他还力图证明英国政府的政策是不合理性的，力图说服英国女王维多利亚相信他的计划是合乎理性的[①]。

这些呼吁的一再失败，并未能治愈欧文空想的盲目症，虽然在他的言论中有时也可以听到失望的音调[②]。按照欧文的想法，由政府实行改革，是社会改造的基本的和最简捷的途径。欧文宣称，应当利用旧的政府，就像建筑铁路取代原有道路时利用旧的大车道一样[③]。无论什么样的政府，都不可能长期拒绝实行理性所指引的政策。即使为

---

① 《人类思想和实践中的革命》，参看《欧文选集》，第二卷，第72—77页。
② 比如，在《危机》杂志（第3卷，第27期，第219页）和《新道德世界书》（参看《欧文选集》，第二卷，第60—61页）中。
③ 《人类思想和实践中的革命》，参看《欧文选集》，第二卷，第111页。

了自救，为了避免灭亡的危险，政府也应当接受合乎真理的制度。

国家的阶级本性如何，国家的政治制度如何，欧文认为从社会改造的利益来看，都是无关紧要的。在英国工人阶级争取政治权利和争取议会改革的斗争年代里，欧文既承认宪章派的政治要求是正义的，同时又警告他们不要指望政治改革就会改善人民的状况。欧文认为，那种以为扩大政治权利就必然会改进社会机构的意见是错误的。他以美国为例来证明这一点。欧文指出，从美国的革命文献来看，它的政治制度是建立在最激进的原则之上的，但是那里却存在经济危机，日趋贫困的工人阶级，贫富之间的经常斗争。

在现存的社会机构下，任何一种政体（专制制度也罢，君主立宪制也罢，共和制也罢，民主制也罢），都不能保证人民的幸福①。欧文认为，能否组成劳动公社，并不取决于争得政治权利或普选权。

欧文认为，走上社会改革道路的政府的主要任务是建立公社；公社保证失业者就业，成为以共产主义原则改造整个社会的起点。欧文说，新制度要从组织失业者就业开始②。国家应当从现在的占有者手中赎买土地，分成许多地段，并在这些地段上建筑必要的房舍，招集失业者作为未来新村的居民。但是，由于失业者是在恶劣环境中成长起来的，受过旧社会的虚伪恶习的熏染，所以为了重新教育他们，养成他们过公社生活的习惯，欧文有时主张把他们编成一支特殊的劳动大军。因此，政府最初也应当指派受过专门训练的官员来领导各个新村及其工作③。但是欧文相信，新的生活条件很快就会使公社社员变成能够按照理性来思考和行动的人。那时，公社就将合乎要求，变成理想社会的自治基层组织。

欧文相信，从旧社会过渡到新社会，不会损害任何人的利益。占

---

① 《新道德世界书》，参看《欧文选集》，第二卷，第61页。
② 《致拉纳克郡报告》，参看《欧文选集》，第一卷，第366页。
③ 《问答》，参看《欧文选集》，第一卷，第206页。

有财富和掌握权力的人应当知道，人们绝不会打主意强行剥夺他们现在还认为有价值的东西。社会弊病将被消灭，而且不会对统治阶级施加任何暴力，不会使他们受到任何损失。消灭现存的反常制度，不是新旧世界斗争的结果，而是正确思想获胜的结果。社会一旦清楚地看到新组织能给自己的成员带来莫大的幸福，就会迫不及待地希望享受这种福利。只要成立一个公社，就足以促使人们愿意成立更多的公社，公社的数目便将迅速增加。经过不多几次试验之后，人人都会看清公社的优越性。在新制度下培养出来的个人的性格和行为，将生动地证明新事物秩序的完美，于是旧社会就会很快消失。欧文在他的一篇著作中断言，为了改造社会，在欧美只需要五年，而在全世界也只要十年[1]。

欧文虽然断定由政府采取适当的措施来改造社会机构，是社会向新制度过渡的最简单和最合理的方法，但是他并不认为这是唯一可行的方法。他也十分重视个别人物或团体（一方面是郡当局或大资本家，另一方面是中等阶级或工人阶级的联合代表）的主动精神[2]。据说，这些人物或团体可以带头创办公社以作示范，而这种示范又会起巨大的作用。欧文自己举办"共产主义移民区"的试验，正是为了这个目的。在19世纪30年代初，这种思想曾经推动欧文支持工人的合作社和工联。然而，正如我们已经指出的那样，欧文由于接近工人运动，在这些年中曾对他在此前后所坚持的整套观点作了若干修改。

国家作为改良者的作用，在这个时期退居次要地位，甚至受到怀疑。社会改造被看作是工人团体（工会和合作社）的独立活动的结果。欧文创办的《危机》杂志（1832年），在头几期中的一篇社论中写道，劳动阶级有力量和本领改革人与人之间的关系，而且无须富人

---

[1] 《人类思想和实践中的革命》，参看《欧文选集》，第二卷，第124页。
[2] 比如参看《致拉纳克郡报告》，见《欧文选集》，第一卷，第52页；以及其他等。

的帮助；"如果政府不帮助我们，我们自己就把这一事业担当起来"①。

因此，在1831年和1832年的两次合作社大会上，欧文和他的信徒们使大会通过了决议，主张采取立即建立公社的措施②。1832年这一年，欧文还在一篇讲演中满意地指出，在劳动人民中间正在展开一个运动，这将"导致建立一个人数多得惊人的新政治团体，其成员不是游手好闲的阶级，而是裨益社会的劳动者阶级"。欧文说，只有劳动者阶级才能实行必要的变革③。但是，欧文同时仍然相信，变革将是和平的和没有痛苦的；他仍然希望，政府无论如何都不会反对改革。

我们已经说过，1832年，欧文曾领导建立交换市场或劳动交换银行的运动。一些工人合作社，在这以前就作了组织专门机构来直接交换工人劳动产品的尝试。欧文通过自己的宣传，使运动的声势更加浩大，并从理论上论证这是彻底改变社会基础的手段之一，是向新社会制度过渡的途径④。

有一个时期，组织交换市场的思想把建立公社的思想推到次要的位置。我们所介绍的欧文关于价值和货币的学说，就是欧文的交换市场计划的基础。据欧文推断，在现存制度下，每个劳动者都不得不出卖自己的劳动，把劳动换成货币，而且在出卖劳动时还要受到一定的损失。劳动者得到货币，还要向商人购买用来满足自己需要的物品。由此可见，他无论是作为生产者还是作为消费者，总要通过中介人，而中介人便从中夺去他的一部分劳动产品。货币制度是欺骗劳动人民的工具。然而，生产者没有中介人是完全可以的。他们只要彼此直接联系，就可以做到这一点。在生产领域中，合作社有助于达到这个目

---

① 《危机》杂志，第1卷，第3期，第11页。
② 同上，第1卷，第30期，第119页；第3卷，第15期，第113—117页。
③ 同上，第1卷，第7期，第28页。
④ 同上，第1卷，第13期，第51页；第15—16期，第59页。

的；在流通领域内，交换市场有助于达到这个目的。交换市场负有排挤商人的使命，就像机器排挤了手工劳动一样。合作社和交换市场彼此互相补充。

按照欧文的计划，交换市场活动的基本原则是生产者按劳动的估价彼此直接交换产品。1832—1834年间在欧文直接领导下经营业务的伦敦交换市场，既从合作组织收进商品，又从个人手里收进商品。由专门的估价员确定生产商品时所用的原料价格和所需的工作时间。然后，按照对交来的商品所估的"工作小时数"发给生产者劳动券，但要扣收十二分之一的管理费用。每人都有权凭劳动券从交换市场的仓库里换取所需要的，与劳动的估价相等的产品。但是必须附带说明，"劳动估价"实际上具有相当程度的假定性质，因为原料和劳动都要先按通用的货币单位估价，然后再按六便士等于一小时的比例，把货币单位折成"劳动"单位。当然，只有独立手工业者和生产合作社能向交换市场出售自己的产品。对于没有生产资料的工人，交换市场本身是无力援助的。但是，合作市场既是合作运动的产儿，反过来又刺激了新的生产合作社的建立，而这些合作社则吸收了一定数量的工人。

交换市场在初期取得很大的成绩。它的劳动券很受私商欢迎。但是，在生产分散而无计划的条件下，组织"劳动"交换的计划中的内在矛盾很快就暴露出来了。在资本主义社会里，商品供求的相对平衡是在市场上通过价格的波动来达到的。以交换市场为媒介的交换制度，使市场失去了这种调节作用。本来以为实行新的交换制度之后，某种产品的生产和需要之间会自然达到一定的协调。其实，只要生产资料还是私有财产，只要生产还是无组织的，只要生产还不受统一的经济计划节制，就没有而且也不可能有这样的协调。进入交换市场仓库的，既有畅销的商品，又有滞销的商品。前一种商品很快就脱手了，但是仓库里却积压着难以出售或根本无人问津的商品。交换市场的主顾交来产品后领得劳动券，可是仓库里却没有他们所需要的东西，于是就不得不拿着劳动券去找私商。交换市场的收购和销售之间的比例失调现象迅速扩大。劳动券开始贬值。后来对所收商品提出了更为严格的要求，并进行比较严格的估价，结果引起了不满和争吵。供应食品的人，不再把销路畅旺的产品提供给交换市场去换取已经贬值的劳动券。交换市场不得不采取妥协办法，即在收进商品的时候，不仅计算"劳动耗费"，而且也考虑市场的需求；此外，还用现款收购某些商品。但是，各种办法都未能挽救住这一从根本上就有缺陷的首创事业。1834年，交换市场倒闭，积压的商品实行拍卖，欧文还拿出两千多英镑弥补亏损。

交换市场的倒闭，证明使十九世纪许多社会思想家感到困惑的一种思想，即在无组织的商品生产的条件下"组织交换"并消除市场的无政府状态的思想，完全是荒唐无稽的。但是，必须再一次提请注意，欧文跟小资产阶级空想主义者不同，他决不是不了解单靠改良交换制度而不同时改造生产制度是不能彻底消灭资本主义社会的弊端的。在他看来，交换市场并不是万能灵药。在他看来，这只是应当全盘代替现存资本主义机构的一整套组织中的一环。无怪乎差不多在建立交换市场的同时，他还提出了一个经过广泛考虑的（虽然是空想的）改组生产的计划。

在这些年里英国工会的蓬勃发展，推动了上述计划的产生。甚至工会运动的参加者本身，当时也没有完全认清工会的今后发展的道路。1832年议会改革的斗争及其使工人失望的结果，大大促进了英国无产阶级的阶级觉悟的提高。毫无疑问，那时工会里出现了想把工会变为无产阶级的阶级斗争机关的倾向。但是另一方面，在工会的最积极会员当中，也不乏欧文的拥护者，他们力图使工会沿着和平建设合作社的道路发展。因此，欧文产生一种思想，打算利用工会运动来达到彻底改造社会制度的目的，这是不足为奇的。关于改造社会制度的空想，他是从来没有放弃过的。

　　欧文的新计划的方案十分简单。这就是把工会改组为全国性协会（national companies）或同业公会，由它们掌握各有关生产部门。这样，工会组织似乎就会变成合作社组织。由协会的联盟掌握全国的生产[①]。各协会一方面这样地掌握生产，同时通过交换市场组织彼此之间的交换。这种合作制度是在旧的经济制度内部建立起来的，而不是用暴力摧毁旧的经济制度。当然，把社会看作是一些专业化工人协会的总和的观点，在很大程度上是同欧文的理想不相符合的，而且他本人对这一点也是认识得非常清楚的。欧文认为协会是走向彻底的共产主义的一个阶段。《危机》杂志关于这一点写道，这还不是公社制度，但这是向平等迈出一大步[②]。

　　欧文在为实现"合作社计划"而斗争的时候说，迄今为止，世界都是由什么也不生产的人统治着，他们并且鄙视生产全部社会财富的人。富人联合起来保卫自己的利益，而劳动人民却被剥夺了联合的权利。从事工业生产的人，创造财富和知识的人，即生产社会上一切有价值的东西的人，应当联合自己的力量建立统一的组织，加强自己的联盟，以建立一个开明而公正的人类生活制度。联合起来的"第四等级"，将是社会上最强大的等级，它的敌人能用什么来同它抗衡呢？欧文天真地希望，企业主也会参加劳动人民的这种联合组织，并会理解他们的利益是和劳动人民的利益一致的。在欧文看来，这是上策。但是另一方面，欧文也知道，情况常常会使企业主变为残酷嗜血的暴君。他们可能拒绝同工人结成统一战线。如果这样，工人就从自己人中选出新的领导人。欧文认为，工会向议会请愿是正当的做法。他警告议会说，财富和知识的创造者再也不能容忍现存的制度了，他们能

[①] 《危机》杂志，第3卷，第15期。"协会吸收一切阶层，分配一切工作，发放一切工资，受理一切付款。"
[②] 《危机》杂志，第7—8期。

够而且应该使社会过渡到正义的制度。如果议会不满足请愿书中的要求，他们无须议会的帮助也能实现这种改造。他们只要决定为自己生产一切产品，并通过劳动产品交易市场互相交换，就可以达到这个目的。[①]

欧文的合作社计划，实际上是同请求维多利亚女王政府组织劳动公社的计划一样的幼稚。当然，在不需要大量资本和复杂机器的生产部门，组织生产协会和把工会变为同业公会的思想，是可能获得很大的成就的。无怪乎欧文的宣传，首先得到建筑工人工会的响应，他们在1833年成立同业公会。建筑工人通常为承包商工作，他们的同业公会可以提出排挤这些中介人而在同业公会和出包人之间建立直接联系的任务。然而，联合起来的工人不经过暴力革命剥夺资本家的生产工具，而能够掌握像采矿业、冶金业这种部门的生产，则是难以想象的。只有企业主以及为其利益服务的国家机关完全俯首就范，才能做到这一点。

欧文满怀着乐观的希望。他对建筑工人写道："用不了五年时间，你们就可以实现这项为不列颠帝国全体居民造福的改革（即过渡到合作社制度）。"1834年，各工会联合成立了"全国生产部门大联盟"（总工联）。按照欧文的想法，这个大联盟应当实现他的消灭资本主义和组织新社会的计划。但是，无情的现实很快就粉碎了欧文的空想愿望。资产阶级绝不愿意坐视工人阶级为了社会主义的目的而联合起来。承包商接二连三地实行同盟歇业，以回击建筑工人组织同业公会。建筑工人的工会由于缺乏足够的基金，不能坚持斗争，甚至还来不及显示出同业公会的作用就垮台了。"总工联"刚一成立，就暴露出内部的意见分歧，它的许多活动家都不赞同欧文的思想。不过，参加大联盟的许多组织都投入了罢工斗争，在大联盟中，阶级斗争和总

---

① 《危机》杂志，第3卷，第6期，第42—43页；第7—8期，第62—63页；第15期，第113—117页；第21期，第161—162页；第27期，第219页；第31期，第253页；等等。

罢工的思想开始深入人心。同时，工人组织的领导者也受到了政府的迫害。

在实现合作社计划当中遇到的重重障碍，甚至逼得根本否定阶级斗争的欧文也承认：可以采用总罢工作为"和平地"影响统治阶级的手段。对于工人运动活动家遭到迫害事件，他在《危机》杂志上写道："他们终生无所事事，只要你们也像他们那样歇工三天，就会使这些执迷不悟的人懂得，你们有足够的力量可以马上把他们变成卑贱的奴隶。"[①] 但是，这番主张总罢工思想的言论，已经是欧文从事工人运动的尾声了。1834年8月，"全国生产部门大联盟"解散了，存在的时间不到一年。

"联盟"的最后一次代表大会认为，必须在自己的决议案中指出这一首创事业失败的主要原因。大会的决议声称：大联盟遭到了工厂主、社会的富有阶层和政府方面的反对，而且反对的程度比大联盟的创始人所预见的要强烈得多。实际上，这就是承认欧文的全部计划的内在缺陷。

* * *

欧文的理论体系，也同他的实践计划一样，有许多矛盾的东西。在19世纪来说，他的唯理论哲学是幼稚的和陈腐的。在19世纪20至40年代残酷的阶级斗争的条件下，他竟毫不动摇地相信和平改造社会的可能性，这是令人难于理解的。毫无疑问，同其他空想主义体系一样，欧文的学说也具有小资产阶级的特点。恩格斯在《英国工人阶级状况》中指出了欧文的社会主义的严重缺陷。这些缺陷是：他对待资产阶级宽容，他的性格"驯顺温和"，他的原则"抽象"，他不理解历史的发展，他反对工人阶级的"愤怒"，即对阶级斗争持否定态

---

① 《危机》杂志，第3卷，第31期，见《欧文选集》，第二卷，第246页。

度,他宣扬"慈善和博爱"[①]。

欧文的社会主义"是在无产阶级同资产阶级之间的斗争尚未发展的最初时期"[②]出现的,这就是使它具有成为"批判的空想的"社会主义学派之一的特点的原因。欧文的思想在19世纪20年代开始渗入英国工人阶级,在30年代初最为流行。"全国生产部门大联盟"的失败,是欧文主义发展中的转折点。后来,欧文主义的宣传再也不受到群众的热烈欢迎了。英国无产阶级强大的阶级运动,即宪章运动,把欧文的空想主义推到次要地位。同一切空想主义体系一样,随着现实的阶级斗争的发展,欧文的体系也失去了任何历史根据,而他的学派则蜕化为反动的宗派。

虽然如此,欧文的历史功绩仍然是伟大的。他同其他伟大的空想主义者一样,对资本主义作了在当时来说是鲜明而深刻的批判。他不知疲倦地为他所理解的工人阶级的利益服务了四十年。他为共产主义——尽管是空想式的共产主义——的思想宣传了四十年。为在立法上限制每天的工作时间,为实行劳动保护,为对工人群众进行教育,为对儿童实施公共教育而坚持不懈和满腔热情地进行斗争。他也曾试图(在伟大的空想主义者中间只有他一人如此)把社会主义改造问题同工人运动联系起来,虽然由于理论不充分而遭到了失败。在被科学共产主义誉为自己的先驱者的伟大思想家和活动家中,欧文完全有资格占有最前列的一席地位。

---

① 恩格斯:《英国工人阶级状况》。《马克思恩格斯全集》,第2卷,人民出版社1957年版,第525页。

② 《马克思恩格斯全集》,第4卷,人民出版社1953年版,第500页。

附录三　罗伯特·欧文传略

〔苏联〕费金娜

罗伯特·欧文 1771 年生于北威尔士的一个小城——纽汤。父亲是个手艺人，只能供儿子在乡村小学受初等教育。他四五岁时进乡村小学，七岁时就当低年级的小先生。他大量阅读各种书籍，以补充学校所学知识的不足。九岁时，欧文离开学校，到一家食品、小百货店工作，自谋生活，仍旧酷爱读书。

欧文十岁时离开父母，身上未带分文就去伦敦找他的大哥。从此以后，他便走上了独立生活的道路，从此再没有得到父母或兄长的物质帮助。欧文到伦敦后不久，就在斯坦福德一家批发商店里找到工作。他在这里工作了四年，利用老板的藏书继续自学。后来，他回到伦敦，在一家服饰品商店当店员，每年工资二十五英镑，并供给食宿。繁重的工作使少年欧文往往每天只能睡五小时。因此在 1787 年，他便欣然离开伦敦，到曼彻斯特找到了同样的工作，但是条件已经比较优越了。

曼彻斯特当时正大闹技术和经济改革，结果使这里有了世界上最大的棉纺织企业。1789 年，十八岁的青年欧文辞去商店的工作，从哥哥那里借了一百英镑，和一个朋友合办一家生产走锭精纺机的小工厂。但是过了几个月，他的合伙人为了吸收另一个更有钱的企业主参加，便把他排挤出去。欧文利用分得的三台走锭精纺机，自己办了一家小工厂，共有三个工人，由他自己领导，结果取得了很大的成就。

这时，欧文的组织才能已被人们所赏识。一家大纱厂的厂主德林克沃特请他去当经理。欧文应邀开始管理一个有五百名工人的工业企业，当时他还不到二十岁。他很快就改进了生产过程，提高了产品质量。后来，他甚至成了这个企业的股东，但还是离开那里，尽管德林克沃特愿意取消原来的聘约，提出只要欧文继续留任，可付给他任何高额的薪金。这时，欧文在纺织业方面已经是知名人士，不久就成了一家大公司——"乔尔顿公司"（Chorlton Twist Company）的一位经理。

欧文在曼彻斯特期间，继续丰富自己的学识。不久以后，他便在曼彻斯特知识界享有声望。1793年底，他加入曼彻斯特"文学哲学协会"，并积极参加协会的工作。这个协会联系着当地经济学和社会科学其他学科的知名人士。欧文曾在协会作过多次关于社会经济问题的报告。这个时期，对于他的未来活动，毫无疑问有很大帮助。

欧文的实业活动范围日益扩大。在格拉斯哥旅行期间，他结识了他未来的妻子——格拉斯哥的一个大企业主和慈善家戴维·戴尔的女儿。他又到新拉纳克（在苏格兰）去参观戴尔同环锭精纺机发明人阿克赖特合办的纱厂，在1799年以自己与人合办的一家公司的名义，从他未来的岳父手里买下了这个工厂。欧文接管这个企业后，迁居老拉纳克（在苏格兰），并在同年——1799年——与戴维·戴尔的女儿结婚。

1800年1月6日，欧文在新拉纳克开始担任拥有两千名工人的大纱厂的经理，同时又是这家工厂的股东。他的社会活动也就在这里开始了。

欧文把本厂的每日工作时间缩短为十小时又四十五分[①]，为工人

[①] 按欧文自述为十小时半，参看《欧文选集》，第二卷，第100页。——译者

的子女举办托儿所、幼儿园和模范学校,设立工厂商店,工人可以从这里买到比当地一般零售价便宜百分之二十五的食品和服装。厂方批发买进优质商品,由工厂商店零售给工人,所得到的少量利润,在支付一切开支后,每年约盈余七百镑,用作学校经费。欧文非常重视教育,认为它是培养性格的手段和改造社会的前提。虽然欧文的教育思想并没有在新拉纳克完全实现,但是新拉纳克的学校制度使得欧文的声名鹊起。欧文在著作中经常强调,儿童幼年生活中的印象容易在他的意识中长期保留下来。欧文说,德育应当从幼年开始,同时教育者所应依靠的不是儿童的记忆力,而是儿童的想象力,要唤起儿童对事物发生兴趣。新拉纳克的教学,对各种年龄的儿童都规定有娱乐和休息课目;年幼儿童的学习,全都是游戏课目。学校不收未满五岁的儿童;为这种儿童专门设立游戏园。在游戏园里,教导儿童不要欺负自己的小朋友,而应尽力协助小朋友,使他们快乐和高兴。1816年,欧文在新拉纳克创办一所幼儿园,儿童在这里不同书本子打交道,而去认识日常生活事物。激发儿童的好奇心,为的是通过亲切友好的谈话来回答儿童提出的有关各种事物的性质和用途问题。

在1806年危机时期,工厂暂时停止生产,但欧文仍然全额支付工人的工资。尽管欧文采取了这一切措施,工厂的利润仍然很高,因为欧文是一位优秀的组织者,而他的工厂管理也是十分出色的。但是,因为他用一部分利润创办的事业,在他的合伙人看来是没有生产利益的,这就造成他同这些股东之间的意见分歧,妨碍他执行规模日益扩大的计划。

其他股东的股份占资本总额的九分之八,所以表决权操在他们手里。欧文不愿意在管理企业方面没有行动自由,因而在1809年,提出以有利于原业主的条件,把工厂买了过来。欧文组织了新的合伙公司,自己的股份比以前增多了,但是他的新的合伙人仍然占有多数。新公司存在到1813年。严重的意见分歧再度爆发,迫使欧文在1812

年辞去经理职务。他的合伙人坚决要求投标拍卖工厂，企图廉价把它盘下来。但是，他们的打算落空了。欧文又与同情他的计划的一些人，组织了新的合伙公司，在原公司宣布拍卖时买下这个工厂。

从1813年起，欧文除继续领导工厂以外，还常常离开新拉纳克，日益把时间和精力用来广泛宣传自己的思想。他的头两部著作即《关于新拉纳克企业的报告》和《新社会观，或论人类性格的形成》，就是这个时期的作品。后一著作引起了社会上的广大人士的注意，并曾多次再版。1816年初，在欧文创办的教育和教学机构的新建筑物落成时，他发表了《在新拉纳克性格陶冶馆开幕典礼上的致辞》。从此以后，欧文的声誉更高了，希望了解欧文的工厂管理方法和社会措施的个人和代表团，纷纷来访问新拉纳克。

1815年以后，欧文领导了争取工厂立法和限制每日工作时间的斗争。在格拉斯哥的一次公众大会上，欧文提出一系列改进棉、毛、麻、丝纺织企业的童工和成年工人状况的措施。欧文没有得到企业主们的支持，于是他到伦敦去，向政府和议会提出一项法律草案，其中规定：禁止雇用不满十岁的童工，限定不满十八岁工人的每天工作时间为十小时半以内，禁止未成年工人的夜班劳动，保证他们能够受到学校教育。为了监督这些规定的实施，欧文建议建立工厂监察员制度。为了搜集关于成年工人和童工状况的资料，欧文走访了许多工厂区。他查明了剥削工人（特别是童工）的一些可怕事实，如每天的工作时间长达十四至十五小时，使用八岁的童工，厂房不合卫生条件，进行体罚等等，都是到处存在的普遍现象。欧文利用统计材料继续为争取通过自己的法律草案而奋斗。为了进行更广泛的宣传，他出版小册子《论工业体系的影响》，阐述他旅行调查以后所得的结论。1816年，下院成立一个审查法案的委员会，欧文向该会提供了他在旅行期间搜集到的材料并陈述了新拉纳克的劳动条件。但是，害怕自己的专横可能受到哪怕是微小限制的工厂主们，发动了反对这项法案及其起草人欧文的运动。他们想尽方法诬蔑欧文，破坏他的名誉。为此，有一伙工厂主前往新拉纳克，去搜集关于欧文的无神论思想方法和他袒护非国教徒等材料。

欧文为了维护这项法案，作了两年不屈不挠的斗争，因为法案在工厂主的压力下一再遭到砍削。1818年，他两次发出保护这项法案的呼吁书：一次是给首相的，另一次是给反对法案的工厂主们的。

被修改得面目全非的法案终于在1819年成为法律，这时欧文对它已经兴趣索然，表示自己对所通过的这种形式的法律不承担责任。

差不多在为改善劳动条件而奋斗的同时，欧文还为实现他所制订的消除失业的计划进行了坚决的斗争。1817年3月他向工业和劳动贫民救济协会成立的工业贫民救济委员会提出的报告书，成了欧文活动的一个新方向的起点。他在报告书里提出了成立以工业为副业的农业合作公社使贫民就业的计划。

1817年8月，他发表一篇演说，攻击占有统治地位的教会和一般的宗教教义，尖锐地揭露它们所宣传的荒诞迷信和谬见。欧文在这篇演说里宣布，他不信奉任何宗教。欧文的这篇演说，使他失去了统治阶级中的很多朋友。

欧文的反宗教声明，加深了新拉纳克工厂的合伙股东对他的不满。但是，他在1818年出国到大陆上的法国、瑞士和德国旅行时，似乎还没有什么情况威胁他在新拉纳克的活动。他在这几个国家考察了学校教育事业，结识了一些政治活动家，并向神圣同盟阿亨会议提出两份《关于劳动阶级的备忘录》，在其中重申了他的学说的主要思想。

欧文回到英国以后，继续领导新拉纳克工厂数年，同时越来越注意宣传自己的思想。1819年和1820年，他先后两次竞选议员，但都没有成功。在这两年中，他写成了使他成名的《致拉纳克郡报告》，他在这篇著作中阐述了他的社会理论和以合作新村为基础建立新的社会制度的计划。他把这份报告呈送给拉纳克郡的一个谋求解救居民贫困问题的委员会，当然不会收到任何实际效果。

在 19 世纪 20 年代后半期，欧文运动达到了很大的规模，合作社组织在欧文思想的鼓舞下相继成立。但是，欧文本人在这些年还很少参加这种运动。他在同其他股东取得最后协议，辞去新拉纳克工厂的管理工作以后，于 1824 年到了美国，试图在这里实现他建立合作新村的计划。他在印第安纳州从腊普派（或称和谐派）教会手里买下三万英亩土地和地面上的建筑物，成立了"新和谐公社"。一直到 1829 年，欧文的大部分时间都是在美国度过的，只是偶尔回英国办理新拉纳克工厂的事务。他同这个工厂最后断绝关系，是在 1828 年。但是，"新和谐公社"的实验也同在资本主义社会条件下建立类似公社的其他一切实验一样，在 1829 年以彻底失败而告终，几乎使得欧文的全部财产荡然无存。他所建立的公社解散了。欧文把一部分土地租给愿意保持公有经济的人，其余的大部分土地都不得不分散出卖。欧文的"共产主义"创举在资本主义条件下的失败是必然的，但是这个失败由于宗教上的意见分歧、民族偏见、特权阶级人物的个人主义倾向（他们加入了公社，但不愿意同劳动阶级人物同样劳动）、消费的增长超过生产等等而提前到来了。

欧文打算在墨西哥获得土地以便进行新的实验，但是没有成功，于是他把四个儿子留在美国，自己回到英国去了。这四个儿子随父亲迁到美国以后，就在那里定居。

欧文在美国发表的最后一次长篇演说，是谈论宗教问题的。这是他同坎贝尔牧师的辩论，后来出版了单行本。

欧文回到英国以后，继续同占有统治地位的宗教进行斗争。他在进行反宗教宣传的初期，倾向于无神论，而到后来，他的言论令人感到有越来越强的自然神论的倾向。

欧文的家庭生活始终没有摆脱不和睦的苦恼，这主要是由于他的无神论观点同他的笃信加尔文教的妻子的宗教观点的矛盾，以及妻子对子女进行宗教教育而引起的。欧文专心致志于范围日益扩大的活动和经常外出旅行，留在家里的时间越来越少。他按照自己的思想生活，并为这些思想而生活。

欧文在自己的子女中，只得到长子罗伯特·戴尔·欧文的支持和拥护。他是父亲在社会活动和文化活动方面的助手，曾积极参加欧文在美国进行的实验工作，以及《危机》杂志的工作，担任杂志的合编人。罗伯特·戴尔·欧文著有一部自传，名叫《我的经历》(Threading my Way)，在1874年出版。

19世纪三十年代，是英国合作社运动和工会运动蓬勃发展的时期，当时的合作社常把消费合作和生产合作的职能结合在一起。欧文曾积极参加与这些运动有关的许多创业活动。一些合作社受他的思想的影响，后来都以组织欧文式的公社作为自己的任务。

1832年，在欧文的领导下，创办了"全国劳动产品交换市场"，根据劳动估价交换产品。这个市场得到工会和合作社组织的支持。市场设在夏洛特大街，这里就成了欧文主义在伦敦活动的中心。

三十年代初期，欧文也曾积极参加工会运动。1833年，按照欧文的方案，成立了"全国生产部门大联盟"；联盟的宗旨是联合全体生产者，彻底改造工业制度和社会制度。1834年2月，这个联盟通过了一个宪法或章程。按照这个章程，每个生产部门都成立独立的总部，各有自己的规章制度，各有自己的机构和管理委员会。在每个区，各个不同生产部门的区部组成区中心委员会，由这些中心委员会的代表组成全联盟的最高理事会，再选出由四名理事组成的执行机关。"全国生产部门大联盟"显然受到了欧文思想的影响。

这一切空想事业很快都失败了。从1835年起，失望的欧文便离开了工人运动。因为对政治改革和政治斗争采取否定的态度，欧文没有参加宪章运动。

欧文组织劳动公社（"和谐大厅"或称"皇后林"）的最后实验，从1839年开始，一直继续到1845年。但是，欧文的一些新创举只是再一次证明：在保存资本主义制度基础的条件下改造社会的尝试都必然破产。从1844年到1847年，欧文大部分时间住在美国。他在美国讲演和作报告，表现出了他那种年龄所罕见的精力。1848年革命期间，他正在巴黎。他在这里出版各种小册子，宣传他的体系，想把路易·勃朗、拉马丁和法国当时的其他政治活动家吸引到自己方面来。

欧文虽已年迈，但几乎在去世前几天还继续不倦地进行活动，不过已经远远离开了当时的工人运动。他给官方人士写过无数的信件和呈文，论证他的从道德和社会方面改造人类的学说。他召开过"世界改革家"代表大会、社会活动家代表大会等，在这些人数不多的会议上作报告和发呼吁，阐述他的道德观点和经济观点。欧文在他生前的最后五年，醉心于招魂术，从此在他的思想中招魂术现象同他的社会理论结合起来了。他的报告和讲演已经不着重经济和政治问题，而专谈道德问题和同宗教的斗争问题了。

日益衰落的欧文主义这时在伦敦的活动中心，是"文艺科学社"。到这里来的欧文主义者，极力想使欧文相信他还领导着声势浩大的社会运动，但在实际上，欧文主义早已过时了。

1857年，英国成立了"全国社会科学促进协会"，欧文给该会送去五篇报告，在协会的会议上宣读了两篇。次年，在利物浦召开的该会代表大会上，他还想作报告，可是刚说了几句话，就因为体力不支而中断。

欧文的最后一部著作是他的《自传》，在1857年出版；《自传》的第二卷于1858年他逝世前不久出版，其中附有早已发表过的重要论文和报告。欧文在1858年11月17日逝世。

附录四 欧文著作年表

1812 年

1. A Statement regarding the New Lanark Establishment.
《关于新拉纳克企业的报告》,1812 年匿名发表。

1813—1814 年

2. A New View of Society; or Essays on the Principle of the Formation of the Human Character.
《新社会观,或论人类性格的形成》,1813/14—1840 年间屡次再版。

1815 年

3. A Bill for Regulating the Hours of Work in Mills and Factories,1815.
《调整工厂工时法案》,1815 年。
4. Observations on the Cotton Trade of Great Britain,1815.
《论大不列颠的棉花贸易》,1815 年。
5. Observations on the Effect of the Manufacturing System.
《论工业体系的影响》,1815—1818 年间屡次再版。

1816 年

6. An Address delivered to the Inhabitants of New Lanark on Jan. 1,1816.
《1816 年元旦向新拉纳克居民的致辞》,1816—1841 年间屡次再版。
7. Report of the Committee on the State of Children in Manufactories. Parliamentary Papers, 1816, v. Ⅲ.
《工厂童工状况调查委员会报告》,载《1816 年议会记录》,第 3 卷。

1817 年

8. Report to the Committee of the Association for the Relief of the Manufacturing

and Labouring Poor, referred to the Committee of the House of Commons on the Poor Laws. 1817.

《致工业和劳动贫民救济协会委员会报告书，提交下院济贫法委员会》，1817年。

9. New State of Society. Mr. Owen's Second Address, delivered at the "City of London Tavern" on August 21, 1817. 1817.

《新社会状况》，欧文先生的第二次演说，1817年8月21日在"伦敦中心区酒家"发表，1817年。

10. A New View of Society, extracted from the London Daily Newspapers of July 30 and Aug. 9 and 11, 1817.

《新社会观》摘自1817年7月30日、8月9日和11日伦敦市的各日报，1817年。

11. Peace on Earth—Good Will towards Men: Development of the Plan for the Relief of the Poor and the Emancipation of Mankind. 1817.

《在地上平安——喜悦归与人：论救济贫民与解放人类的计划》，1817年。

1818年

12. A Letter to the Archbishop of Canterbury on the Union of Churches and Schools. 1818.

《关于教会和学校结合问题给坎特伯雷大主教的信》，1818年。

13. A Letter to the Earl of Liverpool on the Employment of Children in Manufactories. 1818.

《上利物浦伯爵书论工厂雇用童工问题》，1818年。

14. Reply on behalf of the London Proprietors to the Address of the Inhabitants of New Lanark. 1818.

《代表伦敦企业主答新拉纳克居民》，1818年。

15. Two Memorials on behalf of the Working Classes; the First presented to the Governments of Europe and America, the Second to the Allied Powers assembled... at Aix-la-Chapelle. 1818.

代表劳动阶级提出的两份备忘录；第一份提交欧美各国政府，第二份提交神圣同盟的阿亨会议，1818年。后来收进《理性制度的问答》，作为该书的附录。参看本目录第60条。

1819年

16. Proposed Arrangements for the Distressed Working Classes... in Three

Letters to Mr. Ricardo. 1819.
《在给李嘉图先生的三封信中……关于安排贫苦劳动阶级的建议》，1819 年。

1821 年

17. Report to the County of Lanark of a Plan for Relieving Public Distress and Removing Discontent.
《关于消除社会贫困和不满的计划给拉纳克郡的报告》，1821 年出版，1832 年再版（即本选集第一卷所收《致拉纳克郡报告》。——中译者）。

1823 年

18. An Explanation of the Cause of the Distress which Pervades the Civilized Parts of the World... 1823.
《关于世界文明地区普遍遭受穷困的原因的解释》，1823 年。

19. Report of the Proceedings at the Several Public Meetings, held in Dublin... on the 18th March, 12th April, 19th April and 3rd May. 1823.
《关于 1823 年 3 月 18 日、4 月 12 日、4 月 19 日和 5 月 3 日在都柏林召开的几次群众大会的报告》，1823 年。

1825 年

20. Address to the National Association for the Promotion of Social Science, on its Second Annual Meeting. 1825.
《在全国社会科学促进协会第二次年会上的演说》，1825 年。

21. Owen's American Discourses: Two Discourses on a New System of Society, as delivered in the Hall of Representatives of the United States.
《欧文在美国的演说，在美国众议院发表的两篇关于新社会制度的演说》，在 1825 年曾出版数次。

22. Speech by R Owen at New Harmony, April 27, 1825.
《罗伯特·欧文 1825 年 4 月 27 日在新和谐公社的演说》，1825 年。

1827 年

23. Address delivered by R. Owen at a Public Meeting in Philadelphia, June 25, 1827. 1827.
《罗伯特·欧文 1827 年 6 月 25 日在费城召开的群众大会上的演说》，1827 年。

24. An Address to the Agriculturalists, Mechanics and Manufacturers of Great

Britain and Ireland... 1827.

《对大不列颠和爱尔兰的农民、技工和工厂主的讲话》，1827 年。

25. Memorial... to the Mexican Republic and to the Government of Coahuila and Texas. 1827.

《给墨西哥共和国以及科阿韦拉和得克萨斯政府的备忘录》，1827 年。

1829 年

26. Debate on the Evidences of Christianity held in the City of Cincinnati... 1829 between R. Owen and A. Campbell.

《1829 年罗伯特·欧文同坎贝尔在辛辛那提市关于基督教验证论的辩论》，从 1829 年到 1900 年曾屡次出版。

1830 年

27. The Addresses of R. Owen... Preparatory to the Development of a Practical Plan for the Relief of All Classes. 1830.

《罗伯特·欧文为准备推行解救一切阶级的实际计划所作的演说》，1830 年。

28. Lectures on an Entire New State of Society.

《关于新社会全部状况的讲演集》，在 1830 年出版，1841 年再版。

29. The New Religion, or Religion Founded on the Immutable Laws of the Universe. 1830.

《新宗教，或以宇宙的永恒规律为基础的宗教》，1830 年。

30. Outline of the Rational System of Society.

《理性社会制度论纲》，从 1830 年到 1871 年曾多次出版，并被译成几种外文。

1832 年

31. Association for Removing the Causes of Ignorance and Poverty by Education and Employment. Address to All Classes in the State... by R. Owen. 1832.

《通过教育和劳动消除无知和贫困的协会。罗伯特·欧文……向全国各阶级的讲话》，1832 年。

1833 年

32. The Address of R. Owen delivered at the Great Public Meeting held at the National Equitable Labour Exchange, Charlotte Street, Fitzroy Square, on May 1, 1833. 1833.

《罗伯特·欧文1833年5月1日在菲茨罗伊区夏洛特街全国劳动产品公平交换市场举行的群众大会上所作的演说》，1833年。

33. Address to the Operative Builders, Aug. 26, 1833. cf. Postgate, R. W., Revolution from 1789 to 1906. London. 1920.

《1833年8月26日对建筑工人的演说》，参看波斯特盖特：《从1789到1906年的革命》，伦敦，1920年。

34. Lectures of Charity delivered by R. Owen at the Institution of New Lanark.

《罗伯特·欧文在新拉纳克性格陶冶馆所作关于慈善的讲演》，1833年出版，1834年再版。

1835 年

35. Lectures on the Marriage of the Priesthood of the Old Immoral World, delivered in the Year 1835, before the Passing of the New Marriage Act.

《1835年新婚姻法通过前关于不道德的旧世界中神职人员的婚姻问题的讲演》，1835年出版，1840年再版。

1836 年

36. The Book of the New Moral World, containing the Rational System of Society. Part I.

《新道德世界书》（内载关于理性社会制度，第一篇），在1836—1840年间曾屡次再版，并被译成几种外国文。

1837 年

37. Essays on the Formation of the Human Character. cf. A New View of Society (No. 2).

《论人类性格的形成》，参看《新社会观》（本目录第2条），1837年出版，1840年再版。

38. Six Lectures delivered in Manchester previously to a Discussion between Robert Owen and J. H. Roebuck.

《罗伯特·欧文同罗巴克展开论战以前在曼彻斯特所作的六次演说》，1837年出版，1839年再版。

39. Robert Owen and Roebuck J. H., Public Discussion.

《罗伯特·欧文同罗巴克的公开论战》，1837年出版两次。

1838 年

40. The Catechism of the New Moral World.

《新道德世界问答》，1838—1840 年出版数次。

41. A Development of the Origin and Effects of Moral Evil and of the Principles and Practices of Moral Good. 1838.

    《论恶行的起源和影响以及美德的原理和实践》，1838 年。

42. A Dialogue... between the Founder of "The Association of All Classes of All Nations"... 1838.

    《"各国各阶级总协会"创办人与……的对话录》，1838 年。

43. Exposition of Mr. Owen's Views on the Marriage Question. 1838.

    《关于欧文先生对婚姻问题的观点的解释》，1838 年。

44. The Marriage System of the New Moral world.

    《新道德世界的婚姻制度》，在 1838—1840 年间屡次再版。

1839 年

45. Robert Owen on Marriage, Religion and Private Property and on the Necessities of Immediately Carrying into Practice the Rational System of Society to Prevent the Evils of Physical Revolution. 1839.

    《罗伯特·欧文论婚姻、宗教和私有财产，兼论立即实行理性社会制度以预防实际革命所产生的灾祸的必要性》，1839 年。

46. The Temple of Free Enquiry, a Report of the Proceedings Consequent on Laying the Foundation Stone of the Manchester Hall of Science, with an Address by Robert Owen. 1839.

    《自由探讨的神殿，关于曼彻斯特科学宫奠基后活动的报告（附罗伯特·欧文的演说词）》，1839 年。

47. Report of the Discussion between Robert Owen and William Legg, which took place... March 5 and 6, 1839.

    《关于罗伯特·欧文同威廉·赖格在 1839 年 3 月 5 日和 6 日展开论战的报告》，1839 年。

1840 年

48. Manifesto of R. Owen, the Discoverer and Founder of the Rational System of Society and of the Rational Religion.

    《理性社会制度和理性宗教的发现者与奠基者罗伯特·欧文的宣言》，在 1840—1841 年间出版数次。

49. Socialism, or the Rational System of Society. Three Lectures delivered in the Mechanic's Institute... 30th March, 3rd and 6th April, 1840.

《社会主义或理性社会制度》，1840 年 3 月 30 日、4 月 3 日和 6 日在……技工训练所发表的三次演说，1840 年出版，1841 年再版。

1841 年

50. An Address to the Socialists on the Present Position of the Rational System of Society... delivered in May 1841. 1841.

    《1841 年 5 月……关于理性社会制度的现况向社会主义者发表的演说》，1841 年。

51. Address to the Tories, Whigs, Radicals... to All Producers of Wealth and Non-producers in Great Britain and Ireland, on the Necessity of Providing a Sound Practical Education... for the Population. 1841.

    《关于必须为居民提供健全的实用教育问题对托利党人、辉格党人和激进派……对大不列颠和爱尔兰的财富生产者和非生产者……发表的演说》，1841 年。

52. A Development of the Principles and Plans on Which to Establish Self-Supporting Home Colonies and Signs of the Times.

    《论建立自给自足的国内移民区的原理和计划以及时代的标志》，1841 年出版两次。

53. Lectures on the Rational System of Society, derived solely from Nature, as propounded by R. O., versus Socialism derived from Misrepresentation... 1841.

    《关于罗伯特·欧文所提纯粹出于自然的理性社会制度与出于谬见的社会主义的演说》，1841 年。

54. Public Discussion between John Brindley and Robert Owen... What is Socialism?... held in Bristol... Jan. 5, 6 and 7, 1841.

    《罗伯特·欧文和约翰·布林德利关于"什么是社会主义"问题的公开论战，1841 年 1 月 5 日、6 日和 7 日于布里斯特耳进行的公开论战》，1841 年出版两次。

1842 年

55. The Book of the New Moral World... Parts Ⅱ, Ⅲ. 1842.

    《新道德世界书》，第 2 篇、第 3 篇，1842 年。

1844 年

56. The Book of the New Moral World, Part Ⅳ—Ⅷ. 1844. 1849.

    《新道德世界书》，第 4—8 篇，1844 年。1849 年收集成书出版。

1849 年

57. Letters on Education... addressed to the Teachers of the Human Race in all Countries. 1849.

    《教育问题书信集……致各国人民的教师》，1849 年。

58. The Revolution in the Mind and Practice of the Human Race. 1849.

    《人类思想和实践中的革命》，1849 年。

59. A Supplement to the Revolution in the Mind and Practice of the Human Race.

    《人类思想和实践中的革命补遗》，1849 年出版，1850 年再版。

1850 年

60. Catechism of the Rational System. 1850.

    《理性制度的问答》，1850 年。

61. Robert Owen and James Bronterre O'Brien, State Socialism! 1850.

    罗伯特·欧文和詹姆斯·布朗特尔·奥勃莱恩：《国家社会主义!》，1850 年。

1851 年

62. Calculations Showing the Facility with which the Paupers and Unemployed... May Be Enabled to Support Themselves within Most Desirable Circumstances by Cooperation. 1851.

    《关于贫民和失业者……通过合作办法能够在最有利的条件下自行维持生活的设施的估计》，1851 年。

63. Letters on Government as It Is and as It Ought to Be, addressed to the Government of the British Empire. 1851.

    《论政府的现状和应有状态，致不列颠帝国政府函》，1851 年。

1853 年

64. The Future of the Human Race.

    《人类的未来》，1853 年出版，1854 年再版。

1854 年

65. The New Existence of Man upon the Earth. 8 Parts. No 1—5, 1854; No 6—8, 1855.

    《人在地球上的新生活》，共八篇，1854 年出版第 1—5 篇，1855 年出版第 6—8 篇。

66. Robert Owen's Address to the Human Race on His Eighty-fourth Birthday, May 14, 1854, with his Last Legacy... 1854.

《1854 年 5 月 14 日罗伯特·欧文八十四岁诞辰对人类的讲演及其最后遗著……》，1854 年。

1855 年

67. Inauguration of the Millennium. 1855.

《千年至福的开始》，1855 年。

68. The Millennium in Practice. 1855.

《实现中的千年至福》，1855 年。

69. Report of the General Preliminary Meeting on the Coming Millennium, 1st Jan. 1855.

《1855 年 1 月 1 日关于即将来临的千年至福总筹备会议的报告》，1855 年。

70. Tracts on the Coming Millennium. 1855.

《即将来临的千年至福论丛》，1855 年。

1857 年

71. The Life of Robert Owen Written by Himself, with Selections from His Writings and Correspondence.

《罗伯特·欧文生平自述和著作通信选集》，第 1 卷，1857 年出版，1920 年再版。

1858 年

72. The Human Race Governed without Punishment. 1858.

《不以惩罚制度管理的人类》，1858 年。

73. Supplementary Appendix to the First Volume of the Life of Robert Owen vol. I. A. 1858.

《罗伯特·欧文生平自述和著作通信选集第 1 卷附录增补》，1858 年。

* * *

译成俄文的欧文著作，只有《论人类性格的形成》一书。本书曾出版数次：1865 年和 1881 年，在彼得堡由 И. И. 比利宾出版；1893 年，在莫斯科也由 И. И. 比利宾出版；后来在 1909 年，收入 В. В. 比特涅尔编的《知识通报》，在彼得堡出版。

罗伯特·欧文主编或参加出版的期刊

1. The Crisis. 1832—1834.

《危机》杂志，1832—1834 年出版。

2. The New Moral World. 1835—1845.
《新道德世界》，1835—1845 年出版。

3. Weekly Letters to the Human Race. 1850.
《给人类的每周通信》，1850 年出版。

4. Robert Owen's Journal, explanatory of the means to well-place, well-employ and well-educate the population of the world. 1850—1852.
《罗伯特·欧文杂志》，说明世界各国人民获得良好境遇、良好职业和良好教育的方法，1850—1852 年出版。

5. Robert Owen's Rational Quarterly Review and Journal，1853.
《罗伯特·欧文理性评论季刊》，1853 年出版。

6. Robert Owen's Millennial Gazette，1856—1858.
《罗伯特·欧文千年至福新闻》，1856—1858 年出版。

关于研究欧文的文献

1. К. Маркс. Капитал, т. I. М., 1949, стр. 101, 507.
马克思:《资本论》, 第 1 卷, 人民出版社 1953 年版, 第 82、615—616 页。

2. К. Маркс. Политический индифферентизм, Маркс и Энгельс. Соч., т. XV, стр. 92.
马克思:《政治冷淡主义》,《马克思恩格斯全集》第 18 卷, 人民出版社 1965 年版, 第 336 页。

3. К. Маркс. Письмо к Кугельману от 9 октября 1866 г., Соч., т. XXV, стр. 418.
马克思:《1866 年 10 月 9 日致路·库格曼的信》,《马克思恩格斯全集》第 31 卷, 人民出版社 1972 年版, 第 533 页。

4. К. Маркс. и ф. Энгельс. Манифест коммунистической партии, 1938, стр. 135—141.
马克思和恩格斯:《共产党宣言》,《马克思恩格斯全集》第 4 卷, 人民出版社 1958 年版, 第 499—504 页。

5. Ф. Энгельс. Положение рабочего класса в Англии, Маркс и Энгельс., Соч., т. III, М.-Л., 1930, стр. 517.
恩格斯:《英国工人阶级状况》,《马克思恩格斯全集》第 2 卷, 人民出版社 1957 年版, 第 525 页。

6. Ф. Энгельс. Антн-Дюринг, Маркс и Энгельс., Соч., т. XIV, стр. 19, 31, 152, 264—268, 298, 311, 358.
恩格斯:《反杜林论》, 人民出版社 1972 年版, 第 16、31、153、273—276、

310、322、340 页。

7. Ф. Энгельс. Развитие социализма от утопии к науке, Маркс и Энгельс., Соч., т. XV, стр. 509, 516—518.
   恩格斯：《社会主义从空想到科学的发展》，《马克思恩格斯全集》第 19 卷，人民出版社 1963 年版，第 207、214—218 页。

8. Ф. Энгельс. Предисловие к книге "Крестьянская война в Германии", Маркс и Энгельс., Соч., т. XV, М., 1933, стр. 142.
   恩格斯：《德国农民战争第二版序言》，《马克思恩格斯全集》第 16 卷，人民出版社 1965 年版，第 446 页。

9. В. И. Ленин. О кооперации, Соч., изд. 3-е, т. XXVII, 1936, стр. 396.
   列宁：《论合作制》，《列宁全集》第 33 卷，人民出版社 1957 年版，第 428 页。

10. В. И. Ленин. Три источника и три составных части марксизма, Соч., изд. 4-е, т. 19, стр. 7.
    列宁：《马克思主义的三个来源和三个组成部分》，《列宁全集》第 19 卷，人民出版社 1959 年版，第 7 页。

11. А-н. Арк. Роберт Оуэн. Его жизнь, учение и деятельность, М., 1937.
    阿尔科：《罗伯特·欧文及其生平、学说和活动》，莫斯科 1937 年版。

12. М. Беер. История социализма в Англии, М. -П., 1923—1924.
    比尔：《英国社会主义史》，上、下卷，商务印书馆 1959 年版。

13. С. Вебб и Б. Вебб. История тред-юнионизма, М., 1923.
    韦伯夫妇：《英国工会运动史》，商务印书馆 1959 年版。

14. В. П. Волгин. История социалистических идей, ч. 2, М. -Л., 1931.
    沃尔金：《社会主义思想史》，第二部，莫斯科—列宁格勒 1931 年版。

15. А. И. Герцен. Роберт Оуэн, Соч., т. 7, Женева, 1879.
    赫尔岑：《罗伯特·欧文》，《赫尔岑全集》第 7 卷，日内瓦 1879 年版。

16. Н. А. Добролюбов. Роберт Оуэн и его попытки общественных реформ. Полное собрание сочинений, т. IV, М., 1937, стр. 339.
    杜勃罗留波夫：《罗伯特·欧文及其社会改革试验》，《杜勃罗留波夫全集》第 4 卷，莫斯科 1937 年版，第 339 页。

17. Э. Доллеанс. Роберт Оуэн, Харьков, 1923.
    多列安斯：《罗伯特·欧文》，哈尔科夫 1923 年版。

18. Дж. Д. Г. Колл. История рабочего движения в Англии, Л., 1927.
    柯尔：《英国工人运动史》，列宁格勒 1927 年版。

19. Дж. Д. Г. Колл. Роберт. Оуэн, М. -Л., 1931.

柯尔:《罗伯特·欧文的生平》,莫斯科—列宁格勒1931年版。

20. В. Либкнехт. Роберт Оуэн. Его жизнь и общественно-политическая деятельность.
威廉·李卜克内西:《罗伯特·欧文及其生平和社会政治活动》,俄文版。

21. Max Beer. Geschichte des Sozialismus in England, Stuttgart, 1913.
比尔:《英国社会主义史》,斯图加特1913年德文版。

22. G. D. H. Cole. The British Labour Movement, London, 1922.
柯尔:《英国工人运动史》,伦敦1922年英文版。

23. G. D. H. Cole. The Life of Robert Owen, London, 1930.
柯尔:《罗伯特·欧文的生平》,伦敦1930年英文版。

24. R. E. Davies. The Life of Robert Owen, London, 1907.
戴维斯:《罗伯特·欧文的生平》,伦敦1907年英文版。

25. Dictionary of National Biography (Since 1917), London, vol. XIV, pp. 1338—1346. "Robert Owen".
《英国人名辞典》(1917年以后),第14卷,伦敦英文版,第1338—1346页"罗伯特·欧文"条。

26. Edouard Dolléans. Robert Owen, Paris, 1907.
多列安斯:《罗伯特·欧文》,巴黎1907年法文版。

27. Edouard Dolléans. Individualisme et socialisme. Robert Owen, Paris, 1907.
多列安斯:《个人主义和社会主义。罗伯特·欧文》,巴黎1907年法文版。

28. The History of Cooperation in England: Its Literature and Its Advocates. 2 vols., London, 1908.
《英国合作史及其文献和鼓吹者》,两卷,伦敦1908年英文版。

29. Lloyd Jones. The Life, Times and Labours of Robert Owen, 2 vols., London, The Labour Association, 1900.
琼斯:《罗伯特·欧文的生平、时代和活动》,两卷,伦敦劳工协会1900年版。

30. W. Liebknecht. Robert Owen. Sein Leben und sozialpolitisches Wirken, Nürnberg, 1892.
威廉·李卜克内西:《罗伯特·欧文及其生平和社会政治活动》,纽伦堡1892年德文版。

31. J. McCabe. Robert Owen, London, 1920.
麦凯布:《罗伯特·欧文》,伦敦1920年英文版。

32. Frank Podmore. Robert Owen: a Biography, 2 vols., London, 1923.
波德摩尔:《罗伯特·欧文传》,两卷,伦敦1923年英文版。

33. Raymond William Postgate. The Builders' History, London, 1923.

波斯特盖特：《建筑工人史》，伦敦 1923 年英文版。

34. William Lucas Sargart. Robert Owen and His Social Philosophy, London, 1860.
    萨加特：《罗伯特·欧文及其社会哲学》，伦敦 1860 年英文版。

35. Helene Simon. Robert Owen; sein Leben und seine Bedeutung für die Gegenwart, Jena, 1905.
    西蒙：《罗伯特·欧文的生平和他对现代的意义》，耶纳 1905 年德文版。

36. Helene Simon. Robert Owen, Jena, 1925.
    西蒙：《罗伯特·欧文》，耶纳 1925 年德文版。

37. Beatrice Webb. The Cooperative Movement in Great Britain, London, 1893.
    比·韦伯：《大不列颠的合作运动》，伦敦 1893 年英文版。

38. Sidney webb. Socialism in England, London, 1899.
    悉·韦伯：《英国的社会主义》，伦敦 1899 年英文版。

图书在版编目（CIP）数据

欧文自传/（英）罗伯特·欧文著；马清槐，吴忆萱，黄惟新译．—北京：商务印书馆，2021
（世界名人传记丛书）
ISBN 978-7-100-19574-4

Ⅰ.①欧…　Ⅱ.①罗…②马…③吴…④黄…
Ⅲ.①欧文（Owen，Robert 1771—1858）—自传
Ⅳ.①K835.617.4

中国版本图书馆 CIP 数据核字（2021）第 034476 号

权利保留，侵权必究。

世界名人传记丛书
欧文自传
〔英〕罗伯特·欧文　著
马清槐　吴忆萱　黄惟新　译

商 务 印 书 馆 出 版
（北京王府井大街 36 号　邮政编码 100710）
商 务 印 书 馆 发 行
北京市白帆印务有限公司印刷
ISBN 978-7-100-19574-4

2021 年 9 月第 1 版　　　开本 710×1000　1/16
2021 年 9 月北京第 1 次印刷　印张 24¾　插页 1
定价：125.00 元

世界名人传记丛书（新版）已出书目

巴尔扎克传	〔法〕亨利·特罗亚	爱德华·萨丕尔——语言学家、人类学家、人文主义者	
林肯传	〔美〕本杰明·P.托马斯		〔加〕雷格娜·达内尔
维多利亚女王传	〔英〕里敦·斯特莱切	福泽谕吉自传	〔日〕福泽谕吉
爱迪生传	〔苏联〕拉皮罗夫－斯科勃洛	哈耶克评传	〔美〕布鲁斯·考德威尔
柴可夫斯基传	〔德〕克劳斯·曼	法拉第传	〔美〕约瑟夫·阿盖西
巴赫传	〔德〕克劳斯·艾达姆	怀特海传（全两卷）	〔美〕维克多·洛
茜茜公主	〔奥〕布里姬特·哈曼	莫泊桑传	〔法〕亨利·特罗亚
哥伦布传	〔美〕塞·埃·莫里森	彼得大帝传	〔苏联〕B.B.马夫罗金
马拉传	〔苏联〕阿·列万多夫斯基	黑格尔传	〔美〕特里·平卡德
杰斐逊自传	〔美〕托马斯·杰斐逊	苏格拉底传	〔英〕A.E.泰勒
托克维尔传	〔英〕拉里·西登托普	奥古斯都	〔英〕特威兹穆尔
罗素自传（全三卷）	〔英〕伯特兰·罗素	罗马皇帝尼禄	〔英〕阿瑟·韦戈尔
亚当·斯密传	〔英〕约翰·雷	欧文自传	〔英〕罗伯特·欧文
达尔文回忆录	〔英〕查尔斯·罗伯特·达尔文		
逃亡与异端——布鲁诺传	〔法〕让·昊西		
西塞罗传	〔英〕伊丽莎白·罗森		
罗斯福	〔美〕詹姆斯·麦格雷戈·伯恩斯		
法布尔传	〔法〕乔治－维克托·勒格罗		
肖斯塔科维奇传	〔俄〕л.B.丹尼列维奇		
上帝难以捉摸：爱因斯坦的科学与生平	〔美〕派斯		
居里夫人传	〔法〕艾芙·居里		
罗伯斯庇尔传	〔法〕热拉尔·瓦尔特		
恺撒评传	〔苏联〕谢·勒·乌特琴柯		
拿破仑传	〔苏联〕叶·维·塔尔列		